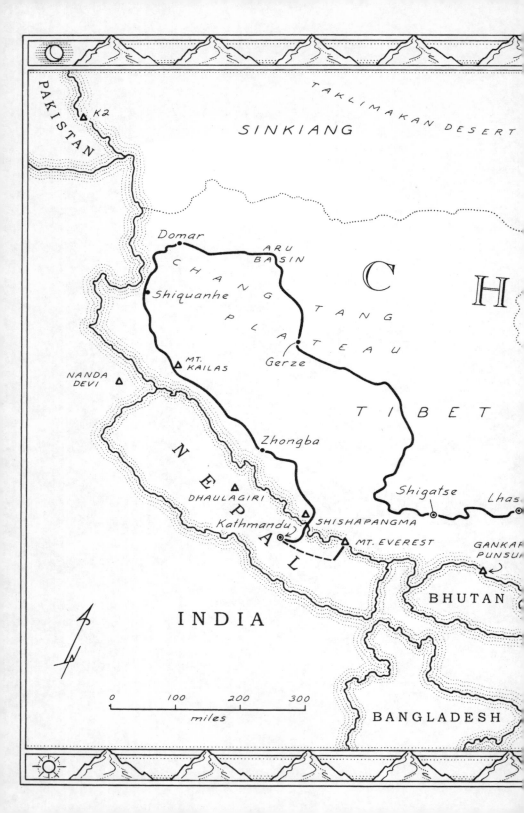

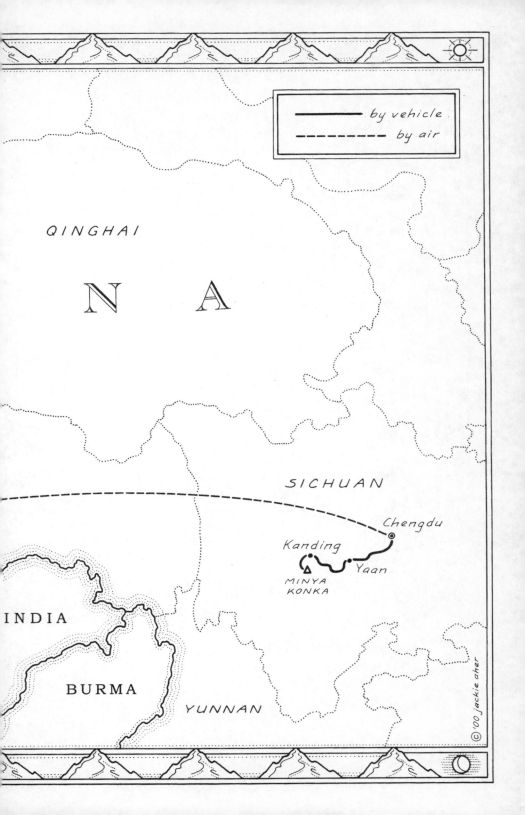

그들은
왜
히말라야로
갔는가

BELOW ANOTHER SKY
by Rick Ridgeway

그들은 왜 히말라야로 갔는가

초판 인쇄 | 2004년 7월 29일
초판 발행 | 2004년 8월 9일

지은이 | 릭 리지웨이
옮긴이 | 선우중옥

펴낸이 | 허만일
펴낸곳 | 화산문화
등록 | 1994년 12월 18일(제2-1880호)
주소 | 서울시 종로구 통인동 6, 효자상가 A 201호
전화 | 02)736-7411~2 / 팩스 | 02)736-7413
E-mail | huhmanil@empal.com

ISBN 89-86277-71-9 03690

＊잘못된 책은 바꾸어 드립니다

히말라야에 묻힌 친구를 그의 딸과 함께 찾아가는
산악인 릭 리지웨이의 90일간의 탐험 순례기

그들은 왜 히말라야로 갔는가

릭 리지웨이 지음 | 선우중옥 옮김

A Mountain Adventure in Search of a Lost Father
BELOW ANOTHER SKY
by Rick Ridgeway, Author of *THE SHADOW OF KILIMANJARO*

화산문화

옮긴이의 말

1980년 10월 14일, 민야 콩카를 등반하던 한 젊은이가 영원히 티베트의 땅 히말라야 어느 하늘 아래 묻히게 된다. 눈사태를 만나서다. 그의 이름은 조나단 라이트. 당시 나이 28세, 『내셔널 지오그래픽』의 사진기자이자 유명한 산악인이었다. 이 책은 그때 함께 조난을 당했으나 기적적으로 살아난 그의 친구 릭 리지웨이가 20년 후 1999년 5월 조나단의 딸과 함께 그의 무덤을 찾아서 90일간 티베트와 히말라야를 순례한 감동의 기록이다.

따라서 이 책은, 조나단 라이트의 히말라야 탐험과 죽음에 관한 기록이자 그 삶의 의미를 담은 얘기이기도 하다. 딸의 히말라야 순례에서 조나단의 일기를 통해 그의 숨결이 되살아나고 있기 때문이다. 그것을 릭은 집요할 정도로 치밀한 필치와 섬세한 묘사로 펼쳐 놓는다. 그의 붓끝에 그려진 히말라야의 만년설과 그곳을 향한 많은 인간들의 거친 숨소리는 영원히 시공을 초월하는 힘이 있다.

또한 이 책은 자연과 인간 그리고 그것을 매개로 한 인간과 인간의 관계에 관한 성찰이기도 하다. 너무나 거대한 자연 앞에서 한없이 나약한 인간, 그러면서도 끊임없이 도전하는 인간의 성취와 좌절, 그리고 인간적 욕망과 갈등을 알몸의 언어로 드러내 보이고 있다.

그리하여 이 책은 한 편의 휴먼 드라마이자 생생한 모험 다큐멘터리이며, 눈으로 보이는 세계를 넘어 인간 본성에 대한 탐구서이기도 하다.

여기서 잠시 나와 산 그리고 산이 만나게 해준 소중한 사람들과의 질기고도 긴 인연의 실타래를 풀어 보고자 한다. 또한 이 얘기는 이 책을 번역하게 된 동기이기도 하다. 도봉산에는 '박쥐 코스'라 불리는 암벽 등반 루트가 있다. 그 길을 바로 내가 열었다. 1960년의 일이다. 그로부터 3년 뒤, 세계적 산악인인 한 미국인 클라이머를 만났다. 현재 유명한 등산·레저용 의류 회사인 파타고니아 사장이기도 한 이본 취나드(Yvon Chouinard)가 바로 그사람이다. 우리는 곧장 산으로 갔다. 그리고 우리는 함께 북한산 인수봉을 올랐다. 지금 '취나드 코스'로 부르는 암벽 루트가 그렇게 열리게 된 것이다. 당시 취나드는 주한 미군으로 한국에 온 클린 클라이밍을 추구하는 진정한 산악인이었다. 우리의 우정은 그렇게 시작됐다.

산에서 만난 사람들에게는 인종, 나이, 지위 따위는 아주 사소한 것들이다. 산에 대한 열정과 인간적인 순수함만 있으면 그냥 하나가 된다.

취나드와의 우정은 다시 미국으로 이어졌다. 나는 취나드의 주선으로 미국 등산학교 강사로 이민을 갔다. 1971년의 일이다. 그곳에서 나는 그를 통해 그의 친구이자 이 책의 저자인 릭 리지웨이를 만났고, 그들과 함께 산을 올랐다. 지금도 나는 그들과 이웃하여 살면서 멋있게 나이 먹는 방법을 공부하고 있다.

지난 해 봄 어느 날, 릭이 히말라야에 대해 책을 냈다고 하여 단숨에 읽었다. 참으로 아름다운 감동의 얘기였다. 문득 젊은 시절 함께 산을 오르던 친구들이 생각났고 북한산의 바위들이 눈에 어른거렸다. 한국의 많은 등산인들, 특히 젊은 산악인들에게 그리고 청소년들에게 이 책이 읽혀졌으면 좋겠다는 생각이 들었다. 더 생각할 것도 없이 번역하기로 마음먹었다.

나는 이 기회에 릭과 취나드의 심지깊은 우정에 대해서도 말하지 않을 수 없다. 흔히 미국인들을 개인주의자들이라고 생각한다. 그런 측면이 있는 건 사실이다. 하지만 릭과 취나드는 죽은 조나단을 비롯한 많은 친구들과 진한 가족적 연대감으로 서로를 아긴다. 한국 사회에서 이제 그런 일은 신문의 미담 기사에나 나올 정도로 드문 일이 돼버린 것은 아닌지! 나는 더욱 이 얘기를 한국의 젊은이들에게 꼭 들려 주고 싶었는지 모르겠다.

릭과 취나드는 사고 당시 생후 16개월밖에 되지 않았던 조나단의 딸 아시아가 성장하는 걸 지켜보면서 일자리를 주선해 주기도 하고 후원자의 역할과 인생 상담자의 역할도 한다. 그러던 어느 날 아시아는 릭에게 아버지가 묻힌 히말라야로 데려다 달라고 한다.

그리하여 그들은 히말라야로 간다. 그곳에서 그들은 조나단과의 추억이 어린 티베트의 사원과 셀파 마을을 여행하고 마지막에 민야 콘카의 산기슭에 있는 친구의 돌무덤을 찾는다. 그 과정에서 그들은 조나단이 심취했던 불교에 대해 조나단의 입장에서 이해하고 몸으로 받아들이면서 과거와 현재 그리고 미래가 그 순간에 함께 있다는 소중한 체험을 하기도 한다.

또한 이 책은 릭의 등반 체험에서 얻은 다양한 얘기들을 통해 흥미진진한 모험의 세계로 독자를 데려간다. 논픽션이면서도 소설보다 더 흥미롭게 이야기를 끌고 가는 다큐멘터리 작가로서의 솜씨가 유감없이 발휘되고 있기 때문이다. 이 속에는 미국 현대 등반사의 중요한 에피소드들이 보석처럼 빛나기도 하고 알피니즘의 진정한 의미에 대해 진지하게 고민하게 하기도 한다. 한 예로, 가이드를 고용해 막대한 돈을 쓰며 오르는 에베레스트 등정에 대해서는 노골적으로 경멸하기도 한다. 그렇다고 그것이 전문 등반가로서의 배타적인 시각은 아니다. 남에게 보이기 위한 허영기 섞인 등반은 알피니즘을 훼손할 뿐이라는 것이다. 그는 조나단이 그랬듯이 '있는 그대로 사물을 보고', '그대로 있도록 할 것'을 권한다.

이 책을 번역하는 일은 곧 내 인생을 되돌아보는 일이었으며 또 하나의 미지의 큰 산을 넘는 일이기도 했다. 과분한 행복이 아닐 수 없다.

끝으로 산만큼이나 사랑하는 아내 김용선, 이 책이 나오는 데 도움을 아끼지 않은 언제나 좋은 후배 구인모, 그리고 나의 제의에 흔쾌히 책을 펴내 준 화산문화사의 허만일 사장께도 감사의 마음을 전한다.

2003년 12월
선우중옥

차례

민야 콘카 베이스 캠프. 1980년 10월과 11월 일기   서

민야 콘카 베이스 캠프에서
1980년 10월 14일

아직 기억이 생생하게 살아 있을 때 적어 두어야겠다.

어제 우리가 캠프 1을 출발했을 때는 9시 30분경이였지만, 모두들 거의 수직 벽으로 500미터 더 올라가 다음 캠프에서 짐을 내려놓고 어두워지기 전까지 돌아올 수 있을 것으로 생각했다. 내가 먼저 선두에 서서 캠프 위쪽 슬로프에 로프를 설치하기로 했다. 다음에 킴, 그리고 이본이 번갈아 선두에 섰다. 정오가 되어 점심을 먹기 위해서 크레바스(빙하나 설원의 표면에 생긴 깊은 균열 지역) 옆이라도 쉬기로 하였다. 이본이 치즈 한조각을 베어 물고는 조나단에게 말했다.

"빙하 지역에서 쉴 때는 반드시 확인을 해보고 크레바스의 옆 안전한 곳에서 쉬어야 해. 왜냐하면 크레바스가 숨어 있어 위험한 곳일지도 모른단 말이야. 캠프를 설치할 때도 마찬가지야."

"고마워." 하고 대답하면서 조나단은 며칠 전부터 고산 등반시 주의할 점들에 대해서는 생각나는 대로 애기해 달라고 우리들에게 부탁했고, 이본은 기꺼이 가르쳐 주었다. 점심을 먹고 계속 올라갔다. 얼마 가지 않아서 눈이 가슴까지 쌓인 험한 급경사 지역이 나타났다. 달리 방법이 없어 그냥 그대로 올라가기로 했다. 내가 선두에 서고 킴이 뒤따랐다. 온몸으로 눈 속에서 경사진 길을 무릎과 발로 눈을 다져야 했는데, 아무리 조심해서 눈길을 낸다고 해도 뒤에 오고 있는 킴한테 눈이 밀려 내려갈 수밖에 없었다.

"눈에 파묻히겠어." 킴이 나를 쳐다 보고 찡그리며 말했다.

"미안해. 어쩔 수 없어."

"당신한테 한 말이 아니야, 눈이 나한테로 한꺼번에 너무 많이 쏟아져서 나도 모르게 그냥 해 본 소리야."

한발짝 더 옮기자 눈이 더 굴러 내렸다. 나는 혼자 웃으면서 계속 나아갔다. 30미터쯤 더 올라가자 눈이 좀 다져졌다. 구름 사이로 비탈진 빙벽이 교차하면서 두 층으로 갈라진 거대한 세락(빙하가 경사지에서 갈라지면서 생긴 얼음탑) 지대가 바로 앞에 보였다. 발길을 멈추고 어느 길로 가야 할지 살펴보았다.

"방법은 두 가지예요. 위험을 무릅쓰고 세락 중앙을 타고 넘든가, 아니면 우측으로 돌아가야 해요."

"돌아가는 것이 좋을 것 같네요." 이본이 말했다.

킴이 선두로 나서는 동안 조나단이 비켜 서서 사진을 몇 장 찍었다. 나는 로프를 풀어주고 가파른 경사지로 바뀌는 세락의 측면으로 우회하며 기어올라가는 킴의 뒤를 따랐다. 무거운 장비에 산소는 점점 희박해져 올라가기가 몹시 힘들었지만 꾸준히 페이스를 유지했다. 나는 위를 쳐다보지도 않고 바로 앞의 발자국에만 온 신경을 집중했다.

"깔딱고개다." 이본이 소리쳤다.

내 허리에 묶인 로프가 팽팽해졌다. 쳐다보았더니 킴이 내가 올라올 때까지 기다리느라고 멈추어 섰다. 로프를 풀고 내 페이스대로 가고 싶었지만 아직 위험한 크레바스 지대라 그렇게 할 수는 없었다. 캠프 1 위에 첫번째 크레바스를 지나면서 우리는 로프로 연결했다. 얼어붙은 딱딱한 바닥에 10센티미터 정도의 눈이 더 내려서 발을 내딛기가 여간 어렵지 않았다. 몇 번씩이나 미끄러지며 새로 내린 눈에 밀린 자국이 났다. 마음 한 구석에 눈사태가 일어날지도 모르겠다는 생각이 들었다. 선두에 선 킴은 크레바스 가장자리에서 세락 측면으로 붙어 눈사태의 위험이 도사리고 있는 넓은 슬로프 지역을 최대한 피해 가고 있었다.

킴이 경사가 다소 완만한 곳에 갈 때까지 선두로 나가다가 그 다음엔 내가 한동안 앞에서 눈길을 헤쳐 나갔다.

"한발 떼고 숨을 크게 쉬고, 또 한발" 무슨 주문을 외듯이 거의 최면 상태에서 걸었다. 그때 조나단이

"릭. 좀 쉬었다가 가?" 하고 말한 것으로 기억난다.

그래서 나는 조금 위 크레바스 가장자리에 편편한 곳이 보여서 거기까지 가서 쉬기로 마음먹었다.

"30미터 정도 더 가서 쉬자구나." 하고 대답해주었다.

휴식 지점에 도착해 뒤로 털썩 드러누워서 배낭에 기댄 채 눈을 감고 가쁜 숨을 몰아 쉬었다. 나는 아직 6,000미터 이상의 고도에 완전히 적응하지 못한 상태였다. 조금 있으니 킴과 이본이 도착했다.

"모두들 수고했어." 하며 이본과 조나단이 도착했다.

"이제부터 내가 길을 내야겠군." 킴이 쉬지 않고 선두를 바꾸어 눈길을 헤쳤다. 로프가 팽팽해져서 어쩔 수 없이 모두 일어나 뒤따르기 시작했다. 구름 사이로 한 백 미터 위에 능선이 보였다. 바람은 시속 48킬로미터 정도로 강해졌고, 구름이 눈 위로 깔리면서 다시 시야가 흐려졌다. 조금 후에 구름이 다시 걷히면서 안전해 보이는 루트가 시야에 들어왔다.

"왼쪽으로 돌아, 산꼭대기 쪽 바람이 없는 곳으로."

몇 분만에 능선 아래 바람이 좀 잠잠한 곳에 도착했다. 우리는 배낭을 벗었다.

"캠프치기 좋은 자리군."

"이곳을 캠프 2로 정하자구."

배낭을 깔고 앉아서 두 번째 점심으로 피그 뉴턴 쿠키와 마지막 레모네이드로 때웠다. 주위를 감싼 구름 사이로 두 개의 큰 봉우리가 보였다.

"리도 주봉과 디도 주봉일 거야." 이본이 말했다.

우리는 이 두 봉우리 이름을 1932년 원정 보고서를 보고 알았다. 구름이 더 걷혀서 저 멀리 황록색의 고원을 볼 수 있었다. 나는 잠시 멈추어 서서

이곳까지 오게 된 우리의 행운에 감사했다. 중국 정부가 외국 산악인들에게 막 문호를 개방했는데, 우리는 50여 년 전 1932년 원정대 이래 서방 사람들로서는 처음으로 동티베트 지역에 발을 디딘 것이다.

"와, 와." 조나단이 기분 좋을 때 내는 소리였다.

우리는 고개를 돌려 구름 속에 잠긴 정상 쪽을 바라보았다. 1932년에 찍은 사진을 살펴보았기 때문에 정상이 어떻게 생겼는지 알고 있었다.

"캠프를 2개만 더 설치하면 정상에 올라갈 수 있겠어." 내가 말했다.

"날씨가 좋으면. 열흘쯤." 이본이 되받았다.

우리는 조금 더 쉰 다음 짐을 모두 내려놓고는 빈 배낭을 메고 캠프 1로 기분좋게 내려오기 시작했다.

크레바스 위에 설치한 다리를 테스트해 보기도 하고 킴이 좋아하는 크레바스를 뛰어넘기도 하면서. 즐거운 시간이 흘러갔다. 얼마 후 깔딱고개까지 내려왔다. 아이스 엑스를 앵커로 삼아 각자 적당한 공간을 확보해가면서 내려가기로 했다. 경사가 완만한 곳에서는 눈썰매를 타기도 했다. 엉덩이를 눈바닥에 대고 미끄럼을 타고 내려왔다. 웃고 소리지르며 한 사람이 다른 사람보다 좀 빨리 미끄러지면 로프가 팽팽해졌다. 온통 눈으로 덮힌 대자연의 놀이터에 어린아이가 된 것 같았다. 미끄럼을 타다가 때로는 성큼성큼 뛰어 내려오기도 했다.

그렇게 30분 정도 기분 좋게 빠른 속도로 캠프 1 위쪽 언덕에 도착했다. 그 아래로 우리의 노란색 텐트가 보였고, 캠프에 이르는 눈길에 세 사람이 보였다. 캠프로 올라오고 있는 에드가와 피터, 그리고 잭일 것이라고 짐작했다. 해리는 어느 텐트 안에 이미 들어가 있을 것이다. 지금까지는 모든 일이 계획대로 매우 순조로웠다.

모두 기분이 좋아 눈썰매를 한 번 더 타기로 했다. 이본이 먼저 타고 그 다음에 나, 조나단, 킴 순서였다. 킴이 "야호!" 하자 모두 따라 "야호!" 하고 외치면서 미끄러졌다. 올라오고 있는 잭 일행이 눈썰매를 타고 내려가고 있는 우리를 부러워하면서 쳐다볼 것이라고 생각하였다.

바로 그때 문제가 일어난 것이다.

나는 이본이 낸 눈길을 따라 내려갔는데 갑자기 속도가 붙기 시작하더니 눈이 앞으로 사정없이 막 날아들었다. 어디로 가고 있는지 알 수 없었지만 이본이 앞장섰고, 나는 그의 뒤를 따르기만 하면 된다고 생각했다.

생각나는 대로 그때의 기억을 더듬어 본다.

이거 끝내주는데, 단숨에 다 내려가겠는 걸.

그런데 내 허리에 묶인 로프가 이상하게 팽팽해졌다. 맨 앞의 이본이 엄청 빨리 달리고 있다고 생각했다.

1980년 10월의 민야 콘카, 중국 쓰촨성(四川省) 중서부 티베트에 있는 중국의 최고봉으로 높이 7.590미터. 당시 조나단과 저자 일행이 왼쪽 스카이 라인 능선을 오르기로 했다가 눈사태로 그만 두었다. (1980년 10월 릭 리지웨이 촬영)

아니 이거 이상한데.

내 주위에 갑자기 눈더미가 쌓이기 시작했다. 너무 많이 쌓였다.

뭔가 잘못된 게 아니야. 조심해야 하는데. 눈사태가 나겠어. 눈썰매를 당장 멈추어야야 해.

지금 당장 멈춰! 멈춰! 맙소사! 너무 늦었어.

내 주위의 모든 눈이 폭포수같이 곤두박질치기 시작한 것 같았다.

옆으로 빠져나와. 빨리 일어나서 달려나와.

일어설 수가 없어. 일어나야 해. 일어나. 일어설 수가 없어.

발 밑의 눈들이 이제는 폭발하는 것 같았다.

벗어날 수가 없어. 멈춰야 하는데. 텐트 바로 아래서 멈춰야 하는데.

그런데 더 빠른 속도로 미끄러지고 있잖아. 안돼. 안돼. 내 옆에 누가 있어. 조나단? 킴? 알 수가 없군.

그때 누군가 소리쳤다.

오, 빌어먹을. 꼼짝 못하고 미끄러지고 있잖아!

누구지? 킴? 조나단? 아니 킴이야!

조금 있다가 순간적으로 정신이 들기 시작했다.

지금 빠져나갈 수는 없지만 언젠가 멈추겠지. 그리고 묻히겠지. 질식사. 이럴 때 어떻게 하지.

눈사태를 만나 눈 속으로 파묻히지 않으려면 수영을 하라는 말이 생각났다. 수영을 하기 시작했다.

아직 눈 위에 있어. 눈 위에 있어야 해. 계속 수영을 해. 멈출 거야.

오! 안돼! 컨트롤할 수가 없어. 컨트롤이 안돼. 눈 위에 있어야 되는데. 안돼. 뒤집히고 있어.

완전히 한바퀴 돌면서 눈, 하늘, 눈이 차례로 시야를 가렸다. 자빠지고 엎어지고. 앗! 파묻혔어. 어떻게 해? 파묻혔어.

눈 속에서 눈을 떠 본다. 모두 흰색이다. 아직 모두 움직이고 있어. 아주 빨리. 바짝 움츠려야 해. 비행기가 추락할 때 하는 것처럼. 앞가슴에 공기를 가둬서 불룩하게 해야 해. 눈사태가 멈추면 공기 주머니로 삼아야 해. 그래야 사람들이 와서 꺼낼 때까지 버틸 수 있을 테니까. 캠프에 있는 사람들이 지켜보고 있어. 그 사람들은 우리가 여기 있다는 걸 알 거야. 그 사람들이 구해 줄 거야. 공기 주머니를 만들려면 움츠려야 해.

눈덩이들이 요동친다. 마치 숨쉬는 것처럼. 아직도 빠르게 굴러가고 있는 게 틀림없어. 숨을 쉴 수가 없군. 공기가 필요해. 바로 앞에 검정색과 흰색이 보인다. 내가 아직 살아 있는 건가? 살아 있어.

갑자기 얼굴이 밖으로 나왔다. 최대한 빨리 공기를 들이마시고 가슴, 그리고 무릎이 빠져나올 때까지 배영을 했다. 주위에 눈이 요동쳤다. 마치 살아서 크게 숨을 쉬는 것처럼. 옆으로 무슨 돌출부 같은 것도 언뜻 지나갔다. 바로 앞에 가파른 경사가 평평해지는 것이 보였다. 수 백 미터를 굴러 떨어졌다.

갑자기 모든 것이 잠잠해졌다. 깊이 숨을 들이쉬었다가 내쉬었다. 다행이 호흡을 멈춘 그 짧은 순간에 생각을 가다듬을 수 있었다. 앞과 옆을 바라보니 우리가 눈썰매를 타던 슬로프의 눈더미가 수천 톤이나 굴러 떨어져 있었다.

그 모든 것이 순간의 일이었다. 생생히 기억난다.

눈속에 다시 갇혀서 항공기가 추락할 때의 자세로 웅크리고 있었다. 뭔가에 세게 부딪쳤다. 얼음 덩어리가 등을 치고나서 팔을 쳤다. 아주 세게 부딪쳤다.

죽은 것인가? 아니 팔의 통증이 심하다. 부러진 것인가?

다시 부딪쳤다.

아직 살았나? 아직 죽지 않았지?

통증, 통증이 느껴졌다.

통증이 느껴지는 걸 보니 살아 있는 것이겠지. 아직 묻혀 있어. 눈을 떠.

눈을 떠.

큰 얼음 눈덩이가 눈앞에서 어른거렸다. 언제 어느 순간에 최후의 일격이 가해질지 모른다.

눈 위……눈 위로 올라왔다. 숨, 숨을 쉴 수 있다.

공기를 최대한 들이마신다. 살아나갈 수 있을까? 살 수 있어. 그러려면 심호흡을 해야지. 다시 묻히면 공기가 필요할 테니까. 팔을 빼내고, 좋아, 이제 나머지 팔을. 다리도 빼내고. 힘껏 잡아당겨. 삐었나.

다리가 나왔다. 얼음이 내 주위에서 요동치며 빠르게 움직인다. 들끓는 소리. 옆으로 암벽이 스쳐 지나간다.

빨리 생각하자. 어느 정도 눈 위로 빠져나왔어. 할 수 있어. 할 수 있을 거야. 이겨내야 해. 모든 것을 이겨내야 해.

수영을 하고 또 빨리 호흡을 하고. 어쨌든 눈 위에서 머물러야 해. 배영. 어, 이본이 바로 내 앞에 있네. 이본도 머리를 들고 있다. 눈 위에 있으면서 배영을 한다. 이것 봐라, 속도가 느려지고 있잖아. 눈사태가 멈추고 있어.

빠져나가자. 움직일 수 없어. 허리에 로프가 너무 꽉 조여서 빠져나갈 수가 없어. 나이프? 배낭은? 모두 어디 있지? 맙소사! 눈이 또 움직이네. 다시 시작하려나 봐. 안 돼. 이때 빠져나가야 해. 빨리 빠져나가자. 제발 그만. 또 굴러내려가잖아. 저 아래 계곡이 있어. 거기로 가는가 봐. 안 돼, 그건 아주 깊어. 살아날 수 없을 거야. 계곡 쪽으로 굴러 떨어지고 있어. 최대한 힘껏 잡아당겨, 로프를. 계곡이 가까워지고 있어.

제발! 멈췄다가, 왜 또? 안돼. 안돼……가만 있어 보자. 다시 느려지고 있잖아. 천천히 천천히 멈추고 있어. 멈추고 있어…… 멈췄어. 이제 빠져나가자. 재빨리. 로프를 풀고. 그래. 로프를 풀고. 허리부터 풀고 다리 아래로 내려서 신발 밑으로 벗겨! 됐어. 이제 옆으로 가서 기어서라도 나가자. 눈사태가 다시 시작하지 않도록 조심해서. 뼈가 부러졌을 수도 있으니까 차분하고도 신속하게. 그래. 그런 식으로 차분하고 신속하게. 옆으로 기어서,

그래. 계속 기어나가자. 바위 쪽으로. 바위가 안전해. 눈을 벗어나야 해. 해냈어. 무사히. 그래. 숨을 쉬어. 다시 숨을 쉬어 보아. 살았구나!

하느님! 살았습니다…… 살았습니다…… 살았습니다.

우리는 로프를 겨우 풀고 계곡 아래로 미끄러질 것 같은 얼음 덩어리로부터 탈출했다. 눈사태가 처음에 멈췄다가 다시 움직이기 시작했을 때는 희망을 버렸다. 죽었다는 느낌이 들었다. 1분도 채 안되는 시간에 죽음을 받아들였다가 유예했다가 다시 죽음을 받아들였다. 두 번째 멈췄을 때는 우리 아래에 있는 계곡, 우리를 죽음으로 내몰 계곡 쪽으로 다시 내려갈까봐 두려웠다. 로프를 벗기기 위해 우리에 갇힌 짐승처럼 발버둥을 쳤다. 그리고 겨우 눈사태 속에서 기어나와 피와 뒤범벅이 된 얼음덩이 옆으로 몇 미터 떨어진 안전한 바위 위로 기어올라갈 수 있었다.

바위 위에 걸터 앉아 호흡을 가다듬으며 어지럼증이 가실 때까지는 '이제는 살았구나' 하는 말을 계속 되뇌이는 것 말고는 아무 말도 할 수 없었다. 다친 것은 분명한데 어디를 다쳤는지? 다리를 조심스럽게 움직여 보았다. 다음에 팔, 가슴, 그리고 등을 움직여 보았다. 뼈가 부러진 것 같지는 않았다. 그렇게 심하게 다치진 않았다. 다른 사람들은 모두 어떻게 되었을까? 둘러보니 아래쪽 비스듬히 10미터 정도 떨어진 곳에 이본이 보였다. 허리까지 묻혀 있었지만 팔은 자유로워서 천천히 빠져나오고 있었다. 얼굴에 피가 흐르고 있었다. 눈사태가 멈춘 좁은 비탈에 킴이 보였다. 그도 나를 쳐다보고 있었다. 그때 그의 눈빛은 창백한 빛깔이었던 것으로 기억한다. 그의 눈은 '이제 죽었구나' 하고 체념한 동물의 그 눈빛이었다. 얼굴은 피투성이였고 입에서는 계속 피가 흘러 이를 빨갛게 적시고 있었다. 그때 갑자기 그가 비명을 질렀다. 그건 동물의 울부짖는 소리였다.

조나단이 나한테서 몇 미터 떨어진 곳에 있었다. 그는 고개가 푹 꺾여 있었고, 허리에 감긴 로프는 콘크리트처럼 단단해진 눈속에 파묻혀 있었다. 뭔가 말하려는 듯 입술을 움직이고 있었지만 무슨 말인지 알아들을 수 없었다. 어쨌든 우리 모두 살아서 이 상황을 벗어날 수 있다고 생각했다. 나는 가쁜 호흡이 좀 가라앉자 당장 누구에게 무엇을 해야 할지를 알 수 없었다. 우리 모두 살아있기는 하지만 내가 좀 덜 다쳤고 모두 크게 다친 것 같았다. 나도 움직이기가 매우 힘들었지만 다친 친구들을 빨리 도와 주지 않으면 곧 큰일 날 것 같다고 깨달았다. 그럼 누구부터 먼저, 무엇을?

이본 쪽을 다시 쳐다봤다. 그는 여전히 허리까지 눈속에 파묻혀 있었지만 마치 빠져나오기를 포기한 것처럼 눈 위에 누워 있었다. 입에서는 여전히 피가 흐르고 있었다. 그를 불러 보았다.

"이본, 괜찮아?"

그는 고개를 돌려 겨우 나를 보았지만 그저 쳐다볼 뿐 아무 말도 하지 못했다.

"많이 다쳤어?" 하고 물었더니

"여기가 어디야?" 하면서 그가 되물었다. 킴이 다시 비명을 질러서 그쪽을 보았다. 일어서려고 안간힘을 쓰고 있었다. 그는 눈사태가 다시 밀어닥쳐 얼음이 움직이지 않을까 걱정하는 것 같았다.

"숨을 못 쉬겠어." 하고 겨우 말했다. 공포에 질린 목소리였다.

"로프를 풀어."

그는 눈과 얼음 속에 묻힌 로프를 당기기 시작했다.

킴에게 가서 도와 주어야겠다고 생각했다. 일어서서 킴 쪽으로 몇 발짝 움직이다가 고개를 푹 떨구고 신음 소리를 내고 있는 조나단을 보았다.

"조나단, 괜찮아?" 하고 묻자 그가 뭐라고 중얼거렸지만 알아들을 수 없었다. 그래서 먼저 조나단을 도와 주는 것이 급하다고 생각했다. 고개를 푹 숙이고 있어서 숨쉬기 어려워 보였기 때문이다. 몸을 숙여서 그의 눈을 바라보며 말했다.

"조나단, 우리는 모두 살았어. 모두 괜찮을 거야." 하고 어디를 다쳤는 지

물어 보았지만 아무런 대답도 하지 못했다.

"걱정마." 하며 조나단을 일으켜 보려고 했다. 뼈가 부려졌을지도 모르기 때문에 조심해야겠다고 생각했다. 뼈가 부러졌을 경우를 대비해 손으로 등을 받쳤다. 천천히 겨우 들어올려 반듯하게 눕혔다.

"괜찮아. 친구야. 이제 좀 편안할 거야." 내 말에 그는 뭐라 대답을 하지 못했다. 말없이 서로 쳐다보고 있는데 킴이 다시 비명을 질렀다.

"숨을 못 쉬겠어! 로프, 로프를 좀 풀어 줘." 킴은 사슬에 묶인 짐승처럼 로프를 풀려고 비명을 지르고 있었다. 조나단을 쳐다보며 말했다.

"잠깐만 참고 있어. 킴한테 가 보고 올게. 숨을 못 쉬겠대. 금방 돌아올게. 다 무사할 거야."

킴한테 다가가 로프를 건드리지 말라고 했다.

"숨을 못 쉬겠어. 도저히 숨을 쉴 수가 없어." 그는 공포에 질려 있었다.

"진정해. 내가 로프를 풀 테니까 움직이지 말고 가만 있어."

킴이 털썩 무릎을 꿇었다. 로프를 느슨하게 하려고 킴에게 조금 움직여 보라고 했다. 하지만 매듭이 너무 단단했다. 계속 풀어야 할지 다른 사람을 도와야 할지 알 수 없었다. 이본은 어떻게 됐지? 내려다 보니 이본은 눈 속에서 거의 몸을 빼내고 눈 위에 드러누워 있었다. 정신이 없는 것 같았다.

"이본! 다쳤어?"

"어떻게 된 거야?" 쳐다보면서 그가 물었다.

"괜찮아?"

"여기가 어디야? 어떻게 된 거야?"

그가 어느 정도 다쳤는 지 알 수 없었다. 킴의 허리에 감긴 로프를 간신히 풀었다.

"풀었어. 이제 다른 사람에게 잠시 가볼게." 킴에게 말하고는 눈사태 잔해를 넘어서 이본에게로 정신없이 갔다.

"많이 다쳤어?"

"다치지는 않은 것 같아. 도대체 어떻게 된 거지?"

"눈사태를 만났어. 그대로 잠시 있어. 조나단에게 가봐야 해."

조나단에게로 가서 몸을 굽히고 어떤지 물어 보았다. 그의 얼굴을 바라보는 순간 그만 가슴이 콱 막히는 느낌이 들었다. 그의 눈은 이미 말려 올라가 있었다. 안돼. 이렇게 끝날 수는 없다는 생각이 들었다. 우리들 모두 무사히 살아나갈 수 있을 거야. 그의 얼굴 가까이 귀를 대고 꿇어 앉았다. 숨소리가 들리지 않았다. 목에 손을 갖다대 보니 맥박은 아직 조금 뛰고 있었다. 아직 살아 있어. 빨리 호흡을 시켜야 해. 그의 머리를 내 무릎에 올려놓고 입으로 숨을 불어넣었다. 한 번, 두 번, 세 번. 아무런 반응이 없었다. 다시 한 번, 두 번. 아무런 반응이 없었다. 그때 그의 가슴이 올라왔다 내려갔다. 다시 숨을 쉬기 시작했다.

그래서 나는 그가 무사할 거라는 생각이 들었다. 나아질 거야. 우리 모두 살아서 여기를 빠져나가야 해.

그러는 사이 호흡이 멎은 것 같았다. 숨을 죽이고 기다렸다. 하지만 그의 호흡은 멈췄다. 인공 호흡을 시키자 다시 호흡이 살아났다. 그런데 가슴에서 무슨 소리가 났다. 안돼. 안돼. 이러면 안된다는 생각이 들었다.

우리 모두는 여기를 무사히 빠져나갈 거야. 우리는 아직 살아 있어. 살아 있어야 해.

그는 두세 번 더 호흡하다가 멈췄다. 인공 호흡으로 다시 호흡을 하게 했다. 그의 맥박은 여전히 뛰고 있었다. 도와 줄 사람이 올 때까지 호흡을 유지하고 있어야 한다.

다른 사람들은 모두 어디에 있는 거야? 에드가, 피터, 잭? 그들은 우리가 추락하는 것을 보았을 테니 틀림없이 도우러 올 거야. 어쨌든 지금쯤은 도착했어야 하는 건데. 기다려 보자. 눈사태 지역이 너무 넓어서 그 사람들도 같이 휩쓸렸을 수도 있어. 그 사람들도 이 눈에 파묻혔을지도 몰라.

일어서서 주위를 둘러 보았다. 이본이 두 발로 서서 나를 쳐다보고 있었다. 킴은 얼음속에서 기어나와 여전히 고통을 호소했고, 입에서는 아직도 피가 흘러내리고 있었다. 로프는 중간 중간 피가 묻어 짐승의 창자처럼 눈과 얼음더미에 뒤엉켜 있었다. 다른 사람들도 휩쓸렸으면 모두 여기에 묻혀 있을 것으로 생각되었다.

아니, 그렇지는 않을 거야, 눈사태의 잔해가 그 정도로 두껍진 않아. 그 사람들도 여기 있다면 어떤 흔적을 찾을 수 있겠지. 그러니까 그 사람들은 우리를 도우러 이리로 오고 있을 거야.

위를 쳐다보니 이본이 걸어와서 몇 미터 곁에서 정신나간 사람처럼 서서 내가 조나단에게 인공 호흡시키는 것을 지켜보고 있었다. 얼굴에는 피가 묻어 있었다.

"어떻게 된 거지?"

"눈사태를 만났어. 500~600미터 정도 추락한 것 같아. 아무튼 상당히 높이 떨어진 것 같아. 그런데 조나단이 심하게 다쳤어."

"이본! 가서 킴을 도와 줘." 이본은 신음하고 있는 킴을 쳐다보았다.

"여기가 무슨 산이라고 했지?"

이본이 그가 묻혔던 곳으로 가는 것 같았다. 몇 미터 밖은 바로 계곡인데 떨어질까 봐 걱정이 되었다.

"이본! 돌아다니지 말고 이리 와서 킴을 도와 줘."

이본이 나한테로 되돌아오고 있었지만 제정신이 아니었다.

"도움이 더 필요할 텐데, 다른 사람들은 어디 있는 거야?"

"빨리 좀 도와 줘!" 나는 소리를 질렀다.

"여기 아래요. 도와 줘요!" 아무런 대답이 없었지만 나는 다시 소리쳤다.

이본이 가까이 다가왔다.

"여기가 어디지?"

"민야 콘카. 티베트."

"우리가 티베트에서 뭐하고 있는 거지?"

나는 조나단을 바라보았다. 그의 호흡이 멎었다. 다시 인공 호흡을 했지만 인공 호흡을 시킬 때마다 그의 가슴에서 무슨 소리가 났다. 잠시 기다렸다가 그의 머리를 내 무릎 위에 올려놓았다. 그의 머리결을 쓰다듬으며 얼굴을 내려다보았다. 그의 입술이 갑자기 파래졌다. 마치 그의 몸에서 무엇인가 갑자기 "휙" 하고 빠져나간 것 같드니. 그의 얼굴도 순식간에 창백해졌다. 일 초도 안 되는 사이에 그는 조금 전까지와는 전혀 다른 사람이 되었다. 그를 무릎에 안고 계속 머리를 쓰다듬어 주었다. 고개를 숙여 이마에 얼굴을 맞댄 다음 머리를 내려놓고 편안하게 보이도록 두 팔을 배위에 얹어 놓았다. 이본이 지켜보고 있었다. 아무 말도 하지 않았지만 상황을 정확히 알고 있는 것 같지 않았다.

"이본…. 조나단이 방금 죽었어요."

1980년 10월 13일.
조나단 라이트. 28세. 티베트에 묻히다.

콘카 곰파 사원에서

1980년 10월 16일

나는 폐허가 된 사원 터 바로 아래에 있는 캠프로 되돌아왔다. 2주 전에 여기에 왔었다는 사실이 믿기지 않았다. 2년도 더 지난 것 같았다. 아침에 사원 터 위 언덕으로 걸어 올라갔다. 철쭉 숲을 지나 시야가 트인 자리에 홀로 앉아 산을 쳐다보았다. 눈사태로 무너진 산은 무슨 큰 생채기가 난 것 같았다. 우리가 거의 수직으로 최소한 500미터나 600미터 이상 추락했다는 것을 알 수 있었다.

내가 죽은 것은 아닌가 생각했던 그 순간에 지나쳤던 절벽도 보였고, 눈사태가 마지막으로 멈춘 곳도 보였다. 꽁꽁 얼어붙은 조나단의 시신 위에 겨우 돌들을 얹어 무덤을 만들어 놓은 곳도 보였다.

조나단이 죽은 다음에 나는 이본과 킴을 어떻게든지 구해야겠다고 생각했다. 주변에 아무도 없었다. 캠프 1의 사람들로부터 아무런 연락도 없었다. 오고 있을 거라고 생각했지만 기다리고 있을 수만은 없었다. 최대한 빨리 가서 베이스 캠프의 알과 딕에게 알리는 게 더 좋겠다고 판단했다. 나는 이본에게 그만 돌아다니고 내가 되돌아올 때까지 가만히 기다리라고 한번 더 일러두고는 최대한 빨리 달렸다. 몇 차례 넘어지기도 하고 자갈밭에 미끄러지기도 하며 가쁜 숨을 몰아쉬었다. 서두르다가는 발목을 삘 수도 있겠다고 생각했다. 그럴 때마다 '나도 좀 쉬어야 하겠지만 빨리 친구들을 도우지 않으면 큰일 나.' 하고 몇 번이고 되뇌이면서 캠프가 있는 마지막 자갈밭 구간에 도착했다. 계곡에는 구름만 자욱했다.

"도와 줘." 하고 있는 힘을 다해 소리쳤다. 조금 더 다가가 다시 소리치자 누군가 대답하는 소리가 들려 왔다. 그만 주저앉아 가쁜 숨을 몰아쉬고 있는데 딕과 알이 짙은 구름과 안개 속에서 나타났다.

"눈사태가 났어. 캠프 1 바로 위에서. 킴과 이본이 다쳤어. 조나단은 이미 죽었어."

"뭐라고. 조나단이 어쨌다고?" 딕이 놀라며 물었다.

"조나단이 방금 전에 숨을 거두었어."

"정말이야?"

"그래." 알이 오자, 딕이 말했다.

"조나단이 죽었데."

"오! 맙소사."

딕과 알이 나를 부축해 캠프 안으로 끌고 들어온 다음 딕은 구급 약품을 준비하면서 킴과 이본의 상태에 대해 차분하게 물었다. 딕은 베트남전에서 군의관으로 참여한 경험 때문인지 매우 침착했다. 곧 그들이 떠나고 나만 혼자 캠프에 남아 더욱 짙어오는 안개와 먹구름 사이로 비치는 산 쪽을 쳐다보면서 꿈인지 생시인지 모를 허탈감에 빠졌다.

다른 사람들이 나중에 얘기해 준 바에 의하면 구조대는 두 곳에서 왔다고 한다. 캠프 1에 있던 사람들은 모두 눈사태를 목격했다. 그들은 눈사태 소리를 듣고서 뛰쳐나와 마치 급류에 휩쓸려 코르크 나무처럼 떠내려가는 우리를 바라보았다. 해리는 눈사태가 그의 텐트를 불과 3미터 밖으로 스쳐지나갔다고 했다. 처음에 캠프 1의 사람들은 아무도 우리가 살아 있을 것이라고 생각하지 않았다. 절벽 아래로 얼음과 눈덩이들이 쏟아져 내렸고, 거의 600미터 아래까지 급경사였기 때문이다.

캠프 1의 해리가 맨 먼저 도착해서 내가 떠날 때 자세 그대로 앉아 있는 이본과 웅크리고 있는 킴을 발견했다. 그는 조나단을 살펴보고 죽었다는 것을 확인했다. 해리가 이본에게 릭은 어디에 있느냐고 물었고, 이본이 눈사태가 멈춘 계곡 쪽을 겨우 가르키자 눈사태에 휩쓸려 떠내려가 죽은 것으로 단정했다. 그는 우선 그곳에서 킴과 이본을 보살피는 것이 급선무라고 판단했기 때문에 더 이상 다른 생각을 할 겨를이 없었다.

얼마 후에 내가 베이스 캠프에 알렸던 구조대들이 도착했다. 그들은 조나단을 우선 비박 색으로 감쌌다. 의식을 회복하고 있는 이본을 해리가 데리고 베이스 캠프로 가기로 결정했다. 그 사이에 다른 사람들은 근처의 바위 턱에 텐트를 치고 킴을 텐트 안으로 옮겼다. 그들은 그날 밤은 텐트에서 보내고 다음 날 아침에 킴을 후송하기로 계획을 세웠다. 이본과 해리가 떠나자 천둥이 계곡을 울리면서 구름 사이로 번개가 민야 콘카 정상에 번쩍거리고 있었다.

베이스 캠프에서 나는 천둥 번개가 몰아치는 것을 멍하니 바라보았다. 하늘을 뒤덮은 먹구름층이 번개가 칠 때마다 번쩍거렸다. 천둥이 빙하 지역에 내리치고 번개가 더 이어지면 다시 천둥이 울려퍼졌다.

이 자리에 같이 있어야 할 한 친구가 영원히 죽었고 두 친구는 몹씨 다쳐서 상태가 어쩐 지 알 수조차 없었다.

조금 후 해리와 이본이 도착하였다. 그는 짧고 고통스러운 신음을 내뱉으며 텐트 안으로 들어왔다. 정신은 돌아왔고 갈비뼈가 몇 개 부러진 것 외에는 다치지 않았다. 그를 안아서 눕혀 주었다. 해리는 차를 끓여다 준 다음 떠났고, 나와 이본은 조용히 차를 마셨다. 급박하게 전개된 상황을 어떻게 받아들여야 할지 알 수가 없었다. 불과 몇 시간 전만 해도 눈썰매를 타고 웃으면서 산을 내려와 텐트 속에서 행복하게 하루를 마감할 네 친구들이었다. 차를 다 마시고 우리는 슬리핑 백 안으로 들어가 몸을 녹였다.

"이본! 잠들었어?"

"아니, …… 아직."

그의 목소리는 아직 매우 고통스러워 하고 있었으며 힘이 없었다.

"죽어가는 사람 바로 곁에 있어 본 적 있어? 팔에 안고서 바로 눈 앞에서 죽어가는 사람 말이야."

"죽은 사람은 봤지만······ 내 앞에서······ 그렇게 죽어가는 것은······ 본적이 없어."

"나는 최후의 바로 그 순간을 보았어. 그리고 그 순간을 몸으로 느꼈어. 나는 조나단을 안고, 인공 호흡을 시키면서 가끔씩 맥박을 쟀지. 맥박은 강하게 뛰었어. 1분에 80번 정도. 그런데 갑자기 이상해지더군. 뭐라고 도저히 설명할 수 없지만 그의 몸에서 무언가가 갑자기 '휙' 하고 빠져나갔어. 그가 숨을 거둔 그 순간을 느꼈어. 바로 그 순간을. 그 뒤부터는 더 이상 조나단을 안고 있는 것 같지 않다는 느낌이 들었어. 뭐랄까. 이미 시체를 안고 있는 것 같았어."

나는 인간의 말로는 표현할 수 없는 그 순간을 마음에서 도저히 떨쳐낼수 없었다. 다음날 모든 것이 가라앉고 나면 그때의 느낌이 사라질지도 모른다는 생각이 들었다. 그래서 이본에게 얘기해 두지 않으면 안될 것 같았다.

"이본, 조나단이 죽는 순간 뭔가 그의 몸에서 떠나 갔어. 난 그것을 직접 느꼈어."

이본은 대답하지 않았지만, 그가 내 말에 공감하고 있다는 걸 느꼈다.

다음날 아침 킴이 임시 들것에 실려 내려왔다. 그는 정신이 오락가락했으며 진통제 주사를 잔뜩 꽂고 있었다. 얼굴색은 창백했고, 입술과 턱에 피가 말라붙어 있었다. 눈동자는 우유빛 빙하 계곡물처럼 흐릿했다. 불과 몇 시간 전만 해도 푸른 다이어몬드 빛이었다는 것이 믿기지 않았다.

"킴! 이젠 괜찮아." 하고 나는 킴을 안심시키려고 했다.

"우리 여기서 무사히 살아나갈 수 있을까?" 하고 아직 두려움에 쌓여 그가 말했다.

딕은 킴이 무릎 인대 파열과 등뼈가 다쳤거나 부러졌을 가능성이 있다고 말했다. 킴이 다소 안정을 찾자 곧바로 후송하였다. 호출할 수 있는 헬리콥터도 없어. 올라왔던 길로 내려가는 수밖에 없었다. 알이 서둘러 사람을 보내 좀더 튼튼한 들것을 만들 수 있는 막대기를 구해 올라오도록 하였다. 그리고 조나단의 시신은 민야 콘카 기슭에 묻기로 결정했다. 시신을 운반하기가 어려웠기 때문이다.

다음날 아침 먼동이 트자 나는 혼자서라도 조나단에게 가보려고 먼저 길을 나섰다. 바로 며칠 전 조나단과 나는 서로 웃으면서 고산 지대에 올라와서 느낄 수 있는 행복감에 젖어 오르던 그 길이었다. 뭘 먹기에는 너무 이른 아침이어서 땅콩과 건포도 한 봉지씩을 들고 나왔다. 다른 사람들도 아침 식사 후 따라나섰다. 햇빛이 구름 사이로 밝게 빛났다.

검푸른 색깔의 바위, 흰 눈, 푸른 하늘을 보면서 모든 것이 생기가 넘쳐 있다는 것을 느꼈다. 잠시 멈추어 서서 땅콩과 건포도를 한알씩 씹으면서 이렇게 죽어 생기를 잃은 땅콩과 포도알들이 어떻게 살아 있는 내 몸에 활력을 불어 넣는지를 생각했다. 나는 소화액이 음식물을 분해하고, 거기서 나온 에너지가 온몸을 돌면서 육체를 움직이는 것을 상상하면서 죽음과 삶의 사이클에 대해서 잠시 생각해 보았다.

나는 다른 사람들보다 한 시간 일찍 도착했다. 조나단은 내가 해 둔 그 자세로 푸른 나일론 비박 색으로 감싸여 있었다. 무릎은 꺾여 굳어 있었고 팔은 가슴을 감싸고 있는 평온한 모습이었다. 색을 들추고 그의 머리를 만지는 순간 그가 숨을 거두었던 마지막 순간이 다시 떠올랐다.

나는 그가 숨을 거두는 순간, 그를 가능한 한 이 추위 속에서 조금이라도 편안하고 따뜻하게 해주려고 그의 배낭을 펴 등 밑에 깔아 주었다. 배낭을 꺼내 열어서 그의 아내에게 건네 줄 물건을 챙겨 보았다. 그의 아내를 생각하며 이 소식을 언제 어떻게 알려야 할지, 또 이 소식이 전해지면 그녀와 아직 어린 딸이 어떻게 받아들일지 자못 걱정스러웠다. 그의 카메라를 찾았다. 좀 찌그러지기는 해도 필름은 손상되지 않아서 필름을 빼내어 내 배낭에 소중하게 넣었다. 그리고 그가 늘 쓰고 다니던 야구 모자를 찾았다. 눈사태로 여기까지 떨어지면서도 신기하게도 모자가 남아 있었다. 그가 이번 여행 기간 내내 모자를 쓰고 다녔다는 것이 기억났다. 모자를 만지작거리다가 안을 살펴보았다.

불교 만트라에서 따온 모노그램으로 만든 그의 이니셜을 잉크 펜으로 써 넣은 모자 챙은 땀에 젖어 색이 바래 있었다. 핏자국도 남아 있어서 그의 부인한테 전해 주어야 할지 확신이 서지 않았지만 어쨌든 배낭 안에 카메라와 함께 넣어 두었다.

주위를 살펴보니 티베트 고원을 굽어볼 수 있는 곳에 자리잡은 바위가 눈에 들어왔다. 경사가 지긴 했지만 기단을 만들기에는 아주 적합해 보여서 그곳에 조나단의 무덤을 만들기로 정했다. 조금 있다가 동료들이 도착해서 말없이 함께 일했다. 경사지에서 돌을 걷어내자 흙냄새가 올라왔다.

몇몇 다른 사람들도 캠프를 해체하러 가는 길에 들렀지만 잠깐 머물다가 갔다. 그와 가장 가까웠던 친구인 에드가와 나는 우리 힘으로 무덤을 만들고 싶었다. 내 마음을 헤아려 준 동료들에게 말없이 고마움을 표했다.

알과 딕이 조나단의 시신 안치를 돕겠다고 나섰다. 둘씩 나란히 서서 꽁꽁 얼어붙은 시신을 들어올렸으나 무거웠다. 기단까지는 가파른 경사지라 올라가는데 발딛기가 어려웠다. 왼팔을 심하게 다쳐서 아무리 용을 써도 무게를 지탱할 수가 없어서 내가 아래편으로 자리를 바꾸기 위해 다른 사람들한테 잠깐 멈추어 달라고 부탁했다. 아래쪽에서는 어깨로 조나단을 떠받들 수가 있었다. 바람이 없어서 이마에 땀방울이 맺히는 것을 느낄 수 있었다. 그의 주검에서 풍겨 나오는 이상한 한기가 느껴졌다. 한쪽 뺨에는 따뜻한 햇살과 시원한 아침 산 공기가 다른 쪽 뺨에는 슬픔의 찬 기운이 스쳐지나갔다.

시신을 기단에 내려 놓았다. 그의 굽은 무릎이 약간 경사진 무덤 안에 딱 맞았다. 우리는 시신을 납작한 돌들로 덮기 시작했다. 그날 아침 나는 등반 루트를 표시하기 위해 만든 대나무 지팡이 두 개와 나의 티베트식 텐트 사이에 나부끼던 만트라 깃발도 가져왔다. 우리는 무덤 위쪽에 대나무 지팡이를 세우고 만트라를 달아 놓았다. 만트라에는 죽은 후에 재액을 벗고 공덕을 쌓게 된다는 육자 진언(眞言) '옴 마니 반메 훔'이 수십 번 찍혀 있었다. 서쪽에서 바람이 불어와 나부꼈다. 티베트 사람들이 믿듯이 조나단이 편히 잠들기를 바라는 우리의 기도와 염원을 실은 바람이 무덤 위를 거쳐 히말라야 정상 쪽으로 불어 지나갔다. 푸른 나일론 천을 볼 수 있도록 머리 부분의 일부만 남겨 두고 그의 시신을 모두 묻었다.

우리는 아무 말없이 서 있었다. 그러다 에드가가 말했다.

"조나단이 하늘에서 무슨 말을 하려고 애쓰는 우리를 보고 웃고 있을 거야." 그는 잠시 멈추었다가 말을 이었다,

"그의 꿈을 채워 주었던 땅, 이곳 히말라야 티베트의 어느 하늘 아래에 묻혔다는 것은 정말 아이러니 해."

나는 조나단을 사이에 두고 에드가의 맞은편에 서 있었다. 서쪽으로 향한 빙하가 계곡으로 떨어지는 것이 보였다. 그 빙하가 녹아서 얄룽, 양쯔강을 거쳐 황해로 흘러간다. 무덤은 멀리 신비의 콘카링 정상을 향해 서쪽 계곡의 입구를 바라보면서 내가 말했다.

"그를 아는 사람들은 어떤 식으로든 많은 느낌을 받았습니다. 그는 그의 주변 사람들에게 말없이 뭔가를 일깨워 주었습니다. 그래서 우리는 그를 오래토록 기억할 것입니다."

수백 톤의 눈덩어리와 못 쓰게 된 등반 장비들이 어지럽게 흩어져 있는 눈사태 현장에는 부러진 팩, 찢어진 파카, 크렘폰, 벙어리 장갑, 피묻은 붉은 로프가 눈사태의 잔해 속에 이리저리 널려 있었다.

알과 딕이 먼저 떠나고 에드가와 나는 무덤 앞에 말없이 서 있었다. 만트라들이 가볍게 나부끼는 소리만 들렸다. 에드가가 몸을 굽혀 나일론 천을 만졌다. 나도 따라 했다. 그런 다음 큰 돌을 하나 무덤 앞에 얹어 놓고는 마지막으로 기도를 한 다음 베이스 캠프로 내려왔다.

왼쪽:1980년 10월 민야 콘카에서 조나단 라이트의 마지막 촬영 모습. (1980년 10월 에드가 보일스 촬영)

아래쪽:1980년 10월 14일, 저자는 친구 조나단의 무덤을 다 다듬은 후 깃대에 만트라를 매어 달아 놓고 꿇어앉아 마지막 작별 인사를 하고 있다. 티베트 사람들이 믿는 것처럼 미풍이 무덤 위로 불어 나의 기도와 염원을 히말라야의 하늘 높이 보내고 있다. (1980년 10월 14일 에드가 보일스 촬영)

캘리포니아, 패리아 비치에서
1980년 11월 22일

나는 오늘 조나단의 부인 게리와 딸 아시아를 공항까지 바래다 주었다. 그들이 3일간 캘리포니아의 우리 집에 머무는 동안 조난 사고 때에 있었던 모든 일들, 킴이 등뼈가 부러져서 들것에 실어서 내려온 일, 이본이 혼수 상태에 빠지고 갈비뼈가 부러진 일, 나는 어떻게 가벼운 찰과상만 입고 살아났는지 등 눈사태에 대해 기억나는대로 모두 얘기해 줬다.

그리고 조나단을 눈사태가 멈춘 지점 바위턱에 달리 어쩔 수가 없어 돌무덤을 만들어 놓고는 내려왔다는 사실을 알려 주고 대나무 지팡이에 매어둔 만트라가 펄럭이는 무덤 사진을 그녀에게 건네 주었다. 조나단을 묻던 날 나는 다른 사람들보다 앞서 도착해 조나단 옆에 앉아서 시신에 손을 얹고 있다가 눈 속에 묻힌 그의 배낭 속에서 카메라와 야구 모자를 발견한 얘기도 해 주었다. 그녀에게 그 모자를 간직하겠느냐고 물었더니 그러겠다고 했다. 모자 챙에 핏자국이 묻어 있다고 미리 알려 줬다. 그녀는 모자를 잡고 말라붙은 핏자국을 만지작거리며 눈물을 훔쳤다.

조나단의 사고 소식을 접했을 때 그녀는 그의 집 2층에 있었다고 했다. 자동차 소리가 나서 창밖을 내다보는 순간 친한 친구가 차에서 내리는 것을 보았다. 친구가 집 안으로 들어올 때 게리는 아래층으로 내려오면서 뭔가 이상하다는 것을 직감했다. 곧바로 그 친구가,

"얘! 이를 어째. 애기 아빠가 눈사태로 조난당했다고?"

"아니 그 무슨 날벼락같은 소리야! 말도 안돼. 아니야, 무슨 소리 하는

거야." 하며 게리는 소리치며 울부짖었다.

그녀의 친구는 위층까지 따라와 그녀를 위로했지만 게리는 계속 방 안을 서성거렸다. 언젠가 거리에서 본 적이 있는 자동차에 치여 다친 것도 모르고 뱅글뱅글 돌기만 하던 개가 된 것 같았다. 친구가 떠나고 그날 밤 늦게 게리는 옷장을 열고 조나단의 옷가지를 정리하기 시작했다. 모두 조나단이 돌아오면 깨끗하게 입을 수 있도록 세탁소에서 막 찾아온 것들이었다. 옷장 속에서 세탁하지 않은 조나단의 헌 재킷을 하나 발견하고 얼굴에 갖다 대었다. 아직 남아 있던 그의 체취가 엄습해와 더 이상 북받쳐오는 울음을 참을 수가 없었다.

게리는 처음의 충격 상태에서는 벗어난 것 같았지만 여전히 침울해 보였다. 그녀는 우리 집에 있는 동안 사람들이 태풍 속에 날아다니며 아무것이나 잡으려고 발버둥치는 꿈을 꾸었다고 얘기했다.

그녀는 오히려 나에게 앞으로 어떻게 할 것인지를 걱정하면서 물어볼 정도로 예의 바르고 생각이 깊었다. 남편을 잃고 겨우 16개월 된 딸을 혼자서 키워야 될 처지인 그녀와는 비할 수는 없었다. 하지만 내 팔에 안겨 마지막 숨을 거두던 조나단의 모습이 자꾸 떠올라서 견디기 어렵다고 털어놓았다. 잡지에 글을 쓰고 새로운 영화 프로젝트 제안서도 작성하면서 지내려고 노력하고 있다고 말했지만 친구를 잃고 돌아온 절망감과 아직 살아 있다는 안도감 사이에서 정신적으로 방황하고 있었다.

그래도 앞으로 등반을 포기하려 한다는 말은 하지 않았다. 그녀가 나를 찾아온 참뜻은 내가 그녀에게 조금이라도 위로가 되었으면 하는 것이지 내가 위로받기 위한 것은 아니었기 때문이다.

아직 살아 있다는 것에 대해 감사함을 느끼는 한편, 앞으로 무엇을 해야 좋을지 막막한 상태였지만 내가 조나단과 함께 원정길에서 조나단으로부터 배운 이 얘기는 그녀한테 해주는 것이 좋을 것 같았다.

매일매일 접하는 조그마한 일에도 감사히 생각하는 것을 잊지 말아야 한다는 것과 한 순간도 헛되이 해서는 안된다는 것이다.

　나는 살아 있는데 그는 죽었다는 사실,만약 눈사태가 일어났을 때 각도가 조금만 틀렸어도 내가 히말라야에 묻히고 조나단은 그의 아내와 딸과 함께 여기 있을 것이라는 생각도 내가 항상 잊어서는 안될 일이다.

　우리 집에서 아시아와 3일을 함께 지낼 수 있었다는 것은 큰 다행이었다.아시아는 푸른색 바지를 입고 검은 머리를 짧게 잘라 개구쟁이 사내아이 같았다.막 걸음마를 배우고 있는 중이었는데 몇 걸음을 떼고는 자기를 지켜보고 있는지 꼭 돌아서 확인하곤 하는 것이 무척 귀여웠다.

　게리와 그녀의 딸 아시아에게 무엇인가 눈사태 이전보다 한층 더 쓸쓸해 보이는 것 같은 느낌을 받았다.

　아빠 없이 자라는 아시아의 앞날에 행운이 있기를 빌면서 그 아이가 훌륭하게 성장하는 모습을 마음속으로 생각해 보았다.

쿰부와 에베레스트 지역. 1999년 5월 1

1

아시아와 함께 네팔의 쿰부 지역으로 트레킹에 나선 지 이틀째이다. 우리의 첫 번째 목표는 에베레스트 베이스 캠프로 가는 길 중간쯤에 있는 텡보체 사원이다. 등산로는 푸른 소나무와 전나무가 울창한 숲을 이루면서 나무들은 30미터 아래로 흐르는 두드 코시강의 물소리를 감싸고 있었다. 셀파 니마가 앞장서고, 아시아는 1분 정도 거리에 뒤쳐졌다. 나는 작은 물줄기들이 폭포를 이루며 떨어지는 곳에서 멈추어 섰다.

폭포수 양쪽에 양치 식물들이 젖은 바위 틈새에 에머랄드 빛을 띠며 자라고 있다. 뭔가 어른거려서 돌아보았더니 자그마한 물새 한 마리가 날아들어왔다. 날개와 어깨죽지는 검은색이고 꼬리는 고동색이며 머리는 순백색으로 이지역에서 흰머리깡닥새라고 부르는 새로 히말라야 지역의 강가나 개울에서 흔히 볼 수 있다.

조금 있으면 아시아가 곧 따라 올 것이다. 잠시나마 혼자 있을 수 있는 시간을 틈 타 물가에 있는 흰머리깡닥새를 지켜보며 맑은 공기를 마음껏 들이마시면서 물 떨어지는 소리를 즐기며 쉬었다. 그리고는 작은 물새 한 마리를 벗삼아 내 생각을 털어놓았다.

"이 친구야! 너도 좀 쉬려무나." 새는 못 들은 모양이다. 다시 한번 말해 본다.

"바쁘게 왔다갔다 하지 말고 너도 좀 쉬어라. 이 깡닥새야"

내가 이런 말을 한 것은 이번 여행에서 내가 찾고자 하는 의미와 같은 뜻이 담겨있기 때문이다.

20년 전 "살았구나! 살았구나! 살았구나!"하고 외치며 눈사태 속에서 기어나왔던 그날 이후부터 잊고 살아왔던 것들을 쉬면서 생각하기 위해서다. 남은 인생을 덤으로 살고 있다는 의미를 상기시키기 위해서다.

흰머리깡닥새는 햇살이 반짝이는 바위 위로 뛰어오른다. 새의 검은 몸집이 유난스럽게 빛난다. 새를 지켜보면서 나는 일종의 과거 체험을 한다. 현재 이 순간과 신기할 정도로 아주 흡사하게 연결된 과거의 일이 생각나서 아찔함을 느꼈다. 그 기억은 내가 처음으로 흰머리깡닥새를 보았을 때의 일이다.

민야 콘카로 그 운명의 여행을 하기 4년 전인 1976년, 나는 거창하게 미국독립 200주년기념 에베레스트등반대라고 부르는 원정팀의 일원이었다. 에베레스트를 오르는 두 번째 미국 원정대였는데 조나단도 텔레비전 특별 다큐멘터리 프로그램을 촬영하는 제작진의 일원이었다. 그때부터 우리의 우정은 시작되었다. 흐르는 개울가에 멈추어 서서 검은 밤나무색 작은 물새 한마리를 지켜보며 그 새가 무슨 새인지 가이드 북에서 찾아보려고 하는데 조나단이 다가와서 '뭘 보고 있느냐?'고 물어서 그와 함께 가이드 북을 뒤져 무슨 새인지를 알아 냈다.

아시아가 올라와 개울가에 쪼그리고 앉아 있는 나를 보고 물었다.

"뭘 보고 계세요?"

"작은 물새."라고 대답하면서 나는 마치 오래 전에 씌어진 대본을 그대로 읽는 듯한 느낌이 들어서 깜짝 놀랐다.

"보이지. 개울가에"

"예, 보여요. 무슨 새죠?"

"흰머리깡닥새라고 부르지."

"정말 예쁘네요."

"내가 좋아하는 새 중의 하나야."

같이 있은 지 며칠밖에 되지 않지만 그녀가 다른 사람의 감정을 헤아리는 능력이 뛰어나다는 것을 간파했다. 하지만 25년 전에 지금처럼 개울가에 쭈그리고 앉아서 꼭같은 종류의 새를 바로 보고 있는데 조나단이 다가와 아시아가 말한 것처럼 '뭘 보고 있느냐?'고 물었다는 사실을 말한다면, 그녀는 이 아이러니컬한 내 감정을 어떻게 이해할 수 있을까.

아시아와 함께 에베레스트 지역으로 여행하기로 한데는 여러 가지 이유가 있다. 이 지역은 조나단이 아시아의 지금 나이보다 한두 살 많을 때에 처음 왔다가 그로부터 눈사태로 죽을 때까지 거의 매년 왔던 곳이었다. 그는 그때 여행과 원정에 대해서 그의 여행 일기에 상세히 써 놓았는데 아시아도 똑같은 경험을 할 수 있을지? 또 참고가 되었으면 하고 가지고 다니면서 보고 있다.

정오에 점심을 먹기 위해 니마의 숙모가 운영하고 있는 등산로 근처의 찻집에 들렀다.

1976년에도 조나단과 니마와 나는 여기에 들러서 쉬었다. 니마는 그때 우리가 고용한 셀파 중의 한 사람이다. 우리 세 사람은 카투만두 외곽에서 베이스 캠프까지 트레킹하면서 한달을 같이 지내기도 했다. 바로 그날 우리 세 사람은 차를 마신 다음 가파른 언덕 위의 사원을 발견했다. 니마는 조나단과 나에게 늙은 라마승의 수행하고 있다고 말해 줬다. 우리도 가볼 수 있느냐고 물었더니 이렇게 말했다.

"되고 말고요. 늙은 라마승이 저의 삼촌이거든요."

지금은 니마와 내가 아시아와 함께 그 사원으로 가는 길을 오른다. 암자

조나단의 딸 아
시아 라이트와
저자가 티베트로
여행할 때의 모
습 (1999년 5월
존 마이슬러 촬
영)

는 그대로였지만 그때 늙은 라마승은 이미 이 세상 사람이 아니었다. 우리
세 사람은 모두 허리를 숙여서 안으로 들어갔다. 뜻 모를 불교 설화를 그
린 벽화와 늙은 라마승이 가부좌를 틀고 앉아 있던 작은 테이블이 구석에
그대로 있는 것을 보고 깜짝 놀랐다. 내가 놀란 것은 이것들이 오랜 세월
을 견디고 남아 있었다는 것보다도 또 다시 과거가 현재 속에 살아 숨쉬
고 있는 것을 명료하게 인식시켜 주기 때문이었다.

　"늙은 라마승이 바로 여기 앉아 있었던 것 같은데……."
하고 니마에게 말했다.

　"붉은 가사를 걸치고 구식 안경에 원뿔 모양의 붉은 모자를 쓰고 있었
죠. 그 붉은 원뿔 모자는 절대로 잊을 수 없을 거예요."

　"그는 여기서 20년을 혼자 살았어요."

"아침 저녁으로 어린 라마승들이 음식을 갖다 주었고 그는 온종일 기도했어요. 그는 아주 행복했어요."

"그 라마승이 우리 일행을 위해 염불을 했지." 내가 아시아에게 말했다, "우리가 탈없이 산행할 수 있도록. 그리고 주사위 한 짝을 이마에 갖다 댔지. 기억나요? 그는 주사위를 작은 테이블에 굴렸고 우리는 점괘를 기다렸지. 마치 중세 사람들 같았어. 붉은 모자를 쓴 라마승은 마술사 멀린(『Arthur 왕 이야기』에 나오는 요술장이 영감이며 예언자)같아 보였어. 마침내 그가 뭐라고 중얼거리자 니마가 나와 너의 아빠를 쳐다보며 라마승이 말한 내용을 알려 주었어."

"일이 썩 잘 풀릴 것 같지는 않군." 조나단과 내가 이맛살을 찌뿌리자 노승은 주사위를 한번 더 던저 주었지. 이번은 좀 나은 괘가 나왔다고 말해 주어서 결국 운이 좋았던 것 같았다.

우리는 폐허가 된 사원에서 몇 분 동안 더 머물렀다. 나는 아시아가 먼지와 거미줄로 뒤덮인 벽화를 살펴보는 것을 지켜보았다. 엄마를 닮아서 검은 머리에 광대뼈가 좀 튀어나왔지만, 아빠를 닮아 다리가 길고 피부가 고왔다. 그녀는 푸른색 바지에 밤색 셔츠를 입고 있었고, 신발에는 바지와 같은 색인 푸른색 띠가 있었다. 그녀는 한 친구가 여행에서 행운을 비는 의미로 선물해 준 터키석과 산호로 만든 티베트 목걸이를 걸고 있었다. 그녀의 머리는 나의 딸이 떠나기 전날 짧게 잘라 주었는데 둘은 우리 집 베란다에 앉아서 검은 머리카락이 타일 바닥에 떨어지는 것을 지켜보면서 깔깔거렸다.

조나단이 지금 이 순간 여기에 딸과 함께 있었더라면 그의 젊은 날의 모험을 이야기해 주면서 행복감을 느꼈을 텐데. 몇 시간만에 두 번 나는 그가 살아서 우리 곁에 와 같이 있는 모습을 생생하게 느낀다.

1980년 11월, 조나단이 죽은 지 달포가 조금 지난 후 게리와 아시아가 캘리포니아에 있는 우리 집에 다녀간 다음 아시아가 나를 필요로 한다면 곁에 있어 주기로 다짐했다. 하지만 그 동안 아시아를 자주 보지 못했다.

나에게도 중요한 변화가 있었기 때문이다. 눈사태가 난 지 18개월 후쯤 나는 항해 사고로 첫 번째 남편을 잃고 본인도 거의 죽다시피 하다가 구사일생으로 살아난 한 여자와 결혼했다. 우연하게도 삶과 죽음 사이를 왔다갔다 한 경험의 공유는 우리 두 사람의 결합에 중요한 영향을 끼쳤다. 그 후 1년도 채 안되어 우리 사이에 첫째 아이가 태어났고, 나는 다시 험준한 고산을 오르고 강줄기를 타고 정글을 탐험하러 나섰다. 나는 눈사태나 바위가 무너질 위험성이 높은 산은 오르지 않겠다고 다짐했다. 하지만 지금의 나를 만든 것은 나의 타고난 강한 모험심이었다는 것을 아내는 이해하고 있었다. 아내의 이러한 이해로 나를 모험의 세계로 계속 내몰았다.

가끔 게리에게 전화를 하면 아시아가 모범적인 학생이며 그들이 살고 있는 콜로라도의 록키 산록에서 스키와 하이킹을 즐긴다고 말해 주었다. 게리는 재혼하지 않고 아시아와 함께 살고 있었다. 아시아가 아홉 살 되던 해 우리 가족과 함께 이본과 말린다의 여름 캠프에 참여하기 위해 티톤 (이본이 살던 와이오밍주에 있는 지역으로 미국 산악인들이 즐겨 찾는 4.195미터의 그랜드 티톤산이 있다)에 온 적이 있다. 그 이후로 그녀가 고등학교를 거의 마칠 때까지는 자주 보지 못했다. 그 다음에 내가 잠깐 들렀을 때 그녀는 열세 살부터 스노우 보딩을 시작하여 미국 주니어 대표팀에 선발되었다는 얘기를 들었다. 그날 밤 게리는 나를 따로 불러내어 내가 아빠의 가장 절친한 친구 중에 한사람이며 히말라야에서 사고가 났을 때 곁에 있었던 사람이고 아빠가 내 품에서 숨을 거두었다는 것을 아시아가 알고 있다고 내게 일러주었다.

그날은 아주 잠깐 들른 것이어서 아시아와는 몇마디 말도 나누지 못했지만 언젠가 함께 시간을 보내면서 아빠에 대해서 그리고 그 산행과 눈사태, 또 아버지가 어떻게 죽었는지를 말해 주게 될 날이 있을 것이라는 예감이 들었다. 대학교 1학년이 끝나갈 여름 무렵에 캘리포니아로 오고 싶다며 우리 집에 머무를 수 있는지 물어왔다. 나는 너무 반가워서 아시아가 오기만을 기다렸다.

아시아의 꿈은 아빠의 뒤를 이어서 사진가가 되는 것이었다. 그 무렵 나는 야외 촬영 사진가들을 위한 에이전트 일을 하고 있어서 그 해 여름내내 그녀는 반나절은 우리 에이전시에서 사진 파일 정리와 편집 작업을 도왔다. 그녀는 디자인에도 관심이 많아 나머지 반나절은 이본의 회사인 파타고니아사에서 아동용 스노우 보딩복을 개발하는 일을 했다.

그녀가 우리 집에 온 지 2주 정도 지난 후, 작은 카페에서 함께 점심을 먹으며 눈사태에 대해 얘기해 주었다. 그 기나긴 60초 동안에 대해서. 아빠는 어떻게 숨을 거두었고 우리가 아빠의 무덤을 어떻게 해 놓고 왔는 지에 대해서도 자세히 설명해 주었다.

"아저씨가 엄마에게 준 그 무덤 사진을 저한테 보여 주었어요."

"너희 아빠와 알고 지냈던 사람들은 모두 너의 아빠를 좋아한단다." 하고 말해 주었다.

"너의 아버지는 아주 말이 없고 책임감이 강한 사람이었어. 모든 사람들이 가장 좋아하는 점은 말이 없고 침착하다는 거였어. 나는 네 아버지가 화내는 것을 본 적이 없어."

"아빠를 알고 지냈던 사람들은 모두 그렇게 말했어요." 하고 그녀는 말했다.

"하지만 잘 모르겠어요. 그냥 옛날 이야기로만 느껴져요. 지금까지 살아오면서 사람들은 저를 처음 만나면 모두 묻더군요, '아버지는 뭐 하시니?' 그러면 저는 대답하죠, '아빠는 『내셔널 지오그래픽』의 사진가였어요. 하지만 제가 아기였을 때 히말라야에서 눈사태로 돌아가셨어요.' 그러면 이런 대답이 돌아와요. '그래? 믿을 수 없는 일이구나.' 이런 이야기가 사람들한테 사실로 들리지 않나 봐요. 하긴 나에게도 잘 믿어지지 않은 일인

걸요."

"아빠의 히말라야 여행 일기를 읽어 보았니?"

"읽어 보긴 했지만 어떤 대목은 잘 이해가 안돼요. 제가 아빠를 느낄 수 있는 것은 아빠의 사진이에요. 전 우리 집 벽에 걸려 있는 아빠가 찍은 사진을 보면서 자랐거든요. 대부분 아시아의 네팔과 티베트, 히말라야 사진들이에요. 아빠가 가장 좋아했던 곳이라는 걸 알아요. 그래서 제 이름을 '아시아'라고 지었다죠. 제가 여덟 살 때 어떻게든 아시아에 가게 된다면 아빠가 어떤 사람인지 알 수 있을 거라고 생각한 적이 있어요. 엄마한테 네팔로 가려면 얼마 정도 드는지 물어보았더니 적어도 2,000달러쯤 들 것이라고 하셨어요. 돈이 많이 들어 가기 힘들 것이라는 것은 알았지만 포기하지는 않았어요. 중학교 2학년이 되면서 내 힘으로 열심히 벌어서 혼자 가야겠다고 결심했어요. 방과 후에 아르바이트를 하면서 돈을 모으기 시작했어요. 하지만 시간이 너무 많이 걸리는 일이어서 학생으로서 그 정도 돈을 번다는 것은 불가능하다는 것을 깨달았죠."

"그래서 포기했니?"

"그건 아니에요. 여전히 네팔 지역을 여행하고 싶지만 우선 먼저 해야 할 일이 있을 것 같아요."

"그 일이 무엇인데?"

"그 일은 아저씨의 도움이 필요한 일이에요."

나는 그녀가 네팔 지역으로 여행할 수 있도록 좀 도와달라는 것이라고 짐작했다. 나는 아시아가 무슨 생각을 하고 있는지 말하려고 했을 때 이미 내 생각(아르바이트로 부족한 여행 경비의 상당 부분을 부담해 주어야겠다)을 정리하고 있었다. 하지만 그녀의 요청은 조금 뜻밖이었다.

"아저씨가 저를 아버지가 계시는 티베트로 데려가 주실 수 있겠습니까요?" 하고 그녀가 말했다.

"티베트의 민야 콘카로 데리고 가 저의 아빠 무덤을 한번 찾아볼 수 있

도록 도와주실 수 있겠나요?'

　아시아가 민야 콘카로 데리고 가 달라고 부탁한 날 저녁, 아내에게 어떻게 생각하는 지 물어보았다.

　"데려가 주어야 하지 않겠어요." 하고 아내가 대답했다.

　"다시 그때의 그 참혹한 눈사태에 대한 기억을 되살리고 싶지 않아."

　"하지만 아시아가 당신을 필요로 하잖아요."

　"나도 알아. 그 아이는 아빠가 어떤 사람이었는 지를 알 필요가 있어."

　아내가 옳았다. 하지만 비록 짧은 여행 기간 동안만이라도 내가 얼마나 훌륭하게 아시에게 그녀의 아버지 역할을 할 수 있을까? 그 대답은 얼마나 오랜 동안 함께 여행하느냐에 달려 있는 것 같았다. 단순히 서로를 아는 것이 문제가 아니라 함께 여행하면서 내 두 딸에게서 얻는 것처럼 아버지와 딸의 관계가 형성되는 다양한 경험을 함께 가질 수 있게 될 것이기 때문이다.

　그런데 나와 조나단이 눈사태를 만난 여행을 떠나기 전 그 당시 우리 두 사람은 『내셔널 지오그래픽』으로부터 새로 지정된 에베레스트 국립공원에 관한 탐험 취재를 의뢰받았던 일이 떠올랐다. 그때 민야 콘카 등정이 끝나면 우리는 라사(티베트의 옛 수도로 이 지역 종교, 정치의 중심지, 역대 달라이 라마의 대사원 포탈라궁이 있다)로 가서 육로로 네팔의 카투만두로 계속 이동해서 에베레스트 남부 지역, 셀파족의 고향 쿰부 지역까지 여행할 계획이었으나 눈사태로 모든 것이 허사가 되었다.

　이번에 그 여행을 아시아와 함께 거꾸로 가보면 어떨까 생각해 보았다. 조나단이 가장 좋아했던 곳 중에 하나인 쿰부에서 여행을 출발한다는 계획이 마음에 들었다. 게다가 조나단이 거의 30여년 전 처음 본 쿰부 지역이 얼마나 변했는지 보는 것도 그녀에게 흥미로울 것 같았다. 좀 다르게 말해서 나는 그녀가 베이스 캠프에서 수많은 인간들이 북적거리며 세계에서 가장 높은 산봉우리인 히말라야의 에베레스트에 어떻게든 올라가기 위해 많은 가이드와 셀파들을 고용하여 5만 달러 이상의 많은 돈을 쓰고 있는 현장을 보게 하고 싶지 않았다. 이들 산악인들이 히말라야에 오르려고 하는 동기와 조나단의 히말라야 지역 등반과는 처음부터 그 의미가 다르다는 것을 그녀에게 보여 주고 싶었다.

이 차이점을 알게 하려면 난장판같은 에베레스트의 베이스 켐프와는 정반대로 사람들에게 덜 알려지고 원래의 히말라야 원시 야생의 자연의 모습을 그대로 지니고 있는 오지 쪽을 등반하는 것이 도움이 되겠다는 생각이 들었다. 하지만 아시아가 흥미를 느낄지 몰랐고, 설사 그녀가 흥미를 보인다 해도 안전한 루트와 산을 찾을 수 있을지도 미지수였다. 민야 콘카 주변의 동부 티베트 지역 고봉들은 축축하고 무거운 눈을 만드는 몬순 기후 지대였기 때문에 눈사태가 날 위험을 안고 있었다. 반면에 서부 티베트 지역은 해발 고도가 높은 창탕 고원으로 적어도 눈사태의 위험은 없다고 얘기하는 것을 들었다.

유명한 야생 생물학자인 조지 샐러는 수년 동안 히말라야 지역의 포유류 동물에 관해 조사를 했다. 그가 최근 이 프로젝트에 관해 쓴 책의 서문에서 '창탕 고원은 시간과 공간이 멈추어 선 것처럼 인간의 발길이 거의 닿지 않았고 야생 동물들이 살고 있는 지역이다'라고 써 놓아 나에게 매우 흥미로웠다. 바로 샐러에게 전화를 했더니 브로녹스 동물원에 있는 그의 사무실로 오라고 했다. 그는 연필로 많은 메모를 해놓은, 구겨지고 낡은 그 지역 지도를 펼쳐 보이면서 아루 분지라고 하는 지역과 그 북쪽에 있는 산악인의 발길이 한번도 닿지 않은 6,000미터 이상의 고봉들이 늘어선 창탕 고원의 북서쪽 오지를 가보라고 추천했다.

21세기에도 아직 지구상에 전인미답(前人未踏)의 산악군(山嶽群)이 남아 있다는 얘기를 듣는 것은 환상적이었고 아주 안전하다는 것은 금상첨화였다. 그러나 아시아가 관심을 보일는 지 알 수 없었다.

나는 등반에 관해서 내 딸들에게 적용하는 원칙이 있다. 큰 딸은 암벽 등반에 열을 올리고 있고 작은 딸은 하이킹과 등반에 관심이 높지만, 그래도 하겠다는 의욕과 동기는 그들 자신에게서 나와야 한다는 원칙을 정했다. 직감적으로 아시아한테도 그 원칙을 적용하여야 한다고 느꼈다. 나는 그녀의 등반 능력에 대해서는 걱정하지 않았다. 그녀가 암벽 등반도 좀 했다는 것을 알고 있었고, 운동 신경이 좋아 보여서 고산이나 빙벽 등반에 크램폰(빙벽 등반을 할 때 등산화 밑창에 부착하는 쇠발톱, 아이젠.)과 아이스 엑스(빙설로 덮인 경사진 곳을 오를때 쓰는 쇄빙용 등산 용구, 등산 피켈) 사용법에 대해서는 현장에서 가르쳐 주면 어렵지 않게 배울 수 있을 것으로 생각했다.

　나는 이와같이 모든 생각을 정리한 다음 아시아에게 전화를 하였다. 너의 아빠와 내가 20여 년 전에 가보고 싶어 계획했던 코스로 에베레스트 공원에서 출발하여 카투만두를 돌아서 북서쪽으로 들어가 창탕 고원, 동쪽으로 해서 티베트 민야 콘카로 들어가는 것이 어떻겠느냐고 말했다. 나는 그녀에게 또 다른 계획도 말해 주었다. 즉 창탕 고원으로 차를 타고 가는 길에 카일라스라고 하는 티베트 지역 사람들이 모두 신성시하는 산봉우리에도 올라 거기서 산 주위를 3일 동안 트레킹도 하고 매년 이루어지는 불교도들의 순례 코라에도 참여할 수 있을 것이라고 했다. 그런 다음 아루 분지에 도착할 때까지 1주일 정도 더 가야 될 텐데 이삼 일 정도는 지금까지 경험해 보지 못한 매우 험한 산길을 드라이브해야 한다는 것이었다.

　"한가지가 더 있어. 아루 분지 위쪽에는 조지 샐러가 크리스탈 마운틴이라고 부르는 6,000미터의 높은 봉우리들이 있는데 이 산들은 아무도 등정한 적이 없고 조사한 적도 없대. 아직 아무도 발을 들여놓지 않았다는 거야. 거기에 있는 동안 높은 봉우리 하나를 올라가 볼 수도 있을 거야."

　그녀는 곧바로 대답했다.

　"네! 너무 좋아요." 하면서 그녀의 아빠가 기분 좋을 때 "와 와!" 할 때처럼 열정을 보였다.

쿰부 지역 트레킹 일정 중 이틀째 오후에 아시아와 나는 두드 코시강과 이마 콜라강의 지류가 합류하는 지점에 도착했다. 이 지류들의 두물 머리는 에베레스트 서쪽으로 흘러오는 빙하가 끝나는 지점에서 시작된다. 우리는 줄다리 위로 이마 콜라강을 건너고 가파른 언덕길을 올라 남체 바자의 시장으로 가는 길을 오르기 시작했다. 니마가 우리의 예비 장비를 나르도록 고용한 16살 먹은 카미는 웃으면서 우리를 앞질러 지나갔다.

고도가 해발 3,000미터쯤 되자 아시아는 처지기 시작했다. 그녀는 해발 2,500미터 고지에서 자랐지만 그보다 높은 곳에서는 호흡하기 힘들 것 같다고 어제 털어놓았다. 한달 전부터 가벼운 천식 기운이 있다는 것도 이야기했다. 여기서 호흡 곤란을 겪으면 6,000미터 고지의 창탕 지역 등반 때는 더 고통을 겪을 것이기 때문에 염려가 되었다. 그녀는 멈추어 서서 배낭에서 작은 산소 호흡기를 급히 꺼낸 다음 심호흡을 하고는 훨씬 나아져서 느리지만 꾸준한 속도로 따라올 수 있었다. 하늘에 구름이 끼기 시작해서 좀 시원해지기는 했지만 그대신 주위 산들을 잘 볼 수 없었다.

이 길을 따라 가다 보면 어느 굽이에서 에베레스트보다는 좀 작지만 더 인상적인 봉우리로 히말라야의 마터호른(스위스와 이탈리아 국경에 있는 준봉으로 그 첨봉이 웅대한 암석으로 유명, 4,505미터)이라고 부르기도 하는 아마 다블람(유명한 텡보체 사원이 있는 지역의 6,856미터의 봉우리)봉을 본 기억이 난다. 아시아가 히말라야에서 가장 아름답다고 하는 이 봉우리를 조금이라도 볼 수 있었으면 좋을 것이라고 생각했다. 왜냐하면 조나단이 1979년에 아마 다블람 원정대의 일원으로 등정했기 때문이다. 하지만 우리는 이 지역에 며칠 더 머무를 예정이고, 지금은 몬순이 시작되기 전 오월 초로 일년 중 가장 맑은 날씨가 많은 시기라 큰 문제는 아니었다.

30분쯤 더 걸어가다가 쳐다보았더니 어린 셸파 카미가 짐을 메지 않고 등산로를 내려오는 것이 보였다.

"벌써 남체에 도착해서 짐을 내려놓고 우리들을 도와주려고 다시 내려온 거예요." 니마가 설명했다.

카미가 우리들의 짐 가운데 상당히 많은 짐을 나누어 갔지만 아시아와 나는 아직도 카메라, 렌즈, 책, 메모장을 넣어 둔 15~20파운드 무게의 배낭을 지고 있었다.

"그럼 네 짐을 저 애한테 좀 더 나누어 줘라" 하고 아시아에게 좀 쉬자고 했다.

"저는 괜찮아요" 하면서 그녀는 오히려 나를 걱정했다.

"넌 감기 기운도 있잖아"

"아니예요. 그래도 괜찮아요"

"아니야. 너를 좀 더 가볍게 해주려는 거야"

"그러시면 아저씨 배낭을 카미한테 주시고 저기 오는 어린 여자 아이의 짐을 좀 덜어주시면 어때요?" 아시아가 말했다.

아시아는 산길을 걸어 올라오고 있는 열 살쯤 되어 보이는 여자 아이가 죽순을 담은 큰 바구니를 어깨에 걸머지고 있는 것을 보았다. 그 아이는 우리 바로 아래 산길에 멈추어 서서 해맑은 웃음을 지으면서 우리를 쳐다보고 있었다. 아시아는 나이에 비해 너무 큰 짐을 지고 있는 그 아이가 마음에 걸린 듯 했다.

그래서 내가 "그럼 그렇게 할까" 하였다.

나는 내 배낭을 카미한테 주고, 저 애의 짐을 내가 거들어 주고 싶다고 그 여자애한테 말해 달라고 니마에게 부탁했다.

"저 애는 아주 수줍음을 잘 타요" 니마가 말했다.

"우리가 그 애의 짐을 거들어 주겠다고 해도 그 애는 오히려 우리의 마음을 이해하지 못할 겁니다."

나는 아시아한테 돌아서서 말했다,

"니마의 말을 듣고 보니 우리가 그 애의 짐을 함부로 들어 줄 수가 없겠는데." 그러는 사이 영리한 카미가 내 배낭을 메고 떠났다. 그래서 내가 아

시아의 배낭을 나한테 넘겨 달라고 아시아에게 말했다,

"괜찮아요. 제 짐은 제가 지고 갈게요."

그녀는 그렇게 말하고는 일어섰다. 호흡을 가다듬고는 그녀의 뒤를 따라 가면서 자기 의견을 말하는데 주저함이 없는 아이라고 생각했다.

니마가 어린 셸파 소년 카미가 우리의 짐을 도와줄 것이라고 설명할 때 아시아는 자기보다 어린 사람을 고용해 자기 짐을 나르도록 하는 것을 반대했다. 나이가 많든 적든 셸파들의 짐지는 일은 이곳 히말라야 사람들의 생업이 되었고 이곳 사람들은 이런 일거리라도 있어서 할 수 있다는 것을 고맙게 생각한다고 설명하자 그제서야 조금 누그러졌다. 그리고는 니마에게 카미는 얼마를 받게 되는지 물었고, 하루 150루피쯤 된다고 대답하자, 그녀는 큰 소리로

"겨우 3달러잖아요! 말도 안 돼요. 식비라도 우리가 부담해 주어요" 하자 니마가 한마디 거들었다.

"그것만 해도 100루피쯤 들어요."

"그렇다고 해도 너무 해요" 아시아가 대답했다.

"더 줘야 해요."

니마가 아시아를 나무라는 일이 생기지 않도록 내가 그녀한테 말했다.

"만약 우리가 그애한테 더 지불한다면 니마가 앞으로 포터를 고용할 때 곤란을 겪게 되는가 봐."

"포터들은 당연히 더 요구해야지요." 그녀는 단호하게 말했다.

"그럴 수도 있겠지만 그 문제는 우리가 이렇게 한번의 토의로 해결할 수 있는 문제는 아닌 것 같아" 내가 말했다.

"포터들도 노동조합을 결성해야 돼요."

"그래야 할지 모르겠다만,"

남체 바자로 가는 언덕을 오르면서 아시아의 고집이 아버지 없이, 또 형제도 없이 자란 것과 상관이 있지 않을까 생각했다. 어쨌든 이 아이에게

좀 더 배려해 주어야 되겠다는 생각을 했다. 그녀의 명랑한 성격, 열정, 그리고 무엇보다도 이 여행을 잘 참고 따라오고 있는 것 등을 생각한다면 그 정도 고집쯤은 순수하게 이해하고 넘어가는 것이 좋을 것 같았다.

원정이나 등반시에 사소한 의견 차이나 자질구레한 문제로 동료들과 의견 충돌을 피하는데는 그녀의 아버지 조나단의 뛰어난 인화력을 기억하는 것도 도움이 된다. 그는 내가 아는 사람 가운데 동료를 가장 잘 배려하는 사람 가운데 한사람이었다. 하지만 조나단은 자신의 너그러운 성격은 타고난 것이라기 보다 오랜 시간에 걸쳐 인간관계를 통해 얻은 노력의 결과라고 언젠가 내게 말한 적이 있다.

실제로 그는 이십대 초반에는 화를 잘내는 사람으로 유명했다고 한다. 그가 히말라야 여행 중 어느 날, 셸파 집에 머무른 적이 있는데 조심하지 않고 일어서다가 그만 대들보에 머리가 받치고는 거의 정신을 잃을 뻔 했다. 그리고는 대들보에다가 온갖 욕설을 다 퍼붓다가 셸파들이 자기를 쳐다보고 있는 것을 알아챘다. 그는 너무나 아팠지만 그만 웃고 말았다. 셸파들도 금방 그를 따라서 웃었고, 그들은 일어서면서 대들보에 머리를 부딪치는 흉내를 내고는 대들보에 대고 욕을 하기 시작했다. 그날 이후로 그는 화가 났다는 것을 의식할 때마다 셸파 집 대들보를 생각하게 되었다고 말했다.

조나단이 그의 성질을 누그러뜨린 것처럼 아시아도 자기 고집을 조금 죽일 수 있을 것이라고 생각했다. 때로는 까다로운 문제를 덮어 둔 채 넘어가는 내 성격도 고칠 필요가 있다는 것을 깨닫고는 이 문제에 대해서 적당한 때에 아시아에게 얘기를 해 주어야겠다고 마음에 새겨 두었다.

내 아내는 내가 사람들과 부딪치는 것을 피하는 경향이 있다고 하는데 그것은 내가 결손 가정에서 자란 탓일 수 있다고 지적했다. 따라서 많은 대화를 가지는 것은 아시아나 나에게도 좋은 일이 될 것으로 생각되었다.

출발하기 전 몇 주 동안 짐을 꾸리면서 이번 여행 기간 동안 아시아에게 어떻게 자기 아버지에 대해서 설명해 줄 것인가를 고심했다. 조나단과 나는 여러 가지 면에서 달랐고 기질과 성격은 정반대라고 할 수 있다. 나는 대체로 괄괄했고 그는 조용했다. 그리고 나의 타고난 고집은 그의 독실한 불교적 마음씨와는 정반대였다. 그의 일관된 평정심은 가끔 화를 내는 나와는 대조적이었지만 우리는 모험에 대한 열정만은 공유하고 있었다. 우리 둘 다 오지나 정글, 험한 강줄기, 그리고 거대한 만년설을 같이 꿈꾸었으며 이런 곳을 탐험하기 위해 열심히 일했고 계속 최선을 다할 생각이었다. 우리 두 사람은 모두 남보다 끈질긴 데가 있었다. 그는 성공적인 다큐 모험 사진가가 되는데 최선을 다했고 나 또한 성공적인 모험 작가와 영화 제작자가 되기 위해 모든 노력을 다했다.

우리는 한팀이 될 수 있다고 판단했고 『내셔널 지오그래픽』에서 에베레스트 국립공원에 관한 탐험 취재를 의뢰한 것은 우리가 제출한 몇몇 제안서 가운데 하나일 뿐이었다. 우리는 아무도 탐사하지 않은 보르네오 횡단 계획도 가지고 있었으며, 『내셔널 지오그래픽』에서는 이 계획에도 관심을 보였다. 아마존 오지에 있는 신비의 화강암 산에 대한 탐사계획에 대해서는 세계적인 네트워크를 가진 한 텔레비전 방송사에서 연락해 왔다.

조나단이 살아 있었더라면 그 뒤 여러 해 동안 수많은 원정과 탐험을 함께 했을 것이다. 그랬더라면 그는 이들 여행에서의 모험이야기를 아시아와 함께 나누었을 것이다. 아마 그를 대신해 내가 그 일을 할 수 있었으면 하였다. 내가 우리 집 애들한테 해 주듯이 모험담을 아시아에게 말해 줄 수 있을 것이다. 그러면 적어도 조나단이 죽은 날부터 오늘날까지 아시아의 삶에서 비어 있었던 부분을 상당히 채워 줄 수 있을는지 모른다.

출발일이 다가오자 그동안의 원정 모험담을 아시아에게 말해 주어야 할 일이 하나 더 추가되었다.

몇 달 있으면 내 나이 오십이 되는데 내가 걸어온 길을 되돌아보고 정리해야 할 시간이 필요하다는 것을 느끼고 있었다. 나는 여행과 모험에서 많은 것을 배워 왔고 그것은 다른 사람에게서 찾을 수 없는 나의 삶의 중요한 부분을 형성해 왔지만, 늘 시간과 그리고 일상의 일에 쫓겨 잊고 지냈다. 물불을 가리지 않고 덤벼들었던 모험과 탐험에서 얻을 수 있었던 지나온 세월의 나만의 많은 이야기들에 대해 생각해 보았다.

내가 18살 때 친구 다섯 명과 함께 작은 범선을 타고 프랑스령 폴리네시아로 갔던 두 달 반 코스의 항해에서부터 시작된다. 어떻게 보면 내 삶의 참다운 모습은 적도의 작은 섬을 처음 보았던 아침 뱃머리에서부터 시작되었을는지도 모른다. 그때 잡을 듯 느꼈던 신비감을 다시 확실히 붙잡기 위해 오랫동안 찾아 헤매어 왔다는 것을 나는 안다.

절벽 높은 곳에서 포타-레지 비박(캠프를 칠 수 없는 수직벽에 설치하는 조립식으로 공중에 매단 야영 침대)에 의지하여 나의 시야에 들어온 한쪽 암벽의 수직선이 다른 한쪽에 있는 만년설의 수평선과 교차하는 광경을 보았다. 그것은 내 의식 세계에 영원히 사라지지 않는 첫번째 여행에서 느낀 신비감이었다. 나는 거기에 다른 다섯 친구와 함께 있었다. 그 이후 30여 년을 남극에서 행해진 거대한 빙벽을 타는 나의 마지막 모험에 이르기까지 이야기의 실타래가 이어진다.

나는 또한 모험을 함께 했던 동지들을 다시 찾아 그때 역경을 헤쳐나온 끈질긴 의지력과 성취감, 함께 느꼈던 좌절감까지도 되살려 보고 싶었다. 가장 의미 심장한 것은 눈사태를 되돌아보며 삶과 죽음 사이를 왔다갔다 하도록 한 의미가 무엇인지를 진정 확인하고 싶었다. 아시아가 처음에 아빠의 무덤을 찾을 수 있도록 티베트로 데려가 달라고 했을 때, 조나단의 죽음과 마주쳤던 60초의 그 긴 순간과 그 보다 더 길었던 조나단이 죽기 전 20여 분간, 말로는 도저히 못다 할 기억을 떨쳐내기가 어렵다는 것을 알았다.

그 무덤을 다시 찾는다는 것도 매우 어려운 일이 될 것이다. 그의 시신을 눕히고 돌로 덮어 둔 바위턱은 7,500미터가 넘는 정상에서 아래쪽으로 펼쳐진 험한 능선에 있었다. 사진이 그 장소를 찾는 지도로 쓰일 것이라는 느낌이 들었다. 더 염려스러운 것은 그동안 무덤 상태가 어떻게 되었을런지 짐작할 수 없다는 것이다. 아무 것도 남아 있지 않다면 어떻게 설명해 주어야 할까! 그 뒤 또 눈사태가 났거나 바위돌이 떨어져 나갔을지도 모른다.

나는 이런 가능성에 대해서는 아시아에게 아무 것도 말해 주지 않았지만 적당한 시기에 말을 꺼내야 한다고 생각했다. 무덤이 사라졌다고 하더라도, 그 장소로 가보는 것만으로 눈사태 속 바위틈을 기어나오면서 "살았구나, 살았구나, 살았구나!" 하고 외치던 순간 온통 나를 지배했던 그 감정을 되살리기에 충분할 것이다. 출발일이 다가오자 내 인생의 중년에 맞이하는 통과의례가 되는 이 여행이 앞으로 남은 내 인생의 새로운 전환점이 될 수도 있을 것 같았다.

아시아는 바로 내 앞에서 천천히 오르고 있지만 일정한 속도를 유지하고 있었다. 그날 온종일 그녀의 상반신 대비 보폭의 크기가 자기 아빠와 비슷하다는 것을 알았다. 그리고 미묘한 차이도 발견했다. 짐을 진 어깨의 모습, 보폭, 씩씩한 발걸음과 손목을 흔드는 것까지도 닮았다.

개울가에서 흰머리깡닥새를 바라볼 때와 늙은 라마승이 있는 암자에서 그랬던 것처럼 이날 다시 한번 과거가 현재에 되살아 숨쉬고 있다는 느낌을 받았다. 내 눈 앞에서 아시아가 걸어가는 모습은 오랫동안 잊고 지냈던 기억을 되살리는 것처럼 나를 과거로 또 이끌고 간다.

여기 다시 조나단이 우리와 함께 있구나.
내 앞에서 저멀리 산 위를 쳐다보고 걸으면서.

2

아시아와 나는 가파른 언덕에 올라서 푸른 소나무 숲을 지난 다음 남체 바자의 2층 돌집이 보이는 첫 모퉁이를 돌았다. 남체는 U자 형의 계곡으로 둘러쌓인 분지다. 아시아와 나는 잠시 멈추어 서서 숨을 고른 다음 말로만 듣던 유명한 셀파족(히말라야에 사는 티베트의 한 부족, 등반대의 짐 운반과 길 안내자로 더 잘 알려져 있다)들의 시장 광경을 바라보았다. 죽순을 담은 큰 바구니를 지고 미소를 짓던 어린 셀파도 우리를 따라 올라왔다. 아시아는 그 애를 옆에 앉으라고 손짓한 다음 초콜릿을 나누어 주었다. 늘 햇빛을 받아서 빛을 내뿜는 것처럼 보이는 피부를 가진 이들 셀파족의 어린이들을 볼 때마다 조나단은 늘 좋아하였는데 그의 딸도 그들과 함께 있는 것을 어쩌면 똑같이 좋아하고 마음을 쓰는 것 같다.

"내가 너의 아버지와 남체를 처음 본 것도 1976년도 바로 이곳이었다." 고 아시아에게 말해 줬다.

"그때는 에베레스트로 가려면 카투만두 외곽에서 베이스 캠프에 이르는 175마일 거리를 약 3주가 넘도록 걸어가야 했지. 우리가 했던 방식이 19세기말 영국 통치기에 뿌리를 둔 원정 방식으로는 마지막이었지만 낭만이 있었어. 200개가 넘는 산소통을 포함하여 수십 톤 이상의 보급품을 나르는데 무려 625명의 포터를 고용했지. 그들은 허름한 조끼와 너덜거리는 바지를 입은 이 지역 부족 출신의 맨발의 남자들이었어. 매일 아침 그들은 지기가 편한 짐꾸러미를 서로 먼저 차지하려고 등을 들이밀며 하루를 시작했지. 또 많은 포터들이 산허리까지 쭉 뻗은 인간띠를 만들면서 같이 걸어갔는데 정말 장관이었어."

원정에 나선 꿈에 부푼 젊은 대원들 중에 몇 사람은 이런 광경이야말로 그들이 꿈꾸어 오던 이상향에 찾아온 것 같다고 말했다.

"저도 굉장히 스릴을 느껴요." 아시아가 대답했다.

나는 10대 초반에 네팔이 처음 개방되고 에베레스트가 아직 정복되지 않았던 50년대 초반 에베레스트 원정에 관한 모험담을 엮은 책을 읽었는데 그래서 남체 바자라는 이름을 늘 기억하고 있었다.

아시아와 나는 동네 어귀로 들어서면서 차가 아니라 사람과 동물들을 위해 만든 좁은 길을 걸어 올라갔다. 25년 전과 별반 달라지지 않은 것을 보고 마음이 놓였다. 하지만 변화는 좀 있었다. 그 당시에 니마는 여기서 호텔을 운영하고 있었는데 호텔 이름을 세계 각국의 원정대원들의 '고단한 발을 쉬게 한다'는 '인터내셔널 풋 레스트 호텔(International Foot Rest Hotel)'이라고 붙여 많은 사람들이 재미있어 하며 들렸다. 이 호텔에는 자기의 슬리핑 백을 중앙 화덕 주위에 펼 수 있도록 계단식으로 침상이 있는 싱글 룸이 많았다.

지금 그는 바와 휴게소도 같이 운영하고 있는데 그곳에는 세계 각국의 술을 갖추어 놓은 바와 카투만두에서 부품을 이곳 남체까지 헬리콥터로 공수해서 만든 당구장도 있다. 바를 지나 긴 복도를 따라가면 10여 개의 방이 있는데 아시아와 나는 시끄러운 소리를 피하기 위해 당구장에서 가장 멀리 떨어진 방을 잡았다. 바는 사람들로 꽉 찼지만 우리 방은 멀리 떨어져 있어서 별 어려움 없이 쉽게 잠들 수 있었다. 아침이 되자 햇빛이 우리 방의 창문을 비추었다. 밖을 내다 보니 하늘은 아직도 조금 흐렸다. 거리 위쪽에서 시계 종소리가 6번 울려 아침을 알렸다. 이 종은 실은 에베레스트에서 등반대들이 쓰고 버린 산소통을 마을회관 난간에 매달아 놓은 것이다. 주야간 경비를 끝낸 사람이 매일 아침 막대기로 쳐서 하루의 시작과 저녁 시간이 되었다는 것을 알린다. 마지막 종소리가 잦아들고 나며는

묵직한 저음의 승려들의 독경 소리가 이어졌다.

"저게 무슨 소리죠?"

"승려들이 독송하는 퓨야(죽은 자를 위한 티베트 불교 의식) 의식이야."

"어디서 들려 오는 거죠?"

"거리 맞은편 어디쯤인데. 니마한테 물어 봐야 알 수 있어."

나는 슬리핑 백에서 나와 바지와 셔츠를 입었다. 아시아에게 잘 잤는지 물어보자 아직도 약간 춥다고 해 그녀와 나는 니마와 함께 중앙 화덕 앞에 모였다. 실내 공기는 마시다 쏟은 맥주에서 나는 곰팡이 냄새로 꽉 찼고, 담배 꽁초는 떨어진 낙엽처럼 바닥에 흩어져 있었다. 한 소년이 당구대 주위를 쓸고 있었다.

"지금 퓨야는 지난 주에 죽은 한 늙은 셀파를 위한 의식이에요." 하고 니마가 말해 주었다.

"그의 부인이 사방에서 승려들을 불러 그 노인을 내생으로 인도하기 위해 2주 동안 매일 독송을 하고 있어요."

니마가 우리한테 퓨야를 보고 싶은지 물어보았다. 우리는 기꺼이 가겠다고 했다. 그래서 우리는 텡보체 사원으로 올라가기 전에 남체에서 하루 더 쉬어가기로 결정했다. 아시아에게는 이곳 셀파족들의 생활을 들여다볼 수 있는 기회가 될 수도 있을 것이다. 한 손에 커피 잔을 들고 니마를 따라 미망인의 집으로 갔다. 집 앞에 30여 명의 셀파족 사람들이 모여서 구운 보리 가루와 야크 우유로 만든 짬바라는 음식 접시를 돌리는 것을 돕고 있었다. 미망인은 이에 필요한 경비를 대며 2주간의 철야 염불 기간 동안은 음식을 정성껏 마련하여 마을 사람에게 돌리며 대접한다.

"미망인이 승려들을 먹이고 퓨야 비용을 지불합니다. 돈이 많이 들지만 이게 돌아간 남편에 대한 존경을 표현하는 방식이죠." 니마가 설명했다.

니마는 우리를 집 안으로 안내해서 10여 명 이상의 승려들이 벽에 줄지어 있는 2층으로 올라갔다. 그 방은 음식 접시를 아래층으로 나르는 셀파

부인들로 꽉 찼다. 그 중 한사람이 아시아와 나에게 자리를 권해 주었다. 퓨야가 절정에 다다랐을 때 한 승려가 북을 치고 다른 한 승려는 바라를 치는 동안 몇몇 승려들이 긴 나팔을 불고 나머지 승려들은 작은 클라리넷 같은 나팔을 불었다. 가슴의 고동처럼 계속 울리는 북을 제외하고는 음악과 독경이 갑자기 멎었다가 한 승려가 다시 독경을 시작하고, 이어서 다른 승려들의 저음의 독경이 계속 이어졌다.

그곳에 한 시간 정도 머물렀는데 떠나기 전 미망인에게 조의를 표하자 그녀는 다시 우리의 손을 잡고는 미소를 지어보였다. 숙소로 되돌아오면서 아시아는 미망인이 갖고 있는 돈을 이 장례를 치르기 위해 다 쓴다는 데 놀랐다. 세계 모든 지역마다 문화가 조금씩 다르긴 해도 공동체 문화와 가진 것을 재분배하는 형식의 나눔의 문화는 어느 곳이든 나름대로 있다고 설명해 주었다.

"미국 사회에도 이와 같은 것이 더 필요한 것 같아요." 그녀가 말했다.

"우리도 그런 것이 있기는 하지. 상속세 같은 제도 말이야."

"그렇긴 하지만 좀 다른 것 같아요. 그런 세금으로는 이곳에서와 같은 인간적인 맛이 없잖아요."

나는 아시아가 어쩌면 그녀의 아빠를 감동시킨 히말라야 지역의 불교 전통 문화를 똑같이 직접 체험할 기회를 가질 수 있었다는 것이 기뻤다. 나는 불교에 대해서 상식적인 지식밖에 없었지만 조나단에게는 그의 삶과 생각의 중요한 부분이었다. 그가 지금 아시아보다 조금 많은 나이에 히말라야로 처음 왔을 때 그는 이 지역 불교 사원에 10일 정도 머물렀다.

아시아가 조나단의 생각과 삶의 중요한 일면을 알 수 있도록 하는 유일한 방법은 우리 여행 일정에 이곳 불교 전통과 히말라야 문화를 접할 수 있는 장소를 끼워 넣는 것이다. 그것이 내가 불교도나 힌두교도들 모두 지상에서 가장 신성한 산으로 추앙하는 카일라스산에 머무는 일정을 포함시키고자 하는 이유이다. 아시아가 퓨야를 볼 수 있는 기회를 가진 것을 잘 했다고 생각하는 까닭도 그 때문이다.

오후에 아시아와 나는 이웃 마을 쿰웅으로 하이킹을 하기로 결정하고 에베레스트와 아마 다블람과 이어지는 연봉들의 장관을 볼 수 있는 언덕을 지났다.

"저 봉우리들을 볼 수 있도록 날씨가 맑아야 할 텐데." 라고 하니까,

"맑으면 더욱 좋고 그렇지 않아도 괜찮아요." 하고 대답했다.

그녀의 아빠도 그런 대답을 할 것 같다는 느낌이 들긴 했지만, 조나단이 이들 연봉들을 처음 보았을 때 얼마나 흥분했는지, 그의 등반 일지에서 읽은 기억이 난다. 여기가 바로 그 장소였던 것 같다.

> 1973년 3월 16일.
>
> 나는 드디어 왔다. 남체 바자에서의 긴 하루였다.
>
> 내가 상상했던 대로 하얀 집들이 언덕을 감싸고 있는 이곳으로 마침내 왔다. 둘러보고 싶었지만 너무 늦어서 산들을 찍기 위해 동네 위의 언덕배기로 급히 달려갔다. 멀리 펼쳐진 장관을 사람으로서는 도저히 믿을 수가 없다.
>
> 에베레스트, 로체, 눕체, 타웨체, 아마 다블람, 캉테가, 쿰빌라, 쾅데. 와우!

그 언덕배기를 지나면서 내 마음의 눈에는 조나단이 수동 카메라를 들고 아주 차분하게 한 프레임 한 프레임 찍고 있는 모습이 보인다. 그의 얼굴은 홀쭉하고 각이 졌으며 암갈색 곱슬머리가 귀를 덮고 있다. 그는 어린 말처럼 상체에 비해 긴 다리로 성큼성큼 걷는다. 키는 180센티미터가 넘었고, 큰 손으로 카메라를 단단히 잡고 팔뚝은 가슴에다 대고 삼각대처럼 단단히 고정시켰다. 그는 사진을 찍으면서 싱긋 웃는다.

아시아가 조나단이 이곳을 보았을 때와 거의 같은 나이에 이곳을 찾게 했다는 아이디어가 좋았다. 이때의 나이는 여행이나 모험을 하기에 좋은 나이이다. 유럽에서는 고등학교를 마치고 대학교를 들어가기 전후 방랑하면서 보내는 해를 '반더 야'(Wander Jahr)라고 하는데 이런 방랑의 시간이

중세 서양 성곽 같은 로체, 눕체 능선 너머로 저멀리 아미 다블람봉괴 이어지는 연봉들을 볼 수 있다. 그 뒤로 히말라야의 정상 에베레스트가 보인다.(1999년 5월 남체 바자 언덕에서, 릭 리지웨이 촬영)

젊은이들에게는 꼭 필요하기 때문이다.

내가 친구 다섯 명과 함께 작은 범선을 타고 남태평양으로의 항해 여행에 나섰을 때도 열아홉 살이었다. 나는 하와이대학에 다니고 있었는데 여름이 다가오고 있었다. 즉흥적인 기분으로 나는 카드 보드에 '남태평양으로 가는 범선 승무원 모집'이라고 멋지게 서서 요트 클럽 게시판에 붙여놓았다. 일주일만에 36피트 범선과 함께 18세에서 22세 사이의 승무원 다섯 명을 구할 수 있었다.

우리는 6월에 타히티와 프랑스령 폴리네시아의 리워드섬을 향해 출항했다. 바다에 24일 동안 떠 있었는데 선장이 지금쯤은 타히티가 눈에 들어와야 할 때라고 말했다. 바다에는 참치가 많기 때문에 식량은 문제없었으며 식수가 문제될 수 있었으나 앞 갑판에 1갤런짜리 물통이 8개가 있어서 이틀은 버틸 수 있었다. 망원경을 들고 갑판에 올라가 수평선에 작은 산이 바다 위로 떠오르는 것을 바라보았다. 그 섬에 다가가자 정글로 뒤덮인 작은 봉우리가 눈에 들어왔다. 하얀 모래 해변이 언덕을 감싼 코코넛 야자수와 함께 뻗어 있었다. 구름이 청록색 개펄을 가렸다. 해변에는 야자수 줄기로 지붕을 엮은 오두막들이 보였다. 해변을 걷는 사람들도 조금 있었는데, 확실치는 않았지만 여자들은 젖가슴을 드러낸 채 거의 벌거벗은 차림이었다. 지도를 보느라 바쁜 선장을 제외하고는 모두 이곳은 천국처럼 보인다고 생각했다. 하지만 한두 가지 문제점도 있었다. 첫째는 암초를 피해 섬으로 들어갈 길을 찾을 수 없었다는 점이다. 둘째는 그 섬은 타히티가 아니었으며 선장은 우리가 어디에 와 있는지 전혀 알 수 없다고 실토했다.

우리 선원 중에 한 사람이 라디오광이었는데 그는 옷걸이를 꺾어 방향 안테나를 만들어 휴대용 트랜지스터에 연결시켜서 '라디오 타히티'를 찾았다. 그는 가장 강한 전파가 잡힐 때까지 돌리다가 공해상쪽으로 가리키며 말했다,

"저쪽이다" 그리고는 반대 방향을 가리키며 말했다,

우리는 가장 그럴듯해 보이는 방향을 선택해 이틀을 해맨 뒤 새벽에 타히티섬의 중앙에 산봉우리를 찾을 수 있었다. 작은 안내선이 나와서 우리 요트를 항구로 안내했다. 오전 10시쯤 되었다. 우리는 젊은 연인들이 빈 맥주병과 색종이들이 어지럽게 흩어져 있는 거리를 팔장을 끼고 술에 취해 걸어가는 광경을 멍하니 지켜보았다. 작은 트럭이 천천히 움직이는데 뒷칸에는 통나무 드럼을 치면서 꽃무늬 천만을 살작 두른 아름다운 처녀가 춤을 추고 있었다.

우리들 모두는 난간에 기대고 서서 선장이 배를 정박시키기 위해 애쓰고 있는데는 신경도 쓰지 않고 춤추는 여자만을 쳐다보고 있었다. 우리는

이런 축제가 늘상 있는 것이라고 짐작하고 낙원을 찾아 왔다고 확신했다. 하지만 이날은 프랑스의 혁명 기념일로 프랑스령 폴리네시아에서는 연중 최대의 경축일이었다.

주변 섬들을 두 달 더 순항하다가 떠날 무렵에는 친한 친구가 되어 버린 한 선원과는 이곳에서 작별을 고했다. 그는 한손은 작별 인사를 하느라 흔들고 있었고, 다른 한손은 사랑에 빠진 프랑스와 타히티의 혼혈 여자의 휘어진 허리를 잡고 있었다.

호놀룰루에 돌아왔을 때는 가을 학기가 시작된 지 이미 한달이나 지난 뒤였다. 나는 야간 강의를 들으며 수업을 보충하기로 했다. 전공을 인류학으로 바꾸고 초급 프랑스어 강좌에도 등록했다. 다시 남태평양으로 가기로 마음을 정하고 나니 인류학 지식과 프랑스어가 크게 도움이 될 것이라는 생각이 들었기 때문이다.

니마의 호텔에서 저녁을 먹고 나서 내일 아침 일찍 텡보체 사원으로 출발할 수 있도록 잠자리에 들자고 아시아에게 말했다. 그녀가 어젯밤보다 더 추운 것 같다고 해서 보온병에 뜨거운 물을 가득 채워서 주었다.

"이것을 슬리핑 백 속에 넣고 자거라."

"고마워요." 그녀는 슬리핑 백 안으로 기어들어 가면서 말했다.

"저혈압이라서 그런 것 같아요." 하고 그녀가 말했다.

"그래도 너는 스노우 보드 선수잖아?"

"그래요, 스노우 보드를 탈 때는 괜찮은데 리프트 체어를 탈 때는 꽁꽁 얼어요."

"보온병이 도움이 될 거야."

"벌써 따뜻하네요. 고마워요."

"고맙긴."

나는 더 이상 말하지 않았지만 내 마음은 창탕 지역으로 달려가고 있었다. 기온은 자주 영하로 떨어지고 바람은 끊임없이 불어서 초기 탐험자들을 미치게 만들었다고 하는 광활하고 눈덮인 고산의 대초원 지대를 마음속으로 그려 본다.

동이 트자 아시아는 아무런 불평없이 슬리핑 백을 빠져나왔고, 서둘러 니마와 같이 우리는 곧 출발했다. 에베레스트 베이스 캠프로 가는 루트 상에 있는 텡보체로 가는 데는 5시간 이상 걸어야 했다. 하늘은 여전히 흐렸고 납빛의 먹구름이 산봉우리를 흐리게 했다. 발자국 소리 이외에는 300미터 아래의 이마콜라강이 흘러가는 물소리만 들렸다.

우리는 원정대의 장비와 물품을 실은 야크떼의 캐러반 행렬 뒤에 따라가게 되었는데 오솔길이 넓어지는 지점에서 긴 행렬을 제치고 텡보체 사원이 보이는 길모퉁이를 돌았다.

한낮쯤 되어 우리는 티베트 난민들이 운영하고 있는 오솔길가의 찻집에 들려 중국식 채소로 만든 요리를 먹었다. 채식을 좋아하는 아시아는 반가운 눈치였다. 날씨가 더워져서 우리는 번갈아 가면서 찻집 뒤로 가서 반바지로 갈아 입었다. 그리고 아시아가 스노우 보드 선수 때의 경험에 대해 얘기해 달라고 했다.

"열세 살 때 시작했는데 흠뻑 빠져들었어요. 그때까지만 해도 뭔가 하고 싶으면 부모님의 도움이 필요했어요. 그러나 스노우 보딩은 혼자 힘으로 할 수 있었어요. 남들보다 잘 타기 시작해서 주말마다 타러 갔어요. 체육 학점을 취득하기도 했어요. 나는 청소년 국가 대표팀에 선발되어 일본에서 열리는 세계선수권대회에도 출전했는데 처음으로 해외 여행을 하게 되었어요. 그때 나는 시합보다는 여행을 더 좋아한다는 것을 깨달았죠. 나중에 훈련 캠프에 돌아와 팀 동료들을 살펴보니 모두 승부욕이 강하다는 것을 알 수 있었어요. 그들은 승부 세계에 인생을 바칠 준비가 되어 있었는데 나는 그렇지 않았어요."

"그래서 그만 두었니?"

"시합하는 것은 그만 두었지만 취미로 스노우 보드는 계속 탔어요.지금도 좋아하고 가끔 타기도 해요.우리 엄마는 승부욕이 강하지만 아빠는 그렇지 않았다고 들었어요.그런 성격은 아빠를 닮았나 봐요."

"너희 아빠는 그렇게 승부욕이 강하지 않았지만 야망은 있었다.너도 알겠지만 그건 다른 거란다." 그녀는 고개를 몇번 끄덕였다.

이마콜라강 쪽으로 오솔길이 시작되었고, 우리는 은빛 자작나무와 철쭉 숲을 지난 다음 푸른 소나무와 전나무 숲을 지났다.나무 위에서 종달새와 박새가 지저귀는 소리가 들려 왔다.쉬면서 다른 사람들을 먼저 가도록 했다. 조나단은 이 오솔길 구간을 이렇게 적어 놓았다.

소나무 향기 그윽한 가운데 철쭉꽃이 아름답게 피어 있는 곳.
가까이서는 작은 새 소리,저 멀리서는 야크 떼의 방울 소리,
그리고 멀리서 강물이 흘러가는 소리가 너무 좋다.
옴 마니 반메 훔.
나는 이 삼라만상 중에서 보잘것없는 하나의 티끌이로구나.

사람들이 어떤 곳에 갔을 때 그곳이야말로 자기가 있어야 할 땅이라는 것을 바로 알아보는 곳이 이 지상에 어느 한 곳은 있다고 말하는데,그것이 사실이라면 아마 조나단에게 그곳은 히말라야의 땅일 것이다.나는 그의 일기를 읽으면서 그의 이러한 열정을 엿볼 수 있었다.말미에는 또 그는 이렇게 써놓았다,

철쭉은 은빛,분홍빛 크리스마스 장식처럼 온 언덕을 아름답게 수놓았다.
수정처럼 맑은 아침,눈덮힌 하얀 산봉우리 파란 하늘을 뚫고 올랐다.
나는 또 하루 살아 있음을 느낀다.
나는 다시 올 것이다.

그로부터 그는 한해를 빼고는 죽을 때까지 매년 이곳 히말라야에 왔다. 1976년 에베레스트 등정 때 웨스턴 쿰으로 알려진 캠프 1 위 커다란 얼음과 함께 눈덮힌 계곡에서 조나단이 하루는 숨은 크레바스에 발을 디뎠다가 15미터 아래로 추락했는데 다행히 로프에 걸렸다. 큰 상처는 입지 않았지만 자칫 크게 다치거나 사고가 일어날 수도 있었다.

아내와 나도 우리 아이들이 세상을 모험한답시고 돌아다니면 심정이 어떨까에 대해서는 조금 경험을 한 적이 있다. 우리 큰딸이 고등학교 2학년 때 프랑스에서 공부를 하고 있었는데 봄방학에 친구 4명과 함께 여행을 떠났다. 그들 모두 16세 이하였다. 2주 동안 버스와 기차를 타고 스페인을 여행하기 위해서다. 나는 그런 위험한 곳에 간다 하더라도 받아들일 마음의 준비를 단단히 하고 있다. 나는 아이들이 말린다고 그런 모험을 하지 않을 것이라고 생각하지 않기 때문에 오히려 격려해주어야 한다는 것도 내 경험을 통해 잘 알고 있다.

내자신 가장 두려웠던 시간은 남태평양 바다로의 첫 번째 여행을 하고 난 후 3년 뒤에 일이였다. 하와이대학 4학년을 마칠 무렵 소시에테 제도, 투아모투 제도, 마르퀘사스 제도로 떠나는 98피트 쌍돛 범선의 선원 일자리 제안이 들어왔다. 그 보트는 돈 많은 기업가의 소유였다. 임금은 한달에 400달러였는데 100달러짜리 현금으로 세금도 제하지 않고 주겠다고 했다. 선박 소유주는 1~2주일만 여기저기 타고 다니고 나머지 시간은 선장과 선원들이 마음내키는 대로 타고 다닐 수가 있었다.

우리는 소시에테 제도에서 두 달을 보내고 마르퀘사스 제도로 항해했다가 멕시코를 거쳐 중앙 아메리카 해변에 머물고 있었다. 그때 파나마에서 82피트 짜리 스쿠너 범선을 가진 두 명의 선원들을 만났는데, 그 녀석들이 말하기를 에머랄드를 많이 갖고 있는 콜롬비아 내륙 깊은 산의 한 오지 부족들을 잘 알고 있는데 그 부족들이 사냥하기 위한 22구경 실탄이 필요하다고 했다. 이들 두 녀석은 또 소총 사격장의 직원과 친하다고 하면서 같이 한번 모험을 하자고 제안했다. 나는 곧 98피트 쌍돛 범선을 떠나서 82피트 스쿠너를 타기로 계약하고 모두 모아 두었던 100달러짜리 지폐 전부를 투자했다. 우리는 실탄 5만 발을 주문했다. 우리의 계획은 실탄을 콜롬비아로 밀수해서 에머랄드와 바꾸어, 원석 시장이 있는 피지로 항해하기로 했다. 거기서 우리는 에머랄드를 현금화해서 스쿠너를 타고 관광객들을 상대로 서비스업을 해 볼 생각이었다.

우리는 좁은 지역에서 소문내지 않고 5만 발이나 되는 많은 실탄을 빼내 밀거래한다는 것이 얼마나 어렵다는 것을 고려하지 못했다. 곧바로 체포되어 커다란 선박 감방에 갇혔다. 주정뱅이들과 함께 30명의 죄수들과 같이 지냈다. 나는 다른 죄수 몇 명과 함께 주정뱅이들이 없는 작은 감방으로 이송되었는데 22구경 실탄과 마리화나 밀거래 미수범으로 경찰에 끌려가서 날마다 심문을 받았다. 나는 체포되었을 때 치약과 칫솔, 노트와 메모, 그리고 담뱃갑과 담배 파이프 등 귀중한 몇 가지 개인 용품이 든 작은 소지품 가방을 가지고 있었다. 심문을 받은 지 닷새째 되는 날 감방에 돌아왔더니 소지품 가방이 없어졌다. 감방 동료들에게 물었더니 모두 모른다는 것이었다.

감방에 얼마나 더 있게 될지 몰랐지만 도둑맞은 소지품을 찾기 위해 무슨 조치를 취하지 않는다면 다른 죄수들에게 더 괴롭힘을 당하게 될 것이 뻔하였다. 고등학교 다닐 때 한번도 주먹다짐을 한 적은 없지만 피할 수 없는 코너에 몰린다면 주먹을 날리고 얻어터질 각오도 해야 한다는 고민을 한 적은 한두 번이 아니었다. 지금이 바로 그런 코너에 몰린 경우이며 빠져나갈 길이 단 하나 그길밖에 없다는 것을 직감했다.

감방 동료들 중에서 누가 도둑질을 했는지 확신이 가는 놈이 있었는데 다른 사람들은 모두 그의 말에 복종하는 것 같았다. 내가 소지품 가방에 대해서 물었을 때 그가 가장 앞장서서 부인했다. 나는 그를 예의주시하다가 그가 다른 사람들과 떨어진 곳으로 자리를 옮기는 것을 보고 죽을 힘을 다해 얼굴을 주먹으로 갈겼다. 그가 쓰러지자 나는 재차 가격하기 위해 팔을 뒤로 당기는데 다른 죄수들이 나를 붙잡고 순식간에 내 등과 머리에 주먹 세례를 퍼부었다. 간수가 호각을 불며 달려오자 그들은 잽싸게 나한테서 떨어졌다. 내가 주먹을 날렸던 녀석이 이를 갈면서 내게 말했다,

"너 오늘 밤에 봐."

그리고 내 옆구리에 칼로 찌르는 시늉을 했다. 나의 유일한 탈출구는 간수에게 매달리는 것이었다. 나는 우리 감방을 책임지고 있는 뚱뚱하고 매부리코의 간수장에게 자초지종을 얘기했다. 그는 나의 감방 동료들에게 내 소지품 가방을 훔쳤는지 물었다. 그들은 모두 부인했다. 그는 나를 쳐다보며 말했다.

"모두 네 물건 안가져 갔다는데."

나는 간수장에게 이 사람들이 오늘밤 내가 잠드는 순간 나를 칼로 찌를 것이라고 말하려는데 복도 바로 맞은편 감방의 한 죄수가 큰소리로 간수장을 불렀다. 모두들 그 사람은 살인죄로 복역 중이며 보통 내기가 아니라는 것을 알고 있었다. 간수장이 건너가서 그와 말을 나눈 다음 그의 감방문을 따 주었다. 40대쯤 되어 보이는 그 살인범은 호리호리하게 생겼지만 눈은 쉴새없이 움직이며 무엇 하나 놓치지를 않았다. 그는 우리 감방으로 들어와서 감방 동료들을 훑어보았다.

"이 애숭이 미국놈 가방 어디 있어?"

그는 위협적으로 말했다. 그러나 모두들 부인하는 뜻으로 어깨를 으쓱했다. 그는 대답을 할 시간을 주면서 한 사람씩 한 사람씩 주시했다. 그러다가 갑자기 칼날 같은 목소리로 말했다,

"이 미국놈 것 내 놔. 당장!"

그제서야 내가 주먹을 날린 녀석이 자기 소지품을 넣어 둔 싸구려 플라스틱 통에 손을 넣고 내 가방을 꺼냈다. 그는 그것을 살인범에게 주었고,

그는 그것을 나한테 건넸다. 살인범이 간수장을 쳐다보고 말했다,

"이 미국 친구를 내 방으로 보내 주쇼."

간수장이 고개를 끄덕여서 나는 그 살인범을 따라서 복도 맞은편의 새 감방으로 자리를 옮겼다. 그는 새로운 감방 동료들에게 소개했다. 그들은 모두 골치꺼리 장기수들이었다.

"그런 것 찾으려면 웬만큼 배짱이 필요하지, 여긴 왜 들어왔어." 그 살인 범이 물었다.

"멍청한 짓 하다가 들어왔습니다."

"그래도 가방은 찾았군."

"운이 따랐죠."

그는 나를 한참 째려보더니 잠깐 멈추었다가 충고해 주었다.

"행운이라는 것은 그렇게 쉽게 찾아오는 것이 아니야. 알겠어."

그 뒤 나는 파나마 감옥에서 풀려나 페루에 있는 안데스의 퀘추아 마을 의 한 인류학자의 조수로 일자리를 구했다. 내 임무는 이곳 인디오 사람의 야생적 삶의 행태에 대한 조사를 도와주는 것이었다.

조사를 마칠 무렵 야생 세계에 머무는 것에 흥미를 느끼고 또한 젊음을 유지하는데 도움이 된다는 생각을 하였다. 그래서 나는 나에게 중고품 등 반 장비를 판 클라이머를 따라 무조건 안데스의 코딜레라 블랑카로 가는 기차를 탔다. 우리는 밤에 도착해서 오두막의 지저분한 바닥에서 잠을 잤 다. 다음 날 해발 6,600미터 이상의 고산들과 최고봉인 우아스카란(남미, 페루 중부 안데스 산맥 중의 최고봉. 6.768미터)봉이 햇빛을 받아 눈이 부시 도록 반짝이는 광경을 바라보았다. 저 위에 올라가서 아래로 내려다보는 경치는 얼마나 장관일지 알고 싶은 열망이 솟구쳤다.

등반에 대한 내 관심은 십대부터 시작되었다. 나는 남 캘리포니아의 오 렌지 과수원에서 성장했는데 덫을 놓아 두더쥐를 잡아서 꼬리 하나에 1 달러를 벌었다. 산타나강은 때묻지 않은 모습 그대로 흘렀고, 단발 22구경

으로 토끼를 잡기에는 좋은 장소였다. 그런데 불과 3년이란 기간 동안에 내가 뛰놀던 숲은 불도저에 밀리고 새로 포장된 도로를 따라 쿠키처럼 찍어 낸 성냥갑 모양의 집들을 줄줄이 짓기 위한 공간을 내주느라 그만 아름다운 숲이 망가지자 나는 위안을 찾기 위해 근처의 산가브리엘산으로 올라가서 간단한 산행 안내서를 갖고 크램폰을 끼고 눈 경사면을 걷는 법과 아이스 엑스로 확보하는 법을 익혔다.

하지만 아주 오래된 등반 장비로는 내 꿈을 실현시키기 어려웠다. 가진 돈으로는 추가로 장비를 구입하기에는 턱없이 부족했다. 낡아빠진 등산화와 슬리핑 백은 모두 너덜너덜하였다. 등산용 바지는 싸구려 면제품이었으며 또 고산과 암벽을 오르는 등반 기술도 없었다.

코딜레라 블랑카(전장 8,046킬로미터의 안데스산맥 중 페루의 최고 고산봉으로 일찍이 소멸된 잉카문명과 마추피추의 신비한 유적들을 감싸고 있다. 장대한 조망을 가진 아름다운 산이며 빙하와 험준한 계곡이 동쪽 아마존으로 이어진다)에 도착했을 때까지도 나는 고산을 오르는 등반 기술, 등반 경험, 등반 장비도 문제지만 더 딱한 것은 같이 등반할 사람이 없다는 것이었다. 나는 산악인들이 모두 머무는 숙소로 찾아가 보았다. 오두막을 기대하고 갔는데, 그 부근에서 가장 근사한 숙소라는 것을 알고 적잖이 놀랐다. 돈 카를로스라는 이름의 페루인인 이곳 주인이 산악인들을 좋아해서 많은 돈을 들여 목욕탕 옆의 탈의실을 개조하여 쉽게 이용할 수 있도록 했다는 것이다.

운이 좋게도 거기서 나는 경험 많은 두 산악인을 만날 수 있었다. 뉴질랜드에서 온 여자와 네덜란드인이었는데 마침 산행 파트너 한 사람을 찾고 있었다. 나를 소개했더니 파트너로 받아들이기를 꺼렸다. 그때 론 피어라는 미국인이 한 그룹을 우아스카란산(페루 안데스의 최고봉으로 북봉(6,654미터)과 남봉(6,768미터) 두 개의 사화산으로 정상 아래로 큰 빙하가 흐르고 경사는 가파르고 험하기로 악명이 높다) 정상까지 성공적으로 등반하고 내려오는 길이었다. 그는 코딜레라 블랑카에 한달 이상 머물고 있는 중이었다. 네덜란드인은 그가 세계 최고의 산악인 중에 한사람이라고 귓속말로 알려 주었다.

다른 사람들은 그와 벌써 안면이 있어서 그들이 나를 소개시켜 줬다. 그는 20대 후반으로 몸매는 날씬했고 몸매 못지않게 홀쭉한 얼굴에 검은 수염을 덥수룩하게 길렀다. 그의 키는 180센티미터였지만 주위 사람들을 끌어당길 정도로 흡인력이 있어서 그런지 더 커 보였다. 그는 말할 때도 잘 웃었고 남의 말을 들을 때도 잘 웃었다. 옷입는 방식도 아주 특이했다. 내가 그를 만났을 때 그는 무릎과 엉덩이에 빨간 천 조각을 댄 푸른 스키 바지와 빨간 줄이 처진 노란 셔츠를 입고 무지개빛으로 수놓은 모자를 쓰고 있었다. 그 때부터 14개월 동안, 그의 여자 친구 잰(Jan Sport 라는 유명한 배낭 회사를 운영하고 있다)이 그를 위해 만들어 준 익살맞은 스타일의 옷 이외의 다른 옷을 입은 것을 본 적이 없다.

론 피어는 그가 가이드한 아마추어 산악인들이 우아스카란을 하산할 때 너무 지쳐서 대부분의 장비를 정상 캠프에 내버려 두었는데 누구든 되돌아가서 그장비를 가지고 싶으면 가져도 좋다고 했다.

"그게 전부가 아닙니다. 돈 카를로스는 산악인들을 위한 장비 렌트 사업도 크게 벌리고 싶은데 또 장비 값만큼 바를 이용할 수 있도록 해 주겠답니다. 누가 우아스카란에 올라가시겠습니까?" 하고 론이 우리에게 말했다. 우리는 다음날 출발했다. 뉴질랜드인과 네덜란드인도 자원했다. 그 장비는 6,600 미터 높이에 숨겨져 있었다. 올라가는 길에 론은 크레바스 지역에서 루트를 살피는 법과 스노우 브리지에서 아이스 엑스로 확보하는 방법을 가르쳐 주었다.

빙벽을 지나면서 숨은 크레바스에 추락했을 때 로프를 이용해 스스로 올라가는 방법도 가르쳐 주었다. 산행 걸음에 맞추어 호흡하는 방법에 대해서도 조언해 주고 다리의 피로를 최소화하기 위한 크램폰 위치를 달리

하는 법에 대해서도 일러주었다.

장비를 숨겨 둔 곳에 캠프를 설치했다. 론은 거기서 정상까지 올라가는 것은 쉽다고 말했다. 그는 아침에 뉴질랜드인, 네덜란드인과 나에게 정상까지 계속 올라가라고 하면서 자기는 버린 장비를 일부 챙겨 내려갔다가 한 번 더 올라오겠다고 했다. 우아스카란 정상은 해발 6,700미터가 넘어 한 주일 전만해도 나는 불가능한 꿈이라고 생각했던 고도이다. 다음날 날씨는 잠잠해서 정오쯤에 정상에 올랐다. 정상에는 대나무 막대기로 정상표시가 있었고 그 옆에는 '위험'이라는 글이 새겨진 라벨이 붙은 빈 샴페인 병이 걸려 있었다. 3일 뒤에 우리는 호텔로 되돌아왔다. 우리는 그 장비를 돈 카를로스씨한테 넘기고 바에서 450달러를 두고두고 쓸 수 있게 되었다.

우리는 코딜레라 블랑카에서 계속하여 처음 오르는 암벽을 포함해 두 개의 정상을 더 올랐다. 우리는 정상에서 비박을 했는데 입었던 면바지가 너무 얇아서 다리를 구부리면 얼음 조각에 다리를 벨 정도였다. 새벽녘에 참기 힘들 정도로 추위에 떨고 있을 때 산악인이 되기 위한 유일한 자격요건은 아와같은 공포의 고통을 빨리 떨쳐버리는 의지라고 론이 내게 강의하였다.

그 뒤 론은 경험많은 전문팀들과 같이 히말라야로 떠날 계획이었지만 페루에서 아직 사람의 발길이 닿지 않은 안데스 산맥의 능선 중에 최고봉을 하나 더 오르자고 내게 말했다. 그는 또 오랜 산행 파트너인 응급실 의사 크리스 챈들러에게도 연락하여 우리의 산행에 참여하라고 했다.

우리는 필요한 물품을 지고 곧바로 루트를 공격하는 알파인 스타일(중간중간에 고정 캠프를 설치해서 짐을 올려다 놓고 하는 스타일과 달리 꼭 필요한 짐만을 나르면서 캠프를 이동하며 등반하는 방식)로 정상에 오를 계획이었다. 하지만 캠프 2에서 우리는 폭풍을 만나 갇혔다. 조금밖에 준비하지 않은 식량도 떨어져 물러서야 했다. 크리스도 미국의 직장으로 복귀해야 한다고 말했다. 나는 론에게 한번 더 시도해 보자고 설득하려고 했지만, 그도 지금까지의 무리한 등반으로 지쳤다고 털어놓으면서 폭풍과 추위에 떨지 말고 따뜻한 곳으로 내려가고 싶어했다.

"카를로스한테 고무 뗏목이 있는데 그것을 빌릴 정도의 돈이 남아 있을 테니까 정글로 내려가서 강을 타고 래프팅을 하자"고 론이 제안했다.

우리는 철도 종점에서 출발하면 마추 피추 아래 리오 우루밤바 협곡에서 래프팅을 하는 것은 가능하다고 들었다. 하지만 큰 급류가 있어 급류를 타본 경험이 있는 사람은 우리 가운데 론밖에 없었다.

"걱정하지 마." 그가 말했다.

"거기 도착하기 전에 어떻게 하는지 가르쳐 주지."

다른 사람들은 자기들이 아직 가보지 않은 마추 피추에서 내리고 나는 철도 종점까지 갔다. 거기서 나는 필요한 물품을 사고 다음 날 기차가 도착하면 그들과 합류할 생각이었다. 하지만 기차가 들어왔을 때 그들은 기차에 없었다. 론은 항상 늑장을 부려서 기차 출발 시간을 놓친 것으로 짐작했다. 그 다음 날 기차가 도착했을 때 론의 여자 친구와 다른 친구가 낡은 기차 객실에서 내리는 것을 보았다.

"론은 어디 있죠?" 내가 물었다.

"그건 제가 당신한테 물어보려던 참인데요." 그녀가 대답했다.

"무슨 말이에요?"

"우리는 어제 기차를 놓쳤어요. 그래서 론은 고무 보트로 마추 피추부터 강을 타고 내려가겠다고 했어요. 하지만 지금쯤 여기에 도착했어야 하는데."

"그 구간은 급류가 심한데……."

"기차를 놓치고는 제정신이 아니었어요. 제대로 정신은 차렸는지 모르겠어요."

"오, 맙소사."

"그에게 무슨 일이 일어났을까요?"

"잘 들어요. 나는 지금 당장 이 기차를 타고 마추 피추로 돌아갔다가 이리로 오면서 강을 살펴볼게요. 제가 연락할 때까지 여기서 기다리세요, 알아들었죠?"

기차가 막 움직이기 시작해 나는 급히 기차에 뛰어 올랐다. 두 시간 후에 나는 마추 피추 역에 내렸다. 선로 바로 아래 우루밤바강은 물살이 빨랐지만 고요했다. 나는 하구쪽으로 걸어가면서 급류가 요동치는 소리를 들었다. 계곡은 좁아지고 강은 깎아지른 계곡에서 떨어진 큰 바위덩이 주위를 흐르면서 속도가 빨라졌다. 나는 래프팅에 대해서는 잘 모르지만 론과 그의 다른 친구들이 이 지점까지 왔다고 하면 급류에서 빠져나오기가 대단히 어려울 것이라는 것은 알았다. 바위를 타고 넘으면서 강 하구 쪽으로 계속 내려왔는데 한 굽이 돌아설 때마다 물소리가 세어져서 그들이 살아 있을 가능성이 줄어들었다. 포효하는 강물이 15피트의 폭포에 떨어져서 계곡의 양쪽을 꽉 막은 한 무더기 바위 아래로 완전히 사라졌다.

보트나 사체의 흔적도 없었다. 론 일행이 모두 물에 갇힌 것으로 판단되었다. 강을 바라보며 한 시간 정도 앉아 있었다. 노련한 산악인으로서 어떻게 그렇게 무모하게 행동해서 자기뿐만 아니라 친구마저도 죽음으로 몰아 넣다니, 처음에는 화가 났다. 나는 선로로 올라가서 론의 여자 친구가 기다리고 있는 철도 종점쪽으로 걷기 시작했다. 그녀에게, 그리고 론의 부모에게도 이 사실을 알려 주어야 할 것이라고 생각해서였다.

나는 일주일만 더 있으면 스물 셋이 된다는 것을 생각하며 선로를 따라 걸었다. 나는 파나마 감방에서 죄수가 죽어가는 것을 목격했기 때문에 죽음에 대해서 좀 알고 있다고 생각했다. 하지만 이번은 다르게 느껴졌다.

나는 선로를 따라 걷다가 선로 옆에 독거미를 보았다. 큰 독거미의 등위에 독거미의 천적 말벌이 등을 타고 있었다. 말벌이 독거미한테 침을 쏘는 것같이 보이지만 실은 독거미의 뱃속에 자기 알을 낳고 있는 것이다. 선로에 앉아서 이를 지켜보면서 말벌의 알이 부화할 때 독거미의 진을 다 빨아먹어 기진맥진케하여 그 독거미를 서서히 죽게 할 것이라고 생각했다. 그리고 나서 새로운 말벌이 세상에 태어난다. 그래서 독거미는 말벌을 흔들어서 떨어뜨리려고 혼신의 힘을 다해 몸을 흔들었다. 그러나 아무 소용이 없었다.

선로에 앉아서 그 무서운 독거미도 자기의 운명을 알고나 있을까 하고 생각해 보았다. 론은 또 어떤가?

폭풍이 휩쓸고 지나간 우아스카란봉의 정상에 걸린 삼페인 병에 '위험'이라고 쓰여져 있는 것을 처음 보았을 때, '위험' 한 곳에서의 자기 운명을 알았을까? 몰랐을까? 그렇다면 나의 운명은? '위험' 한 모험을 계속하면 나의 운명도 선로가의 독거미처럼, 강줄기에서의 론처럼 되는 것은 아닐까? 아니 이미 정해진 어떤 운명이라면 그 운명을 거역할 수 있는 것일까?

하지만 그해 가을에 자기 운명은 자기 스스로 결정지어 간다는 확신을 가지게 되었다. 론은 자신감에 차 무모했고 스스로 인간의 한계를 인식하지 못했으며, 그런 자만과 경솔함이 그 자신의 생명을 앗아갔다고 생각했다. 나에게 등반에 대한 꿈을 키워주었던 그에 대한 그리움이 가끔 가슴에 사무쳤다.

그 다음 두 해 동안 카스케이드 산맥에서 론의 파트너였던 크리스 챈들러와, 캘리포니아에서 마이크 브레이크라는 새로운 파트너를 만나면서 서부 아메리카의 여기저기를 등반했다. 마이크와 나는 봄·가을에는 요세미티 국립공원을, 여름철에는 만년설의 고산 지대가 많아서 시원한 투올룸 메도우 지역을, 겨울에는 다양한 루트의 바위 천국인 LA 근교의 조수아 트리 국립공원의 암벽 등반 순례를 했다. 그는 20세의 금발 미남으로 산에 미친 사람이었다. 산행 중간에는 페인트 공으로 같이 일하면서 다음 산행을 위해 돈을 모았다. 그는 동생같아서 내가 대부분의 결정을 해야 하는 시니어 파트너 역할을 해야 했다.

나는 페루의 코딜레라 블랑카로 다시 가고 싶었지만 마이크는 돈을 허비하고 싶어 하지 않았고 크리스는 직장에서 벗어날 수 없어서 나는 다른 친구들과 떠났다. 나는 돈 카를로스 호텔에 머물렀다. 요세미티에서 전에 만난 적이 있는 산악인 그룹과 얘기하는데 한 친구가 말했다.

"마이크가 정말 안됐어."

"마이크한테 무슨 일이 있는데?"

"이런. 소식 들었는 줄 알았는데."

"뭘 들었다는 거야?"

"노우즈(The Nose, 요세미티 국립공원의 엘 캐피탄(캘리포니아 중동부 Sierra Nevada 산맥에 있는 산, 2,306미터. 요세미티 협곡에서 절벽의 높이 1,100미터) 암벽 등반로)의 마지막 피치 정상 바로 아래에서 트레바스를 하고 있었는데 로프를 바짝 조으지 않았는지 문제가 있었던 것 같아. 그래서 7미터 아래로 추락했는데 그때 그만 로프가 '픽' 하고 끊어졌데."

그해 늦여름 캘리포니아로 돌아왔을 때, 마이크와 같은 코스를 등반했다는 다른 친구와 얘기를 나누었다. 그는 엘 캐피탄 중간쯤에 올라오고 있었는데 이상하게 '픽' 하는 소리가 나서 쳐다보았더니 마이크가 공중을 날고 있었고, 로프가 유성처럼 뻗쳐 있었다고 했다. 그는 정상에서 7미터 아래로 추락하고, 그가 추락하는 힘을 견디지 못한 로프가 앵커에서 끊어지고 난 다음 다시 약 400미터를 나무잎같이 더 떨어졌다고 한다. 그 친구는 마이크가 자기 옆으로 떨어지면서 거의 수직에 가까운 바위에 부딪칠 때까지 계속 비명을 질렀다고 말했다.

나는 마이크의 부모에게 위로의 말을 전할 겸 그의 집에 맡겨 둔 내 등산 장비를 찾을 겸 좀 망설여졌지만 마이크의 아버지께 전화를 했더니 꼭 집에 들르라고 했다. 마이크의 아버지는 차고 뒤에 있는 마이크의 방으로 나를 데리고 갔다. 내 장비는 내가 놔 둔대로 구석에 있었고, 마이크의 소지품도 그대로 있었다. 지저분한 세탁물은 다른쪽 귀퉁이에, 각종 트로피들은 옷장 위에, 등산 사진은 벽에 붙어 있고, 침대는 정돈되지 않는 채 그대로였다. 나는 나의 장비 가방을 집어들고 옷장을 지나쳐 나오다가 갑자기 멈추어 섰다. 마이크의 지갑이 램프 옆에 놓여 있었다. 그 지갑에는 마이크의 말라붙은 피와 살점 조각으로 덮여 있었다. 눈길을 돌리고 걸어나오는데 그의 아버지는 내가 그것을 보았다는 것을 알고는 내가 방문 쪽으로 나오자 그는 말했다.

"소지품과 같이 보내 왔더군."

"저걸 어떻게 처리해 주어야 하는데…… 어쩌지를 못하고 있네."

일주일 뒤에 나는 요세미티의 엘 캐피탄(原義, The Captain) 기슭에 서서 내 친구를 앗아간 마지막 피치의 정상에 있는 거대한 암벽을 원망스레 쳐다보았다.

노즈 정상 부근에 리더가 사다리 고리를 하나하나 옮기면서 끼워 넣어야 되는 볼트들이 옆으로 나란히 늘어서 있다. 거기서 정상까지는 몇 미터만 가면 되는데 먼저 오르는 사람이 로프를 앵커에 매고 두 번째 사람은 로프의 다른 한쪽 끝을 허리 장비에 매고 회전 쥠쇠 쥬마를 사용하여 로프를 오른다. 사다리 볼트에 도착하면 쥬마를 조심스럽게 죄어 놓아야 한다. 쥬마는 로프에 고정시켜 놓았는데 그 지점에서 수평으로 걸려 있어서 뒤집힐 수 있기 때문이다. 안전 수칙은 7~10 미터 정도 올라가면 쉬면서 로프를 허리에 다시 단단하게 해서 쥬마 부분이 뒤집히더라도 많이 추락하지 않도록 주의를 기울이는 것이다.

마이크는 그것을 깜빡한 것이다. 그는 4일이나 소요된 이 등반의 정상 등정을 코앞에 두고 흥분한 것이다. 나는 암벽의 기슭에서 마이크가 추락한 코스를 바라보다가 로프 쥠쇠를 단단하게 묶는 것을 깜빡했던 상황이 나에게도 있었다는 것을 알았다.

론이 안데스의 급류에 휘말려 죽는 것을 보고 자만심을 버리고 '주의를 철저히 한다면 사고는 일어나지 않을 것'이라고 자기 확신을 했다. 그러나 이런 나의 확신에 회의가 생기면서 중요한 변화가 일어났다.

사고는 '일어나지 않을 것이다'에서 '일어날 수도 있다'는 생각으로.

아시아와 니마와 나는 흔들거리는 케이블 다리를 타고 이마 콜라강을 건너 텡보체로 가는 기슭의 긴 오르막 길을 오르기 시작했는데, 오후 3시경에서야 사원 마당에 들어섰다. 텡보체는 이곳 전통 불교 양식에 따라 세워졌지만 오래 되지는 않았다. 1923년에 처음 세워졌으나 불에 타서 1933년에 개축했으며 1991년에 다시 불에 탔다. 승려들의 독경 소리를 들으며 좋아했던 수많은 트레커들이 기금을 보내서 텡보체를 개축하고 부탄의 장인들이 와서 불교 설화를 대형 벽화로 장식하였다.

우리는 이 곳 사람 모두가 환생했다고 믿는 라마승의 형이 운영하는 여관에 투숙했다. 식당에서 아시아와 나는 화려한 티베트 담요를 깔아 놓은 벤치에 앉아서 차를 마셨다. 그때 한 트레커가 유고 내전에서 미국군이 유고의 중국 대사관을 폭격했다는 소식(1999년 3월 24일 코소보 내전 때 나토군이 유고를 공습 할 때 중국 대사관이 미국의 공습으로 파괴되었던 사건)을 그의 단파 라디오에서 들었다고 했다. 미국은 오폭으로 일어난 사고라고 주장했지만 중국 당국은 격분했다. 청두(成都)와 베이징(北京)에서도 반미 데모가 있었다고 하였다.

늦은 오후에 니마는 우리를 사원 마당 안으로 데리고 갔다. 우리는 나지막한 문에 멈추어 서서 니마가 하는 대로 신발을 벗었다. 니마는 그의 배낭에서 신께 바치는 카다라는 실크 스카프를 세 개를 꺼내어 하나는 아시아에게, 또 한 개는 나에게, 마지막 한 개는 자기가 지녔다. 니마가 하는 대로 각자 스카프를 네팔의 지폐 밑에 접어 놓고 보라색 법복을 걸친 라마승이 앉아 있는 작은 방으로 들어갔다. 니마가 라마승에게 인사하자 우리한테 다가와 앉으라고 손짓했다. 우리는 각각 헌금을 그의 앞에 있는 작은 탁자에 올려 놓고 그가 스카프를 우리 목에 둘러 줄 때 손을 모으고 목례를 하자 라마승은 우리 손을 잡고서 앉으라고 했다. 그리고는 손뼉을 쳐 차를 시켰다. 그 라마승은 1976년에 우리 에베레스트 원정대에게 산행에서의 악운을 쫓아내기 위한 의식을 행했던 때나 지금이나 별반 변한 게 없어 보였다.

그때 조나단과 나는 텡보체에 며칠 묵었는데 우리는 아침에 이곳을 방문하는 트레커들이 선물로 가져온 꽃씨로 가꾸어 놓은 정원을 라마승과 함께 거닐곤 했다. 어느 날 나는 그 라마승에게 소원이 있다면 무엇인지를 물어 보았다.

"맑은 계곡이 있는 깊은 산 속에서 혼자 살면서 명상을 하고 싶다."고 했다. 그 라마승에게 오래 전 정원을 산책하던 일과 세상에서 바라는 소원이 무엇이냐고 내가 물었던 것을 기억하는지 여쭈어 줄 것을 니마에게 부탁했다. 라마승은 고개를 저으며 기억나지 않는다고 말했지만 이 사원에서 등정대원들과 셀파들을 위한 기도를 하지 않아도 된다면 자기는 깊은 산속에서 명상을 하며 살고 싶다는 말을 자주 했다고 하였다.

조나단은 4년 뒤 캄 지역에 있는 산에서 눈사태로 죽었고 아시아는 조나단의 딸이라고 말해 달라고 니마에게 부탁했다. 니마가 통역하자 라마승은 아시아에게 목례를 하고 아시아도 미소지으면서 목례로 답했다.

"아시아와 내가 조나단의 무덤을 찾아 캄 지역의 민야 콘카로 긴 여행을 하고 있다고 설명해 줘."

라마승은 아시아에게 목례를 하고 다시 손뼉을 쳤다. 라마승이 옆에 서 있는 시자에게 뭐라고 말하니 잠시 후 시자는 작은 봉투에 접어 넣은 양피지를 들고 왔다. 라마승은 양피지를 이마에 대고서 입술을 움직이며 진언을 외웠다. 그런 다음 그는 양피지 봉투를 아시아에게 건네주면서 여행 중에 아빠가 보고 싶고 슬퍼지면 따뜻한 물에 녹여서 먹을 수 있는 가루가 들어 있다고 니마를 통해 설명해 주었다. 아시아는 합장하고 절하면서 감사를 표했다.

　해질녘에 우리는 사원 마당을 둘러보았는데 사원 안에서 승려들의 독경 소리가 들려 왔다. 구름층이 낮아져서 사원을 감싼 안개가 이슬을 머금었고, 사원 주위의 자작나무에는 이끼가 끼어 있었다. 독경, 숲, 안개, 이끼……. 이들이 함께 어우러져 무거운 분위기에 신비감마저 감돌았다.

　날씨가 맑으면 여기서도 로체, 눕체 능선과 그 뒤로 에베레스트 정상이 잘 보인다.

　1976년 우리 원정대가 야크들이 풀을 뜯던 풀밭에 캠프를 쳤다. 몬순이 끝나가는 시기여서 지금처럼 구름이 사원 위를 감싸고 있었다. 하지만 아침에는 잠깐 개일 때가 있어서 나는 멀리 산을 바라보며 한두 달 후에 내가 집에 돌아갈 때쯤에는 어떤 이야기 보따리를 풀어 놓게 될지 궁금해하곤 했다.

　사흘 뒤에 우리는 에베레스트에서 죽은 산악인들의 이름을 새긴 대형 표석을 지나갔는데 근처에는 3년 전에 단일 규모로는 최대의 빙하 사태 때 숨진 여섯 명의 셀파를 추도하기 위해 만든 비석도 지나가게 되었다.

　제이크 브리텐바하, 1963년 .
　믹 버크, 1975년 .

　그 당시 나도 예외일 수만은 없다는 것을 알았다. 일 년 후 내 이름도 제이크와 믹의 비석과 나란히 바위에 새겨질 가능성이 있다는 것을 나는 받아 들였다. 원정을 떠나기에 앞서 에베레스트에 도전한 산악인 10명 가운데 한두 명은 돌아오지 못한다는 보고서를 읽었다. 그 숫자는 꼭 신뢰할 순 없지만 나를 흔들리게 하는 일이 지난 3년간 몇 번 발생했다.

　전쟁터에서 멋모르는 병사들도 죽음의 위험을 받아들이는 세 가지 단계를 겪게 된다고 한다. 첫 번째 단계는 죽음은 자신한테 닥치지 않는다고

텡보체 사원과 눈덮힌 아마 다블람 봉우리의 전경(1999년 5월, 릭 리지웨이 촬영)

텡보체 사원의 라마승과 아시아. 저자가 1976년 조나단과 같이 보았을 때와 같은 모습
으로 1999년 5월, 그의 딸과 함께 만났다. 그는 늘 기도와 명상을 하며 에베레스트 원
정대원들과 셀파들의 불운을 막고 행운을 기원하고 있다. (릭 리지웨이 촬영)

자기 확신을 하는 단계이다. 두 번째는 자신의 동료 한두 명이 죽으면 죽음은 자기한테도 일어날 수 있다는 것을 아는 것이다. 세 번째 단계는 수많은 사람들이 주위에서 죽어가는데 자기한테 닥치는 것도 시간 문제라는 것을 인식하는 것이다. 에베레스트에 갔을 이 무렵 나는 두 번째 단계에 머물러 있지 않았는가 생각했다.

아시아와 나는 호텔의 작은 구석방에 침대 역할을 하는 두 개의 나무 벤치 위에 슬리핑 백을 깔았다. 나는 조나단의 일기를 꺼내 아마 다블람 등정 부분을 헤드 램프로 비추며 읽었다. 우리 사이에는 작은 테이블이 있었는데 그 위에는 라마승이 아시아에게 준 카다 스카프와 아시아를 슬픔과 위험에서 보호해 줄 가루를 담은 양피지 봉투와 조나단의 유품으로 갖고 온 염주가 놓여 있었다. 그 염주는 조나단이 에베레스트와 민야 콘카에 나와 함께 있을 때 갖고 있던 것이라서 내 눈에 익었다.

창문이 열려 있었지만 아시아는 불평하지 않았다. 하지만 그녀는 일기를 쓰는 동안에도 슬리핑 백을 머리 위에 끌어당겨 덮고 있어서 헤드 램프 불빛이 노란 천 밖으로 은은하게 비쳤다.

1979년 조나단이 아마 다블람 정상에 도착했다가 어둠 속에서 하산하여 한밤 중에 캠프에 도착하는 부분의 일기를 읽고 있었다. 그 전에 딱 한 번 정복되기는 했지만 이 봉우리를 오른 최강의 등반팀의 영화 촬영자였다. 조나단은 실제로 그 팀에서 경험이나 나이가 가장 적었지만 그누구보다 성실했으며 원정팀의 성공에는 그의 헌신적 노력이 컸다. 그는 팀의 성공에 대해서 자부심을 가져도 좋을 만큼 자기 몫을 다했지만 자신의 남모른 고충을 일체 밖으로 드러내지 않으려고 조심했다.

"아시아. 네 아빠의 일기 중에서 이 부분을 좀 읽어 볼 테니까 들어 봐."

나는 등정을 마치고 여기 텡보체로 돌아와 산을 바라보고 있다.

아마 다블람의 산세도 캠프 사이트도 잘 안다.

옐로우 타워, 세컨드 록 스텝, 아이스 헤드 월도. 그리고 정상도. 그리고 이곳 추위와 고도를 극복하면서 구름 위의 석양을 바라보면서 내가 해낼 수 있다는 능력과 의식 범위를 넓히기 위해 다시 오르고 싶은 그 야망이 살아나고 있다.

이런 야망 가운데 행여 나의 자만이 끼어 있지는 않은가?

자만과 깨달음. 이 이중적 야망은 나에게 자유의 날개인가? 족쇄인가?

우리 두 사람은 잠시 침묵을 지켰다. 그러다가 아시아가 말했다,

"아빠는 어디에서나 항상 삶의 의미를 깊이 생각하고 있는 것 같아요."

"그것이 너의 아빠의 가장 존경할 점 가운데 하나지. 스스로 결정하고 자기가 한 일이 옳은 것인지 그렇지 않은지를 버릇처럼 확인하곤 했어."

아시아는 다시 일기를 썼고 나는 계속 읽었다. 얼마 안 있어 그녀가 슬리핑 백의 열린 틈새로 손을 내밀어 헤드 램프를 껐다.

"잘 주무세요, 아저씨."

그녀가 한쪽 손만 슬리핑 백 밖으로 내놓은 것이 보여서 물어 보았다,

"춥지 않니?"

"글쎄요, 아저씨는 창문을 열어 놓은 것을 좋아하잖아요."

잠시 후 그녀는 몸을 뒤척이고 슬리핑 백 안에서 몸을 움츠리더니 몇 분 안 있어 숨을 고르게 쉬면서 잠들었다. 우리가 여행을 시작한지 일주일쯤 지난 것으로 생각되는데 모든 것이 계획대로 진행되고 있지만 천식이 있는 그녀가 추위와 낯선 환경을 좀 더 편안하게 받아들이지 못하는 점이 약간 염려가 되었다. 그녀는 머리 주위로 날아다니는 모기에 겁먹을 정도로 벌레 공포증이 있었다. 여름철이지만 나는 그녀가 창탕 지역의 추위를 견딜 수 있을는지도 걱정스러웠다. 또한 그녀의 고집을 다 받아 줄 수 있을지도 자신이 없었다. 그녀도 나의 이런 염려를 알고 있는 것 같았다.

하지만 우리는 아직 9주일 동안 함께 더 보내야 하는데 그 정도 시간이면 서로 충분히 이해할 수 있을 것으로 확신했다. 그녀가 내 이야기에 흥미를 보이는 점이 돌파구가 될 것이라고 생각했다. 내가 타히티로 배를 타고 간 얘기를 해주었을 때, 그녀는 내 친구 선원 한 사람이 프랑스와 타히티의 혼혈 여자와 사랑에 빠지는 부분과 그 두 사람이 결혼해서 프랑스로 가서 같이 살고 있다는 얘기에 매우 지미있어 하였다.

"그 친구는 첫 번째 모험으로 인해 삶이 전혀 다른 방향으로 전개되었네요."

"세상 일이란 어떻게 될지 알 수 없지."

내가 파나마 감옥 이야기를 할 때 그녀가 무엇을 얻었는지 확신할 수 없지만 제3세계를 여행할 때는 함부로 엉뚱한 것에 유혹되지 말고 늘 조심해야 한다는 것을 알았다면, 그것만으로도 충분한 교훈이 될 것이다. 급류에 휘말린 론 피어와 요세미티 엘 케피탄에서 떨어진 마이크 블레이크의 이야기는 죽음의 망령과 맞닥트려야 하는 모험적 여행에서 직면하게 될 시련에 대한 마음의 준비를 일러준 셈이다.

쿰부에 여행하는 동안 나는 1976년 에베레스트 원정에 대해서 더 얘기해 줄 참인데, 그녀의 아빠와 관련되었기 때문이다. 산을 보면 아시아가 아버지 조나단을 좀 더 가까이서 느낄 수 있을 것이라는 예감이 들었다. 그래서 날씨가 맑기를 바랐다. 또 나는 베이스 캠프까지 가는 나머지 구간을 아시와와 함께 하이킹했으면 하고 있지만 우리에게 그럴 시간이 있을지 걱정이었다.

나는 1976년 에베레스트 원정 때 우리와 함께 갔었고, 1979년 아마 다블람에서도 조나단과 함께 있었고, 1980년 민야 콘카 원정 때도 함께 있었던 피터 피라팬이라는 친구가 내일 남체에서 기다릴 것이라는 연락을 받았다. 피터는 베이스 캠프에서 몇 주일 동안 영화 촬영을 하고 있었다. 그가 아시아에게 지금 이곳의 분위기가 어떤지 얘기해 주면 그녀의 아빠와 함께 있었을 때와는 얼마나 달라졌는지 알 수 있을 것이다.

　이 여행의 여러 상황들을 이렇게 비교하여 모자이크 식으로라도 맞추어 보면 아시아에게 자기 아버지를 좀 더 자세히 알 수 있을 것이라는 확신이 들었다. 게다가 우리 두 사람의 모험이 비록 그녀의 능력을 시험하는 것이 될지라도, 조나단이 살아 있었더라면 조나단이 딸과 함께 했을 그런 모험이 될 것이라고 생각했다.

　주위를 살펴보니 아시아의 털모자 끝자락만 슬리핑 백 밖으로 살짝 보일 뿐이었다. 창문이 아직 열려 있는데도 그녀는 편안하게 자고 있는 것처럼 보였다. 밖에는 풀을 뜯고 있는 야크의 목에 달린 종이 바람에 딸랑거렸다. 창 밖은 칠흑같이 어두웠고 별도 빛나지 않았지만 아마 다블람의 뾰족한 정상이 위로 치솟아 있어 보이는 것 같았다. 나는 조나단의 일기를 펼쳐들고 이 산의 등정 부분을 머릿속에 그리며 계속 읽었다.

　그는 지금 그의 딸과 내가 내일 하이킹하게 될 남체 바자로 되돌아가게 될 길을 걷고 있다. 그는 등정이 끝나고 멈추어 서서 뒤돌아서 멀리 로체, 눕체 봉우리 뒤로 솟은 에베레스트 정상을 바라본다. 그는 그날 남체에 도착해서 첫 아이를 임신한 아내를 생각하면서 텐트 속에서 잠을 청한다.

　그는 그날 일기를 이렇게 마무리했다.

언젠가 우리 아이를 이곳 히말라야 땅으로 반드시 데리고 와야지.
내가 온몸으로 배우고 있는 삶의 진실과 그 참 모습을 경험하게 하기 위해서.

3

다음날 우리는 남체의 호텔로 돌아와서 안쪽의 조용한 방을 잡았다. 그날 저녁 10대 후반으로 보이는 셀파 5~6명이 한팀을 이루어 미국과 유럽에서 온 젊은이들로 보이는 트레킹 팀과 돈을 걸고 당구장에서 내기 당구를 치고 있었다.

우리들은 호텔을 나와 1976년 우리의 원정에서 일했던 셀파들의 리더였던 카미의 집을 가보기로 했다. 카미는 네팔에서 가장 성공한 트레킹 리더 중의 한사람이었다. 그의 집 벽에는 그가 안내했던 유명인들과 함께 촬영한 사진들이 즐비했다. 다이앤 파인스타인, 지미 카터, 로버트 레드포드. 결혼해서 여자아이를 낳은 그의 딸과 니마의 아들도 우리와 저녁을 함께 했다. 저녁을 마치고 카미는 아시아가 본 적이 없는 1976년 원정 비디오를 보여 주겠다고 했다. 니마는 남체의 거의 모든 가정에 텔레비전과 비디오가 있고 몇몇 집은 컴퓨터와 위성 전화도 있다고 했다.

"앞으로 남체에 인터넷 통신 사업을 구상 중이에요. 투자할만한 좋은 사람이 있으면 좀 소개해 주세요." 니마가 내게 말했다.

카미는 니마와 나에게 위스키 한잔씩을 따라 준 다음 비디오를 보여 주었다. 비디오에 나오는 우리는 모두 지금 아시아보다 한두 살 많았다. 그 모습을 보며 너무 기뻐했다. 공교롭게도 조나단은 카메라 맨이었기 때문에 비디오에서 보이지는 않지만 그가 촬영한 것으로 기억되는 장면을 볼 때마다 아시아에게 설명해 주었더니 감개무량해 하였다.

니마의 호텔로 되돌아왔을 때 거의 밤 12시가 다 되었다. 셀파와 트레커들은 아직도 내기 당구를 치면서 맥주를 마시고 있었다. 셀파 앞에 쌓인 돈다발이 트레커들 앞에 돈보다 눈에 띄게 수북했다. 그들이 아시아에게 같이 놀자고 제의했고 아시아가 좋다고 해서 나는 그녀에게 아침에 보자고 인사했다.

"방에 들어갈 때 조용히 들어갈게요."

방에 들어와서 나는 티셔츠와 반바지만 입고 영상 20도를 유지해 주는 슬리핑 백 속으로 들어갔다. 조금 전에 본 에베레스트 등정 화면을 다시 생각했다. 다큐멘터리에 나오는 오랜 세월 전의 자기 자신을 화면으로 직접 보는 느낌은 다른 사람들이 자신을 보고 말할 때 느끼는 감정과는 달리 현실적으로 떨어져 보이는 이상한 느낌마저 들었다. 또 자신이 25년 전에 행동하고 말하는 것을 보는 것은 마치 전생을 지켜보는 것처럼 사후 세계에서 자신의 현생을 보는 환상을 불러일으켰다. 이는 불교에서 말하는 전생과 내생을 보는 것과도 같았다.

또 내가 등반 파트너인 크리스 챈들러와 위험한 쿰부 빙벽을 올라가는 루트를 개척하고 있는 것을 지켜보았다. 여기 전생의 나는 겉으로 보기엔 쾌활하고 다소 거칠어서 천하태평 같은 인상을 주지만, 마음 한 구석에서는 이러다가는 서른까지도 살지 못할 거라는 두려움을 느끼고 있는 20대 중반의 젊은이었다. 나중에 그 등정에서 거대한 빙벽 로체 벽을 올라가는 젊은 날의 모습을 보면서 그 얼굴에는 뒷날 대륙의 최고봉에 서고자 하는 엄청난 도전을 하고 있는 야망을 볼 수 있었다.

그러다가 등정의 막바지에서 이번 등정뿐 아니라 수년간 자일을 함께 맨 등반 파트너인 크리스와 운명이 갈리는 것을 지켜본다. 나의 등반 파트너인 크리스는 정상에 올랐지만 그러나 이번에는 나는 오르지 못한다.

히말라야의 정상 등정에 성공하고 산을 내려오는 등반대를 보면서 팀으로서의 성공보다는 개인으로서의 영웅적 성취감에 더 많은 관심이 쏠려 있는 경우들을 자주 본다. 사람들은 세계의 지붕 에베레스트 정상에 서고 싶어 한다. 또 정상에 서면 어떤 감정을 느끼는지 알고 싶어 한다. 나도 젊은 사람들이 그 느낌이 어떤 것인가를 알고저 하는 것을 이해 못하는 바는 아니다. 그러나 그 속에 가슴을 치는 분노와 아이러니가 함께 있다.

왜냐하면 지금의 에베레스트 등정대들은 많은 가이드를 고용하여 올라가는 사람이나 그렇지 않고 스스로의 힘으로 올라가는 사람들이나 똑같다고는 할 수 없겠지만 허영과 잘못된 영웅심을 갖고 등정을 추구하는 것처럼 보여지고 있기 때문이다.

슬리핑 백 속에서 과거를 회상하며 내가 본 그 때 등반대들과 지금 에베레스트 등반대들과는 차이가 있는 것은 분명하다.

창문으로 밝은 빛이 들어오는 것을 보고 재빨리 일어나 자세히 밖을 살펴 보았다.

"얘! 아시아, 일어나. 날씨가 맑구나."

"뭐라구요?"

"구름이 없어."

"그래요? 아주 다행이네요."

"언덕을 오르면서 에베레스트를 볼 수 있겠어."

그녀는 슬리핑 백에서 빠져나와 졸린 눈으로 몸을 추스렸다. 나는 성에 가 낀 창문을 호호 불어서 닦았다. 밖을 보니 시내 맞은편의 가파른 능선 위로 눈 덮인 봉우리가 솟아 있는 것이 보였다. 사파이어처럼 푸른 하늘에 눈부시게 하얀 정상은 히말라야 정상에 가까이 가 본 적이 없는 사람들에게는 신비롭게 보일 정도로 높이 솟아올랐다.

"저것 봐."

아시아가 창 밖으로 내다보았다. 그녀가 "오, 와우!" 하고 말할 때 눈이 휘둥그레지는 것을 보았다.

그녀는 옷을 입은 채로 잤기 때문에 신발만 신으면 나갈 채비가 다 되었다. 우리는 각자 하루 배낭에 카메라 장비를 넣고는 나왔다. 잠시 후 하늘은 구름 한점 없이 맑았다. 시원한 아침 공기에서 우리는 빨갛게 타오른 노간주나무에서 풍기는 향냄새를 맡을 수 있었고, 지붕 너머로 죽은 셀파들의 영혼을 위로하는 승려들의 독경 소리가 무겁게 들렸다.

우리는 할머니 한분이 염불을 하며 골목을 걸어내려가는 것을 보았는데 이른 새벽에 지나가는 유일한 행인이었다. 지난 밤 아시아가 함께 당구를 치고 아직 자고 있는 젊은이들과 달리 할머니 몸속의 생체 시계는 오랜 삶을 통해 아무리 고단하드라도 해가 뜨고 지는데 잘 맞추어진 탓일 거라고 생각했다.

언덕에 다다르자 멀리 햇살의 힘으로 산봉우리가 능선 너머로 떠올랐다. 눈 날리는 탐세르쿠 절벽은 푸른 하늘을 배경으로 눈부시게 희었다. 아마 다블람의 남서벽의 산세는 떠오르는 태양의 역광으로 칼날처럼 솟은 정상의 모습은 극적인 실루엣으로 참 모습을 감추고 있었다. 계곡 끝머리 너머로 로체, 눕체 능선의 횡단 벽이 발할라(북유럽 신화에 나오는 가장 아름다운 궁전)의 성벽처럼 보였고 그 위로 세계의 정상 에베레스트가 그 위용을 자랑하고 있었다.

"우와!" 아시아가 감탄했다.

"날씨가 맑아서 너무 좋아요. 너무 놀라워요."

"8.000미터가 넘는 봉우리에는 뭔가 다른 것이 있지." 에레레스트 쪽을 쳐다보며 말했다.

"산이 너무 높아서 아무리 날씨가 맑아도 희뿌연 안개 속에 잠긴 것처럼 신비롭게 보이지."

"8.000미터가 넘는 봉우리는 이 세계에 모두 몇이나 있죠?"

"모두 14좌로 전부 다 히말라야에 있지."

"모두 정복되었나요?"

"오래 전에 정복되었지. 안나푸르나봉(히말야 14좌 중 10번째 높은 봉우리로 8,091미터)이 1950년에 처음 정복되었지. 제일 높은 에베레스트와 그 다음 높은 K-2가 53년과 54년에, 마지막에 정복된 산이 티베트에 있는 시샤팡마인데 1964년에 정복되었어."

"열네 봉우리를 모두 오른 사람이 있나요?"

"몇 사람 되지. 라인홀드 메스너가 최초로 했지."

"그 사람 이름은 들어본 것도 같은데 어떤 사람인가요?"

"사람들은 그를 우리 시대에 세계 최고의 고산 등반가라고 생각하지."

나는 아시아가 메스너의 업적에 대해서 아무 것도 모른다는 사실에 놀랐다. 그래도 그녀는 암벽 등반을 좀 했고 어쨌거나 미국 클라이밍 센타인 보울더(미국 서부 콜로라도에 있는 도시, 콜로라도강과 중간에 그렌드 케넌 등으로 유명하다)살지 않았던가. 하지만 나는 요즈음은 암벽 등반을 한다고 해도 전처럼 등반에 대해서 뭘 좀 안다는 것을 의미하지는 않는다는 것을 깨달았다. 지금은 점점 더 전문화되어서 사람들은 소위 스포츠 클라이밍, 실내 암벽 등반과 같은 세부 종목에만 관심을 집중하는 경향이 있다. 아시아도 아빠가 살아있었더라면 등반에 대해서 좀더 많이 알고 있었을 거라는 생각이 들어서 메스너에 대해서 잠깐 얘기해 주고, 특히 그는 산소통을 매지 않고 에베레스트에 오른 첫 번째 사람이라고 알려 주었다.

"이 밑에서 저 꼭대기까지 올라가면 어떨지를 상상한다는 것조차 어지럽네요." 아시아가 에베레스트를 처다보며 말했다.

"산소통을 매든 안 매든 아주 힘들고 어려웠지. 하지만 최근에는 베이스 캠프에서 히말라야 정상까지 거의 고정 루트가 뚫려 있어 아무런 신비감도 남아 있지 않다는 거야."

"그래서 다시는 올라가고 싶지 않다는 건가요?"

"그럼."

나는 옛 친구 피터 피라팬과 마운틴 에베레스트 베이커리에서 만나기로 약속을 해 놓았다. 아시아와 나는 피터를 기다리는 동안 크라와상과 카푸치노를 시켜 맛있게 들었다. 불과 20년 전만 해도 20세기보다는 중세에 더 가까웠던 이 도시에 이런 훌륭한 시설과 음식이 있다는 것은 놀랄만한 일이었는데, 이 정도 시설만 해도 감지덕지하던 나의 마음은 서빙하던 셀파 여자애한테 초콜릿 케익이 조금 잘못되었다고 불평하고 있는 옆자리의 젊은 트레커들에게는 통하지 않았다.

"저 젊은이들은 조그마한 일에 좀 더 감사할 줄 알아야겠네요" 아시아가 말했다.

"저 사람들은 밀가루와 설탕등을 비롯하여 여기 있는 모든 것이 셀파들이 몇 백 마일을 고생고생하며 등짐으로 날랐다는 사실을 모르는 거야."

"저 사람들한테 내가 가서 좀 조용히 하라고 한마디 해야겠어요."

"그만 두어라. 싸움나겠다."

그들 중 한 사람이 아시아의 뺨을 때리면 내가 그들 중에 한놈을 갈기고 누군가 유리창에 부딪쳐 유리가 박살나면 헬리콥터로 공수해온 유리 비용까지 청구하게 되는 격투가 벌어지는 시나리오가 연상되었다.

"모든 것을 집에 있을 때처럼 편안하게 바란다면 방 안에 들어 앉아 있을 일이지. 왜 여기까지 고생하러 나왔는지 모르겠구면"하고 아시아가 말했다.

셀파 여자 애가 초콜릿 케익을 애플 파이로 바꾸어 주자 트레커들은 마지못해 조용해졌다.

몇 분 뒤에 피터가 도착해서 그를 아시아에게 소개했다.

"나는 너희 아빠와 같이 페루, 에베레스트, 아마 다블람 등 주요 등정에는 늘 함께 다녔다"고 그가 말했다.

"민야 콘카에서 릭과 조나단, 그리고 다른 사람들이 눈사태로 휩쓸려갈 때 나는 캠프 1에 있었지. 모두들 계곡 아래로 떨어지는 것을 보고 다들 죽었구나 생각했어. 너희 아빠는 정말 훌륭한 사람이었는데."

"그건 사실인가 봐요. 내가 만난 아빠 친구들은 모두들 똑같이 그렇게 말하는 것을 보면 말이에요." 아시아가 그에게 말했다.

대부분의 나의 등반 친구들처럼 피터도 프리랜서 생활을 해왔는데, 60 년대 마마스 앤드 파파스의 매니저 겸 전자 바이올린 연주자로 시작해서 70년대는 다큐멘터리 음향 전문가로 활동했고, 80년대는 카메라 맨이었고, 현재 90년대는 영화 디렉터 겸 프로듀서이다. 그는 과학자들이 고도에 관한 정확한 측정 자료를 얻을 수 있도록 에베레스트 정상에 위성 수신기를 설치하는 것을 촬영했던 사람이다.

"우리가 1976년도에 에베레스트에 올라갈 때와는 지금은 너무나 변했어." 라고 그도 불만을 토해냈다.

"예전의 등정은 팀 전체의 노력과 영광이었지. 두 사람이 같이 정상에 서면 원정은 크게 성공한 것이라고 했지. 이제는 그것이 뒤바뀌었어. 지금은 팀이 아니고 개인이야. 그들의 유일한 관심은 자기 혼자 정상에 서는 것으로, 개인적 영웅심만 발동하고 있는 것이지. 그들 가운데 상당수가 가이드한테 2만5천 달러에서 4만5천 달러를 지불하는 등산 고객일 뿐이야."

"6만 달러에서 10만 달러인 것으로 알고 있는데." 내가 말했다.

"그랬었는데 몇 년 전 큰 사고가 난 다음부터 가이드들이 비용을 인하했지. 인하하면서는 그만큼 가이드들도 책임감을 덜 느끼지. 그 대신 숫자를 늘려서 고객 수를 최대한 19명까지 받는 것으로 보충한다지. 이곳 전체 등정 루트는 고속도로가 되었어. 수백 명의 사람이 매일 오르락내리락 하지. 그렇게 힘들게 올라야 했던 얼음 폭포와 암벽 통과 루트는 모든 원정대에 연락하여 비용만 지불하면 암벽 등반팀에 의해 안전 시설을 설치해 주고 도와주지. 만약 암벽에 사다리가 느슨하여 마음에 안 드는 부분이 있다고 말하면 와서 고치도록 할 수 있어. 이제는 셀파들이 등반객들은 아무 것도 지고 갈 필요 없도록 캠프에 음식, 장비, 산소통을 쌓아 놓도록 원정대와 계약하고 있는 판이야."

"나는 산에서 절대로 잊어버릴 수 없는 장면을 보았어.캠프 2에서 로체 벽을 바라보고 있었는데 세어 보니 하나의 고정 로프에 65명이 매달려 있는 거야.클론 다이크(캐나다 유콘강 지역의 유명한 금광지대)의 금광을 건너는 긴 줄의 광부들을 찍은 옛날 사진처럼 보였어.또 금광을 캐던 시절에나 있었듯이 25명이 힐러리 스텝(에베레스트 정상 50미터 정도 아래에 있는 정상으로 오르는 마지막 고비인 수직 빙벽 지역 이름. 뉴질랜드의 등반가로 1953년 5월 29일 새벽 에베레스트 첫 등정에 성공한 힐러리경의 이름에서 유래)에 엉켜 있는 일이 벌어지고 있어. 완전히 뉴욕시내 한복판의 교통 정체 현상과 다름없지. 만약 당신이 25명 뒤에 막혀 있다면 당신이 아무리 뛰어난 기술과 경험의 등반가라고 해도 아무 소용없어.기다려야 하는 거야."

"에베레스트를 그 사람들보고 가지라고 해." 에베레스트에 오른다는 것은 나와 다른 등반가들에게 지난날 어떤 의미를 지녔는지를 회상하면서 나는 말했다.그런 다음 아시아를 바라보며 나는 말했다,

"다른 곳도 갈 데가 많아."

"창탕 같은 곳 말이죠?" 그녀가 대답했다.

"아무도 가 보지도 들어 본 적도 없는 산.더 좋은 점은 설령 정상에 올라간다 해도 아무도 대단하다고 알아 주지 않아도 되는 그런 산 말이지."

지금 에베레스트에 올라가는 것과 25년 전 등정과의 크게 다른 점은 피터가 말한 대로 그 당시는 대원 전체의 피눈물나는 노력의 결과였다는 사실이다. 하지만 아주 냉철하게 비판해 보면 1976년에도 에베레스트 등정은 그 방법과 형태에서 이미 많이 변하고 있었다는 것을 엿볼 수 있었다.

부유한 기업가가 이끄는 이탈리아 원정대가 2천 명이 넘는 포터들을 고용해서 캠프에 필요한 히터와 카페트 등 보급품을 나르도록 하였으니 1973년부터 이미 이런 변화는 시작되었다.그 정도 인력도 부족했던지 두 대의 헬리콥터가 하루에도 열 번 정도 왕복하면서 신선한 야채와 고기,

기타 필요 이상의 보급품을 실어 날랐다. 이 원정대는 조나단의 첫 번째 히말라야 여행과 공교롭게도 시기가 겹쳤는데 일기에서 그는 베이스 캠프를 오가느라고 남체 상공을 비행하는 헬리콥터들이 끊임없이 타타타타 하는 소리에 대한 불평을 적어 놓고 있다.

1976년에 우리도 식량과 장비를 베이스 캠프와 그 위의 캠프로 수송하는데 도와줄 포터를 43명이나 고용한 적이 있었지만, 그러나 빙하가 깎아지른 에베레스트 남쪽의 빙벽과 크레바스가 미궁처럼 뒤엉킨 쿰부 지역의 아이스 폴을 지나는 루트를 우리가 뚫어야 했다. 크리스 챈들러와 나는 매일 교대로 다른 팀을 이끌고 루트를 측정하는 임무를 부여받았다. 크리스는 6피트의 키에 골격이 단단한 타고난 운동 체질로 북유럽인 용모에 긴 금발의 보기 드문 미남이었다. 론 피어가 래프팅 사고로 죽은 이후로는 크리스가 나의 등반 기술을 한단계 높이 이끌어 주었으며 우리는 강한 자일 팀을 이루었다. 그는 병원 응급실 의사로 자주 등반 시간을 낼 수 있었다. 그는 항상 힘든 루트를 선호했다. 사전에 루트를 답사하는데 시간 낭비하는 것을 싫어했으나 용의주도했다.

나는 등반과 원정 비용을 벌기 위해서 페인트공으로 일하고 있었는데 나는 크리스와 만날 때마다 그의 사회적 전문직과 내 일자리와 비교해 자괴감이 들 때가 많았다. 그러나 그는 조금도 티를 내지 않았다. 그는 늘 헌옷을 입고 중고 자동차를 몰며 허름한 아파트에 살고 있었다. 그는 나에게 임시직이 누리는 자유와 전문직이 안고 있는 책임과 비교해 보라면서 나를 격려해 주었다. 그렇지만 나는 남은 인생을 아무 일이나 하면서 보내는 것을 상상할 수가 없어서 학업을 계속하기로 결심했다.

나는 페루에서의 경험을 살려 인류학 연구로 석사학위를 받을 수 있어서 초급대학이나 대학에서 강의나 하면서 몇 년에 한번씩 아마존이나 보르네오의 오지 원주민들에 대한 현지 탐험과 조사를 할 수 있을 것으로 기대했다. 나는 U.C. 버클리의 문화 지리학과의 교수팀과 면담을 하고 그들의 격려로 두 달 뒤 5년의 박사과정에 받아들이겠다는 통지를 받고 기쁨에 들떠 있었다. 그런데 학기 시작 2주 전 어느 날 크리스가 흥분해서 전화를 걸어왔다.

"우리가 히말라야 원정대에 참가하게 될 것 같아."

"히말라야?"

"뜻밖의 행운이야. 그 원정대에서 두 사람의 리드 클라이머를 찾고 있다는 사람을 만났어. 그 사람들한테 자네 얘기를 했더니 우리 두 사람 다 좋다고 했어."

"무슨 봉우리인데?"

그는 기분 좋을 때 자주 그러는 것처럼 껄껄거리면서 잠시 쉬었다가 "에베레스트"라고 말했다.

베이스 캠프로 가는 도중에도 대학 교수가 될 것인가 말 것인가를 놓고 나의 결정을 고민하고 있었다. 크리스와 내가 같이 빙벽을 처음 오르는 날 새벽 2시 반 일어날 무렵에는 이미 더 이상 고민하지 않았다. 그 대신 등반에 관하여 집중하고 있었다. 우리는 아침 식사와 커피를 마신 다음 조나단과 또 한 사람의 카메라 맨, 빙벽 사다리와 로프를 나르는 셀파 몇 사람과 함께 별빛을 길잡이로 하여 베이스 캠프를 나섰다.

등반 원정을 기억하는 것은 한편의 영화와 같이 가장 생생하게 기억나는 것은 감동을 받은 몇 장면이다. 베이스 캠프를 나서면서 노간주나무의 연기와 향내로 우리 몸을 깨끗이 하기 위해 셀파들이 만든 불교식 제단 앞에 잠시 멈추어 섰었다. '에베레스트'라는 '초모룽마의 여신'은 몸을 정화한 사람에게 벌을 덜 내린다고 믿었다. 소수 인원으로 구성된 대원들의 헤드 램프는 모종의 중대한 일을 치르러 가는 비밀결사대 행렬의 횃불처럼 보였다.

날씨는 맑았으나 추웠으며 셀파들은 안전을 기원하며 만트라 주문을 외우면서 산을 올랐다. 두 시간만에 우리는 앞서 간 팀들이 쉬었던 지점에 도착했다. 우리는 배낭을 풀고 앉아서 먼동이 틀 때까지 기다렸다. 별빛은 우리 옆쪽의 얼음 탑의 모양을 알아볼 정도로 밝았다. 계곡 건너편에 원뿔 모양의 푸모리 봉우리가 보이고 그 너머에 세계 6번째로 높은 초오유 (8201미터)의 거대한 암괴가 새벽의 미명에 어렴풋이 그 위용을 내보이고 있었다.

날이 밝아지자 크리스는 첫 번째 구간을 앞에서 리드하며 9~12미터마다 알루미늄 말뚝에 고정 로프를 연결하고 조나단은 옆에서 촬영했다. 나는 다음 구간을 리드하며 셀파들이 나한테 내려준 두 개의 사다리를 볼트로 연결하면서 크레바스 속으로 내려갔다가 다시 건너편으로 올라갔다.

맞은편으로 빙벽의 높이가 10미터나 넘어 보이는 크레바스를 만날 때까지는 그런대로 순조로웠다. 그러나 여기서 유일하게 밀고 올라갈 수 있는 길은 두 빙벽을 연결하는 얇고 가느다란 늑골 모양의 눈덮힌 루트뿐이었다. 크리스와 나는 멈추어서 누가 리드하는 것이 좋을지 살펴보았다. 우리 둘 다 몇 시간 동안 새로 내린 눈을 헤쳐 오느라고 지쳐 있었다. 팀에서 가장 나이가 많고 원정 경험이 많은 베테랑 셀파 한 사람이 미소지으며 자기가 해보겠다고 했다. 그는 그 눈덮힌 루트를 조심하면서 올라가 길을 확보했다. 그 다음에 크리스가 그의 몸무게를 지탱할 수 있을지 확신이 서지 않아 더욱 조심하면서 올라갔다.

그가 반쯤 올라가고 있을 때 갑자기 크레바스에 '쩍' 하는 소리가 나면서 온 산의 지축이 다 흔들렸다. 빙하들이 으르렁거렸다. 우리 양쪽에는 세락이어서 한순간에 무너질 것만 같았다.

"올라갈까, 내려갈까?" 크리스가 소리쳤다.

뒤따르던 나는 "올라가!" 하고 소리치면서 순간적으로 그의 발을 받쳤다. 조나단과 다른 셀파들은 최대한 재빨리 되돌아갔다. 우리는 세락에서 벗어나기 위해 황급히 20미터를 뛰었다. 세락은 무너지지 않았지만, 소리가 난 것은 뭔가 곧 무너질 것이라는 예고였다.

우리는 무릎을 꿇고 앉아 호흡을 고르고 있는데

. "이쪽은 좋지 않아요. 지금 떠납시다?" 하고 나이 많은 한 셀파가 말했다. 우리는 고개를 끄덕여 동의를 표하고 다른 길로 좀더 안전한 루트를 찾아보기로 했다. 그곳을 떠나기 전 노련한 셀파는 잠시 멈추어서 배낭을 열고 소중히 지니고 온 신성한 쌀을 담은 작은 양피지 주머니를 꺼냈다.

"나도 좀 줄래요?" 하고 내가 말했다.

그는 고개를 끄덕였고 우리 두 사람은 그대로 서 있는 세락에 쌀 한줌씩을 뿌렸다.

쿰부 빙벽의 정상까지 루트를 확보하는데 일 주일이 걸렸는데 그 당시 대부분의 팀들은 2주 정도 걸리는 것을 고려하면 빨리 한 셈이다. 다음은 웨스턴 쿰으로 알려진 높은 빙하 계곡의 바닥을 건너 크레바스로 연결된 미로를 헤치고 나가야 했다. 리드 클라이머는 마치 중세 군대 병사들이 성곽을 둘러싸고 흐르는 강을 건너는 것처럼 폭이 넓은 크레바스를 건너면서 사다리 구간을 볼트로 묶어 나갔다. 조나단은 리드 클라이머의 뒤를 따라　희열과 신비감을 같이 느끼면서 이 과정을 신이 나서 촬영하고 있었다. 그때까지만 해도 빙하 지역에 대한 조나단의 등반 경험은 거의 없었다.

그는 셀파와 한 팀이 되어서 빙벽 꼭대기에 평탄한 눈 위를 건너가다가 갑자기 함정에 빠진 것처럼 모습이 사라졌다.

조나단은 그의 일기에 이때를 에베레스트 신고식이라고 하면서 이렇게 기록해 놓았다.

나는 밝은 햇빛 아래 걷고 있었다. 그 다음 순간 나는 진한 쪽빛의 꿈 속에서 나뒹굴었다. 그러다 '꽝' 하는 소리와 함께 작은 바위에 부딪쳤다. 다친 데가 없는지 살펴보니 몇 군데 찢어지기만 했다. 주위를 둘러보니 10미터 아래에 크레바스 얼음 바닥이 보였다. 나는 가장 폭이 좁은 곳에 끼였다. 10미터 정도 머리 위로 로프가 회색 구멍 속으로 사라졌다. 잠시 후 떠오른 생각은 이것이 에베레스트 환영 신고식이구나 싶었다. 그 다음 생각은 어쨌든 이 크레바스가 지금 요동치지 않기만을 희망했다. 조금이라도 움직인다면 깔려 죽을 것이기 때문이다. 그런 다음에 진짜 위험은 내가 티셔츠만 입고 있다는 사실을 깨달았다. 만약 구조되지 않으면 얼어 죽을 판이다.

그때 리드 클라이머는 셀파의 고함 소리를 듣고 재빨리 숨은 크레바스를 가로지르는 사다리 밧줄을 설치하고 도르래를 이용하여 조나단을 금방 끌어 올렸다. 떨고 있었지만 크게 다치지는 않았다. 다른 대원들이 계속 등반 루트를 개척하는 동안 그는 베이스 캠프로 되돌아왔다.

계곡 경사면을 올라가는 데만 일 주일 더 걸렸는데 약 7,000미터 지점에 어드벤스 베이스 캠프(ABC)를 설치했다. 폭풍이 불어서 일 주일 더 지체되었지만 폭풍이 가라앉자 크리스와 나는 로체 벽으로 알려진 가파른 빙벽을 올라가는 다음 구간을 살펴보기 위해 캠프를 나섰다. 며칠 쉬면서 추락 사고의 충격에서 벗어난 조나단은 우리를 따라 나와 웨스턴 쿰을 트래버스하는 모습을 촬영하였다. 우리는 눈덮힌 빙벽에 반사되고 있는 한낮의 태양을 피하기 위해 일찍 출발했다. 새벽에 잠시 멈추어 쉬었는데 크리스는 마리화나 파이프에 불을 붙여서 내게 건네주었다. 조나단은 마리화나를 피우지 않는다는 것을 알기 때문에 조나단에게는 권하지 않았다.

우리는 눈덮힌 정상에 눈과 구름이 중세 병사의 투구 깃털장식처럼 나부끼는 것도 볼 수 있었다. 역광이 꼬리 달린 구름을 비추고 있어서 구름이 눈덮인 봉우리의 그림자 모양과 선명하게 대조를 이루었다. 조나단은 배낭에서 스틸 카메라도 꺼내 무릎 위에 받쳐 들었다. 높은 벽이 가리고 있었지만 바람은 강하게 불고 있었으며 차가운 공기 속에서 카메라의 찰칵하는 소리만 계속 들렸다. 조나단은 필름을 감아서 노출을 조절하고 몇

장 더 찍었다. 그가 카메라를 내려놓고 말했다.

"아마 이 사진이 지금까지 내가 찍은 최고의 걸작품이 될 것 같은데."

조나단은 내게 이 사진을 인화해서 한 장 보내 주겠다고 했고 나는 그가 틀림없이 보내 줄 것이라고 확신했다. 그는 이미 원정에 참여한 모든 사람들에게 상당히 믿음을 주고 있었으며 항상 주어진 임무를 불평 한마디 없이 수행했다. 나는 그와 좋은 친구가 될 것이라고 확신했다. 크리스와 그동안의 오랜 관계와 우정에 비해 조나단과의 새로운 관계는 서로 믿고 대화를 나누는 즐거움에 의해서 형성되는 과정이어서 그 성격이 조금 다르게 여겨졌다.

이때 크리스는 여자 친구와 같이 베이스 캠프까지 트레킹하는데 동행했는데 크리스는 그녀와 함께 하이킹을 했기 때문에 그 시간에 나는 조나단과 하이킹도 하고 셀파 니마의 숙소에서 이야기도 하고 했다. 불교, 셀파, 이 지역의 문화 그리고 오랜 기간 만나지 못할 때의 여자 친구에 대한 문제 등에 관해서도 오랜 지기처럼 많은 대화를 나누었다.

원정대는 고도 적응을 위해 남체 바자에서 하루를 더 쉬었다.

크리스와 나는 서로 개인적이고 사생활의 깊은 문제에 대해서 이야기하는 것은 피해왔다. 크리스는 살아오면서 여자들을 쉽게 사귀면서 지내온 것 같아서 나도 그런 점을 인정하고 아무런 질문도 하지 않았다. 그때까지만 해도 남자 친구들과의 우정은 대부분 그런 식으로 지내왔다. 하지만 조나단과는 무엇이든지 털어놓고 이야기할 수 있는 새로운 친구가 생겼다는 것을 느꼈다.

한 주가 지나서 원정 대장이 정상 공격조를 발표했는데 크리스와 나는 2차 공격조로 선발되었다. 크리스는 2차 공격 때까지는 산소가 충분하지 않을 것이라고 믿었기 때문에 실망했다. 그는 목도 아프고 기침을 하기 때문에 2~3일 간의 휴식은 그에게 회복할 시간을 줄 수 있을 것으로 나는 생각했다.

공격용 캠프로 추가 보급품을 나를 것이 있었는데 이 일들을 셀파들에게만 맡기는 것이 미안스럽게 생각되어서 나는 필요한 산소통 2개를 올리는 것을 돕기로 하였다. 크리스는 베이스 캠프에 머물러 있었으며. 내가 짐을 나르고 늦게 돌아왔을 때 대원 한 사람이 뒷쪽으로 나를 불렀다.

"정상 공격조가 마지막 순간에 변경되었어" 라고 하였다.

나는 식당 텐트 옆으로 가서 고개를 숙이고 뭔가 생각하고 있는 크리스를 보았다. 나는 그가 아직 컨디션이 회복되지 않았을 것이라고 생각했다. 첫번째 공격조의 한 사람이 컨디션이 좋지 않다고 하자, 크리스는 자신의 몸이 조금 회복되자 자기를 그 사람 대신 올라가게 해달라고 대장에게 졸랐다는 것이었다. 그는 나를 처다보며 말했다.

"한 팀으로 오랫동안 같이 고생해 왔는데, 고민 끝에 결정을 했어."

"잘 되었다고 생각해. 나는 아무렇지도 않아" 라고 대답했다.

다음날 아침 일찍 크리스는 그의 새 파트너와 캠프를 떠났다. 2차 공격조인 우리는 이틀 뒤에 따라 올라갈 것이다. 정상 공격을 제대로 해볼 생각은 있었지만 크리스 없이는 잘 해낼 수 있을 것이라고는 자신이 없었다. 나는 크리스가 정상을 향해 공격용 베이스 캠프를 떠날 때 마음 속으로 그의 행운을 빌며 포옹을 해 주었다.

"정상에서 만나" 그가 말했다.

이틀 뒤 나는 새로운 두 명의 자일 파트너와 로체 벽으로 가는 길 중간에 있는 캠프로 향해 떠났다. 고정 로프를 타고 올라가면서 크리스와 그의 파트너가 정상 피라미드 중간쯤에 두 개의 붉은 점으로 보이는 것을 발견했다. 우리가 있는 곳은 다소 고요했지만 정상 주변으로 불어재끼는 제트 기류는 성난 파도 소리처럼 들렸다. 나의 파트너가 말했다,

"바람이 자지 않으면 저 팀이 내일 정상 공격을 시도하는 것은 도저히 불가능할 것 같은데."

그날 밤 우리 텐트에 폭풍이 덮쳐서 텐트를 다시 쳐야만 했다. 아침에

에베레스트의 워스턴 쿰에서 본 눈덮힌 정상 위로 눈과 구름이 어울려 역광에 중세 병사의 투구의 깃털 장식처럼 나부끼고 있다. 구름과 눈과 산봉우리 그림자 모양이 차가운 맑은 하늘 아래 선명하게 대조를 이루고 있다. 조나단은 이 사진을 자기가 찍은 최고의 걸작이라고 하였다. (1976년 에베레스트에서, 조나단 라이트 촬영)

우리는 폭풍이 약해지는지 하루 더 기다려 보기로 했다. 크리스와 그의 파트너가 정상 캠프를 떠나 분명히 정상을 향해서 피라미드를 반쯤 더 올라가고 있는 것을 망원경으로 보았다는 베이스 캠프의 연락을 받고 놀랐다.

"이런 바람이라면 동상에 걸리겠는데." 혼자 중얼거렸다.

오후 3시 조금 못 미쳐서 그들이 정상을 향해 아마 힐러리 스텝까지 거의 올라가고 있는 것을 볼 수 있었다고 베이스 캠프에서 라디오로 알렸다. 오후 4시 15분경에는 흥분된 목소리로 다시 라디오 방송으로

"드디어 정상에, 에베레스트 정상에 섰습니다. 그들이 정상에……."

우리 세 사람은 서로 포옹을 하고 등을 두들기면서 기뻐하였다. 그러나 그들이 2시간 이내 어두워지기 전에 마지막 정상 텐트로 돌아와야 할 텐데 시간은 충분할지 걱정되었다. 베이스 캠프에서는 그들이 정상을 떠나서 능선 뒤쪽으로 사라지고 나서는 그들을 볼 수 없었다고 알려왔다. 우리 캠프에도 바람이 거세게 텐트를 몰아쳤으며 가끔씩 조용해지면 멀리 제트 기류가 계속 울부짖는 소리만 들려왔다. 햇빛이 사라지고 어둠 속에서 폭풍은 우리 텐트를 납작하게 만들 정도로 사납게 불어 헤드 램프 불빛에 입김만 처량하게 어른거리고 있었다. 달이 떠올랐지만 정상 능선에 몰아치는 눈보라는 그들이 길을 찾기 더욱 어렵게 만들고 있었으며 만약 그들이 텐트에 도착하지 못 하고 거센 바람과 추위 속에서 비박을 했다면 치명적일 수 있어 걱정이 태산이었다.

밤새도록 나는 선잠 속에서 꿈을 꾸다가 깨어났다. 크리스가 늙고 곱추 등을 하고 얼굴엔 수염이 얼어 붙었으며 폭풍우 속에서 나에게 애타게 구원을 요청하는 모습으로 한 팔을 벌린 채 절뚝거리며 다가온다. 나는 더이상 잠들 수가 없어 슬리핑 백 속에 누워서 폭풍이 잠들기만을 기원하며 제트 기류가 정상에서 울부짖는 소리만 들려 왔다. 텐트 속의 나는 따뜻했지만 이 따뜻함을 오랜 등반 친구와 같이 나눌 수 없다는 것이 안타깝기만 하였다.

먼동이 트자 일어나 찻물을 끓이기 시작했고 한 시간 뒤에 남쪽 안부인 사우스 콜을 거쳐 올라가기 위해 텐트를 나섰다. 한참 올라가다가 정상 캠프로 짐작되는 붉은 점을 볼 수 있었다. 크리스와 그의 파트너가 그 텐트 안에 있을까? 아니면 아직 저 위에 있을까. 만약 비박을 했다면 몸을 털고 일어날 수나 있을지?

한 시간 뒤에 옐로우 밴드라고 하는 툭 튀어나온 마당바위 같은 곳에 도착했다. 우리는 계속 올라가면서 점점 호흡에 어려움을 느꼈다. 산소 조절기로 산소량을 늘여 보았지만 별 소용이 없었다. 올라가면서 시야가 점점 흐려졌다. 무릎을 꿇고 앉아 시야가 밝아올 때까지 가쁘게 숨을 몰아쉬었다. 다시 일어나 몇 걸음 옮겼지만 다시 시야가 좁아지며 가쁜 숨소리만 머리 속에서 메아리치는 것 같았다. 드디어 가슴에 통증이 느껴지고 숨통이 점점 조여왔다.

아마 이래서 험난한 고도에서는 폐포에 물이 잡혀 죽게 되는 폐수종에 걸리는 것이구나. 내려가야 할까?

크리스는 어떻게 되었을까? 만약 그가 비박을 했다면 조금이라도 빨리 우리의 도움이 간절할 텐데. 이제 11시가 지났다. 만약 그들이 지난 밤에 정상 캠프까지 도착했다면 지금쯤 하산을 시작해서 그들이 내려오는 것을 우리가 볼 수 있어야 할 텐데. 나는 웨스턴 쿰 너머로 다른 방향으로 살펴보았더니 눈 위에 공격용 베이스 캠프가 저 멀리 아래 쪽으로 작은 점 같이 보였다. 우리는 바람에 눈보라가 공기 중에 높이 날아서 무지개 빛으로 영롱하게 빛나다가 사라지는 로체, 눕체 벽의 깎아지른 칼바위 능선을 건너다 볼 수 있을 정도로 높이 올라와 있었다. 너무 장엄하였다.

"저기를 봐."

나의 등반 파트너 중의 한 사람이 정상 캠프쪽을 가리켰다. 쳐다보니 두 개의 빨간 점이 보였다. 틀림없이 크리스와 그의 파트너였다. 그들은 간밤에 정상 텐트에 도착하였던 것이다. 우리는 그들이 느리지만 꾸준히 하산하고 있는 것을 지켜보았다. 그들은 큰 이상이 없었다. 나의 파트너들은 초조해 하는 나의 입장을 동정하면서도 느리게 움직이는 것 같았다. 우리가 사우스 콜에 도달하기 전에 크리스와 그의 파트너를 만났다. 나는 크리스를 보자마자 포옹해 주었다.

그는 정상에서 하산하는 길을 달빛으로 겨우 찾았다고 말했다. 아침에 그들은 너무 지쳐서 12시까지 텐트를 나오지 못하였다고 하였다. 크리스는 기상 상태가 너무 악조건이어서 우리에게 어떻게 할 것이냐고 물었다. 나는 너무 지쳐서 그와 함께 하산해야 될 것 같다고 털어놓았다. 바람이 점점 더 거칠어지고 있어서 두 동료들도 모두 내려가기로 결정했다.

그것으로 우리의 원정은 성공적으로 끝났다. 일주일 뒤에 우리는 모두 하산해서 에베레스트 정상 등정 축하 잔치를 벌이기 위해 남체 바자의 관광호텔로 돌아왔는데 많은 그룹의 트레커들이 크리스를 가운데 세워 놓고 축하해 줬다. 그들은 그의 사인을 받기 위해 그를 둘러쌌다. 조나단과 영화 감독은 그 장면을 촬영하고 나머지 사람들은 이를 열심히 지켜보고 있었다. 나는 크리스가 겸양해 하는 것을 엿볼 수 있었지만 나의 실망감은 감출 수가 없었다. 그것은 원정팀 모두의 노력으로 이룬 것이지 개인 크리스의 영광이 아니기 때문이다. 나는 빙벽을 돌아가는 루트를 정찰하는데 열심히 일했으며 로체 벽으로 가는 빙벽의 상단 부분을 리드했다는 자부심을 간직하면서 그와같은 실망감을 극복하려고 애썼다.

그리고 나는 자발적으로 그를 위해 산소통을 셀파들과 공격용 캠프로 날랐던 일과 그 일을 모두 마치고 늦게 돌아올 동안에 크리스는 대장에게 가서 자기만 첫 번째 공격조로 들어가고, 나는 두 번째 공격조로 남아 오랜 기간 등반 파트너였던 우리 두 사람이 갈라지게 되었다는 사실을 상기해 보았다.

나의 이런 착잡한 마음이 얼굴에도 나타났는지 촬영을 마친 조나단이 다가와 미소지으면서 말했다.

"오늘 너무 기분 나쁘게 생각하지 마."

"아! 괜찮아."

"오후에 기분도 전환할 겸 텡보체 사원을 둘러보는 게 어때? 둘이서만. 우리가 얘기했던 대로 사원에서 며칠 보내자구나. 오늘은 산책하기 멋진 날이야."

다음날 아시아와 나는 남체 바자 계곡 아래로 비포장 활주로가 있는 루크라까지 걸어야 했다. 주변 마을의 호텔과 레스토랑은 매년 이지역을 거쳐가는 2만 명이 넘는 트레커와 산악인들에게 서비스를 제공한다. 그 호텔 중의 하나가 니마가 운영하는 호텔인데 거기서 우리는 오늘밤을 보내고 내일 아침 카투만두로 비행기편으로 갈 예정이다. 이 비행기는 에베레스트 정상에 서보겠다는 야심에 찬 새로운 많은 클라이머들을 태우고 오며, 또 히말라야에서 나름대로 일생일대의 큰 모험을 성공적으로 마쳤다고 자부하며 돌아가는 사람들을 싣고서 이지역의 불안한 기상 조건 속에서 늘 급하게 왔다가 급하게 돌아가야 한다.

다음날 아침 비행기는 예정대로 도착해서 아시아와 나는 카투만두로 가서 마음에 드는 작은 호텔에 투숙하였다. 호텔은 깨끗했으며 카투만두의 지저분하고 복잡한 그리고 악명높은 교통 소음과 공해에서 벗어나 쉴 수 있게 해 주는 실내 정원이 있었다. 미리 약속해 놓은 가이드 존 마이슬러가 시간에 맞추어 도착해 있는 것을 알고서 한시름 놓았다. 그는 모험적인 여행을 전문으로 알선하는 31세의 티베트지역 산악여행 전문가인데, 우리의 다음 여행 구간에 동행하기로 되어 있다. 중국정부 사정과 중국어에 능통한 존은 티베트에 대한 여행 정보를 많이 알고 티베트 문화와 불교에 대해서도 조예가 깊었다.

존은 필요한 등반 허가는 다 받아 놓았다고 말했다. 하지만 그는 유고슬라비아 중국 대사관 폭격 사건이 우리 계획을 복잡하게 만들 수 있으며,

우리의 안전을 해칠 수도 있다고 우려했다. 중국 당국이 미국 여권을 소지한 여행객들에게 네팔과 티베트간 국경 출입을 다시 개방하긴 했지만 선별적으로 한다고 했다. 더 심각한 것은 중국 민심이 격앙되어 있고 청두의 폭동으로 미국 영사관이 불에 탔다는 것이다. 미국무성은 중국의 시골 전역, 특히 청두 주변 지역을 방문하는 미국인 여행자들에게 주의를 환기시켰다.

나는 이번 여행에서 조나단처럼 어떤 어려움을 만나더라도 침착함과 평정심을 잃지 않도록 스스로를 시험해 보기로 결심했는데 이번이 그것을 실행하기에 좋은 기회로 보였다. 다행히 창탕지역은 대사관 폭격 소식을 들었다 하더라도 이에 대한 큰 관심을 가질 것 같지 않은 순박한 티베트 유목민이 살고 있다는 점이 조금은 마음을 놓이게 했다. 한편 아직도 이곳에서는 우리는 중무장한 중국 인민해방군 소속 경비병과 마주칠 확률이 많았다. 그러나 지금의 중국군은 장교나 사병할 것 없이 근무 지역이 산간 벽지라 할지라도 외국인을 함부로 해치지는 않을 것이라고 존은 우리를 안심시켰다.

하지만 존은 민야 콘카로 가는 길에 수십 개의 시골 마을을 자동차로 통과해야 하는데 그 지역 농민들이 오히려 군인들보다 자제력을 잃을 수도 있다고 우려했다. 여행 출발 전에 나는 아시아의 어머니에게 딸을 너무 위험한 곳에는 데리고 가지 않겠다고 약속했다. 그 당시 이것은 아시아와 함께 등반할 때 조심하겠다는 의미로 한 약속이었는데 정치적인 긴장에서 오는 이런 위험은 생각하지 못했다. 어쨌든 우리에게 중요한 것은 이러한 국제적인 정치분쟁으로 감수성이 많은 나이의 아시아가 상처받거나 하는 일이 발생하지 않았으면 하는 것이다.

"네 생각은 어때" 아시아에게 물어보았다.

"아저씨가 결정하는 대로 따르겠어요."

"그러면 예정대로 강행합시다." 내가 존에게 말했다.

"하지만 이곳 상황이 어떻게 진행되는지에 대해 조언을 해 줄만한 사람들에게 팩스나 e-메일 등을 보내 보지요. 안 좋은 소식이라도 들리면 어떡하죠?" 그가 물었다.

"사정이 많이 나쁘면 여행을 취소하고 돌아가야죠."

우리는 티베트까지 우리와 동행할 요리사로 다와 라마라는 스물한 살 먹은 셀파를 고용했다. 나는 그를 모르지만 네팔에 있는 친구들이 그는 요리도 잘하고 일도 잘 도와주며 성격이 좋다고 했다. 우리는 다와가 일하는 장비점 마당에서 그를 만났다. 그는 165센티미터로 나하고 키가 비슷하였고 항상 미소를 지었다. 짧은 머리에 눈이 빛났으며 부지런하고 동작이 민첩하였다. 그는 15세 때부터 키친 보이로 훈련을 받아 트레킹이나 등반하는 그룹을 위해 요리를 해왔다고 말했다.

다와에게 준비하는데 도와줄 일이 뭐 없는지 물었다. 채소를 좀 사야 하지만 자기 혼자서 하겠다고 고집을 부렸다. 아시아에게 카투만두에서 조나단이 좋아하던 곳을 몇 군데 보여 주기로 했다.

우리는 오토바이 릭샤에 몸을 싣고 옛 정취가 남아 있는 구시가지 지역을 향해 복잡한 도로를 빠져나갔다. 이 구역의 중심지인 두바 스퀘어는 조나단이 이곳을 처음 보았을 때의 모습이 일부 남아 있기를 바랐다. 그러나 1970년대에 비해 규모가 서너 배 정도 성장한 것 같아서 옛 카트만두의 정취를 맛보기는 그렇게 희망적이지는 않았다. 카투만두의 참 모습을 찾으려면 1950년대로 되돌아가야 했다.

나는 이 여행을 출발하기 직전에 많은 산악인들로부터 존경받는 찰리 휴스턴이라는 원로 산악인과 몇 시간을 같이 보내면서 간접적으로나마 그럴 기회가 있었다. 찰리는 영국 원정팀이 1953년 세계 최초로 에베레스트를 등반할 때 성공적으로 이끈 사람으로 그는 그 등정 루트를 정찰하느라고 그 보다 3년 전인 1950년에 쿰부지역을 찾은 최초의 서방 산악인이었다. 최근에 찰리는 그의 다락방에서 이 여행 중에 촬영했다가 있는지조

차 잊어버리고 있었던 구형 코닥 8mm 영화 필름을 몇 개 찾아냈다. 그는 이것을 비디오로 옮겨 다시 보고는 카투만두가 1950년대에 어떠했는지를 보고 감격했다.

"시골 동네같은 조그마한 크기였어요." 그가 말했다.

"하늘은 너무 푸르고. 마헨드라 왕자의 롤스 로이스를 제외하고는 차도 전혀 없었어요. 이보다 더 놀라운 것은 한 장면 한 장면을 면밀히 살펴보았더니 비록 가난하였지만 거리에 거지가 전혀 없었어요. 단 한 사람도."

릭샤가 멈추고 아시아와 내가 더바 스퀘어의 소음과 공해 속으로 발을 내려놓기도 전에 바싹 마른 세 살짜리 아기를 업은 젊은 여자가 애원하는 표정으로 다가선다. 나는 릭샤 운전수에게 요금을 지불하고 아시아에게 빨리 가자고 했지만 그녀로서는 당황하면서도 모르는 척하기가 쉽지 않다는 것을 알아챘다.

"어떻게 하지요." 아시아가 내게 말했다.

"너희 아빠가 일기에서 써 놓은 대로 하면 좋을 거야."

그들을 절대로 못본 척하지 마라.

다행이 광장은 25년 전에 보았던 그대로였다. 야채상과 향신료상, 작은 나무 의자에 앉은 손님의 머리를 자르는 이발사와 많은 잡상인들이 모여 있었다.

우리는 두바에서 많은 방문객들과 참배객들로 북적대는 장소인 아쇼크 비나약에 들렀다. 이곳은 우리들처럼 북쪽으로 먼 여행을 떠나려고 하는 등반대원들이나 순례객, 여행자들이 안전을 비는 코끼리 머리 모양의 신인 가네쉬를 모시고 있다.

우리는 시바의 마주드발 절에도 들려 아홉 계단을 올라가 삼 층으로 지어진 탑의 지붕까지 올라가 보고 맨 윗층에서 호기심어린 눈으로 내려다

조나단은 1980년 그의 일기에서 "언젠가는 내 아이를 이곳에 데리고 와 내가 지금 온몸으로 배우고 있는 삶의 의미와 인생의 진실을 경험하게 할 것이다." 라고 써 놓았다. 아시아가 카투만두의 보리 탑 지붕에 올라. (1999년 5월 릭 리지웨이 촬영)

보았다.

"1976년에 우리들 몇이서 촬영하러 왔던 아침이 생각난다. 너희 아빠도 같이 모두 '미국 독립 200주년 기념 에베레스트 원정대' 라고 쓴 티셔츠를 입고 있었지."

조나단은 그의 일기에 가슴에 미국 원정대의 로고를 달고 시내를 활보할 때 처음에는 젊은 나이에 우쭐하는 기분을 느꼈지만 나중에는 자만심에 차 있는 자신을 발견하고 부끄러워했다고 썼다.

"어쨌든, 우리는 크리스가 가게 앞에 '마리화나' 라는 조그마한 간판을 발견하고 마리화나를 사는 장면을 촬영했었지. 내 기억이 정확하다면 그가게는 야채상이 있는 이 근처 어디였어."

크리스는 가게에 들어가서 마리화나를 사면서 산에서 피울 것을 모으는 중이라고 말했다. 티셔츠에 로고 때문이었던지 다음날 신문에 '미국 에베레스트 원정대, 산에서 마리화나 피우다' 라는 헤드 라인으로 1면 기사가 실렸다. 그 기사는 우리가 높은 고도에서 마리화나의 인체 반응 실험을 하기 위해 샀다고 썼다. 우리 원정대 대장은 국무성의 관리였는데 이 기사는 워싱턴에서도 논란거리를 불러 일으켰다.

"마리화나를 피운 사람이 원정팀에 많았나요?" 아시아가 물었다.

"나를 포함해 상당수가 있었지. 가장 많이 피우는 사람은 크리스를 포함한 두 사람의 의사들이었어. 너희 아빠는 피우지 않았지만 반대하지도 않았어. 그는 불교 사원에 20일 정도 머물고 나서 세상을 있는 모습 그대로 보고 싶다고 결심했지. 하지만 크리스는 정반대였는데 그때 원정에서 나는 두 사람을 중요한 친구로 삼았다는 것은 흥미로웠지. 크리스는 항상 끝까지 밀어붙이는 스타일이었는데 그런 기질 때문에 그에게 매력을 느꼈지. 8,000미터가 넘는 고도에서 환각상태를 맛보기 위해 사우스 콜 안부에서 어드밴스 캠프까지 등반하던 중에 환각제를 맞았다는 거야. 상당한 시간이 지나기 전까지는 나한테도 말하지 않은 것으로 보아 누구한테 자랑하려고 그런 것이 아니야. 그는 그냥 인간의 한계상황에서 체험을 해 보고 싶었던 거야."

"기분이 어땠는지 말해 주던가요?"

"그랬지, 그는 웃으면서 기대했던대로 대담해져서 좋았다고 하더군."

"그에 대한 아저씨의 생각은 어떠세요?"

"그런 크리스가 부럽기도 하고 한편 걱정이기도 하다는 생각이 들었어. 내가 매력을 느낀 부분은 자기 스스로를 끝까지 밀어붙인다는 점이었어. 어쨌든 자신의 한계를 극복하려고 노력하는데 이끌린 것은 내가 젊었고 20대였기 때문이겠지. 론과 함께 페루의 우아스카란봉 정상에 올라 '위험'이라고 써서 남겨둔 빈 삼페인 병과 급류타기를 하다 죽은 론에 대해서 네게 말한 것 기억나니? 글쎄, 8,000미터 이상의 죽음의 고지에서 환각제를 맞았다는 크리스에 대해서도 똑같은 느낌이 들더군."

이곳에서 와서는 오후에 나도 모르게 이상한 감정에 빠져들면서 술도 한잔 하고 싶은 생각이 나서 아시아를 데리고 몇 블록 떨어진 야크 앤 얘티 호텔로 갔다. 카투만두에 괜찮은 호텔이 몇 개 있는데 그 중에서 이 호텔이 최고라고 할 수 있다. 로비로 들어서면서 모든 것이 전번에 왔을 때와 똑같은 것을 보고 기분이 좋았다. 작은 테이블 주위에 소파와 의자가 옛날 그 장소에 그대로 있는 것이 눈에 들어왔다.

"응. 알겠어요. 여기가 아줌마를 처음 만난 곳이라고 말했지요" 하면서 아시아가 물었다.

"그래, 저쪽 의자에 앉아서."

기다리는 동안에 나는 여전히 18년 전 4월 오후에 있었던 것처럼 아내의 모습을 마음속에 떠올릴 수 있었다. 당시 그녀는 앞머리를 가지런히 자른 멋진 헤어 스타일에 흰 티셔츠와 진 바지를 입고 있었다.

눈사태 이후 몇 달 간은 나는 글을 쓰거나 영화사에 다니며 지냈는데 내 프로젝트의 대부분은 등반이나, 래프팅, 오지나 정글 탐험과 관련되어 있어서 앞으로 할 일에 대해 확신이 서지 않았다고 아시아에게 말했다. 절망감을 느낀 것이 아니라 살아 있다는 것에 너무 감사해 그냥 무엇을 해야 좋을지에 대한 생각이 없었다고 하는 편이 옳았다.

그런데 『내셔널 지오그래픽』에서 에베레스트 국립 공원에 관한 기사를 좀 써 주면 좋겠다고 말했다. 조나단 대신에 이 잡지사의 다른 사진 작가를 보낼 계획이었고 나한테는 기사를 써 주기를 원했다. 4월 말에 떠날 수 있는지 물었다. 이 기사에는 조나단이 이미 찍어 둔 유작 사진을 여러 장 신게 된다고 하여 게리와 조나단의 부모에게는 위로가, 그리고 아시아가 성장했을 때에는 좋은 기념이 될 것 같아 취재에 응해 주었다.

그때 그 사진 작가와 야크 앤 얘티 호텔에 투숙한 첫날 로비에서 음료수를 마실 수 있는 자리를 찾고 있었는데 그때 지금 이 자리에 앉아 있던 제니퍼를 만났다. 제니퍼도 나만큼 쓸쓸해 보였다. 그녀한테서 나 자신의 슬픔을 털어놓고 싶게 만드는 지적인 면을 감지했기 때문인지도 모른다. 이유야 어찌되었던 여기 이 의자에 앉아서 그녀한테 눈사태와 조나단의 죽음, 그리고 나 자신이 겪었던 많은 체험에 대한 이야기를 하게 되었다. 제니퍼도 귀를 기울여 들었다. 내가 이야기를 마치자 그녀는 한숨 돌리고 나서는 그녀도 어쩌면 나와 똑같이 슬픔을 잊기 위해 여행하고 있는 중이라고 내게 말했다.

　주문한 음료수가 나와서 아시아에게 마시자고 했다. 나는 음료수를 한 모금 마시고 제니퍼 이야기를 계속했다.

　"제니퍼는 1년 전쯤에 남편과 함께 요트 여행을 했다더군. 그들에게 70 피트짜리 큰 요트가 있었는데 친구 몇 명이 승무원으로 타고 있었는데. 그녀는 배를 운전하지는 못했지만 가끔 비행기로 와서 남편의 친구들과 짧은 구간을 함께 여행하기도 했데. 그녀는 그들과 함께 오스트레일리아 북부 해협을 건너고 있었는데 배에 승선한 사람들은 아무도 몰랐는데 뉴기니아 남부 해안에 큰 지진이 발생해서 해안 일대에 큰 해일이 일어났다는 거야. 그녀의 남편은 그녀가 수영을 잘 하지 못했기 때문에 항상 구명 조끼를 입도록 했데. 해일에 부딪쳤을 때 그녀는 갑판에 앉아 있었는데 보트가 부딪치자 활대가 갑판을 휩쓸며 남편의 머리를 내리쳤다고 했어. 보트가 산산조각이 났는데 그것이 그녀가 기억하는 마지막 장면이야. 의식을 회복했을 때 그녀는 오스트레일리아 해안경비 헬리콥터를 타고 있었다더군. 몇 시간이 지나고서야 13명의 탑승객 가운데 그녀는 다른 한 사람과 함께 오직 두 사람만 생존했다는 얘기를 들었데."

　나는 그녀에게 운도 따랐지만 매우 침착한 사람이라는 것을 알 수 있었다고 아시아에게 말했다.

나는 그날 밤 사진 작가와 거리 구경도 하고 저녁을 먹으려 나갈 예정이었는데 그녀한테 같이 가자고 청했다. 즐거운 저녁이었고 우리 두 사람에게는 잠시 기분을 전환할 기회가 되었다. 호텔로 돌아와 우리는 주소를 교환했는데 그녀에게 전화한 것은 내가 캘리포니아로 돌아온 지 몇 달 뒤였다. 방문하러 가도 괜찮은지 물어왔다. 그때 마침 이본이 자기 집을 개조하느라고 그의 가족들은 잭슨 홀에 있는 통나무 집에서 여름을 보내러 갔고 그는 우리 집에서 나와 함께 지내고 있을 때였다.

그녀가 찾아와서 우리 세 사람은 함께 맛있는 저녁 식사와 함께 즐거운 시간을 보냈다. 2주 뒤에 나는 이본과 함께 와이오밍에서 암벽 등반을 하고 있었는데 이본이 제니퍼한테 전화왔었냐고 물었다. 내가 전화가 없었다고 말하자 그럼 제니퍼한테 전화해서 우리와 함께 지내자고 해보는 것이 어떠냐고 제안했다. 그녀는 그 다음날 기꺼이 와서 2주 정도 같이 머물렀다. 우리는 몇 달 뒤에 결혼하고 1년만에 첫 아이가 태어났다.

"아저씨네 부부는 금슬이 아주 좋아 보여요." 아시아가 말했다.

"하지만 우리는 아주 취미가 다르단다."

"하지만 분명히 서로 관심을 가지게 된 것은 이런 공통점이었어, 한사람은 해일로, 한사람은 눈사태로, 가장 가까운 사람의 죽음에 대한 경험을 공유하고 있었지. 그것 보다도 두 사람 모두 그 사고로 자기 목숨도 잃을 뻔했다는 거야.

우리가 결혼해서 제니퍼가 임신한 다음에 나는 그녀에게 생 떽쥐베리의 『어린 왕자』를 읽어 주었어. 임신한 사람에게 읽어 주기 좋은 이야기 같았어. 이야기에서 어린 왕자가 생 떽쥐베리에게 어른들의 큰 과오는 '중요한 일'과 '중요하지 않은 일'을 항상 혼동하는 것이라고 말하지. 그 말을 우리는 자주 써먹었지. 우리가 가끔 디너 파티에 초청받았을 때 누군가 화려한 옷과 치장을 하고 폼을 잡으면 나는 제니퍼에게 귓속말로 속삭였지, '저거 중요한 일인가?' 그러면 그녀는 얼굴을 찡그리며 '그거 중요하지 않은 일인데.' 하고 화답해 주곤 했지."

아시아와 나는 음료수를 다 마시고 의자와 소파를 다시 한 번 더 쳐다보았다.

"조금 이상한 얘기지만 네가 이해해야 할 것이 마지막으로 하나 있어." 나는 아시아에게 말했다.

"만약 너의 아빠가 죽지 않았더라면 나는 제니퍼도 만나지 않았을 것이고 지금의 아이들도 없었을 거야. 그리고 조나단이 살았더라면 틀림없이 너의 삶도 전혀 다른 길을 가고 있을 것이야. 그렇게 될 경우, 그것이 어떤 의미로 우리에게 닥아설지 내가 알 수는 없어. 이번 여행에서 그것이 무슨 의미로 우리에게 닥아올지를 알게 될 것이라고 확신하지는 않아. 하지만 이번 여행이 우리에게 삶의 의미를 깨닫게 하는 교훈을 남겨 줄 것이라고 생각해 보고 있어."

창탕 지역. 1999년 6월 2

4

잿빛 하늘의 희뿌연 새벽에 우리는 자동차로 카투만두 계곡을 가로질러 히말라야의 남쪽으로 들어섰다. 우리가 탄 미니 버스 뒤에는 신선한 채소와 감자 등을 가득 넣은 바구니, 그외 음식을 담은 플라스틱 드럼통, 트레킹과 등반 장비를 넣은 큰 가방, 카메라와 비디오 장비 등과 그리고 아루 분지에 인접한 크리스탈 마운틴에서 산악 스키를 탈 경우를 대비하여 스키 세 벌을 실었다. 우리는 빽빽한 숲으로 이루어진 깊은 계곡에 거의 수직으로 측면을 깎아서 만든 길을 따라 올라갔다. 하늘은 짙은 구름으로 짓눌려 있지만 구름 사이로 검은색 띠를 드리운 듯한 절벽 위에 전나무들이 실루엣으로 보인다.

"한폭의 동양화같군" 내가 말했다.

"이 곳은 너무 아름다워요"하고 아시아가 맞장구를 쳤다.

지금까지 우리 여행은 내가 생각한 만큼 이상으로 아시아도 즐거워 보였다. 중국과의 정치적 긴장이 누그러졌기 때문이 아니라 도시의 혼잡하고도 찌들린 삶을 멀리 뒤로 하고 있기 때문이리라.

쓰촨(四川) 지방의 상황에 관한 추가 정보를 알려 달라는 우리의 팩스 요청에 답신이 들어왔는데 여전히 위험성이 남아 있다는 것이었다. 그래서 카일라스 산 주변을 돌아 아루 분지를 탐험하고, 가능하면 크리스탈 마운틴을 오른 다음 라사로 가기로 했다. 그리고 일단 거기에 가면 정치 상황에 관한 새로운 소식을 얻어 들을 수 있을 것이라고 생각했다.

당면한 문제는 네팔에서 티베트로 국경을 넘는 일이다. 관리들로부터 일부 미국인들이 입국을 거부당하고 있는데, 우리에게도 꼬투리 잡힐 소지가 많다는 얘기를 들었다. 이유인즉, 요리사인 다와는 네팔인으로 우리의 단체 비자에 올라가 있는데 그의 성이 라마(Lama)라는 것이 문제라는 것이다. 지금의 '라마'라는 성은 미국에서 지금 '스미스(Smith)'가 대장쟁이와 아무런 관계가 없듯이, 이 성 또한 티베트의 라마교 종교 단체 회원도 아니고 아무런 관계가 없는데도 가끔 입국을 거부당한다는 것이다.

우리가 국경에 도착했을 때 존은 다리 건너로 그가 미리 연락해 놓은 토요타 랜드 크루저, 중국산 이륭 트럭과 두 사람의 운전사, 또 그가 잘 아는 라사에서 어제 내려온 연락관이 나와 있는 것을 보고 적이 안심했다.

존이 전번 여행에서 알게 되었다는 연락관을 포함하여 이들은 모두 티베트 사람들이었다.

"우리들은 아무런 정치적인 색채나 종교적으로 문제가 없어요. 이사람들로 인해 문제가 생기는 일은 없을 겁니다" 존이 말했다.

우리는 식량과 장비를 큰 트럭에 옮겨 실은 다음 5킬로미터 더 가서 입국 심사를 기다리는 줄을 선 트럭과 미니버스 뒤에 멈췄다. 우리도 차에서 내려 여권에 입국허가 스탬프를 받기 위해 길게 늘어서 있는, 구미 각국에서 모여든 젊은 여행자들 뒤에 섰다. 아직도 서방의 젊은이들에게는 한때 방랑하는 '반더 야'(Wander jahr)의 전통이 살아 있는 것을 보고 내심 흐뭇해서 우리 아이들도 곧 여행에 나서는 모양을 상상해 본다.

우리 차례가 가까워졌다. 아직까지 아무도 입국이 거부된 것 같지 않아 별로 불안하지는 않았다. 그렇지만 대체로 힘들게 입국 허가를 얻고 있는 것 같았다. 우리는 창구로 다가가 여권과 비자 서류를 내밀었다. 20대의 중국 여자 담당자가 서류를 대충 살펴본 다음 40대로 보이는 중국 남자에게 넘겨주었다. 그는 여권의 사진과 얼굴을 일일이 대조했다. 그는 다와의 여권을 집어들고 우리의 단체 비자에 있는 이름과 대조해 본 다음 미국 사람들에게 붙어 요리나 해 주느냐는 투의 노골적인 경멸의 눈초리로 쳐다보았다. 다와는 지금까지 우리와 함께 했던 4일 동안 항상 그래왔던 것처럼 미소를 지었다. 그런 다와를 보고 기분 좋아하지 않을 사람이 누가 있으랴? 하지만 이 관리는 잔뜩 찌푸린 얼굴로 계속 뭔가를 살피고 있어 디베트로 가는 우리의 여행이 잘못되는 것은 아닌가 하는 걱정을 하게 했다. 하지만 생색을 내듯이 스탬프를 찍고는 여권을 우리에게 되돌려준 다음 좋다는 표시로 고개를 까딱했다. 우리는 무사히 통과했다.

우리는 국경선을 넘어서자 맥주 캔을 따서 무사히 국경선을 넘은 것을 자축하는 점심을 먹은 다음 두 시간 정도 더 가다가 자동차 정류소가 있는 동네에서 그날 밤을 보냈다.

다음날 아침 우리는 일찍 일어나 존, 아시아, 연락관 그리고 나는 랜드크루저에 타고, 다와는 트럭에 탔다. 우리는 계곡을 거슬러 올라갔다. 고도가 높아짐에 따라 계곡이 좁아지면서 맞은편 언덕으로는 작은 관목들이 보였다. 도로는 듬성듬성 자란 작은 관목과 스텝 지역의 잡초로만 덮힌 언덕 위에 길게 지그재그로 이어졌다. 도로에서 50미터도 떨어지지 않은 곳에 이곳 야생 당나귀인 키앙 두 마리를 봤다. 아시아가 멀리 남쪽의 만년설 봉우리들을 가리키며 무슨 산인지 물어보길래 아직은 아마 이름도 붙여지지 않는 산일 거라고 대답해 주었다.

"제가 올라가 보고 싶은 그런 산이네요." 아시아가 말했다.

"그것 잘됐네. 우리가 올라가 보려고 하는 산들이야."

구름이 갈라지기 시작하면서 땅도 갈라지고 하늘도 갈라졌다. 미지의 새로운 땅으로 들어선다는 느낌이다. 시야에 긴 막대에 12개의 펄럭이는 깃발과 커다란 노간주나무 가지가 드리워져 있는 흙벽돌로 된 사원 건물이 보였다.

이곳은 이 세계에서 가장 높은 산맥에서 흘러나오는 물줄기가 지상에서 가장 높고 넓은 고원 지대로 갈라지는 분수령이다.

차를 세워 우리가 내리자 존은 북서쪽으로 먼 지평선까지 뻗어있는 언덕을 가리키며 말했다.

"저기가 우리가 가는 곳입니다. 저곳이 바로 앞으로 한달 동안 우리가 지내면서 보아야 할 풍경입니다."

우리는 티베트 고원의 남쪽 기슭을 가로지르는 긴 비포장 도로가 카투만두와 라사를 연결하는 교차 지점에 도착했다. 그러나 순례 코스의 한 곳으로 들릴 예정인 카일라스산(티베트 남서부에 있는 라마교, 불교, 힌두교들이 신산(神山)이라고 하는 성산. 높이 6.714미터)까지는 아직도 720킬로미터나 떨어져 꼬박 3일 정도 더 가야 도착할 수 있다. 존은 비포장길이어서 좋은 날씨에도 어렵지만 날씨가 나쁘면 아예 통행이 불가능할 것이라고 말했다. 그래도 다행히 우리 차는 사람들이 너무 많이 타서 비좁고 숨이 막힐 지경인 카일라스 순례객들의 쿵쿵거리는 차에 비하면 훨씬 좋았다.

수백만의 라마교도와 불교도와 힌두교도들에게는 6.700미터 높이에 있는 카일라스 산은 지상에서 가장 높고도 성스러운 산이다. 이 봉우리는 한쪽으로는 인더스강과 다른 한쪽으로는 브라마푸트라강의 상류에서 불과 몇 킬로미터밖에 안 떨어져 있다. 이 큰 두강은 인더스강은 서(西)쪽으로, 브라마푸트라강은 동(東)쪽으로 수백 킬로미터를 흐르다가 히말라야 양 끝자락에서 같이 지구상에서 가장 높고 큰 산맥을 만난다. 또 카일라스산의 다른 한쪽 산록에서 물길이 흐르는 방향이 다른 강을 두 개 더 만나는데 하나는 북(北)쪽으로 흐르고 다른 하나는 남(南)쪽으로 해서 사방(四方) 세계로 흐른다.

이들 네 개 주요 강의 발원지의 심장부인 카일라스산은 우주 사방(四方) 세계의 중심으로 불교의 만트라와 힌두교의 얀트라를 지리적으로 그리고 상징적으로 표시하고 있다. 숭배자들을 이 산이 지구의 사방으로, 또 지상에서 하늘로 연결해 주는 하늘 기둥의 축으로 생각한다. 산 주위를 돌며 순례를 하면 일생을 살면서 쌓은 모든 죄악과 업보를 소멸한다고 믿는다.

두 시간 동안 우리는 북서쪽으로 차를 타고 가면서 8,000미터가 넘는 산 봉우리라면 엄청 높은 산봉우리인데도 이곳에서는 그 중에서 가장 크기가 작은, 그러나 멀리서 보기에는 아름다운 시샤팡마 봉우리(8,013미터)를 보며 지나는 즐거운 시간도 가졌다..

조나단은 이 카일라스산을 잘 알고 있다.

1980년대 초 그는 산림 지역 안내 조종사가 네팔 서부 지역 국경을 비행하면서 북쪽에 다이아몬드처럼 생긴 흰 산이 메마르고 광활한 스텝 지역에 홀로 우뚝 솟은 광경에 대해 묘사한 글을 보고 가보고 싶어서 안달이 났었다. 그 해가 바로 중국이 산악인들과 트레커들에게 국경을 개방하기 시작한 해인데, 조나단은 이 산을 순례하는 것을 꿈꾸었다. 그해 말 그와 나는 동남부 티베트의 민야 콘카 탐방 제안을 받고 카일라스로 가는 허가를 받을 수 있는지 얘기했지만 서북부 티베트는 여전히 폐쇄되어 있었다.

그 당시 우리는 적어도 1년 간 바쁘게 움직여야 될 정도의 많은 프로젝트를 기획하고 있었다. 민야 콘카 다음에 『내셔널 지오그래픽』의 에베레스트 국립 공원 취재가 기다리고 있었고, 그 다음 해는 보르네오 정글을 횡단할 계획이었다. 그래서 카일라스 원정 계획을 우리는 하나의 가능성으로 남겨 두기로 했다.

그때 조나단은 모험 여행 전문 사진 작가로 입지를 굳혀 갔고 나도 작가와 영화 프로듀서로서 자리를 잡아가고 있었다. 4년 전 에베레스트에서 돌아와 학교로 되돌아가는 계획을 버리고 원정을 떠나기로 한 고민스러운 결정이 점점 빛을 보기 시작하고 있었던 것이다. 한동안 페인트공으로 일했지만 야생의 원시 자연이 살아 숨쉬는 곳에서 야생과 접하면서 일정 기간 머물지 않으면 거의 살 수 없게 되었다. 처음에는 내가 시대를 늦게 잘못 타고 태어난 것은 아닌가 의심하기도 했다.

1세기 전만 해도 모험적인 직업을 갖기가 지금보다 쉬웠던 것으로 보였

티베트의 창탕 고원으로 들어서며. 이곳은 5,000미터가 넘는 고위도 스텝 지역으로 연평균 기온이 -5도 전후로 카일라스 산맥이 뻗어 있어 강우량이 적고 기압이 낮아 초목이 잘 자라지 않아 지구상의 전인미답지의 하나로 야생 야크, 당나귀, 가젤, 영양, 갈색곰 등 동물 60여 종과 400여 종의 식물 등 진귀한 동식물들이 서식하는 세계 최대의 자연보호 지역이다. (1999년 5월 릭 리지웨이 촬영)

다. 동부 해안에 살고 있던 모험가들은 대형 포장마차에 가족을 싣고 서부로 가거나 완벽한 장비를 갖춘 포경선을 타고 남태평양으로 떠날 수 있었다. 철도 대신 포장마차를 타고 먼지를 날리며 다녔고 기선보다는 흰 범선의 낭만을 좋아했다.

그 시대에 살았던 사람으로 내가 존경했던 영웅 중의 한 사람인 조슈아 슬로쿰이란 노련한 범선 선장은 기선으로 바꾸어 타는 것을 거부했다. 하지만 1894년 경 그는 새로운 현대 기술의 조류에 볼품없이 떠다니는 화물 신세가 되었다. 그러다 그는 젖소 목초지에 버려진 나무 배를 보고 자신의 인간적 딜레마에 대한 해답을 찾았다. 그것은 자신처럼 버려진 범선이었는데, 그는 그것을 되살렸다. 범선을 타고 세계 일주길에 나선 첫 번째 사람이 되었다. 슬로쿰은 모험적인 직업을 택해 그것을 지금 아름다운 모험 스포츠로 전환시킨 선구자 중 한사람이다.

나도 에베레스트 등반 중 어느 날, 모험 스포츠를 즐기면서 직업으로 삼을 수 있는 계기를 만났다. 그때 나는 로체 벽을 오르는 장면을 찍는 텔레비전 촬영팀의 조수로 일하고 있었는데, 그들은 나와 같은 일을 하면서, 아찔한 빙벽을 오르는 스릴을 즐기고 있었던 것이다. 하지만 그 사람들은 많은 돈을 받고 있었다. 집으로 돌아온 다음 그 필름의 촬영 감독이며 그 당시 세계 최고의 모험영화 제작자인 마이크 후버에게 전화를 걸어서 나도 그런 일에 어떻게 하면 계속 참여할 수 있을까 하고 물어보았다.

그것은 모두 하나의 좋은 아이디어로부터 시작된다고 일러 주었다. 그 사람의 생각이 놀랍게도 나에게 적중되었다. 실제로 그때 나는 내나름대로 '나쁜 아이디어', '괜찮은 아이디어', '좋은 아이디어', '환상적인 아이디어' 라는 라벨을 등급별로 밑에서부터 위로 붙인 4개짜리 아이디어 파일 캐비넷을 가지고 있었다. 나는 호기심과 장난삼아 라벨을 붙였지만 실제로 모험적인 아이디어를 생각하고 있었다.

그중 하나는 바론 본 험볼트의 저서 『아메리카 여행』(Travel to the Americas)을 읽고 메모한 것도 있다. 이 책은 험볼트가 아마존에서 오리노코강을 횡단하여 멀리 정글에서 떠오르는 높은 수직 벽이지만 정상은 평평한 신비한 산을 보고 나서 그곳의 식물에 관해 쓴 책이다. 나도 그런 오지 탐험 계획을 꿈으로 간직하게 되었다.

모험 다큐멘터리 작업을 어떻게 시작할 것인가에 대한 마이크의 충고를 듣고 난후 기아나 실드(남미 북동부에 있는 프랑스령)로 알려진 그 지역을 조사하기 시작했다. 마침내 정상 바로 아래 마치 '바늘 귀' 처럼 산을 관통하는 신비한 동굴이 있다고 하는 이 산의 한봉우리에 관한 보고서를 찾았다. 이 산은 '신의 눈' 으로 전해져 오고 있는데 주변의 마퀴티에르 인디언들의 소문에 의하면 가끔 산을 내려와 마을을 급습하는 공룡같은 괴물이 사는 곳이라고 한다.

"완벽한 텔레비전 다큐멘터리 감인데" 마이크가 말했다.

나는 그와 함께 다큐 제안서를 작성했다. 그가 제안서를 ABC 방송사에 보내자 3주 후에 방송사에서 5만 5천 달러짜리 수표를 보내왔다.

"이거 쉽네요" 내가 마이크에게 말했다.

마이크는 영화 촬영 요원을 구성하는 일을 책임지고 나는 등반과 클라이머팀을 책임졌다. 우리는 오리노코강 상류의 작은 활주로에 도착해서 짚으로 지붕을 엮은 허름한 집을 빌렸다. 나는 버려진 판자를 주워 큰 글씨로 '아마존 퀸'이라고 페인트로 써서 차일 앞에 걸어 두고는 우리와 함께 갈 포터로 마퀴티에르 인디언 몇 사람을 고용했다. 우리는 3일 동안 모터 보트를 타고 좁은 강을 따라 올라가서 다시 3일 더 정글을 하이킹한 다음 원추형 모양의 수직 암벽을 올라 드디어 문제의 신비스러운 동굴을 찾는데 무려 6일이나 더 걸렸다. 우리는 그 속에서 공룡을 발견하지는 못했지만 그대신 창문같은 동굴의 입구에서 청색과 금색빛의 마코 독수리 한쌍이 2,000 피트 정글 위 상공을 선회하는 것을 지켜보았다. 입구 부근의 동굴 바닥에는 조그마한 나무들이 충분히 자랄 수 있을 정도로 맑은 샘물이 흘러나오고 있어 야영하기에 알맞았다.

우리는 동굴 안에서 3일 동안 야영을 했다. 동굴 중심의 천장 높이는 거의 30미터나 되고 큰 성당의 돔처럼 둥그런 모양이었다. 옆으로 미로 같은 터널들이 있었는데 탐사를 하다보니 무언가가 밟혀 우지끈 부서지는 소리가 났다. 자세히 살펴보았더니 수백 개의 작은 해골들이 널려 있었다. 처음에는 박쥐의 해골이라고 생각했는데 하나를 집어보니 부리가 있었다.

무슨 종인지 알 수 없는 새들의 해골이었는데 어쩌면 이곳은 그 새들의 무덤일 수도 있다고 생각했다. 그 것이 사실이라면 그 새들은 귀소본능에 의하여 여기로 날아와서 죽었단 말인가? 아니면 이곳은 고산 지대의 맹수나 독수리들이 사냥감을 먹는 휴식처일지도 모른다. 새의 무덤이라 할지라도 한종의 새라고 하기에는 해골이 너무 많으므로 몇 세대를 이어가며 물려 준 그들만의 비밀의 아지트인지도 모르겠다.

동굴에서부터 마이크가 우리들이 서로 포옹하는 장면을 촬영한 정상까지 올라가는 것은 쉬웠다. 그 TV 다큐는 크게 성공을 거뒀고 마이크와 함께 할 일이 더 생겼다. 그는 나에게 영화를 흥미있게 만드는데 필요한 모든 앵글과 앵글, 신과 신, 시퀸스와 시퀸스를 연결하는 방법을 가르쳐주었다. 그리고 무엇보다 중요한 것은 드라마틱한 프로젝트를 찾아내는 안목을 가지게 해줬다는 점이다. 즉, 마이크는 나에게 시청자들의 흥미를 끌기에 충분한 주인공이 여러 난관을 극복하면서 흥미로운 곳으로 끝까지 끌고가는 이야기를 엮어내는 방법을 일깨워 준 것이다.

나는 이런 프로젝트를 조나단과 같이 할 수 있었으면 하였는데 이 때 그는 『내셔날 지오그래픽』과 ABC방송사의 바그다드, 홍콩, 북극 지방과 아마 다블람 지역 등의 촬영 업무로 매우 바빴다. 조나단 역시 그 중 한 프로젝트라도 나와 같이 했으면 좋겠다고 생각되어 원정대장에게 나를 추천하였다. 그러나 그때 나는 마이크와 남극 모험 원정에 나서기로 계약을 해 시간을 맞출 수 없었다.

하지만 우리들이 여행을 마치고 집에 돌아왔을 때 조나단으로부터 전화가 왔다. 그는 에베레스트 국립공원 프로젝트가 승인되었다면서 나에게 작가로 같이 갈 생각이 없느냐고 물었다. 나는 기회다 싶어서 1980년 가을로 스케줄을 잡고 있었다. 그런데 이때 마침 우리 두 사람 다 민야 콘카 원정 프로젝트에도 동시에 참가 제의를 받게되었다. 조나단은 카메라 맨으로 나는 등반 클라이머이자 필림 공동제작자로 원정대의 일원이 되었다. 그 원정도 1980년 가을에 스케줄이 잡히는 바람에 일단 민야 콘카 원정 프로젝트를 모두 마치고 라사로 갔다가 그 다음에 카투만두, 그리고 에베레스트 국립공원으로 가는 계획을 잡았다. 라사는 이제 막 외부 사람들에게 개방되었기 때문에 『내셔널 지오그래픽』은 라사에 관한 기사에도 흥미를 보이고 있었다.

그때 나는 서른 살이었고 조나단은 스물여덟 살이었다. 우리 두 사람은 꿈을 이루었음을 깨달았다. 우리는 우리가 좋아하는 일을 할 수 있게 되었으므로 마치 세계 정상에 서 있는 것처럼 느꼈다.

아시아와 나는 랜드 크루저로 광대한 호수를 지나면서 창 밖을 바라보았다. 창탕 근방이었다. 우리는 난생 처음으로 청록색 물, 황갈색 언덕, 맑고 푸른 하늘 등 고원 스텝 지역을 상징하는 빛깔을 보았다. 우리는 호수로 흘러드는 물길과 나란히 가고 있다. 나는 늪지에서 물새들을 볼 수 있기를 기대하는데 특히 여름에는 티베트의 고원에 있다가 겨울을 나기 위해 히말라야로 날아가는 검은목두루미를 볼 수 있기를 바랐다.

두루미는 티베트 전역에 흩어져 있을 뿐 아니라 숫자도 적기 때문에 흔히 볼 수는 없다. 하지만 우리는 그런 행운이 있을 것이라고 믿었다.

오후 일찍 남부 티베트 전역을 흐르는 얄룽 창포 강의 계곡으로 들어섰다. 창포 강은 하류에서 인도 쪽으로 급하게 구비쳐 유명한 브라마푸트라 강이 된다. 발원지는 물론 카일라스 산이다. 사막에서와 같이 건조하고 나무 한 그루 없는 스텝 지역의 강은 너무 아름워서 기적처럼 보인다.

우리는 랜드 크루저를 세우고 밖으로 나와 맞은편 강변에 정박하고 있는 나룻배를 기다렸다. 운전수가 경적을 울리고 몇 분 기다리자 젊은 여자와 노인이 강 건너 오두막에서 나타났다. 젊은 여자가 300미터 너비의 강에 걸쳐져 있는 줄에 묶어 둔 배에 뛰어 올랐다. 노인은 배가 움직이지 않도록 도르래에 걸린 줄을 트랙터로 당겼다. 우리가 차를 타고 배에 오르자 우리가 탄 바지선은 강 건너쪽으로 움직였다.

우리와 함께 나룻배에 탄 젊은 여자는 중국 해군 재킷과 바지, 모자를 멋지게 입고 있었다. 사진에 담아 두어야 할 것 같아서 아시아와 나는 둘 다 카메라를 꺼냈다.

지난 한 해 동안 아시아는 콜로라도대학교 예술학부에 등록하여 사진 공부에 주력했다. 그녀는 아버지가 하던 일을 이어받는 것이 어려운 도전이라는 것을 알고 있었다. 그녀는 조나단이 『내셔널 지오그래픽』 사진가라는 선망받는 위치에 오르기 위해 얼마나 노력했는지 잘 알고 있다. 그녀는 대학의 사진 전공 프로그램이 만족스럽진 않지만 전공을 바꿀만한 다른 재능이 있는지도 확신이 없었다. 지난 2주간 사진찍는 것을 지켜봤는데, 사진이 그녀의 재능에 가장 잘 맞는 것인지 나도 의문이 들었다.

알룽 창포 강을 건널 때 해군 복장을 한 젊은 여자를 클로즈 업으로 잡거나 트럭 위로 올라가 앵글을 잡아보지도 않고 단순한 기념 사진으로만 처리하는 경우가 그 예다.

내가 나룻배를 걸쳐 와이드 앵글로 잡아보도록 도와줬더니 미소를 지어보였다. 내가 필요할 경우 조언을 해 주기 위해 있다는 것을 안다. 그녀에게 등반을 가르쳐 주는 것도 이런 식으로 접근해야 할 것이다. 내가 아무리 기꺼이 돕는다고 해도 그것이 그녀가 바라는 바가 아니면 아무 소용없는 일이기 때문이다.

그날 저녁 우리는 2,000킬로미터나 티베트 고원지대를 가로질러 흐르는 알룽 창포강이 보이는 곳에서 야영을 하고 다음날 카일라스로 가는 길의 3분의 1 정도의 지점에 있는 중국 초소를 통과하였는데 8킬로미터 정도 더 가자 주변이 온통 원시 자연으로 인간이 남긴 유일한 흔적이라고는 우리가 가고 있는 비포장도로뿐이었다. 그 도로는 때마침 붉은 흑부리오리와 비오리가 무리지어 사는 늪지와 나란히 이어졌다. 덜커덩거리며 가는 동안 카메라에 담을 새 두 마리가 늪지 저편에 보였다.

"차 좀 세워 주실래요!"

우리 운전수가 급히 브레이크를 밟자 나는 손에 망원경을 들고 뛰어내려서 풀숲 저편에 초점을 맞추었다.

"두루미야. 여간해서 보기 드문 검은목두루미 두 마리야."

정말 행운이었다. 두루미는 몸길이가 무려 1.5미터나 되었는데 목은 검고 몸뚱이는 하얗고 검은 꽁지가 늘어졌다. 우리는 돌아가면서 망원경을 통해 두루미를 살펴보았는데 존과 아시아도 즐거워하는 걸 보니 마음이 놓인다. 조류 관찰은 흥미를 느끼는 사람끼리만이 통하기 때문이다.

마침내 티베트의 오지로 들어섰다는 느낌이 들었다. 남쪽으로 성곽처럼 둘러싼 눈덮인 히말라야 산맥에 넓게 열린 곳이 보였다. 무스탕 왕국, 그리고 더 남쪽으로 가면 안나푸르나봉(8,091미터), 다른 쪽은 세계에서 일곱 번째로 높은 다울라기리봉(8,167미터)을 접하고 있는 칼리간다크 계곡으로 가는 하나뿐인 고개다. 오른쪽으로는 빙하로 덮인 칸지로바봉이 있다.

차를 세우고 트럭 짐칸에 실어 놓은 드럼통으로 차에 기름을 다시 채웠다. 두 운전수가 기름을 넣는 동안 도로에서 벗어나 대지의 광활함에 흠뻑 젖어 본다.

바람이 분다. 하지만 이곳은 늘 바람이 이는 땅이어서 바람이 불어도 먼지가 날리지 않는다. 가시 거리는 일망무제로 160킬로미터 이상이 되어 보이고 더 멀리 보이는 히말라야 산맥의 정상 부근은 여기서 약 240킬로미터 이상 떨어져 있다.

나라도 불교도라면 이곳에서 명상을 했을 것이다. 사실은 일망무제로 터진 광야에서 긴 명상을 요구하는 '닝마파'(옛 교육기관)에서는 명상은 곧 바로 실천하는 행동이다. 이 척박하고 광활한 고원 지대에 혼자 앉아 최소한의 생존에 필요한 음식과 물로 조나단의 스승 고엔카는 그에게 명상수행을 가르쳤다.

'흔들리는 마음이 완전히 가라앉을 때까지 명상을 하라!'

우리는 오후 늦게 넓은 충적토의 고원지대 위를 굽이쳐 흐르는 강가에 캠프를 쳤다. 저녁노을이 히말라야의 능선을 물들이고 있을 때 아시아와 나는 강가에 앉아서 몽고지역에서 이리로 날아온 물떼새가 벌레를 잡아먹는 것을 지켜보았다. 그날 저녁 텐트 속에서 조나단의 일기를 꺼내 그가 처음 티베트의 땅 히말라야로 여행한 부분을 읽었다. 이 부분이 고엔카의 가르침 아래 조나단이 21일간 수행한 내용을 담고 있어 오늘 저녁에 읽으려고 골라 놓았다. 카일라스 산 주위를 도는 순례를 생각하며 아시아에게 몇 구절을 읽어 주고 싶었다.

고엔카는 고타마 붓다에서 시작되어 대대로 천년 이상 전해 내려오는 명상수행을 지도하는 미얀마의 고승이었다. 조나단이 1973년에 들어간 그 사원이 바로 고엔카가 자기의 명상수행법을 소개하고 가르치기 위하여 설립한 사원이었다. 조나단은 수행기간 동안 스승에게 질문을 받았을 때를 제외하고는 묵언 수행을 하였다. 책을 읽지도 글을 쓰지도 말을 하지도 않았다. 매일 10시간씩 명상하며 앉아서 '자기성찰을 통한 깨달음에 이르는 길'을 수행했다. '우주 만물을 있는 그대로 보라'는 의미의 초기 불교수행법이다. 그는 수행을 마치고 사원을 나와 카투만두행 비행기를 타고 네팔로 가면서 비행기 속에서 이렇게 썼다.

나는 평생 수행해야 할 명상법을 배웠다. 이제 이 공부를 진전시키는 것은 오직 나 자신에게 달렸다는 것을 알았다. 벌써 큰 변화를 느낀다. 이미 나 자신에 대해 많은 변화를, 더 많은 안정을, 더 많은 깨달음을, 더 많은 이해를 그리고 매일매일의 삶을 어떻게 감사해야 할 것인가에 대해서 깊이 느끼게 되었다.

그 다음부터 두 페이지는 고엔카와의 명상 문답 구절로 채워져 있었다. "몇 줄 읽어 줄 테니 들어보아" 하면서 조나단의 일기 카피본을 그녀에게 보여 주었다.

우리는 우리에 갇힌 짐승을 본다.
하지만 우리 스스로 짐승같은 우리에 갇혀 있는 그런 자신을 살펴보았는가?
너의 이름과 너의 몸둥이, 무엇이 더 귀한가?
너의 몸둥이와 너의 재산, 어떤 것이 더 가치가 있는가?
얻음과 잃음, 무엇이 더 큰 화를 불러오는가?

존재한다는 것의 가장 중요한 사실은 변한다는 것이며 영원불멸하지 않다는 것이다. 안니카(ANNICA, 비존재), 즉 무상(無常)하다는 것은 세상의 모든 것이 변한다는 뜻이다.

"마지막 구절 그게 무슨 의미인가요?" 아시아가 물었다.

그녀는 조나단이 고엔카의 가르침에 따른 수행을 한 이후 수년 동안 그의 거의 모든 일기에서 이 말을 적어 놓고 있었다.

"마지막 부분에도 큰 글씨로 또 'ANNICA'라고 한자 한자씩 써 놓았군." 나는 일기를 들고 아시아에게 보여주면서 말했다.

"나는 조나단이 이 말을 사용한 곳마다 줄을 긋고 메모를 해 놨어."

나는 일기를 내려놓고 조나단의 일기에서 여러 인용구를 목록화하여 '순간을 소중히 살아라', '너 자신을 먼저 알아라', '욕망을 억제하라' 등과 같은 제목으로 분류하여 둔 바인더를 들어 보였다.

'세상의 모든 것은 변한다'라는 제목 아래 분류해 둔 것 중에서 몇 개를 그녀에게 읽어 주었다.

1975년 3월 11일. 다란. 네팔.

늘 내가 들를 때마다 차와 빵을 팔던 가게의 노인이 돌아가셨다. 그 분은 매우 친절하고 지혜로웠는데 찍어 둔 사진을 그의 아드님께 갖다 드려야겠다.

모든 것이 변하는구나.

1979년 4월 8일. 캠프 2. 아마 다블람.

12시간 동안 머리가 쪼개지는 듯한 고산병으로 엎치락뒤치락 했다. 나는 모든 것이 덧없음을 알고도 적절한 안정을 취할 수 없다니 대단히 실망했다.

1980년 10월 6일. 콘카 곰파 사원 폐사지. 민야 콘카 베이스 캠프 근처.

옛 티베트 사원을 파괴한 중국인에 대한 분노가 치밀어 오른다. 하지만 이 치밀어 오르는 분노와 눈물로도 현실과 존재하는 모든 것이 변하고 있는 것을 어찌 해볼 수 없다. 사람에서부터 산에 이르기까지, 한 생각에서부터 한 국가에 이르기까지 모두 생겨나고 자라고 죽고 없어지는 윤회(輪廻)를 벗어나지 못한다.

"1980년 10월 6일자 일기는 그가 죽기 며칠 전에 마지막으로 쓴 것이다" 라고 내가 아시아에게 말해주었다.

일찍 일어났지만 아시아가 아직 자고 있어서 조용히 옷을 입고 지퍼 소리도 나지 않도록 조심하면서 천천히 텐트 문을 열고 나왔다. 기지개를 폈다. 하늘은 맑았다. 캠프 옆의 시냇물과 남쪽의 눈 덮힌 산에 아침 햇빛이 노랗게 비쳤다.

잠시 후 모두들 일어나 이른 아침이지만 출발하여 청록색의 좁고 긴 호수를 따라 지나갔다. 호수는 노랑과 빨강색을 띤 암릉 사이에 고여 있고 하늘은 사파이어 빛깔로 맑고 투명했다. 정오에 우리는 도로 양 편에 두 개의 바위로 만든 이정표가 세워진 고도 5,400미터의 고개인 마리움 라에 도착해서 잠시 휴식을 취했다. 3일 동안 자동차만 탔더니 좀 걸어야겠다는 생각이 들었다. 그래서 나는 존에게 쉬는 동안 걸을 테니 뒤따라오다 내가 보이면 차를 세우도록 했다.

공기는 차고 건조했으며 서풍이 불고 있었다. 도로 옆으로 늘어선 바위에 온갖 만트라와 부처와 보살 상 등을 종이로 그려 붙여 놓았다. 이들 중 하나가 바람에 날려 메마른 언덕 위를 굴러 새처럼 소리를 내어 날려 가면서 인생은 고통스러운 것이며, 그 고통의 씨앗은 바로 욕심이며 그 고통에서 벗어나기 위해서는 욕심없는 삶의 길을 따라야 한다고 가르쳐주고 있는 것 같았다.

불교에 대한 나의 지식은 조나단과 함께 에베레스트 근처의 동굴에서 혼자 수행하는 것을 평생 소원으로 삼고 있는 늙은 라마승을 방문할 때 시작되어 등반 후 텡보체 사원에 며칠 머무르면서 잠깐 경험한 것이 전부다.

조나단은 나에게 거기에 머무는 동안 고엔카 스님의 가르침에 따라 21일간 수행한 것에 대해 아주 조심스럽게 얘기했다. 하지만 그는 그 수행이 얼마나 그의 삶을 바꾸어 놓았는지 내가 알 수 있을 정도였다. 그는 더 이상 자세하게 이야기하지 않았지만 이 수행법을 이해할 수 있는 유일한 길을 명상을 하며 직접 체험해 보는 것이라며 나를 고엔카의 수행 프로그램에 데리고 가겠다고 제안했다. 나는 그의 제안을 진지하게 받아들이겠다고 해놓고는 실제로 행동하지 못했다.

마리움 라를 내려와 한시간 반 정도 달려오자 멀리 우뚝 솟아 있는 카일라스 산이 보였다. 우리는 먼저 와 있는 다른 차 옆에서 내렸다. 50대의 티베트 여자인 그 차 주인은 차 앞에서 무릎을 꿇고 산쪽으로 절을 하고 있었다. 30킬로미터쯤 떨어져 멀리 보이는 카일라스는 히말라야 탐험에 관한 책에서 사진으로 많이 보아 왔으므로 이미 친숙한 산이었다. 주위에 높은 산이 없어서 새워 놓은 커다란 흰 달걀처럼 스텝 지역에 홀로 우뚝 솟아 있는 모습이 33계단 위에 웃고 있는 한 장의 꼭 달마 사진이었다.

티베트 여인은 오래 동안 엎드려 있었고 운전수는 자동차 옆에서 기다리고 있다. 우리는 그녀를 방해하지 않으려고 조용히 했다. 그녀는 천천히 한 무릎을 세운 다음 다른 무릎도 세우고 일어서서 합장한 채 산을 향해 다시 절을 한다. 그녀는 수만 달러나 나가는 고급 자동차를 소유하고 있는 부자였으며 아주 잘 만든 티베트 전통 의상을 입고 있었다.

그러나 카일라스 산 앞에서 무릎을 꿇고 있을 때 그러한 자동차와 옷은 아무런 의미도 없다. 여기서는 그냥 순례객들 중 한사람일 뿐이다. 우리를 지나가면서 고개를 돌리고 미소를 지어 보였으나 얼굴에는 눈물 자욱이 있었는데, 그 여자의 얼굴 표정으로 보아 그 눈물은 최소한의 음식과 물로 만족할 줄 아는 티베트 사람들에게서 평생토록 재물을 모으는 과정의 자기를 뒤돌아보며 흘린 참회의 눈물이 아니라 카일라스 산을 찾아 온 감회 때문일 것이다.

세 시간 후에 우리는 순례객들의 카일라스 순례가 시작되는 도시인 다르첸에 도착했다. 출발하기 전에 작가이며 여행가이기도 하며 불교도 친구인 그레텔 에를리히가 내게 한 말이 생각났다. 그녀는 내가 이 여행에서 얻어야 할 모든 것을 얻으려면 내가 '사물을 있는 그대로 보는' 것이 중요하다고 했다. 조나단의 일기를 읽으면서 이것이 고엔카가 조나단에게 해준 말과 똑같은 것이며, 부처가 2천 5백년 전에 그의 제자들에게 했던 가르침과 똑같은 것임을 이제야 깨달았다. 나는 이 도시에 대한 기대가 컸기 때문에 그레텔의 말을 마음에 새기고 있었다. 어쨌든 이 곳은 소위 세계에서 가장 신성한 순례 코스의 출발점이자 지상의 가장 성스러운 장소로 가는 관문이다. 인도의 힌두교도들이나 중국인들이 있기는 하지만 순례객들의 대부분은 티베트인들이다. 거의 모든 사람들은 정신적인 깨달음이나 정신적인 구원을 추구하기 위해 여기 온다. 나는 이곳이 그런 훌륭한 곳이 되기를 바랐다.

여기서 부터는 캠프 장비를 운반해 줄 야크를 구하여야 했다. 그래서 야크만 구하면 내일 출발할 계획이다. 나는 아시아가 높은 곳에서도 천식에 잘 견디는지 확인하기 전에는 무거운 배낭을 메라고 하기가 걱정되었다. 우리 운전사 한 사람과 연락관도 같이 가고 싶어하는데 그들은 배낭이 없었다. 우리는 음식과 캠핑 장비를 다 챙겼고 존도 야크 몰이꾼과 계약을 마쳐 마음이 놓였다.

그날 저녁 잠자리에 들기 전에 아시아도 소변을 보러 하는 수 없이 바깥으로 나가야 하는데 개가 무섭다고 내게 조용히 얘기했다. 밤중에 떼를 지어 돌아다니는 이 곳의 들개들은 매우 사나웠다. 나는 아시아에게 잠깐 기다리라고 하고는 손전등을 갖고 나와서 밖으로 나갔다. 마당에 서서 귀를

야크에 짐을 싣고 카일라스 코라에 올랐다. 멀리 하얗게 눈에 덮인 카일라스산이 보인다. 불교도들과 힌두교도들뿐만 아니라 이곳 주민들은 모두 이 신산(神山)이 인간을 사방과 땅에서 하늘로 연결시켜주는 기둥이라고 믿으며 이 산의 순례를 통하여 일생 동안 쌓인 모든 죄업을 씻을 수 있다고 생각한다. (1999년 6월 카일라스 코라에서, 릭 리지웨이 촬영)

기울였더니 잠시 후에 개짖는 소리가 들렸다.

마을 저 건너편에서 들려 오는 소리 같아서 담장 밖으로 조심스럽게 나갔다. 나는 손전등을 끄고 남쪽을 보았다. 희뿌연 그믐 달빛 아래에 바르가 평원을 넘어, 티베트 지역 전 주민들이나 인도의 힌두교도들까지도 모두 성산(聖山)인 카일라스와 같이 성호(聖湖)로 믿는 마나사로바 호수를 볼 수 있었다. 이 호수에 몸을 씻거나 물을 길러다 마시면 모든 죄업의 인연을 끊을 수 있다고 믿는다.

지평선에는 약 60킬로미터 정도 떨어진 곳에 7,500미터의 구를라 만다타 봉의 산맥들이 번개를 칠 때마다 험준한 모습들을 내보이고 있었다.

"고마워요. 아저씨" 소변을 마치고 아시아는 번개를 바라보며 말했다.

"고맙긴, 우리 애들한테 하는 것과 똑같이 하는 거야."

"조심하셔야겠어요, 무서우면 아저씨 방으로 갈지도 몰라요."

이튿날 우리는 야크 등에 짐을 싣고 다르첸을 떠나 카일라스 코라 길에 올랐다. 순례 때 숭배의 대상을 가운데 두고 오른쪽으로 도는 불교식을 따라 카일라스를 중심으로 모두 오른쪽으로 돌았다. 등산로를 표시하기 위해 흰돌로 만들어 세워둔 작은 이정표들이 15미터마다 세워져 있었다. 길 양편 기슭은 가팔랐고 녹아내린 눈이 고드름처럼 매달려 있었다.

카일라스의 서벽쪽에는 8세기에 티베트에 불교를 소개한 밀교 성자 파드마 삼바바가 만든 음식 공양 의식을 상징하는 모습들이 보이고 카일라스산의 모든 능선, 계곡, 절벽, 입구에 이르기까지도 갖가지 불교 전설과 설화가 담겨 있어 영적인 신비력이 살아 있는 공간이다.

시원한 바람이 불어와 구름 한점 없는 파란 하늘색과 카일라스산 정상의 흰색이 눈부신 대조를 이루고 있었다. 야크는 편안한 속도로 가고 있었다. 이 동물들은 카일라스를 하도 많이 돌았기 때문에 죽어서 환생할 때는 더 좋게 태어날 것이라고 이곳 사람들은 믿는다. 108번 순례를 마친 사람은 바로 해탈을 한다고 믿고 있으며, 대부분의 사람들은 53킬로미터나 되는 정상 주위 순례 코스를 세 번 도는데 어떤 사람들은 이를 하루만에 끝내는 사람도 있다.

우리도 순례자들을 따라 3일 코스를 돌기로 했는데, 만약 아시아가 순례 중간쯤에서 넘어야 되는 5.580미터의 드롤마 라 고개를 오르는데 힘들어 할 경우에는 천천히라도 끝까지 돌아보기로 하였다. 천천히 오르는 것은 그리 힘들진 않지만 우리는 티베트 달력으로 4월 첫번째 보름인 사가 다와 일주일 전에 이 순례 트레킹을 끝내려고 한다. 이 기간은 부처가 이 땅에 오시고, 열반하시고, 또 깨달음을 얻은 기간으로 일년 중 순례를 하기에 가장 상서로운 시기로 여긴다. 등산로는 순례객들로 붐벼 우리보다 늦은 사람도 많고 우리보다 빠른 사람도 많았다.

우리는 온몸을 땅에 엎드려 절을 하며 순례를 하는 네 명의 비구니를 보았다. 그들은 한 걸음 옮길 때마다 무릎을 꿇고 몸을 펼쳐서 이마를 땅에 대고 다시 일어나 손을 잡고 머리 위에 올리고 한걸음 옮기며 계속 염불을 한다. 이런 식으로 순례를 마치려면 몇주일 걸릴 텐데 끝날쯤에는 무릎과 팔에 살갗이 다 벗겨질 것이다. 지나치면서 나는 합장을 하고 머리를 숙여 경의를 표했다. 그들 모두는 이마에 흙이 묻었고 한사람은 벌써 눈가에 상처를 입었다. 그들은 멈춰 서서 우리에게 미소를 짓고 다시 무릎을 꿇는다.

이렇게 엎드리는 동작은 요가의 한 동작이기도 하다. 모든 뼈와 관절이 대지에 닿으면 특별한 느낌이 들게 된다. 그렇게 함으로써 인간의 말과 행동과 마음이 완벽한 조화를 이루게 된다는 것이다. 온몸을 땅에 엎드리고 입으로 진언을 외우며 마음으로 어떤 영감을 떠올린다. 이렇게 하면 해탈을 이룰 수 있다는 것이 티베트 사람들의 믿음이다. 우리의 순례 목표는 아무런 욕심도 없이 자연과 하나가 되어서 걷는 것이다.

심호흡을 하며 계곡을 감싸고 도는 조그만 언덕 위에서 신비로운 경치에 흠뻑 빠졌다. 마음을 가다듬고 걸음걸이에만 신경을 집중했다. 속도를 늦춰 아시아가 따라올 수 있도록 했다. 나란히 순례 코스를 걸으면서 아시아의 팔을 잡을 때 나와 심신이 일체가 되어 걷고 있는 조나단의 존재를 느꼈다. 아시아가 이런 느낌을 이해할 수 있을까? 이 느낌을 말해줄 필요가 있을까? 망설여졌다. 이런 느낌은 대부분의 남자들이 그렇듯이 감정 표현을 하는데 주저하게 되는 망설임이다.

나는 이 순간, 그녀의 친아빠처럼 느끼고 있다는 것을 말해주어야 한다는 것을 깨달았다. 그런데 그녀는 내가 그의 팔을 잡고 있는 것만으로도 그것을 알 수 있을 것이라 생각했다.

나는 심호흡을 한번 더 하고, 오렌지 빛깔의 붉은부리까마귀가 '까악' '까악' 하는 소리를 들으며 혼잣말을 했다.

"지금 바로 이 순간은 내가 바로 조나단이로구나."

오후 일찍 라추 계곡의 북쪽으로 난 길을 서서히 오르기 시작했다. 카일라스 북벽이 서서히 모습을 드러냈다. 멀리 보기에는 거의 수직에 가까웠지만 실은 눈과 바위로 밋밋하게 이어져 있다. 거센 남풍이 정상의 눈발을 휩쓸고 간다. 아시아가 처지고 있어서 속도를 늦추었다. 고도가 4,800미터 이상이어서 그녀의 천식기가 도지지는 않는지 조심해서 살피고 있었다.

"역시 너무 힘들어요."하고 그녀가 나한테 와서 말했다.

"이 정도 고도에서는 누구나 다 그래."

그녀에게 호흡은 그리 큰 문제가 없으니까 너무 심각하게 생각하지 말라고 말해 주려다가 이런 상황을 그녀 스스로 인내하고 극복해야 한다는 걸 깨닫게 해주려고 아무 말도 하지 않았다. 조나단도 내가 아시아에 대한 이런 마음속 깊은 배려에 고마워할 것이라는 생각이 들었다. 조나단은 그의 아내가 아시아를 임신했을 때 일기에 이렇게 썼다.

나는 내 아이가 지혜력과 함께 인내력을 갖고 늘 평온한 마음으로 자라나고 성장하기를 바라지만 이는 그 아이 스스로 평온한 마음을 깨닫고 체득하여야만 그렇게 될 것이다.

다시 10분쯤 더 걷다가 아시아가 멈춰 선 다음 바위에 앉아 머리를 무릎에 파묻었다. 이제 나는 카일라스가 주는 삶의 교훈보다는 아시아가 내일 드롤마 라 고개를 넘을 수 있을지, 오늘 캠프까지 갈 수 있을지 더 신경쓰였다. 아무 말도 하지 않은 채 아시아 옆에 섰다. 한 일 분이 지났는데도 여전히 고개를 무릎에 파묻고 손으로 눈을 감싸고 있었다.

"괜찮아요. 계속 가요."하고 고개를 들고 억지로 웃음을 지어 보였다.

한 시간도 채 못되어 카일라스 북벽 아래 캠프장에 도착했다.

여전히 바람이 세다. 텐트를 치고 아시아는 텐트 안으로 먼저 들어갔다. 나는 다와가 식당 텐트를 치는 것을 거들고 나서 작은 버너 두 개를 켰다. 물을 끓여 아시아에게 차 한잔을 만들어 주었다. 그녀는 한모금 마시고는 여전히 웃으려고 애쓰면서 그녀는 말했다.

"힘이 다빠진 것 같아요."

"기분은 좀 좋아졌니?" 그녀의 미소를 받아서 내가 말했다.

반 시간도 지나지 않아 하늘을 가린 구름이 조금 열리더니 기우는 해가 텐트를 비췄다. 나는 아시아에게 사진 찍으러 밖으로 나가자고 했다.

"네. 그런데 내일이 걱정되네요."

"너무 걱정마. 그냥 지금 이 순간의 일에 집중해. 어떤 일이든 할 수 있다는데 네 스스로 놀라게 될 거야."

아침 하늘은 맑았고 바람도 잠잠했다. 다와가 맛있는 식사를 준비했고, 아시아가 평소 아침보다 더 먹는 걸 보니 한결 마음이 놓였다. 그녀가 또 걱정이 된다고 해서 한발짝 한발짝에 정신을 집중하면 해낼 수 있다고 일러 줬다.

짐을 챙기고 떠날 준비를 마치니까 햇빛이 강하게 비췄다. 등산로에는 우리 앞뒤로 족히 수십 명의 순례객이 보였다. 몇 명의 미국인과 이탈리아인, 프랑스인도 우리 눈에 뜨였다. 인도에서 온 사람들도 상당했지만 대부분 티베트 지역의 여기저기서 온 사람들이다.

조금 뒤 우리는 시원한 숲 속에 시왓살 두트로이라는 납골당 비슷하게 만들어진 묘역을 지났는데, 인도 묘지 형태와 비슷하였다. 1200평쯤 되는 바위와 돌뿐인 이곳에는 순례객들이 참배의 뜻으로 바친 셔츠, 바지, 스웨터, 벨트, 신발, 모자, 빗, 양말이나 그밖의 개인 용품이 수없이 걸려 있거나 널려 있다. 모양이나 크기가 사람의 흉상처럼 생긴 바위들은 예외 없이 셔츠를 입고 있거나 모자를 쓰고 있었다. 우리는 순례객들이 배낭에서 셔츠를 꺼내서 바위에 입혀주는 것을 지켜보았다. 이런 참배 의식을 통하여 그들은 죽음을 경험하고 다음 생을 시작하듯 경건한 마음으로 카일라스 코라에서 꼭 넘어야 하는 유명한 드롤마 라 고개로 오를 준비를 하는 것이다. 티베트 불교에서는 사람이 죽어서 환생할 때까지의 상태를 '바르도' 라고 하는데, 우리는 지금 바르도의 물리적 현상이라고 생각하는 화강암 지역을 지나고 있다. 퇴적암에서 화강암으로 바뀌는 지점이다. 이들 상이한

두 빙하기 지역 사이에 순례객들이 빠져나가기 위해 줄을 서야 하는 좁은 터널이 있다. 만약 이 터널을 빠져나가지 못한다면 너무 많은 죄업을 쌓았기 때문에 그러한 사람의 혼은 지옥에 영원히 갇히게 된다고 믿는다. 터널의 직경은 농구 링보다 더 작지만 다행히 우리 일행은 모두 빠져나왔다.

작은 계곡의 바위를 넘어 드롤마 라 고개쪽으로 올라갈수록 등산로는 점점 가팔라졌다. 고도가 5,100미터 이상이어서 우리들 모두 속도가 느려졌다. 우리는 화강암 사이에 꾸불꾸불하게 생긴 퇴적암 능선을 따라서 가장 가파른 구간에 놓인 바위 계단을 올랐다. 나는 아시아보다 약간 위에 있었는데 그녀가 멈춰서 나를 쳐다보자, 나는 그녀에게 잘하고 있다고 엄지 손가락을 치켜 세워주었다. 그녀도 문제없다는 듯 고개를 끄덕이며 화답했다.

"넌 잘 해내고 있어."

"느리잖아요."

"꾸준히 잘 하고 있는 거야."

"해낼 수 있을 것 같아요."

"물론이지. 드롤마라 고개에서는 내리막이야. 다 한거나 마찬가지야."

나는 이 순례에 심취하고 있는 아시아가 자랑스러웠다. 다시 걷기 시작한지 30분도 채 안 되어 50미터 전방에 해발 5,668미터의 드롤마라 고개가 보였다. 사방으로 수십 개의 줄이 묶여 있는 긴 장대 두 개가 있었고, 줄에는 수백 개의 만트라가 매여 있었는데 이 깃발은 불교 우주관에 바탕을 둔 파랑, 초록, 노랑, 빨강, 흰색으로 이루어져 있다.

각 깃발에는 바람이 저 눈 덮인 카일라스 봉우리 위의 성스런 곳으로 인도할 것이라는 진언이 적혀 있다. 나는 고개에 올라가 수백 명이 넘는 순례객들 사이를 걸었다. 어떤 이는 웃고, 어떤 이는 울고 있는데 모두 기쁨에 겨워 웃거나 눈물을 흘린다. 젊고 건장한 20대 남자가 여기서도 먼저 두 무릎을 차례로 땅에 꿇고 다음 두 팔을 땅에 대고 마지막으로 머리를 땅에 닿도록 완전히 엎드리는 이른바 오체투지(五體投地)의 경배로 깃대를 돌면서 자갈과 돌에 피를 흘리며 진언을 외우고 있다. 자기몸을 낮출 수 있는 데까지 완전히 낮추어 엎드리는 신의 산을 향한 엄숙한 의식이다.이와같이 순례객들은 더 많이 고통을 받을 수록 더 많이 얻을 수 있다는 믿음으로 몸과 마음을 바친다. 카일라스를 향해 무릎을 꿇고 절을 하며 기도를 하는 사람들, 자신이 존재하기 때문에 고통을 받는다는 것을 기꺼이 받아들이는 그들은 이 세상의 보잘것없는 존재이지만 이 높은 고갯길의 수많은 순례객의 한 사람으로 끼여 있다는 것만으로도 큰 기쁨을 느낀다.

담황색 오리털 파커와 청바지에 챙모자 뒤로 머리를 묶은 아시아도 같은 기쁨 속에서 이제 몇 미터 앞에서 자신감을 내비치며 고개를 끄덕인다. 나도 웃으면서 엄지 손가락을 다시 치켜 주었다. 나는 아시아가 조나단처럼 나에게 성큼성큼 다가오고 있는 것을 지켜보았다. 그녀는 깃대에 다달아서 텡보체의 라마승이 준 카타 스카프를 배낭에서 꺼냈다. 라마승이 일러준 대로 그 카타 스카프를 깃발에 맨 다음 고개를 숙이고는 기도를 올렸다. 그리고 그것을 잡고 우는 것을 보고 내가 멈칫했다.

아시아는 거의 한 달 간 같이 여행을 하면서 어떤 식으로든 감정을 표출한 적이 없었다. 이제 그녀는 어깨를 들썩이며 가슴속 깊은 곳에서 나오는 울음을 더 이상 참지 못한다. 다가가서 어깨를 가볍게 감싸 주었다. 그녀는 여전히 스카프를 잡은 채 흐느끼면서 말했다.

"늘 아빠가 그리웠어요."

그녀는 눈물을 훔치고 깃발에 묶인 스카프를 잡고 다시 기도를 올리고는 한참 동안 내 손을 놓지 못하였다. 마침내 돌아서서 내가슴에 얼굴을 묻고는 또 한번 울음을 터트렸다.

5

카일라스 순례를 마치고 한시간쯤 차를 타고 달리자 멀리 남서쪽으로 바위와 얼음으로 덮인 인도의 최고봉인 난다 데비봉이 보였다. 드넓은 스텝의 먼발치에는 티베트 야생 당나귀인 키앙 떼들과 티베트 영양 가젤 떼들이 보였다. 이번 여행에서 우리는 처음으로 가젤 영양 떼들을 보게 되었다. 창탕 전역과 가까운 고지대에 분포되어 있는 이들은 작고 땅딸막하다. 세계적으로 유명한 야생 생태계 학자인 조지 샐러는 아루 분지를 깊숙히 들어가면 미국의 영양과 비슷하게 생긴 치루도 볼 것이라고 내게 말했다. 야생 젖먹이동물 여섯 종이 창탕에서 발견되는데 치루를 가장 독특한 종으로 생각했다. 티베트 지역에서만 발견되는 희귀종이기 때문이다.

"치루는 아프리카 평원에서 이곳까지 흘러 들어온 종으로 보인다."고 샐러는 말하고 있다.

"홀쭉한 다리는 지평선을 향해 성큼성큼 걷기에 적합하고 크고 밝은 눈은 스텝 지역의 위험을 경계하기에 이상적이다."

존은 창탕 남부지방 여행에서 홀로 있는 수놈 치루를 보았다면서 몇 마리밖에 없는 희귀동물이 보존돼 있는 티베트 오지를 찾아간다는 것에 우리 모두는 흥분했다.

아루에서 우리는 야생 야크 떼들도 볼 수 있기를 기대했다. 샐러는 치루가 가장 특이한 야생 발굽을 지닌 동물로, 이 지역 야생 야크에 대해서는 외모와 털모양이 창탕의 야생성을 가장 잘 갖춘 동물로 생각했다.

창탕 전역에 한때 야생 야크와 치루와 영양 떼들이 수없이 살았는데 이제 이들 동물들은 사람들의 탐욕 때문에 한쪽으로는 6,000미터 높이의 크리스탈 마운틴과 다른 한쪽으로는 5,700미터 이상의 높은 산과 접한 고원 지대인 아루 분지까지 밀려나 천연 희귀종이라는 보호아래 겨우 명맥을 보존하고 있다. 그래서 나는 욕심이 지배하는 인간의 세계를 넘어서 이런 야생 세계의 아루 분지를 이번 기회에 꼭 탐험해보고 싶었고 아시아를 데려가고 싶었다.

야생 동물을 보여주기 위해서라기보다는 원래 원시 자연의 모습 그대로의 야생 세계를 인간이 접해보고 느끼게 하기 위해서다.

하지만 아루는 아직 며칠 더 가야 하고 지금은 티베트 고원의 서부 변방에서 북쪽으로 굽어 도는 비포장 도로를 따라서 카라코람 산맥, 쿤룬(崑崙) 산맥, 파미르 고원 등 중앙 아시아의 거대 산맥을 헤쳐 나가야 한다. 건조하고 척박한 언덕에 풀밭만 이어진다. 나는 우리의 진행 방향과 위치를 미국 정부의 컴퓨터 네비게이션 차트(Operational Navigation Chart)로 확인해 보았다. 민간 항공 조종사나 군용 항공기 조종사들이 ONC라고 부르는 이 차트는 세계 전체를 망라하여 지형 지세와 고도를 정확히 파악하지만 서부 티베트와 같은 이런 오지에서는 도로와 지명과 그 위치를 정확히 파악할 수 없다.

나는 우리의 위치를 확신할 수 없어서 아시아가 갖고 온 위성 항법 장치(GPS)를 꺼내 안테나를 창밖으로 세우고 좌표를 찾기 시작했다.

이것은 위성 항법 장치 업체가 우리에게 대여해 준 시제품으로 간단한 e-메일 송수신 기능도 갖추고 있었는데 아시아가 컴퓨터를 잘 다루는데도 불구하고 작동이 어려웠다. 하지만 몇 분 만에 그녀가 우리의 위치 좌표값을 알려 주어서 지도상 위치를 찾아 낼 수 있었다.

우리는 우리의 위치를 아주 정확하게 알아내긴 했지만 현대 물질문명의 상징인 인터넷 웹에 접속하여 이런 정보를 얻었다는 것이 야생 세계에 대해 오히려 쑥스런 마음이 들었으며 e-메일이 제대로 작동되지 않은 것이 오히려 안도감을 느꼈다. 요즈음 히말라야 원정대들은 걸핏하면 위성 전화와 인터넷 사이트로 접속한다. 나에게 원래 기계 혐오증이 있긴 하지만 창탕과 같은 신비의 원시 자연 세계에서 외부 세계의 기계문명과 연결된다는 것은 이런 오지 여행의 신비감을 감소시키기 때문이다. 신비감을 감소시키는 것 이상으로 원정에서 인터넷 사이트와 위성 링크는 야생 생태계에 직접 찾아가 접해 얻을 수 모든 기쁨을 빼앗아버린다. 왜냐하면 원정대원들이 더 이상 자신들의 생존을 인간들의 스스로의 능력으로 해결토록 자연 법칙에 맡기지 않기 때문이다. 사고가 나거나 잘못되었을 경우에 도움을 요청하는 것은 별문제이다. 야생 세계와의 직접 접촉에서 얻을 수 있는 기쁨과 자신감이야말로 우리 인간들의 참다운 인성을 가꾸어가는 데에 가장 원초적이고 중요한 요소이기 때문이다.

"야생 세계와 접하며 살아라!"

『월든(Walden)』의 저자, 헨리 데이빗 소로(미국의 초절주의 소설가, 그는 월든 호숫가 숲 속에서 2년간 원시 생활을 했다. 1817~1862)이렇게 썼다.

"원시 자연 속에서, 있는 그대로 매일 바위, 나무, 뺨을 스치는 바람 속에서 너의 삶을 생각하라.! 야생 세계와 접하며 살아라! 야생 세계와 접하며 살아라!"

원시 자연 속에서 시간을 보내다 보면 우리는 문명 사회가 개발해 놓은 지역의 파괴되기 이전의 본래의 모습을 상상해볼 수 있다. 동아프리카 사반나에서 4주간을 걸어서 보낸 다음 원래 그땅의 생긴 모습과 흙냄새, 자연 생태계의 모습을 생각해보라.

우리는 중국 정부가 2년에 걸쳐서 건설했다는 흙더미가 쌓인 콘크리트

다리를 건너 양들이 뜯어먹다 남겨둔 풀밭에 텐트를 쳤다. 어둠이 내린 후에 존, 아시아, 다와와 나는 식사 후 식당 텐트에 머물고 있었는데 갑자기 차가 와서 멈추는 소리가 들렸다.

갑자기 세 명의 중국 인민해방군이 인기척도 없이 문을 열고 다짜고짜 안으로 들어와 우리를 심문하려고 했다. 우리가 지저분하지만 앉으라고 권하자 앉기가 무섭게 중국말로 어디서 왔느냐고 물었다. 나는 존이 당황한 나머지 우물쭈물하는 것을 보고 그들이 영어를 알아 들을지도 모르는 위험을 무릅쓰고 존에게 말했다. 어차피 여권을 보자고 할 테니까 우리의 국적을 속일 수는 없을 것이니 그대로 말하라고 하였다..

"우리는 미국인입니다" 존이 중국말로 그들에게 말했다.

"당신네들이 어떻게 유고의 우리 대사관에 폭격을 할 수 있단 말이요?" 그들이 비난했다.

"무슨 대사관요? 폭격은 또 뭐고요?" 며칠 전에 이런 경우를 대비해 미리 생각해 놓은 대로 존이 대답했다.

"소식 못 들었어요?"

"못 들었는데요, 여행을 한 지 몇 주일 되었고, 라디오도 없어요."

그러자 그들은 폭격에 대해 설명을 했고, 존은 유감스러운 일이지만 우리는 그 일과 아무런 관련이 없다고 말했다. 이 말을 듣자 그들도 좀 누그러졌는지 그 중 한명은 차에 가서 사과를 가져와 나눠 주기까지 했다. 우리도 답례로 고추장에 절인 야크 고기를 주었더니 좋아하는 것 같았다. 폭격 얘기를 조금 더 하고는 그들이 떠난 후 우리는 마음을 놓을 수 있었다.

"이게 중국 군인들과의 마지막 만남이기를 기원합시다." 존이 말했다.

우리는 이른 오후에 대부분 지난 5년간 지은 것으로 보이는 조잡한 콘크리트 빌딩이 무질서하게 서 있는 서북부 티베트의 중심 도시 쉬관해에 도착했다. 식료품을 사기 위해 하룻밤을 묵을 수 밖에 없었다. 이곳에서 하나밖에 없는 호텔은 객실은 50개쯤 됐지만 화장실은 하나도 없었다. 빌딩 뒤에 화장실이 있긴 했지만 너무 지저분하고 악취가 심해서 티베트 사람들을 포함한 우리 일행 중 아무도 그곳을 쉽게 이용할 수 없었다. 이런 곳은 어느 정도 여행 경험이 있는 사람들에게는 별 문제가 아니지만 아시아와 같은 또래의 감수성이 많은 특히 여자에게는 여간 곤혹스러운 일이 아닐 수 없다. 하지만 고맙게도 불평하지 않았다.

점심 때 시내 중심가로 걸어가면서 레스토랑을 찾다가 중국의 시골 호텔같은 병원을 보고는 아프거나 다치면 안 되겠다고 한마디 했다.

"그래도 병원은 괜찮은 편입니다. 병원은 호텔보다 우선적으로 투자하죠." 존이 말했다. 병원 이야기가 나오자 아시아가 물었다.

"킴 아저씨는 그때 눈사태 후 이곳 병원에 입원하지 않았나요? 청두에 돌아온 다음에 말이에요?"

"엑스레이만 찍었지. 척추 두 개가 부러진 것으로 밝혀졌어. 하지만 그때는 이미 어려운 고비는 지나갔어. 눈사태 후 첫날은 임시 들것에 태워서 수송했는데 너무 아프다고 해서 그는 걷기로 했어. 우리는 슬리핑 패드로 그의 가슴을 감싸고 파열된 무릎 인대에는 밴드를 밀착해 붙이고 진통제를 주사했지. 도로가 있는 곳까지 나오는데 나흘이나 걸렸어."

"이본 아저씨는요?"

"갈비뼈가 부러지고 충격을 받았지만 다른 데는 괜찮았어. 나도 팔의 근육이 파열되어서 팔을 붕대에 걸고 있었지."

"저희 아빠는 상처가 그렇게 심했나요?"

"바깥 상처는 조금. 너희 엄마가 너한테 준 그 야구 모자에 묻어 있는 피가 그 흔적이지. 그대신 심한 내상을 입었어."

"아빠가 아저씨께 무슨 말을 했나요? 돌아가시기 전에 말이에요?"

"그는 말을 할 수 없었어. 내가 괜찮으냐고 물었더니 뭔가 말하려고 애쓰다가 고개를 가로 저었어. 그래서 내가 우리 모두 아직 살아 있고 무사히 이곳을 빠져나갈 수 있을 것이라고 말했더니 다시 고개를 끄덕이더군.

내 말을 알아들은 거야."

아시아는 더 이상 질문하지 않았다. 우리는 아무 말없이 계속 걸었다.

그녀가 무슨 생각을 하고 있는지 알 수 없었지만, 내 머리속에는 지난 20여 년간 수없이 그랬던 것처럼 내 팔에 안겨 나의 눈을 쳐다보던 조나단의 마지막 얼굴이 다시 떠올랐다.

우리는 이른 새벽 쉬관해를 떠나 인도와 국경을 이루는 큰 호수인 푸룽코에 도착했다. 호숫가에는 오리와 거위 그새끼들이 헤엄치고 있었고, 건너편으로는 빙하가 녹은 물이 흘러들고 있었다.

"저기 보이는 산들이 카라코람의 남쪽 경계야."

"그럼 저 위쪽으로 그 유명한 K2(세계에서 두 번째로 높은 산, 8,611미터)가 있겠네요?" 아시아가 물었다.

"그렇지, 여기서 북쪽으로 320킬로미터 떨어져 있어." 하면서 나는 그녀에게 ONC 차트에서 8,600미터라고 표시된 지점을 보여 주었다.

"그때 원정 이후에 가보셨어요?"

"그때 이후론 이번이 처음이지."

나는 아시아에게 1978년 K2 원정에 대한 얘기는 대충 해주었지만 그 원정에서 돌아와 내가 느끼고 깨달은 것에 대해서 자세히 얘기해 줄 작정이었다. K2 원정 경험은 내 마음속에 영원히 살아있는 교훈이기 때문이다.

그때 우리의 원정은 산악인들 사이에서 세계에서 가장 어려운 고봉을 오르는 세 번째 도전이었다. 크리스 챈들러는 의사 겸 클라이머로 K2 원정팀에 참여하라는 초청을 받았고 에베레스트 원정 때처럼 그가 오랜 파트너였던 나를 원정팀에 소개했다. 크리스와 나는 에베레스트에서 다른 정상 공격조로 배정되었던 아쉬움을 떨쳐 버릴 수 있기를 기대했다. 이번 K2는 함께 정상 공격을 하게 되어 있어 더욱 신이 났다. 나는 크리스에게 사우스 콜에서 겪었던 폐수종이 재발할까 봐 걱정이 된다고 털어놓았다.

"고도 때문에 기관지염이나 늑막염이 악화된 것일 수도 있어. 너무 걱정마" 하고 크리스가 안심시켜 주었다.

"어쨌든 확인해 보는 길은 한가지밖에 없어. 8,000미터 이상으로 다시 올라가 보자고."

하지만 베이스 캠프로 출발하기도 전에 다른 걱정거리가 생겼다. 크리스 보닝턴이라는 노련한 등반가가 이끄는 영국팀도 그때에 K2 등정을 허가받았는데 두 원정팀을 지원할 포터를 구할 수 없어서 우리 일정이 한 달 뒤로 늦추어졌다. 우리가 파키스탄에 도착했을 때, 그들은 K2 베이스 캠프까지는 아무런 일 없이 접근했다는 소식을 전했다. 그런데 우리가 등정을 시작하기 하루 전날 우리 대원 중 한사람이 말했다.

"보닝턴이 아직도 여기 있어."

우리 모두는 이상하게 생각하고 어안이 벙벙했다. 소식을 전한 대원이 다시 말을 하기 전까지 누구도 말을 꺼내지 못하고 조용하였다.

"보닝턴의 친구 닉 에스코트가 죽었대." 그가 말했다.

"눈덩이가 무너져 내렸는가 봐. 아직도 시신을 수습하지도 못했대."

보닝턴의 절친한 친구인 닉 에스코트는 원정대의 리드 클라이머 중 한사람이었다. 우리는 보닝턴이 지역 감독관한테 보고서를 제출하는 날 늦게 보닝턴을 보았다. 그 친구의 퀭한 눈과 쑥 들어간 볼이 너무 인상적이었다. 그 얼굴의 표정이 20센티미터 두께의 슬라브가 눈에 무너지면서 어떻게 친구 닉을 죽음으로 몰아갔는지를 사실보다 더 진지하게 얘기해 주는 것 같았다.

나는 2년 전 사우스 콜을 오르며 절망적이라 생각은 했지만 한발 한발 옮길 때마다 나의 오랜 파트너인 크리스가 에베레스트 정상을 정복하고 난 바로 뒤 하산 길에 비박을 했는지, 비박을 했다면 아직 살아 있는지, 살아 있다면 로체봉 위에 떠오르는 해를 지켜보고 있는지, 궁금해서 애가 탔던 에베레스트에서의 아침이 생각났다.

K2 베이스 캠프까지도 에베레스트 원정 때처럼 먼 길이었다. 지프와 트레일러를 끄는 트랙터로 구성된 우리 캐러밴은 176킬로미터나 걸어야 했다. 베이스 캠프까지 짐을 올리는 데 280명의 포터가 필요했고, 280명의 포터들을 위한 식량을 나르는 데 70명의 포터들이 더 필요했다. 70명의 포터들을 위한 식량을 나르는 데도 15명의 포터가 더 필요하다는 사실 등도 깨달았다.

베이스 캠프로 접근을 위한 이동을 시작한 지 나흘째 되는 날 우리는 하산하는 보닝톤의 원정대와 마주쳤다. 보닝톤은 세계 최고의 고산 등반 팀을 조직해 왔다. 그는 안나푸르나 남벽과 에베레스트 남서벽을 포함한 주요 높은 봉우리를 새로운 루트로 올랐으며 창가방과 오그레같은 거대한 암벽과 뾰족한 빙벽을 초등한 노련한 등반가였다. 하지만 K2만큼은 그들의 발길을 들여놓지 못하게 하였으며 그들의 가장 강한 동료 한사람을 영원히 죽음의 인질로 붙들어 두었다.

"우리들 모두 얼마나 놀랐는지 몰라요." 보닝톤 팀 중의 한사람인 피터 보드먼이 내게 말했다.

"당신들도 곧 알게 되겠지만 K2는 너무 높고 지독하게 험한 코스가 너무 많아요."

나는 그가 한숨 돌리고 나서 고개를 절레절레 흔들며 결론을 내리듯 내뱉은 말을 똑똑히 기억하고 있다.

"아주 대단한 봉우리예요. 사람잡는 봉우리요."

일주일 후에 세계에서 가장 긴 온대 빙하 지역인 발토로에 도착했다. 그 다음 일주일 동안 우리는 대부분 빙하로 덮인 바위 위의 희미한 길을 트레킹했다. 사흘째 되는 날, 대부분이 바위로 이루어진 거대한 피라미드 형의 가파른 산이 우리 앞에 모습을 드러냈다. 그만 나는 그 자리에 얼어붙어 버렸다. 몇 분 동안 정신없이 그 산을 바라보고 있자 크리스가 다가왔다.

"우리가 어떻게 저 산을 올라가지?" 내가 물었다.

"그 산은 안 올라가. 그건 K2가 아니야." 그가 말했다.

나는 가셔브룸 4(가셔브룸 1과 2는 14좌 안에 들어 있음)라고 부르는 K2 보다는 약간 작지만 비슷한 형상의 봉우리를 바라보고 있었던 것이었다. 이틀 후에 우리는 두 개의 작은 빙하가 반대 방향으로 뻗은 발토르 빙하 정상에 도착했다. 이 돌출 빙하 중의 한 빙하 끝에서 거대한 피라미드처럼 수직으로 3,200미터나 솟아오른 너무 높아서 진짜 바위와 얼음으로 만든 것이라기보다는 동화책에 나오는 그림처럼 보이는 세계에서 두 번째로 높고 험하다는 K2가 버티고 있었다.

그날 오후 나는 캠프에서 벗어나 홀로 K2를 바라보았다.

타클라마칸 사막에서 불어온 모래 바람이 희뿌연 안개를 만들어 거대한 산을 훨씬 더 신비롭게 보이게 했다. 이제 한달 뒤 저 높은 산 위에서 에베레스트에서처럼 폐가 막혀서 밤에 깨어나 고통스러워하지 않을지 다시 한번 걱정을 했다.

그런 사태가 일어나면 살아날 수 있을 정도로 재빨리 내려올 수나 있을까? 건강을 유지한다고 해도 정상에서 폭풍에 갇힐 경우 내려올 힘과 용기가 남아 있을까? 대부분 그렇듯이 오후 늦게 정상 정복을 하고 비박을 할 때 손가락 발가락이 멀쩡할 수 있을까? 왜 이런 일을 해야 할까?

이런 공포감과 함께 지난 번 에베레스트에서 정상 등정에 실패한 절망감을 떠올렸다. 하지만 K2를 특히 크리스와 함께 등정한다면 지난날의 실망감과 아쉬움을 보상받고도 남을 것이다. 하지만 산을 바라보면서 아무리 생각해봐도 정상에 선다는 것은 거의 불가능해 보였다. 그때 나의 여자 등반 친구인 베브 존슨이 불가능해 보이는 목표를 보면서 용기를 가지도록 항상 자신에게 하던 말이 생각났다.

"한번에 한입씩으로 거대한 코끼리도 끝내는 해치운다는 생각과 똑같은 방식으로 접근해야 돼." 그녀는 이렇게 내게 말했다.

우리는 비포장 도로로 접어들기 전에 마지막으로 지나치는 동네인 도마르에 들어섰다. 경찰서 앞에 공안원도 없고 도로 차단 장치도 없는 것을 보고 안도했다. 우리는 최대한 빠른 속도로 그 마을을 빠져나와 샐러가 ONC 지도에 연필로 표시해 준 갈림길을 조심스럽게 찾아갔다. 나는 자동차 주행 거리와 나침반 방향으로 측정한 우리의 위치를 지도에 표시했다.

"갈림길에 가까이 온 것 같은데, 이 부근 어디일 거야."

우리가 가야 할 방향으로 보이는 계곡 초입에 차를 세웠다. 지도상에 나타나지 않는 모래 언덕이 보였다. 하지만 계절적인 영향으로 말라붙은 늪지일 수도 있고 샐러가 연필로 표기한 지점이 남쪽인지 북쪽인지도 확신할 수 없었다. 우리는 모래나 진흙탕에 푹푹 빠질 위험을 무릅쓰면서 잘못된 방향으로 출발하고 싶지는 않았다. 내가 차트 상의 지형과 우리 주위의 지형을 맞추어 보려고 노력하고 있을 때 아시아는 GPS를 꺼내더니 2~3분 만에 위성과 연결해서 우리의 위치 좌표를 불러 주었다. 나는 지도상에 우리의 위치를 표시했다.

"바로 여기야. 여기서 오른쪽으로 가면 돼."

"봐요. 그래도 가지고 오길 잘했죠?"

"그런 것 같은데." 어느 정도는 인정하지 않을 수 없었다.

하지만 끝까지 해 보지 않고 자꾸 기계의 도움을 받는다는 것이 조금 씁쓸했다.

우리는 큰 도로를 벗어나서 더 이상 공안의 감시를 받지 않게 된 것을 다행스럽게 생각하면서 서북 티베트의 광활한 스텝 지역으로 접어들었다. 열대 밀림 속의 강을 여행하는 것과 비슷한 느낌이 들었다. 열대 해안에서 시작하여 큰 강을 따라서 올라가면 지류가 모이고 지류를 만날 때마다 강과 산은 점점 좁아지고 마침내 양쪽이 밀림에 맞닿으면서 그 속에 갇히게 되는 순간이 온다. 하지만 이곳은 열대 지방과는 달리 하늘과 땅은 들어갈 수록 넓어졌다. 우리는 메마른 계곡을 따라가면서 저녁에 사용할 물을 찾기 위해 신경을 곤두세웠다. 세 명의 유목민이 등짐을 지고 허리를 구부린 채 광활한 스텝 지역을 건너는 것이 보였다.

사방을 둘러보아도 그들이 갈 만한 곳으로 보이는 곳은 없었다. 이 광활한 땅에서 그들의 존재는, 과거도 없고 미래도 없이 그냥 떠돌아 다니는 것처럼 느껴졌다.

우리가 다가가자 강바닥에서 얼음을 깨어 자기들 텐트로 나르고 있다고 말했다. 그들은 턱으로 남쪽의 작은 언덕을 가리켰다. 샘물 근처에 그들의 검은 야크 가죽 텐트가 보였다. 우리는 1킬로미터 떨어진 곳에 차를 세웠다. 아시아와 나는 서로 다른 방향으로 트럭에서 뛰어내렸다. 자갈밭을 걸어나오는 순간 아시아가 달려오며 크게 외쳤다.

"바로 여기예요. 도로를 벗어났어요. 군인도 없고 지저분한 도시도 이젠 없어요."

존과 운전수 한사람이 물을 구하기 위해 랜드 크루저를 몰고 유목민 캠프로 갔다. 그 동안에 우리는 텐트를 치고 다와는 노래를 부르면서 음식을 준비했다. 저녁을 먹고 나서 해가 지고 달이 떠오르는 것을 지켜보다가 홀로 자갈밭 지역을 걸었다. 오늘은 보름달이 뜨는 저녁이다. 이 날에 불교도들은 티베트 전역에 걸쳐 문화혁명 때 파괴되었다가 새로 지은 사원에 세워 둔 깃발을 교체한다. 나는 단단한 자갈밭을 건너서 캠프 뒤의 작은 구릉에 올라가 보았다. 찬란한 은빛 속으로 창탕의 상징같은 민둥산과 말라서 거북등처럼 터진 개울 바닥이 보였다.

나는 달빛에 빛나는 눈 덮인 산 정상을 향해 밤새도록 걷고 싶은 충동을 느꼈다. 언제 그런 날이 올 수 있을까. 어쩌면 이 한번의 생애로 그 모든 것을 이룰 수는 없겠지. 아니면 모든 티베트 사람들이 믿듯이 '한번의 생애'라는 건 없고 나고 죽고, 죽고 나는 끝없는 윤회만 있을지도 몰라. 이런 생각을 하면서 달빛에 드리워진 내 그림자를 밟으며 캠프로 돌아왔다. 발자국 소리와 시원한 밤공기 속에 내뿜는 들숨과 날숨 소리밖에 들리지 않았다.

눈보라 속에서 깨어났지만 시계(視界)는 30킬로미터 이상 되었다. 아침 햇살이 먹구름 사이로 비치는 가운데 마른 호수 옆으로 모래 언덕과 나란히 난 희미한 자국을 따라 갔다. 경치는 근사했지만 나쁜 날씨와 언제 고장날지 모를 트럭 때문에 걱정이 되었다. 그런데 아시아가 흥분하면서 100미터 쯤 떨어진 모래 언덕을 가리켰다.

"저기 봐요, 늑대예요!"

늑대가 우리들이 가는 방향과 나란히 모래 언덕을 달리고 있었다. 야생 세계의 문지기인 양 마치 우리를 에스코트해 주는 동물에 눈길을 주는 동안 걱정이 사라졌다. 400미터쯤 더 가니 모래 언덕은 충적토로 바뀌었고 늑대들이 바로 몇 미터 앞에서 길을 가로지르자 운전수가 속력을 내었다.

몇 킬로미터 더 가니 등배는 황갈색, 다리는 흰색의 동물들이 한 줄로 무리지어 달리면서 사라지는 것이 보였지만, 너무 멀어서 육안으로는 어떤 동물인지 알아볼 수 없었다. 차를 세워 쌍안경의 초점을 맞추었다.

"키앙 떼야."

계속 달려나가자 갑자기 어디선가 모르게 한무리의 치루 떼가 전속력으로 우리를 스쳐 지나 길을 가로질렀다. 키앙의 날카로운 뿔은 몸통만큼 길어 보였으며 자동차 속도 이상의 놀라운 속도로 달렸다. 카메라를 찾아서 차창으로 들어올리자 치루는 왔다가 사라졌다. 카메라를 잡고 있는 아시아한테 고개를 돌렸다. 그녀는 고개를 끄덕이고 말했다.

"알았어요."

"저기 더 와요." 존이 외쳐서 돌아봤더니 숫치루 네 마리가 더 보였다. 치루는 어깨 높이가 75~90센티미터 정도이고, 머리 위에서 약간 바깥쪽으로 휜 60센티미터 정도의 긴 뿔이 실제보다 더 키를 커보이게 하는 작은 동물이다. 나는 조지 샐러의 연구보고서를 위해 ONC에 동물을 발견한 위치와 수를 정확히 적어 넣었다.

"드디어 왔어요. 원시 자연의 티베트 땅으로." 존이 소리질렀다.

"우측에 여덟 마리 더 나타났어요." 이번에는 아시아가 소리쳤다.

아침 나절에 40킬로미터를 달리는 동안 치루 50여 마리를 보았는데, 1년 중 이맘 때면 암놈들이 새끼를 낳을 곳으로 옮겨갔기 때문에 거의 전부가 수놈이었다. 우리는 몇 마일 더 가다가 유목민의 텐트를 지나쳤다. 검은 야크 가죽으로 만든 천을 여러 가닥의 밧줄을 이용해 세운 천막이었다. 유목민들의 염소와 양 떼들이 언덕 위에서 풀을 뜯고 있어서 그런지 야생 동물들은 키앙 몇 마리를 제외하고는 보이지 않았다.

10여 년 전만 해도 유목민들은 텐트와 모든 가재 도구를 야크 등에 싣고서 목초지를 찾아 옮겨 다녔다. 치루의 부드러운 속털로 만든 '사투시'는 '양질의 모피'를 의미하는 페르시아 어인데, 치루 모피는 캐시미어는 물론이고 남미의 비큐나 모피보다도 더 부드럽고 감이 좋다. 털 한올 한올을 마이크론 직경으로 측정해 보면 세계에서 가장 가늘다고 한다. 수백 년 동안 이곳 창탕산 사투시는 히말라야를 넘어 인도의 최고 장인들이 세계에서 가장 부드러운 스카프와 숄을 생산해내는 캐슈미르에서 거래되어 왔다. 지난 20여 년 간 이들 숄은 뉴욕이나 파리의 패션 중심가에서 유행했는데 그곳에서 대형 사투시 숄 하나가 2만달러 정도에 판매된다. 이런 숄 하나를 만들려면 속털이 가장 두꺼워지는 겨울철의 어미 치루 세 마리 분량이 있어야 한다. 따라서 밀렵은 1980년대 후반부터 급격히 증가되었다고 샐러는 말한다.

100여 년 전에 창탕을 지나서 라사로 들어옴으로써 금단의 지역이었던 이곳의 문호를 개방한 자 중에 한 사람인 C.G. 롤린스 선장은,

"발 밑으로 눈길이 닿을 수 있는 데까지 수천 마리의 치루들이 새끼들과 함께 있었다. 저 멀리에서 새로운 무리들이 끊임없이 몰려오고 있는 것을 볼 수 있었다. 한눈에 최소한 15,000~20,000마리는 되어 보였다."고 하였

다. 그 당시는 어림짐작할 수밖에 없지만 수만 마리 정도였던 게 확실하다. 샐러가 1988년에 처음, 그리고 다시 1990년과 1992년에 아루를 방문했을 때, 그는 여전히 많게는 2.000마리에 이르는 치루 떼를 볼 수 있었고 티베트에 총 7.500마리 정도의 치루가 있는 것으로 추산했다. 그러나 지금은 1994년 그가 마지막으로 왔을 때인 2년 전만 해도 없었던 차량 자국이 분지 깊숙한 곳까지 나 있었으며, 그 전에는 치루 떼들이 있던 곳에는 양떼들이 있었다. 따라서 샐러는 자신이 마지막으로 다녀간 이후의 5년 동안 이들 동물들에게 얼마나 많은 변화가 일어났는지에 촉각을 세우고 이번 우리의 탐험 자료에 큰 기대를 걸고 있다.

이튿날 아침, 텐트를 걷은 다음 새로 내린 눈 때문에 길을 제대로 찾을 수 있을지 걱정이 되어서 어제 만났던 유목민에게 일당을 쳐드리고 우리에게 길안내를 부탁하기 위해 그의 천막으로 갔다. 그의 텐트 앞에 차를 세우자 나와서 우리에게 손을 흔들었다. 그의 천막은 눈으로 덮여 있었다.

그는 우리에게 안으로 들어오라고 손짓했다. 그의 부인은 활짝 웃으면서 양의 똥을 연료로 하는 화덕에 양가죽으로 만든 풍로로 바람을 불어넣고 있었다. 이곳의 동물들의 배설물은 소중한 연료로 사용되었다. 그러나 천막 안은 향기로운 연기로 가득했다. 세 살과 다섯 살쯤으로 보이는 두 계집아이는 발목까지 내려오는 엄마의 치마 뒤에 숨어서 우리를 쳐다보았다.

그 유목민 남자는 우리한테 앉으라고 손짓했고 그의 부인은 환영의 표시로 야크 젖으로 만든 차를 한 컵씩 따라주었다. 야크 젖으로 만든 차와 뻐터, 야크 고기는 보리빵 짬바와 함께 이들에게 주식과 다름없었다. 아시아는 꼬마들과 눈을 맞추고 세 마리의 아기 양이 담요 위에 누워있는 텐트 구석을 가리켰다. 양은 늦겨울에 새끼를 낳기 때문에 이렇게 추운 나라에서는 새끼를 텐트 안에서 사람과 같이 지내야 한다. 여자 아이들은 양들한테 가까이 다가오라고 손짓하는 아시아를 다시 쳐다봤다. 1~2분 지나니 큰애는 낯가림이 가셨는지 엄마 뒤에서 나와 아시아 옆에 앉았다. 아시아가 웃으면서 안아 주자 꼬마도 편안하게 아시아의 무릎에 손을 얹었다.

우리는 길안내 협의를 모두 마치고 차를 마신 다음 부인에게 고맙다는 인사를 하고는 텐트를 나섰다. 그 유목민은 랜드 크루저 앞 좌석에 앉았다. 대지는 온통 눈으로 덮여 있었고, 가끔 얇은 구름층 틈새로 비치는 햇살이 눈에 반사되어 아무 것도 보이지 않았다. 운전수와 가이드는 아시아와 나의 스키 고글을 빌려 썼다. 두 사람 다 몇 주일 아니 몇 달 동안 씻지 않아서 그런지 고글을 쓴 모습은 마치 오랫동안 힘든 군사 작전 막바지에 이른 사막 부대의 노련한 탱크 병사처럼 보였다.

한참을 가자 유목민도 가축도 없는 땅이 나타났고 다시 야생 동물들이 보이기 시작했다. 우리는 껑충껑충 뛰면서 사라지는 티베트 가젤 한 마리를 지나쳤다. 그들은 가끔 새끼들이 섞여 있는 치루들과 무리를 지었다.

만약 우리 가이드의 말이 맞다면 올해의 이동은 조지 샐러가 1992년에 아루를 지나는 암치루를 확인했을 때 7,500마리였던 것보다 훨씬 적은 숫자이다. 유목민들이 이 지역에 정착하는 것이 아닌가 하는 샐러의 우려를 때맞춰 확인이라도 하듯 우리는 10여 채의 흙벽돌집이 세워진 정착지로 다가갔다. 아시아가 GPS를 작동할 수 있도록 잠시 멈춰 섰다. 위치를 표시하고 샐러한테 줄 사진을 몇 장 찍은 다음 가이드가 일러준 야생 동물들의 이동 숫자를 여행 일지에 적었다. 이들 기록들은 모두 샐러의 보고서에서 그대로 사용될 것이다.

우리는 가이드를 정착지에 내려주고, 샐러가 ONC에 연필로 표기해 준 루트와 아시아가 GPS로 확인한 위도와 경도 위치를 확인하면서 계속 나아갔다. 우리의 예상대로라면 오늘 늦게 아루 분지로 들어가는 높은 고개를 넘게 될 것이다. 샐러는 나에게 이 고개는 6월에도 눈발이 날리고 아침 저녁으로는 기온이 영하로 떨어진다고 주의를 주었는데, 눈은 내리지 않았지만 하늘엔 구름이 끼기 시작했다. 유목민의 천막 앞에 차를 세우고 고개로 가는 방향을 물었다. 그 유목민도 천막 앞에 차를 세워 두었는데 아시아가 뒷바퀴에 달려 있는 체인을 가리키며 말했다.

"저걸 흥정해서 사야 할 것 같은데요."

삽도 가지고 오지 않은 운전수들이고 보면 체인을 안가지고 온 것쯤은 당연한 일일 것이다. 나는 아시아의 제안이 옳다는 것은 알지만 체인을 사려면 꽤나 실랑이를 해야 될 판인데다 날씨는 점점 흐려져서 더 이상 머무르는 것은 시간 낭비였다.

"저 사람들이 저것을 팔려고 할까. 여기서는 저 사람들도 저것 말고는 다른 방도가 없을 텐데." 라고 내가 말했다.

"아저씨 좋으실대로 하세요."하면서 아시아가 말했다. 보급품 책임을 맡은 존도 아무 말 하지 않아서 떠나긴 했지만 마음 한구석에는 짓궂은 날씨를 탓하는 것보다 미리 자연에 순응하고 대비하자는 어린 아시아의 생각이 더 맞았다.

고갯길로 가는 협곡으로 접어들자 눈이 내리기 시작했다. 유목민의 트럭이 남긴 희미한 자국이 눈이 쌓이면서 금방 사라졌다. 하지만 계곡을 오르는 길은 외길이다. 시계는 몇 백 미터밖에 되지 않았고 주변의 가파른 경사면은 구름 속으로 사라졌다. 이것은 우리가 높은 산으로 둘러싸였다는 징후다. 300미터쯤 전방에 고개같은 것이 보였다. 그리고 또 몇 분 동안은 내리막길을 순조롭게 나아갔다. 그러다 길은 다시 오르막으로 바뀌기 시작하는 듯하더니 날씨는 점점 흐려지고 길은 더 가팔라졌다.

티베트 사람들은 차를 세워 둔 곳 바로 옆에 눈이 없는 곳에 텐트를 치고 있었다. 내가 보기에 그곳은 바위가 너무 많았다 그래서 나는 아시아에게 우리 텐트는 눈 위에 치자고 했다. 그녀도 내 생각이 좋다고 해서 팩을 다 박아가는데 티베트 사람들이 다가와서는 눈 위에 텐트를 치면 위험하다고 말했다.

"왜 안된다는 거죠?"

"얼어 죽을 수도 있잖아요."

"밑에 깔 에어 패드가 있어서 괜찮아요."

"안돼요. 눈 위에 텐트를 치지 마세요."

"고맙습니다만 릭 아저씨가 눈 위에 텐트를 친 것은 한두 해가 아닙니다. 에베레스트 원정에 두 번이나 참가했고 K2도 올랐어요. 남극 대륙에도 다섯 번 원정을 갔었구요. 아저씨는 얼어붙은 땅바닥에 자는 것보다 눈 위에 자는 것이 더 안전하다는 것을 경험으로 알고 있습니다."

나는 아시아가 내 등반 경력을 무용담 늘어놓듯하는 것이 당황스럽기는 했지만 그래도 그런 모습이 대견스러웠다. 존은 티베트 사람들에게 우리가 어떻게 하든지 알아서 할 테니 걱정할 필요는 없다고 말했다. 그래도 그들은 고개를 절레절레 흔들며 "눈 위에 자다가는 병이 나는데" 하면서 한마디씩 걱정하고는 자기들 텐트로 돌아갔다.

텐트를 다 세우고 짐을 옮기고 나자 고개 너머의 상황이 어떤지 살펴보아야겠다는 생각이 들었다. 한 바퀴 돌아보자면 1시간 정도 걸릴 것으로 예상되었지만 만일의 경우를 대비해 헤드 램프를 갖고 나갔다. 고개로 향하면서 눈길을 살펴보면서 편안히 걸었다. 트럭이 지나가자면 눈을 좀 치워야 할 곳이 눈에 들어왔다.

우리가 넘어가려고 하는 고개는 크리스탈 마운틴의 남쪽 산자락을 동서로 가로지르고 있는데 맑은 날씨라면 여기서 북쪽으로 이 산맥의 주요 봉우리들 대부분은 아니라 할지라도 최소한 하나 둘 정도는 보일 것이다.

몇 킬로미터 전방에 틀림없이 이들 중 하나일 것으로 보이는 봉우리의 모퉁이가 구름 사이로 솟아올라 있었다. 고개 정상에 가까워지자 거기에서 맞은편까지의 길은 기대했던 것보다 가팔랐는데 협곡으로 들어가면서 시야에서 사라졌다. 계곡 바닥의 눈이 녹지 않는다 하더라도 내리막길의 가속도를 이용하면 충분히 지나 갈 수 있을 것으로 확신했다. 운행 전략은 그 정도로 충분했다.

나는 혼자 천천히 한숨 돌리면서 마음을 가라앉혔다. 가만히 서서 눈을 감고 저멀리 무슨 소리에 귀를 기울여보았다. 바람도 없고 매우 조용하였는데 멀리서 희미한 어떤 소리가 들렸다.

집중을 해야만 이 소리를 들을 수 있다. 나는 전에 소음이 전혀 없는 할리아칼라 분화구, 웨스턴 쿰, 남극의 만년설같은 곳에서 이 자연의 소리를 들었다. 그러다가 이 소리를 사라지게 할 정도의 가벼운 서풍이 불었다. 하지만 광활한 대자연의 황야에 홀로 선 즐거움을 앗아갈 정도는 아니었다. 눈을 뜨고 크리스탈 마운틴 방향을 바라보았다. 고개를 넘어 계곡으로 갔다올 수 있는 정도의 해는 남아 있는 것으로 보였다. 하지만 나는 내려가기 전에 좌측의 능선을 훑어보다가 갑자기 제자리에 멈췄다. 맥박이 빨라지면서 가슴이 떨리는 것을 느꼈다.

침착하게, 조용히, 움직이지 말자고 속으로 생각했다. 나는 천천히 고개를 돌려서 뺨에 스치는 서풍을 감지하고 바람 방향을 가늠했다. 다행히도 바람은 능선을 벗어나 아래로 불고 있었다. 내가 있는 곳으로부터 불과 30미터 떨어진 기슭에 큰 갈색 암곰과 새끼가 있었다. 암곰은 미친 듯이 눈을 파헤치고 있는데 땅바닥의 침엽수를 찍으며 동시에 잡아당기고 있었다. 암곰이 파헤친 구덩이에 코를 박자 새끼들이 달려든다. 암곰은 앞발에 확실치는 않았지만 들쥐인지 토끼인지를 집어들었다. 여간해서 보기 힘든 갈색곰이라 쌍안경을 갖고 오지 않은 것을 후회했다. 암곰과 새끼가 정신없이 뜯어 먹고 있어서 이때다 싶어 뒤로 물러섰다. 뒤로 돌아서 텐트 쪽으로 걸어가다가 적당히 벗어나 뛰기 시작했다. 위험에서 벗어나기 위해서가 아니라 곰이 달아나기 전에 카메라를 챙겨오기 위해서였다. 샐러를 위해서도 보기 힘든 장면을 놓칠 순 없지 않은가.

캠프로 돌아와 모두를 불러서 곰을 쉽게 볼 수 있는 언덕 쪽을 가리켰다. 삼각대에 탐지기를 장착하고 초점을 맞추었다. 암곰은 아직도 땅을 파헤치고 있었는데 침엽수의 뿌리를 뽑아내는 힘은 대단했다. 모두들 돌아가면서 탐지기를 보는 동안 나는 망원 렌즈로 곰을 찍었다. 내가 처음에 곰을 발견했을 때 내가 반대 쪽에 있었어 곰의 공격을 피할 수 있었다는 게 얼마나 다행스러운가.

그래도 내가 곰을 자극했더라면 암곰은 아마 나를 공격하러 뛰어왔을지도 모른다. 티베트 갈색 곰은 훨씬 더 사납다. 샐러는 1990년 아루로 두 번째 여행을 왔을 때, 그의 아내 케이트와 중국인 운전수가 곰 한 마리와 두 마리 새끼곰과 마주쳤을 때 "이들이 위협하듯 머리를 낮추고 아주 사납게 차를 쫓아오길래 멀리 달아나 쉬는 동안에도 두 번 더 쫓아왔다."고 썼다. 샐러는 "나는 그렇게 사나운 동물을 본 적이 없다."는 말을 덧붙였다. 그 이후로 샐러는 차에서 내려 있을 때도 항상 경계를 게을리 하지 않았다고 했다. 그 후 샐러를 만났을 때 나는 그 곰에 대해서 물어보았지만 곰의 수가 워낙 적기 때문에 우리와 마주칠 것 같지는 않다고 말했다.

그날 밤 텐트 안에서 아시아와 나는 일기를 쓰면서 몸집 큰 육식 동물들도 그 종을 번식하고 안전하게 살아가기에 충분하도록 생태계를 보존해주어야 한다고 주장하는 데이브 코어먼이 "그러나 큰 이빨을 가진 동물들이 어슬렁거리는 곳에 사는 사람들은 동네를 걸어다닐 때도 주위를 살피고 신경을 써야 한다."고 환기시킨 것을 떠올렸다.

아직 사람의 손길이 닿지 않은 곳에는 먹고 먹히는 먹이사슬이 존재한다는 것을 눈으로 확인한 것은 아시아에게 정말 좋은 경험이 되었을 것이다. 그냥 본 것이 아니라 그들의 위협 속에서 몸으로 느꼈으니까.

6

아침, 바람에 날리는 눈이 텐트 지붕을 치는 소리에 잠에서 깨어났다. 밖을 보니 얼어붙은 눈 위로 갓내린 눈이 흩날리고 있었다. 다와는 늘 그렇듯이 노래를 부르고 있었다.

나를 보더니 씽긋 웃고는 차 두 잔을 보온 머그 잔에 담아서 갖다 주었다. 아시아와 나는 슬리핑 백에 기대고 앉아 차를 마셨다. 차를 마신 다음 옷을 입고 식당 텐트로 걸어가다가 언덕 쪽을 살펴보니 어제 만났던 곰의 흔적은 보이지 않았다.

아침을 먹고 나서 우리는 다시 안부(鞍部)까지 걸어서 사전 답사를 해보기로 마음을 먹었다. 항상 언덕을 주시하면서 바람 방향에도 주의를 기울여야겠다는 생각을 하면서 아시아와 나는 텐트로 돌아왔다.

구름이 다시 몰려와 한차례 눈이 더 내렸다. 침낭 속으로 들어가 책을 읽으면서 눈이 텐트에 쌓였다가 미끄러지는 소리를 들었다.

"생각해보니 지금까지 텐트 안에서만 3년 이상의 세월을 보낸 것 같애. 그 시간의 대부분은 폭풍이 그치기만을 기다리는 거였어." 내가 말했다.

"가장 오래 기다린 경우는 얼마였어요?" 아시아가 물었다.

"정말 오랫동안 갇힌 적이 있었지. K2에서 10일인가 11일인가였어. 이본은 파타고니아 빙하 동굴에서 한달 이상 갇힌 적도 있었어. 갇혀 있다 보면 폭풍이 끝날 것 같지 않다는 생각이 들 때가 있어 그럴 때는 지난날의 폭풍을 기억해보는 것이 도움이 돼. 대부분의 경우 폭풍은 얼마 가지 않았지만 K2에서는 도합 여섯 번 폭풍을 만났는데 마지막 폭풍이 지나가고 나니 음식, 연료, 체력, 인내력, 시간을 비롯해 모든 것이 바닥이 나더군. 모든 것이."

"총 며칠 동안 갇혔나요?"

"베이스 캠프에서 68일 동안이었는데 죽음의 지대라고 하는 8,000미터 이상에서 다섯 차례나 만났지."

1978년 K2 원정에 참여했던 우리 모두는 산을 올랐갔다가 내려오는데 두 달 이상 걸릴 것이라고 해도 출정 때 우리는 달포 정도면 충분할 수 있을 것으로 생각했다. 베이스 캠프에 도착하자 마자 서둘러 준비 작업에 착수했다. 다음날 아침 크리스와 나는 공격용 베이스 캠프(ABC)를 설치할 루트를 살펴보기 위해 일찍 출발했다. 다시 크리스와 선두에 서서 작업을 하는 것은 에베레스트에서 빙벽 루트를 개척할 때만큼 기분이 좋았다. 하지만 나는 그가 평상시보다 느리다는 것을 느낄 수 있었다. 다음 날 그는 하루 쉬어야 했다. 그럼에도 불구하고 우리는 순조롭게 진행을 해서 우리가 등정하기로 한 능선의 마루턱에 공격용 베이스 캠프 1을 설치했다. 그리고 나는 크리스와 함께 캠프 2 설치 작업을 하는 선발대로 뽑힌 것에 대해 스릴을 느꼈다. 날씨가 계속 좋아서 능선까지는 두 시간밖에 걸리지 않았다. 그 다음에 크리스가 가파른 암벽과 빙벽 구간을 선두에 서서 올라갔다. 속도가 느려지기 시작했고 몇 번이나 돌멩이를 굴러 떨어뜨렸다.

"저 친구는 하루 종일 걸리겠네."

다른 클라이머 한사람이 말했다. 또 한 차례 돌멩이가 우수수 쏟아져내려 내 옆에 있던 친구가 맞았다. 손을 머리에 대고 몸을 굽혔지만 이마에 상처가 났다.

"찢어진 것 같지는 않은데 엄청 아프네" 그 친구가 말했다.

크리스는 큰소리로 미안하다고 그랬고 우리도 조심하라고 소리쳤다. 그는 계속 올라갔는데 몇 분 안 있다가 또 한 차례 돌멩이가 쏟아져 내렸다.

"암벽을 벗어나 빙벽으로 붙어. 돌에 맞아 죽겠어." 내가 고함을 질렀다.

"누가 몰라? 빙벽에 붙는 것도 조금 더 오르지 않고는 안돼! 나도 조심하고 있어" 그는 되받아 고함을 질렀다.

다음날 우리는 캠프 2까지 안전 로프를 설치했다. 다른 팀이 캠프 3으로 가는 루트를 살펴보기 시작하는 동안 우리는 식량, 등반 장비, 고정 로프, 산소통, 텐트, 스토브와 연료를 날라서 캠프 2에 쌓았다. 캠프 3까지 루트를 고정시켜 놓은 다음 우리는 원정대장인 짐 휘테이크가 캠프 4 루트를 이끌 사람을 발표하기를 초조하게 기다렸다.

이 루트는 중간에 칼날 같은 절벽을 지나는 구간으로 이번 등정에서 가장 기술적으로 어려운 구간으로 이 구간을 개척하는 사람이 이번 원정에서 가장 어렵지만 그래서 가장 보람있는 정상 공격조가 될 것이다.

짐이 이번 원정에서 가장 강하고 기술이 뛰어난 클라이머인 존 로스켈리를 제1조의 리드 클라이머로 선정했다. 그들은 이 루트를 이틀간 공략할 것이다. 그 다음에 크리스와 내가 그 다음 이틀을 맡게 된다.

우리들 모두는 날씨만 좋다면 4일이면 가능하다고 여겼다. 선발된 사람들은 모두 모여서 빙벽용 스크류, 피켓, 고정 로프, 알루미늄 데드맨, 잠금 캐러비너 같은 필요한 모든 등산 장비를 점검했다. 크리스가 강한 의욕을 보여서 나도 덩달아 고무되었다.

하지만 나의 기대는 금세 허물어졌다. 캠프 3로 보급품을 나르는 크리스의 움직임이 다시 둔해졌고 다른 사람들보다 훨씬 처졌다. 이유가 무엇일까? 그는 지난해 너무 바빠서 등반에 별로 참가하지 못했기 때문에 컨디션이 좋지 않다는 것은 알고 있었지만 그렇다고 해도 너무 지쳐 있는 것 같았다. 지난 5년간 그의 등반 파트너로서 그와 좀 더 깊은 대화를 솔직히 가져야 했다고 생각들었다. 에머슨이 말했듯이, 좋은 친구가 될 수 있는 유일한 길은 서로 일체가 되는 것이지만 오히려 나는 마음속으로 불평이 쌓이면서 제1조의 리드 클라이머 존 로스켈리와 한팀이 될 수 있었으면 좋겠다고 생각하기 시작했다. 그와 농담도 나누면서 잘 지내왔다. 나는 파트너를 바꾸고 싶어하는데 대해서 미안한 마음을 가지기도 했다. 하지만 이번 만큼은 원정대장 짐 휘테이커가 정상 공격조로 선정할 가능성이 가장 높은 팀에 끼고 싶었다.

존의 팀이 칼날 능선을 오르기 전날 첫 번째 폭풍이 몰아쳤다. 존을 포함한 우리들 대부분은 캠프 2에 있었는데 처음 이틀 동안은 거기에 머무는 것이 좋을 것 같았다. 왜냐하면 폭풍이 금방 잦아들면 우리는 다시 시작하는데 유리한 위치에 있기 때문이다. 하지만 3일째 되는 날 우리는 여기까지 올리느라고 애를 먹었던 식량과 연료만 자꾸 축내고 있다는 걸 깨달았다.

그래서 우리는 공격조를 제외한 사람들은 모두 캠프 1로 내려가는 것이 옳다고 생각하고 텐트 주위의 눈을 치우고 폭풍이 잠들면 다른 사람들이 올라오기 쉽도록 새로 내린 눈길도 뚫고 등산로를 확보해 줄 두 사람을 캠프 2에 남겨 두기로 했다.

원정팀의 세 여성 대원 중 한사람인 체리가 남고 싶어 하자 크리스도 따라 남겠다고 했다. 나머지 사람들은 모두 내려왔다. 폭풍이 나흘 더 지속되고, 또다시 닷새 동안 계속되자 크리스와 체리도 캠프 1로 내려오는 것이 옳다고 생각했다. 엿새째 되는 날 짐은 워키 토키로 두 사람에게도 하산을 명령했다. 하지만 놀랍게도 그들은 고도 순응을 위해 캠프 2에 머무는 것이 좋겠다면서 명령을 따르지 않았다. 그뒤 이들 남녀가 원정대원으로서 우정 이상의 관계로 발전되었다는 소문이 돌기 시작했다. 사실이라면 두 사람의 결혼 생활도 파탄이 난다. 체리의 남편도 원정 대원이었다.

폭풍은 7일째, 8일째도 계속 되었다. 매일 크리스와 체리에 대한 소문의 수위가 높아졌다. 짐은 날씨가 걷히면 크리스와 체리를 캠프 1로 복귀시키기로 결정했다. 그가 선두 팀을 비롯해 조를 개편할 것이라는 것도 우리는 알았다. 드디어 짐은 존과 나에게 캠프 4의 칼날 능선 암벽 우회 구간 중 가장 어려운 첫 번째 구간을 선등하라고 명령했다.

9일째 되자 폭풍이 가라앉았다. 눈이 단단해지도록 하루를 더 기다린 다음, 존과 나는 캠프 3으로 올라가 암벽 구간 우회를 시작했다. 우리는 하산하는 크리스를 지나쳤다. 그는 우리보다 앞서 캠프로 짐을 나르는 다른 클라이머들을 만나 이미 소문에 대해서 들어 알고 있었다.

"짐이 단단히 벼르고 있는 것같애. 하지만 내려 오라고 했을 때 내려 오지 않은 것에 대해서는 사과해야 될 거야. 그리고 열심히 하면 다시 정상 공격조에 포함될 기회를 잡을 수 있을 거야." 내가 크리스에게 말했다.

"알았어." 하고 대답했지만 상당히 곤혹스러워하는 것 같았다.

그는 하산하고 있었고 나는 올라가고 있었다. 크리스의 일은 잘 해결될 것같지 않았다. 왜 그는 산에서 좀 더 신중하지 못 했을까? 그는 원정 대장의 하산 명령을 따라야 했다. 그는 스스로 정상 공격조에서 자신을 제외시키고 있다는 걸 모를까? 우리가 여기서 온갖 궂은 일을 마다하지 않는 것도 오로지 정상 공격팀에 포함되기 위함이 아니던가?

다음날 아침 일찍 존과 내가 캠프 3을 떠날 때 하늘은 구름 한점 없었다. 반 시간만에 우리는 오랜 세월 동안 양쪽이 빙하에 쓸려나가서 칼날처럼 된 1킬로미터에 이르는 구간의 능선에 도착했다. 양쪽 빙하 위로 몇 천 미터 솟아오른 이 능선은 파키스탄과 중국의 국경선인데 정상에서 한발짝만 움직이면 파키스탄과 중국을 왔다갔다 할 수 있다.

"릭, 자네 비자가 있는지 모르겠군." 존이 농담조로 말했다.

내가 능선 측면으로 게걸음을 옮기는 동안 존은 로프를 확보해 주었다. 나는 등산화 앞쪽 두 개의 크램폰 발톱과 두 개의 아이스 엑스에만 의지해 가파른 빙벽에 붙었다. 15미터마다 스크류를 빙벽에 박거나 단단한 눈에는 피켓을 박아 넣은 다음, 로프를 연결하고 전진했다. 60미터 정도 더 전진하고는 하켄을 두 개씩 박아 로프를 연결했다.

내가 로프를 새로 푸는 동안 존은 주마를 이용하여 건너 왔고, 그가 다음 구간을 앞서 오르는 동안 내가 확보를 해주었다. 고도는 6,900미터 정도 되었다. 우리 두 사람은 아직 기운이 넘쳤고 가끔 쉬면서 너무 환상적인 기분을 서로 미소를 짓거나 고개를 끄덕였다.

정오 무렵 로프를 210미터 정도, 오후로 접어들면서 300미터를 고정시켰다. 나는 두 개의 아이스 스크류에 매달려 존을 확보해 주었다. 아래로 북서 티베트의 광활한 갈색 분지로 언젠가는 녹아버릴 빙하들이 깎아지른 듯 버티며 펼쳐졌다. 나는 빨간 로프를 풀면서 존의 움직임에 따라서 부드럽게 흩날리는 눈가루에 무지개가 어리는 것을 보았다. 그때 오렌지 색과 검정색으로 얼룩덜룩한 나비가 로프 옆에 앉는 것이 보였다. 어렸을 때 나는 매미채로 이런 나비를 잡곤 했다.

"왠 나비들이야. 6,900미터 고도에." 존에게 외치자 그쪽에도 나비가 많이 있다는 대답이었다. 둘러보았더니 두 마리, 세 마리, 네 마리 많은 나비가 보였다. 얼마 안 있어 주변에 수십 마리, 슬로프에는 수백 마리가 보였고 구름떼같은 나비들이 바람을 타고 카라코람의 바위 봉우리보다 높이 날아올랐다.

내가 선두에 서서 60미터 더 전진했다. 그러고 나자 아래 캠프로 돌아가야 할 시간이 되었다. 우리가 칼바위 능선으로 설치한 고정 루트를 타고 내려오는데 해는 멀리 지평선 아래로 넘어가고 있었다.

"존, 저기 빙하 위를 좀 봐."

수직 아래로 넘어가는 해에 드리운 우리 두 사람의 그림자가 빙하를 가로지르는 것이 보였다. 우리 그림자의 머리 주변으로, 유백색 후광이 감싸고 있었다. 팔을 흔들자 빙하 위의 우리의 거대한 꼭두각시 그림자도 팔을 흔들어 답하면서 수백 마일의 빙하를 쓰다듬어 주었다.

다음날 우리는 360미터의 로프를 더 설치하고 곧바로 캠프 4를 설치할 장소에 도달했다. 텐트를 세우기 전에 두 번째 폭풍이 닥쳐와 등반을 중단할 수밖에 없었다. 이번에는 일주일간 지속되었다.

우리 모두 캠프 1에서 기다리는 동안 원정 대장이 정상 공격조 구성을 위한 회의를 소집했다. 우리는 서로 쳐다보면서 그의 결정을 숨죽이며 기다렸다.

"첫번째 정상 공격팀은 짐 위크와이어와 루 라이차드, 그리고 존 로스켈리와 릭 리지웨이여야 한다고 생각합니다." 하고 내 이름도 불렀다.

나는 결국 꿈을 이루어 냈다.

내 여자 친구가 나에게 충고해준 대로 이제 마지막 한입만 삼키면 거대한 코끼리를 다 먹어 치우게 되는 셈이다.

존은 무산소로 등정하겠다고 선언했다. K2를 무산소로 등정한 사람은 라인홀드 메스너와 그의 파트너인 피터 하벨러가 에베레스트를 무산소로 등정한 이후 그때까지는 아직 없었다. 하지만 그들은 영구적일 수도 있는, 단기 기억상실증에 걸렸다는 얘기를 들었다. 나는 무산소로 등정했다가는 에베레스트에서 겪었던 폐수종이 재발될지도 모른다는 걱정이 들었다.

루는 존이 무산소로 등정하겠다면 우리 모두 같이 해야 한다며 자신도 그렇게 하겠다고 말했다. 위크와이어도 무산소로 등정하겠다고 했다. 모두들 나를 바라보았다.

"물론. 나도 무산소로 오를 거야." 나는 다른 선택의 여지가 없다는 것을 깨달았다.

다시 날씨가 좋아졌을 때 우리 모두는 정상 캠프로 이동했다. 텐트를 칠 바닥을 고르기 위해 우리 몇 사람은 다른 사람들보다 앞서 캠프 4에 도착하기로 했다. 크리스와 그의 로프 파트너도 뒤이어 우리가 캠프 5를 설치하기로 계획한 스노우 돔이라고 명명된 정상 피라미드를 향하여 따라올 것이다. 캠프 4에서 존과 나는 아이스 엑스와 눈삽으로 산등성이의 윗 부분을 쳐내어 텐트 자리를 만들었다. 이런 작업은 이 정도의 해발 고도에서는 무척 힘든 일이다. 우리는 필요 이상의 에너지를 소비하고 싶지 않아서 텐트 바닥과 좁은 통로만 낼 수 있을 정도의 공간이 나오도록 바닥을 다듬었다. 일단 텐트를 세우고 나서 안으로 들어가 스토브로 차를 끓였다. 바깥에서 존의 웃음소리가 들려 왔다.

"뭐가 그렇게 우스워?" 나는 큰 소리로 물었다.

"여기 끝내주는구만." 그는 고함을 쳤다.

"한 발자국도 움직이지 않고 똥은 중국에, 오줌은 파키스탄에 싸고 있단 말이야."

다음날 크리스와 그의 파트너는 스노우 돔 중간쯤밖에 못가서 세 번째 폭풍을 만났다. 이번 폭풍도 일주일간 지속되었다. 이제 우리는 해발 고도 7,800미터 이상에서 버틴지 40일이 되었다. 남은 보급품으로는 앞으로 2주 정도, 아껴 쓴다면 3주 정도 지탱할 수 있을 것이다. 폭풍이 멎은 뒤 새로 내린 눈에 깔린 로프를 꺼내고, 손상된 텐트를 수리하고 위쪽 캠프로 보급품을 올리는 힘든 일을 하는데 이틀이 걸렸다. 일을 마치고 짐은 존, 루, 크리스와 나를 캠프 5로 올라가라고 지시했다. 우리는 일찍 출발해서 아침나절에 반쯤 올라갔다. 크리스가 로프를 확보해 주고 존과 내가 쉬는 동안 루가 선두에 섰다.

"크리스, 자네도 알다시피, 우리 둘이 좋은 친구가 될 수 있으리라고는 기대하지 않지만, 이번 원정의 남은 기간 동안 별탈없이 지내기 위해서 이 것만은 분명히 해두고 싶네" 하고 리드 클라이머 존이 말했다.

나는 이 문제를 일단 공개적으로 한 번 거론하고 나면 지난 일로 묻혀 버릴 수 있으리라 생각하고 존을 바라보며 계속하라고 고개를 끄덕였다.

"그럴 수 있을 테지." 크리스가 순순히 말했다.

"분명히 해 둘 것이 딱 한 가지 있네. 그건 말이야, 자네와 체리 때문에 빚어진 일로 나와 릭을 비난하는 건 싫어. 정신 똑바로 박힌 사람이라면 여기까지 와서 그럴 수 없어."

존이 정면으로 쏘아 부치자 두 사람은 서로 고함을 치기 시작했다. 루는 15미터 위에서 까다로운 크레바스를 통과하느라고 신경을 집중하고 있었다. 갑자기 루가 사라지고 로프가 눈 속에 묻히더니 크리스의 허리에 감긴 로프가 팽팽해졌다. 크리스는 본능적으로 추락하는 루를 잡아챘지만, 그러면서도 한마디도 지지 않고 존에게 대들었다.

"개인적인 사생활 문제와 우리가 이 산을 정복하느냐 못하느냐는 전혀 상관없어."

그는 로프를 잡고 있었지만 루에게 무슨 일이 일어났는지 쳐다보지도 않은 채 고함을 질렀다.

"말같지도 않은 소리 집어치워!"

두 사람이 싸우는 동안 나는 고도가 거의 7,500미터나 되는 곳에서 가능한 빠른 속도로 루가 사라진 곳으로 올라갔다. 내가 거기에 도달했을 때 쥬마를 이용해 빠져나오고 있는 루의 머리가 보였다. 그는 눈으로 뒤덮여 있었고 안경은 삐딱하게 걸려 있었다. 눈을 털어내고 그가 물었다.

"저기 아래 무슨 일이야?"

"사소한 말다툼이야."

루가 다 올라오자 어쩔 수 없이 크리스는 출발했다. 10미터쯤 올라가서 크리스는 존을 향해 되돌아보며 고함을 질렀다.

"당신네 가톨릭의 윤리관은 신물이 나."

"최소한 난 윤리관은 있어." 존이 되받아쳤다.

우리는 그날 늦게 캠프 5에 도착했는데 다시 눈이 내리기 시작했다. 아침에 또 폭풍에 갇혔다는 것을 알았다. 텐트를 관리하기 위해 캠프 4에 남아야 할 존과 나를 제외하고는 모두들 캠프 1로 되돌아갔다. 이번 폭풍은 최악으로 우리를 칼날같은 능선 너머로 날려보낼 것 같아서 겁이 날 정도였다. 바깥에는 버팀줄로 고정시키고 안에서는 발로 텐트를 밟아서 버텼다. 짐의 정상 공격조 선발과 등정 방법에 대한 논의가 더 있었다는 소식을 라디오를 통해 들었다. 결국 두 루트로 정상 공격을 하기로 결정되었다.

처음 정상 공격조인 우리 네 사람은 정상을 곧바로 올라갈 것이며 크리스와 체리, 그 외 한두 사람은 캠프 5에서 8,000미터 등고선을 따라 이제까지 두 번의 등정이 성공적으로 이루어졌던 아부루찌 능선 쪽으로 우회하게 될 것이다.

네 번째의 폭풍은 8일간 지속되었다. 폭풍이 조금 약해졌을 때 존과 나는 올라올 때를 위해 로프를 정비하며 내려갔다. 맨 처음 올랐다가 내려갔을 때부터, 마지막 폭풍이 불기 전 위의 캠프로 짐을 나를 때를 모두 합치면 이번이 꼭 20번째 내려가는 길이다. 루와 짐, 그 외 몇 사람은 캠프 1에서 캠프 4로 하루만에 오르기로 결정했다. 그들은 너무 늦은 밤에 도착해서 그 다음날 날씨가 좋았지만 지쳐서 올라갈 수가 없었다. 캠프 4는 너무 좁아서 더 이상 팀을 수용할 수 없게 되자 라디오에서 대원들이 말다툼하는 화난 목소리가 흘러나왔다. 이에 지친 크리스는 다른 사람과 같이 어울려 말다툼하는 게 싫어서 그의 텐트에 앉아서 스토브의 가스통을 교환하고 있었는데 갑자기 펑하고 터지는 소리가 났다. 사람들은 눈사태가 난 것으로 생각했는데 실은 크리스의 스토브가 폭발해서 그의 머리와 수염을 조금 태웠다. 동료들에게 한 마디 말도 없이 그는 슬리핑 백을 말아 개인 용품을 배낭에 챙겨 넣고는 원정을 포기하고 말았다.

나는 슬리핑 백 속에 누워서 크리스의 오랜 파트너로서 이런 사태를 미연에 방지하기 위해서 친구로서 최선을 다했는지를 반성해 보았다. 크리스에게 좀더 적극적으로 충고했어야 했다. 그는 나에게 등반에 대해서 많은 것을 가르쳐 주었으며, 에베레스트 원정과 이번 K2 원정에 내가 참가할 수 있도록 이끌어준 좋은 친구였다. 그는 산에서 일어났던 문제 이외에도 최근에 볼썽사나운 이혼을 했다는 것을 알고 있었으나 때는 이미 너무 늦었다.

아시아와 나는 식당 텐트에서 점심을 마쳤다. 존과 티베트 사람들은 아직 돌아오지 않았고 밖에는 눈이 내린다. 다와가 차 한잔씩 건네주고 아시아는 차가 식을 때까지 기다리는 동안 무거운 눈으로 텐트 벽이 휘어져 있는 것을 살펴보고 있다.

"이 텐트의 버팀줄을 다른 각도로 매면 내부 공간이 좀 더 늘어날 거예요." 아시아가 말했다.

그녀는 밖으로 나가서 줄을 다시 매었다. 나는 찻잔을 내려놓고 나와서 그녀를 도왔다. 나는 아시아가 사물을 제대로 보고 잘못된 것을 바로잡는 데 타고난 재능이 있다는 것을 알아챘다.

"좀 나아졌어요." 그녀는 마지막 버팀줄을 바로잡고는 말했다.

"훨씬 좋은데." 나도 동의했다.

"티베트 사람들은 여전히 첫 번째 고개로 알단 후퇴하자고 하네요." 존이 연락관에게 고개를 끄덕이고 나서 나에게 말했다.

"저 사람들은 여기서 갇힐까 두려운가 봐요."

"아직도 후퇴하고 싶지는 않은데요." 내가 대답했다.

존이 이 말을 통역하자 연락관은 얼굴을 찌푸리더니 기분 나쁜 목소리로 존에게 말했다.

"이런 사정을 잘 아는 분들이 에베레스트 베이스 캠프로 가는 왜 훨씬 좋은 길을 두고 왜 이 고생을 하는지 그 이유를 도대체 모르겠네요. 그쪽은 도로도 좋고 얘기를 나눌 산악인과 트레커도 많이 있는데요."

"지금 당신들에게 그 이유를 한꺼번에 다 설명할 수가 없어요." 나는 존에게 말했다.

"알겠습니다만 이 사람들은 걱정도 되고해서 해 본 얘기죠."

"좋습니다, 그러면 일단 첫 번째 고개로 후퇴합시다. 더 이상은 물러나지는 않아야 합니다. 거기서 날씨가 좋아질 때까지 기다렸다가 여기로 되돌아와서 꼭 아루 분지로 갈 것입니다."

존이 통역해 주자 연락관은 웃으면서 일어나 나와 악수를 나누었다. 텐트를 해체하는데 한시간이 걸렸다. 안부까지 3킬로미터 정도 거리를 가는데 거의 세 시간이 걸렸다. 일단 아시아와 나는 다시 눈 위에 텐트를 치자 티베트 사람들은 또다시 믿을 수 없다고 고개를 절레절레 흔들었다. 트럭 운전수가 들뜬 목소리로 내가 오르고 싶다고 말한 능선 쪽을 가리켰다. 쳐 다보았지만 아무 것도 보이지 않았다. 그 운전수는 손가락을 둥글게 해서 눈에 갖다대면서 쌍안경을 갖고 오라는 표시를 했다. 쌍안경을 갖고 와서 그가 가리키는 방향으로 살펴보니 두 마리 갈색 곰에 초점이 맞춰졌다. 나 는 그 곰이 전에 보았던 어미곰과 새끼곰이 아니라 이번에는 두 마리 모두 큰 갈색곰이라는 것을 알고 놀라지 않을 수 없었다. 이 지역에서 곰이 거 의 멸종됐을 것이라고 조지 셀러는 크게 걱정했었다. 하지만 이곳에는 큰 갈색곰들이 어슬렁거리고 있었다.

그 곰은 우리가 등반을 하면 오르게 될 바로 그 등산로에 있었다. 아시 아는 곰이 무섭다고 다시 강조했다. 나도 말은 안 했지만 사실 곰이 두렵 다. 하지만 이런 큰 포유류동물이 살아 있어 마음 한구석에는 다행으로 생 각하였다. 그래도 이 산을 올라가기로 한 계획은 그대로 하기로 했다. 그 날 저녁 우리가 잠자리에 들 무렵, 하늘은 맑았다. 다음날 아침 일찍 일어 나서 텐트 문을 열어 보았더니 구름 사이로 맑은 하늘이 펼쳐져 있었다.

"구름이 있기는 한데 활동하기에 딱 좋아. 기분은 어때?" 내가 물었다.

"아주 좋아요."

"뭘 좀 먹은 다음에 나가자."

나는 갖고 갈 것들을 챙기기 시작했다. 헤드 램프, 칫솔, 양털로 만든 모 자, 일기장. 아시아는 머리를 빗은 다음 뒤로 묶었다.

"엉망이에요."

"멋있는데 뭘."

"내복을 일주일째 못 갈아 입었어요."

"조금 지나면 온 몸의 냄새가 최악의 상태에 도달할거다. 우린 아직 그 상태까지 가진 않았어."

"저도 그 정도 상태까지 가고 싶지는 않은데요." 그녀는 인상을 찌푸리며 말했다.

"K2에서 나는 내복을 갈아입지 않고 한 달을 지낸 적이 있어. 마침내 베이스 캠프에 내려와 마치 상처에 오래 감아둔 붕대같이 내복을 다리에서 벗게 냈었지. 그때 내 파트너인 존 로스켈리가 옆에 앉아 있었는데 다리에 깃털이 났더군. 내 오리털 슬리핑 백에서 나온 것이겠지만 내 다리에서 자란 것처럼 붙어 있었어. '존, 여기 좀 봐.' 했더니 존이 힐끔 보면서 말했어. '아이구, 어서 여기를 벗어나야겠어요. 우리가 이 끔찍한 곳을 너무 좋아한 것 같아요.' 하고 서로 웃었지."

나와 아시아는 덧바지를 입고 이중 등산화를 신고 눈이 들어오지 않도록 발목을 단단히 감쌌다. 식당 텐트에서 다와가 아침을 준비하는 소리가 들리더니 조금 있다가 두 개의 머그 잔에 뜨거운 밀크 티를 가져 왔다.

고맙다고 인사하고는 장비 점검을 마무리하기 위해 배낭을 식당 텐트로 갖고 갔다. 아침을 먹고 난 뒤 폭풍을 몰고 오는 구름이 하늘을 뒤덮기 시작하고 있었다. 몇 분 안 지나서 여름인데도 눈이 내리기 시작했다.

가벼운 진눈깨비였지만 점점 나빠질 것같았다.

"또 기다려야겠는 걸."

"전 괜찮아요. 아빠가 일기에서 인내를 배우지 않으면 안 된다고 말했어요." 아시아가 말했다. 그녀의 말이 옳다.

오늘은 폭풍이 시작된지 겨우 3일째다. K2를 오를 때 영원히 잊을 수 없는 참담했던 3일과 비교하면 이것은 아무 것도 아니지 않는가.

크리스가 K2 원정을 그만 둔 다음 날 정상 공격조 네 사람은 보급품과 장비를 챙겨 캠프 5로 다시 올라갔다. 동료들은 여전히 무산소로 등정하기로 계획하고 있는데다 짐과 루는 절벽에 가까운 정상을 곧장 오르는 것보다 아부루찌 능선으로 우회하는 것이 성공 확률이 높다고 주장했다.

하지만 존은 절벽 코스로 등정하는 것이 어렵긴 해도 더 멋진 도전일 것이라는 입장을 확고히 했다. 4시간의 격론 끝에 두 팀으로 나누기로 결정했다. 짐과 루는 능선으로 우회하고 존과 나는 절벽을 바로 오르기로 했지만, 내심 걱정은 말할 수 없었다. 그것도 무산소로 올라갈 수 있을까?

8.400미터에 가까운 정상 직전의 가파른 암벽과 빙벽을 올라갈 수 있을까? 확신이 서지는 않았지만 여기까지 와서 더 이상의 걱정은 무의미한것 같았다.

한밤중에 오줌을 누러 밖으로 나갔다. 별이 보이지 않았다. 뺨에 축축한 눈방울이 부드럽게 내려앉는 것을 느꼈을 때 그것이 무엇을 의미하는지 깨달았다. 새벽녘에 강풍이 몰아치기 시작했다.

또 다시 폭풍을 맞고 있다는 것은 당시 우리들이 받아들이기에는 너무 힘든 상황이었다. 이미 우리는 베이스 캠프에서 55일간 머물렀다. 카라코람의 겨울은 대체로 9월에 시작된다. 지금은 8월 말이다. 다시 우리는 폭풍이 짧게 끝날 것이라는 일말의 희망을 안고 이번에는 캠프 4로 물러났다.

기다리는 동안 우리는 무산소 등정에 대해서 토론했는데 이번에는 내가 먼저 걱정을 털어놓았다. 짐과 루도 무산소 등정을 할 수 있을지 자신이 없다고 해서 존이 꺼리긴 했지만 최종적으로 산소를 사용하기로 했다. 하지만 존은 여전히 정상으로 절벽 코스로 곧장 오르기를 주장해서 역시 두 팀으로 나누지 않을 수 없었다. 적어도 나는 무산소 등정으로 영구 뇌손상을 입을 가능성에 대한 걱정은 덜게 되었다.

3일 후에 폭풍이 멎어서 또다시 깊은 눈길을 헤치며 정상 캠프로 올라갔다. 다음날 동이 트자마자 출발해서 스노우 돔 후면에서 두 팀은 서로 행운을 빌며 작별의 포옹을 했다. 계획대로 된다면 존과 나는 내일 짐과 루를 정상에서 만나게 될 것이다.

존과 나는 곧바로 정상을 오르기 시작했다. 지난 폭풍으로 눈은 더욱 깊어져 있었다. 발 디딜 곳을 확보할 때까지 몸으로, 그리고 무릎과 발로 눈을 다져야만 슬로프에 기댈 수 있었다. 그렇게 해도 다음 발을 떼놓으려 하면 또 눈 속으로 빠지며 한 걸음에 15센티미터 정도밖에 나아갈 수 없었다. 한 시간이 지나고 두 시간이 지났다. 누군가 멀리서 말하는 소리가 들렸다. 짐이었다.

"눈이 너무 깊어 되돌아왔어. 내일 뒤따라 갈 게." 짐이 소리질렀다.

그날 늦게 존과 나는 7,800미터의 캠프 6에 도착해서 우리는 해질녘에 텐트로 들어갔다. 나는 옷을 제쳐 동상으로 마비된 존의 발을 내 아랫배의 맨살 위로 잡아 넣었다. 다울라기리(14좌 중 7번째 높은 봉우리. 8,167미터) 정상에서 동상에 걸려 발가락을 자른 존의 발은 이미 뭉툭하다. 나는 버너를 켰다. 그 당시 우리가 사용하던 부탄가스 버너는 비효율적이어서 눈을 녹이는데 많은 시간이 걸렸지만 가능한 한 물을 많이 마셔야 했다. 2리터씩 물을 마시고 아침에 필요한 물 2리터를 녹이고 식사를 하고 나니 밤 12시 30분이었다. 잠자리에 들었다 한시간쯤 후에 다시 일어나 눈을 더 녹여 물을 만들었다.

천천히 눈을 녹여서 수통에 담는데 몇 시간이 흘러갔다. 6시가 돼서야 출발할 준비가 되었다. 이미 시간이 늦었기 때문에 실패에 대비하여 텐트는 그대로 두었다.

존이 절벽 앞으로 올라갈 때까지 로프를 확보를 해주었다. 곧장 급경사가 시작되기 때문이었다. 몇 분 후 존이 되돌아왔다.

"눈사태가 날 것같아. 무모한 도전이야." 그가 말했다.

아래 캠프와 연락했다.

"그래 내 생각도 그래 최선을 다 했어." 짐이 무선으로 대답했다.

존과 나는 텐트를 걷고 캠프 5로 내려가서 짐과 루를 만나 하산을 하기에는 너무 지쳐서 그냥 누우면서 말했다.

"내일 한번 더 시도를 해 보아야겠어. 햇빛을 받으면 눈이 단단해질 가능성도 있으니까." 존은 눈사태가 날 가능성이 높다는 것을 확신했지만 내

의견에 동의했다.

우리는 눈을 녹이기 위해 새벽 1시 반에 다시 일어났고 또다시 6시가 지나서 출발할 준비를 마쳤다. 내가 뒤에서 확보해 주었고 존은 어제와 같이 옆으로 돌아서 몇 분 후 사라졌다. 그가 되돌아왔을 때 그가 무슨 말을 하려고 하는지 뻔하다고 생각했는데 내 짐작이 180도 틀렸다.

"방금 베이스 캠프에서 연락이 왔어. 망원경으로 짐과 루가 보이는데 지금 둘이서 정상으로 올라가고 있데."

짐과 루가 한번 더 시도해 보려고 되돌아와서 눈상태가 해 볼 만하다고 판단한 것으로 짐작되었다. 우리는 그들 뒤를 따라서 캠프 6로 우회해서 내일 아부루찌 능선을 통해 정상 공격을 하기로 결정했다. 텐트를 걷고 산소통을 포함하여 모든 장비를 배낭에 넣으니 짐이 각자 27킬로그램이나 되었다. 해발 8,000미터에서 푹푹 빠지는 눈길을 헤치고 나가다 보니 곧 한계에 도달했다. 존은 정상 공격을 위한 힘을 비축하기 위해서는 등반 장비를 버려야 한다고 했고, 나도 여기까지 와서 K2 등정에 꼭 성공하기 위해서는 불필요한 등반 장비와 로프도 필요하지 않다고 생각하고 비장한 각오로 로프마저도 버렸다.

우리는 오후 늦게 앞서 간 루와 짐의 텐트 자리에 도착했다. 천천히 텐트 칠 자리를 파고 다시 한번 한참 동안 눈 녹이는 작업을 시작했다. 우리는 베이스 캠프로부터 교신을 통해 루와 짐이 정상 등정에 성공했다는 연락을 받고 기뻐했다. 저녁 8시가 되어도 그들이 돌아오지 않자 걱정이 되기 시작했다. 우리는 텐트 앞에 기대서 헤드 램프를 서치라이트처럼 깜깜하고 차가운 밤하늘에 신호를 보내면서 동시에 호루라기를 불었다. 아무런 반응이 없다. 또 한 시간이 지났다.

"무슨 소리 들렸어?"

"호루라기 다시 불어 봐."

우리는 귀를 기울였다. 루의 목소리가 들렸다. 몇 분만에 그가 텐트 밖에 나타나 머리부터 우리 텐트 안으로 들이 밀었다.

"하느님 감사합니다." 존이 말했다.

루의 얼굴은 얼음으로 뒤덮여 있었다. 그냥 눈이 아니라 수염에는 커다란 희다 못해 푸른 빛의 고드름이 달려 있었고 코에도 커다란 고드름이 튀어나오고 입술은 부풀어 터져 피가 엉겨 있었다. 지쳐 있었지만 눈은 빛났다. 우리는 그의 어깨를 잡아 끌어 들였다. 그의 온몸은 얼어붙어서 말을 못할 정도로 떨고 있었다.

뜨거운 레모네이드 차 한잔을 만들어 주었지만 수염에 붙은 고드름 때문에 마실 수가 없었다. 내가 고드름을 앞으로 잡아당겨 아미 나이프로 조금 자르고 나서야 컵을 입언저리에 겨우 갖다댈 수 있었다. 레모네이드를 한모금 마시고 나서 존한테 기대더니 잠을 자려고 하는 것처럼 보였다.

"우리는 정상에 올랐어." 그는 떨리는 목소리로 말했다.

"알고 있어."

"산소통 없이 해냈어." 존과 나는 단순한 이 한마디 말 속에 담겨 있는 엄청난 고통과 인내를 생각하고는 서로 고개를 끄덕였다.

"짐은 어디 있어?"

"몰라."

"그를 마지막으로 본 것이 어디야?"

"정상에서. 사진을 찍겠다고 남아 있었어. 아마 비박하고 있을 거야."

강풍이 불기 시작했다. 엄청 추웠다. 루는 그의 텐트로 가서 누웠고 존과 나는 눈을 계속 녹였다. 12시 반에 버너를 끄고 한 시간 정도 자고 나서 1시 반에 다시 눈을 녹이기 시작했다. 오늘은 해발 8,000미터에서의 3일째 밤이고 물을 만드느라 하루 한두 시간밖에 못 잔지도 3일째이다. 눈을 녹이면서 배낭을 꾸렸다. 바람은 여전했다.

"짐이 살아 있을 가능성에 대해 어떻게 생각해?" 존이 물었다.

"정상 도전이 아니라 자칫하면 친구 시신 수습하러 가는 길 같은데."

우리는 새벽 3시 반 일찍 텐트를 나섰다. 루가 소리쳤다.

"행운이 있기를. 짐이 괜찮을 것 같다는 느낌이 들어."

존과 나는 그처럼 생각할 수 없었다. 하지만 바람은 누그러져 있었고 하늘에 반짝이는 별빛이 슬로프를 비췄다. 우리는 로프가 없었기 때문에 각자 알아서 올랐다. 아이스 엑스를 잡은 손에 쇠붙이의 차가움이 파고들어서 손가락이 이미 마비 상태가 되었지만 방향을 바꿀 때 아이스 엑스 잡은 손을 바꿀 수 있어서 다행이었다. 동상에 걸릴 것 같았지만 어찌해 볼 도리가 없었다.

해뜰녘에 우리는 작년 일본 원정대의 텐트 흔적이 남은 장소에서 멈추었다. 우리는 계곡을 가로질러 8,000미터 봉우리 중 하나인 브로드 피크(14좌 중 12번째 높은 봉우리. 8,047미터) 를 바라보았다. 우리는 브로드 피크와 거의 같은 높이에 있었다.

"짐이 지금쯤 어디엔가 움직이고 있을 거야."

"나도 그러기를 바라고 있어."

"그의 상태가 안좋다면 하산시키는 것도 매우 어려울 것 같은데."

다시 한 시간만에 우리는 좁은 협곡에 들어섰다. 존이 바로 내 위에 있었는데, 고개를 들어보니 그의 크램폰 발톱이 내 머리 위에 있었다. 속으로 존이 떨어지지 않기만을 빌었다. 존의 다리 사이로 아부루찌 능선이 급경사를 이루고 있었고 300미터 아래에 고드윈-오스틴 빙하가 보였다. 손가락과 발가락이 이미 나무토막같았지만 다음 손잡을 곳을 있는 힘을 다해 단단히 움켜잡았다. 두 걸음 더 옮겨 협곡을 빠져나왔다.

회오리바람에 눈이 날리며 아침 햇살을 받아 반짝이고 있었다. 푸른 상의를 입은 존은 15미터 위에 있고, 그 위에 다리를 약간 벌리고 팔을 내린채 허수아비처럼 움직이지 않고 있는 사람이 있었다. 짐이었다. 동사하지는 않았나 생각했다. 나는 존이 다가가는 것을 지켜보았다. 여전히 짐은 움직이지 않고 있었다. 존이 한발짝 더 나갔다. 그 때 짐이 겨우 팔을 들어

올리는 것을 보았다. 사람을 보고 반가워 인사를 하는 것이다. 최소한 목숨은 붙어 있었다.

다가가면서 그들의 대화를 들을 수 있었다.

"정상 아래 조그마한 평지에서 비박을 했어."

"동상?"

"그런 것같아."

"내려갈 수 있겠어?"

"할 수 있을 것같아. 저 위 암벽 횡단 구간이 고비였어."

짐은 아이스 엑스로 얇은 눈으로 덮인 가파른 암벽 구간을 가리켰다. 짐이 말했다.

"행운을 빌게. 아래 캠프에서 다시 만나자고."

"조심해, 짐."

존이 짐의 머리와 어깨를 다독거려 주며 말했다.

존이 가볍게 다독여 준 것이 짐으로서는 14시간만에 처음으로 접촉한 인간의 손길이었다는 것을 나중에야 알았다. 우리가 정상을 오른 후 악천후에 시달리면서 하산한 다음 그를 헬리콥터로 응급 수송했다. 병원에서 그는 비박을 할 때 손상된 폐의 조직을 잘라 내고 동상을 입은 발가락을 모두 잘라냈다. 14시간 동안 그는 매 분초 삶과 죽음 사이를 오락가락했다. 밤 12시가 지나서 가장 추운 시간 동안 그는 스스로에게 이런 말을 계속했다.

"발가락을 움직여. 손가락을 움직여. 언젠가는 끝나겠지. 그만 떨어. 스스로를 다스릴 줄 알아야 해. 살아 남아야 돼."

아침 해가 떠올랐을 때 한숨 자고 조금 있다가 내려가자고 생각하면서, 부인과 아이들의 얼굴을 떠올렸다가는 억지로 일어나서 자신에게 수없이 말했다. 해내야 돼. 집에 간다. 여보! 사랑해. 해낼 거야. 이것은 나중에 짐이 우리에게 해 준 이야기인데, 존이 자기를 걱정하면서 가볍게 다독여 주었을 때 얼마나 눈물이 나왔는지 모른다고 했다.

　나는 존에게 이제 산소를 사용해야 할 때라고 말했다. 해발 8.100미터가 넘었고 앞은 암벽과 빙벽이 뒤엉킨 가파른 구간인데 로프도 없기 때문에 가능하면 맑은 정신 상태를 유지하고 싶었다. 우리는 배낭을 내렸다. 내가 조절기를 산소통에 부착시키고 있을 때 존은 산소통을 눈 속에 버려 둔 채 배낭을 다시 멨다.

　"뭐 하는 거야?"

　"얼굴에 연결시킬 수가 없어. 산소 없이도 할 수 있어."

　그의 말이 맞았다. 그는 산소 없이도 일어날 수 있었다. 내가 산소통 밸브를 열고 계기를 최대압인 3.900 psi로 맞추는 동안 존은 기다렸다. 나는 마스크를 얼굴에 쓰고 다시 배낭을 메었다. 마스크를 벗어서 줄을 조정했지만 여전히 느슨했다.

　"먼저 갈게." 하고 존이 말했다.

　"위에서 봐."

　나는 계속 마스크 줄을 조절했다. 존은 마지막 구간을 오르고 있었다. 손가락이 얼어서 줄을 조정하는데 생각보다 더 시간이 걸렸다. 모자를 눌러 쓰고 마스크를 다시 입에 갖다 댔다. 조금 전보다 더 불편했다. 얼마나 더 만지작거려야 한단 말인가. 5분? 10분? 15분? 존은 얼마나 올라갔을까? 그만 불안해지기 시작하였다. 그를 따라잡을 수 있을까? 다른 방도는 없을까? 계속 마스크를 조절해야 할까? 아니면 산소 없이 K2를 올라가?

　에베레스트를 다시 생각해 보았다. 폐수종에 걸리면 어떻게 될까? 하지만 지금까지 폐는 괜찮은 것 같다. 잘 해내고 있잖아. 뇌손상이 되면 어떡하지? 그만한 위험을 감수할 만한 가치가 있는가? 주변을 둘러보았다. 위는 가파른 암벽과 빙벽을 우회하는 구간이다. 밑으로는 깊은 협곡이다. 그 밑으로는 빙하다. 나는 혼자다. 로프도 없다. 나는 웃으면서 생각했다.

　폐수종이면 어떻고 뇌손상이면 어때. 이미 모든 것이 다 결정됐잖아.

나는 다시 배낭을 벗어서 산소통과 조절기를 눈 속에 내려놓고 배낭을 메고 오르기 시작했다. 암벽을 우회하며 능선을 올라서니 존이 저만큼 보였다. 그는 나때문에 멀리 가지 않고 서서 기다리고 있었다. 그는 나를 보더니 내가 따라잡을 때까지 천천히 움직였다. 내가 존을 따라가자 같이 멈춰서 쉬었다. 10시밖에 안 되었는데 해발 8.100미터 이상 올라왔다. 바람은 잠잠했고 하늘엔 구름 한 점 없었다. 완벽한 날씨다. 우리 위의 슬로프는 좀 완만해 보였다. 눈 속으로 약간 빠지기는 했지만 그렇게 나쁘지는 않았다. 계속 올라갔다. 천천히 발을 들어올려서 한걸음씩 내딛고는 숨을 몇 번 고르고, 다음 걸음을 옮기며 가끔씩 선두를 바꾸었다.

해발 8.400미터까지 올라가는데 4시간 이상 걸렸다. 그런데 무언가 일이 벌어진 것 같았다. 한 발을 들어서 옮기고 숨을 쉬고 또 쉬고 그리고 다른 발을 들려고 하는데 들 수가 없었다. 스스로에게 말했다. 들어, 들어, 들어. 마침내 발을 들 수 있었다. 그리고 말했다. 좀 쉬자. 쉬어야 해. 안돼. 쉬면 안돼. 쉬어선 안돼. 마침내 다음 발을 옮길 수 있었고 다음 발을 옮길 때마다 자신과의 싸움을 계속 벌여야 했다. 그러다가 아이스 엑스에 기대어 마음의 소리를 들었다. 난 할 수 없어. 그리고 이런 말도 들었다. 너는 해내야 돼. 할 수 있어. 해야 돼. 할 수 있어. 이제 60미터밖에 안 남았어, 해내야 돼. 그리고 발을 들어올렸다.

그런데 어지럽기 시작했다. 균형을 유지하려면 한걸음을 옮길 때마다 다섯 번 내지 열 번은 숨을 조절해야 했다. 멈춰 서서 다음 발을 뗄 수 있을 때까지 호흡을 계속했다. 하지만 계속 어지러웠다. 존이 앞장 섰다. 그는 나보다는 기운이 있어 보였다. 다음 발을 들어 올려, 또 다음 발. 나는 스스로에게 말했다. 존이 멈추어 서 주었다. 그를 향해 한발 한발 나아갔다.

"완만한 슬로프야, 여기부터는."

"정상은?"

"15미터, 15미터면 정상이야."

우리는 팔을 움켜잡고 걸음을 떼기 시작하여 좀 더 속도를 내 보았다. 이제 5미터만 더 가면 된다고 존이 멈춰 서서 말했다.

"코니스(정상이나 벼랑끝에 차영처럼 달라붙은 눈더미)가 있을 수가 있어. 조심해야 해."

코니스는 산정상에서 가끔 발견되기도 하는, 바람 때문에 생기는 매우 위험할 수도 있는 얇은 층이나 위험한 눈더미인데 우리들 중 누구도, 루와 짐도 정상을 오르고 내려온 다음 코니스에 대해서 말해 준 적이 없었다.

하지만 우리는 본능적으로 그 위험을 살피기 시작했다. 그러나 코니스는 없었다. 존도 내 뒤를 따라 올라와서 우리는 정상에 이르러 그만 부등켜 안고 주저 앉았다. 너무 지쳐서 말할 기운도 일어설 기운도 없었다. 우리는 서로 껴안은 채 정상에 앉아 있었다.

하늘에는 구름 한점 없었다. 바람도 잠잠했다.

조금 숨을 길게 쉬자 어지럼증이 좀 가시는듯 했다.

마치 꿈속에 있는 것처럼 바라보이는 모든 것이 살아 요동치고 있었다. 나는 북으로 중국쪽의 투르키스탄 봉, 창탕을 넘어서 멀리 동쪽으로, 남으로는 거대한 낭가파르바트봉(14좌 중 9번째 높은 봉우리. 8.125미터) 등 일망무제의 광활한 천지를 너무 감격에 겨워 넋을 잃고 바라보고 있었다. 내 옆에 앉은 내 파트너도 같이 넋을 잃고 바라만 보고 있었다.

뭐라고 말로는 할 수 없어 우리 두사람 다 오직 숨만 계속 거칠게 쉬고 있었다.

그러나 나는 오직 이 순간의 감정을 뒷날 어떻게든 영원히 기억할 것이다.

왼쪽:1978년 K2의 북동쪽 칼바위 능선 위를 걷고 있는 저자의 모습. 오랜 세월 동안 양쪽이 빙하에 쓸려나가 칼날처럼 생긴 1킬로미터에 이르는 능선. 이 능선은 중국과 파키스탄의 국경을 이루고 있어 비자없이 한발자국만 옮기면 중국과 파키스탄을 오갈 수 있다(존 로스켈리 촬영).

아래쪽:1978년 세계적인 클라이머 존 로스켈리와 무산소로 K2 정상을 오른 후 K2정상 바로 밑에서 휴식을 하며 하늘엔 구름 한 점 없었으며 바람도 없어 창탕 고원을 넘어 중국과 인도까지 히말라야의 장관을 한눈에 볼 수 있었다(존 로스켈리 촬영).

7

한낮에 식당 텐트에서 존은 아주 기분 좋은 아이디어를 내놓았다. 눈이 너무 깊어서 차량을 움직일 수 없고, 또 눈이 너무 불안정해 등산을 할 수도 없으니 크로스 컨트리 스키로 아루 분지로 내려가 보자는 것이었다.

"시간도 그렇게 많이 걸리지 않을 거예요." 그가 말했다.

"해지기 전에 도착할 수 있을 거야." 나도 맞장구쳤다.

"오늘 떠나자고요?"

"왜, 안돼?"

아시아도 좋아했지만 우리의 연락관과 두 운전수는 이런 외진 곳에 며칠동안 자기들만 남아 있는다는 게 두렵다며 얼굴을 찌푸렸다. 그들은 이런 높은 산기슭에 산다고 전해오는 반은 사람이고 반은 곰의 형체인 '트레모'라는 동물을 두려워했다. 특히 최근에 눈이 많이 와서 트레모가 굶주렸기 때문에 더 두렵다고 털어놓았다.

"만약 당신이 총을 쏘드라도 트레모는 돌로 상처를 메우고는 계속 당신을 쫓아올 겁니다."

트럭 운전수는 만나본 듯이 말했다. 존이 최선을 다해 그들을 안심시켜 한 시간 뒤에 떠날 준비가 됐다. 트럭 운전사는 존에게 최대한 빨리 돌아오라고 신신당부했다. 스키 타기에는 눈은 그만이었고 우리는 미끄러져 내려갔다. 오르막에서는 스키에 덧신을 씌웠다가 내리막에서는 벗겼다. 때때로 경사가 완만한 곳에서는 느긋하게 곰의 흔적을 살피기도 하며 새로 내린 눈 위를 미끄러져 내려갔다. 1킬로미터쯤 내려오니 물을 건너 맞은편 기슭으로 곰 발자국이 나 있는 것을 보았다. 곰의 흔적 외에 다른 동물들이 전혀 보이지 않아서 안도했다. 다시 100미터쯤 가다가 치루의 자국으로 보이는 흔적을 지나치자마자 큰 늑대의 발자국 같은 것이 보였다.

우리는 앞이 보이지 않을 정도로 휘어도는 급경사지로 내려가다가 좁은 협곡을 3킬로미터쯤 빠져 나와서 모퉁이를 돌았더니 다섯 마리의 푸른 색갈의 양 떼들이 보였다. 그들이 남긴 자국을 지나면서 우리는 먼저 보았던 자국이 치루의 것이 아니라 이들 양 떼의 것이었다는 것을 알았다. 푸른 양은 표범의 주요 먹이 중 하나인데, 히말라야 동물 중 가장 눈에 띄지 않는 희귀종으로 이 동물이 이런 오지에서는 여전히 살고 있다니 반가웠다.

계속 급하게 휘어 돌았더니 이런 고지대에서는 도저히 믿기지 않을 정도로 바닥에 보석처럼 커다란 푸른 호수가 있는 광활한 분지가 나타났다. 오후 늦은 때여서 1인용 텐트를 쳤다. 우리 세 사람은 텐트 안으로 들어가 버너를 피우고 차를 끓였다. 찻물이 컵을 잡고 있는 손을 따뜻하게 해 주어 고마움을 느꼈다.

다음날 아침은 구름이 끼였지만 눈은 내리지 않았다. 되돌아올 때 시야가 나쁠 경우, 계곡의 좁은 입구를 찾을 수 있도록 하기 위해 큰 돌을 세워 표시를 해두었다. 그리고 우리는 스키를 타고 호수를 향했다. 눈은 몇 센티미터밖에 안 되었지만 스키 타기에는 아주 좋았다.

몇 백 미터 더 가니 멀리 치루 떼가 보였다. 8마리의 수치루, 1마리의 암치루와 두 마리의 새끼였다. 정오에는 해가 구름을 뚫고 나와 눈이 녹았다. 스키를 벗어서 배낭에 묶었더니 짐이 훨씬 무거워졌다. 호수쪽으로 가다 오후에 텐트를 쳤다. 아시아가 양손에 작은 알루미늄 주전자를 들고 호수에서 물을 길어왔다. 그녀를 찍기 위해 카메라에 망원 렌즈를 부착했다. 호수를 배경으로 프레임에 들어왔는데, 높은 광대뼈와 아몬드 색깔의 눈이 그녀의 엄마를 빼닮았다. 잡지의 표지 모델 사진감인데 노출을 조정하고 셔터를 누르면서 아시아가 싫어할 것 같다는 생각이 들었다. 소녀일 때 그녀는 콜로라도 사진가들로부터 종종 모델을 해달라는 제안을 받았다. 대부분의 사진은 파타고니아 카탈로그나 『아웃사이드』와 같은 잡지에 쓰일 것이었는데, 평소에 즐기는 스노우 보딩이나 하이킹을 하는 것이었기 때문에 아시아는 그 일을 즐겼다. 그러다가 나중에는 유나이티드 항공의 광고를 위한 CF촬영에서 지나가는 소년들을 보고 깔깔거리는 10대 소녀 역할을 하기도 했다.

"너무 틀에 박힌 역할이었어요."

그녀는 그 이야기를 해주면서 말했다.

"그것이 나의 개성과는 아무런 상관이 없었기 때문에 싫었어요."

또「런 어웨이 쇼」에서 모델 일을 제안받았지만 거절했다.

"누가 나한테 예쁘다고 말하는 것은 듣기 싫어요. 그래서 나는 헐렁한 옷을 입는지 몰라요."

그녀는 모델 일에 대해서는 자기 개성이 강했지만 의상 디자인에는 관심이 많았다. 지난 여름에 캘리포니아에서 우리와 함께 지낼 때 그녀는 파타고니아의 어린이용 스노우 보딩복을 디자인했었다. 나는 그것을 어린 나이로는 대단한 성공이라고 생각한다. 여행을 같이 하면서 어려움을 당했을 때 대처 능력, 일을 어떻게 해야 하는지에 대한 분별 등을 본능적으로 아는 것을 볼 때 디자인 감각도 타고난 재주 같았다.

그녀는 물병을 내려 놓고 등산용 버너에 불을 붙였다. 나는 그것을 어떻게 사용하는지 한 번밖에 보여 주지 않았다. 그녀는 물병을 버너에 올리고 알루미늄 바람막이를 치고는 나에게서 배운 대로 하면서 말했다.

"우려낼 시간이 다 되었는데."

다음날 아시아와 나는 존을 캠프에 남겨 두고 1일용 배낭만 메고 북쪽을 향하여 호숫가를 하이킹했다. 멀리 서쪽으로 크리스탈 마운틴이 분지와 접하고 있었다.

바람은 잠잠했다. 호수의 물결이 가볍게 찰랑거리는 소리와 모래톱으

로 향하는 거위들이 무리를 부르는 소리만 들렸다. 쌍안경으로 반대편 호
숫가에서 두 마리의 야크를 발견했다. 검고 컸으며 야생 야크였다. 눈 녹은
자리에서는 파릇파릇한 풀싹이 대지에 뿌리를 박고 그 생명력을 자랑하고
있었다. 양털 구름 사이로 코발트색 하늘이 보였다. 가끔씩 거위같은 붉은
오리 몇 쌍이 새끼오리 떼를 데리고 지나며 물보라를 일으켰다. 산과 호수
의 가운데쯤에서는 치루가 눈덮힌 땅 위를 뛰어다니는 것이 보였다.

눈덮힌 산과 호수 그리고 치루, 오리 떼들을 보면서 이틀 전 안부에서
폭풍이 걷히기를 기다리는 동안 희열을 느끼게 했던 조나단의 일기 한구
절이 생각났다.

크리스탈 마운틴에서 아루 분지로 내려가는 길은 6월인데도 눈이 너무 쌓여 장비와 보급
품을 실은 자동차를 쉽게 움직일 수 없어 어느 정도 눈이 녹을 때까지 며칠씩 발이 묶였
다. (1999년 6월 릭 리지웨이 촬영)

이른 아침 공기는 차갑고 주변 언덕들이 새로 내린 눈에 덮혀 하얗게 빛났다. 낮게 구름이 깔렸고 구름 위 하늘에 다라우지리봉 높은 정상의 위용. 오직 자연에 대한 신비감과 경외심(敬畏心) 뿐이다.

조나단이 히말라야 연봉들을 가까이서 처음 보고 묘사한 짧은 문장인데 이 구절을 읽으니 그가 죽은 이래 그 어느 때보다 그와 함께 자연의 신비감을 느끼는 기쁨을 나누고 싶다는 생각이 간절했다. 이제 그의 딸과 함께 걸으면서 물가에서 송골매가 사냥한 짐승을 뜯어먹고 있는 모습을 지켜본다. 우리가 천천히 접근했지만 이 야생 포획자는 우리를 보면서도 계속 먹는 일에 집중하고 있었다. 우리가 접근하자 먹이를 버리고 날아올랐다가 적당한 거리에 앉아서 우리를 주시하고 있다. 송골매가 먹이를 먹던 곳으로 가자 오늘 아침만 해도 풀의 씨앗을 먹던 피리새의 뼈다귀가 보였다. 몸을 굽혀 먹다 남은 것을 살펴보았다.

"그게 뭐예요?" 아시아가 물었다.

"이 빨간 살점은 심장이란다. 보통 송골매가 가장 먼저 먹는 부위이지."

일어나 주위를 둘러보았다. 송골매는 떠나고 없었다.

"심장만 파먹었구나."

아시아는 아무 말도 없었고 우리는 북쪽으로 난 길을 따라서 걸어갔다. 한 시간만에 우리는 눈이 없는 작은 언덕에 멈춰서 호수를 바라보며 점심을 먹었다. 크리스탈 마운틴의 연봉들을 살펴보니 6,000미터 이상의 봉우리 대여섯 개가 보였는데 기회가 닿는다면 올라보자고 했던 봉우리도 그중 하나이다. 설사 등반하지 못 하드라도 여기에 앉아서 이 지구상에 가장 높은 산봉우리들이 이어져 있는 장관을 바라보는 것만으로도 행복하다.

"조용! 조용! 귀를 기우려 봐." 내가 말했다.

"뭘요?"

"이 '흐음…' 하는 소리 말이야. 광활한 대지에서만 들려오는 대자연의 소리. 거의 들리지 않은 것 같으면서 들릴 거야."

우리는 조용히 있었다. 멀리서 피리새가 지저귀는 소리가 들리고 이내 저멀리 하늘 끝과 땅 밑까지 스며드는 듯한, 무겁고 깊은 침묵의 소리 속으로 빠져 들었다.

"들리니?"

"예, 들리는 것 같아요. 무슨 소리죠?"

"침묵하고 있는 대자연의 소리지." 조용한 마음으로 이런 넓고 광활한 곳이 아니고는 들을 수 없는 소리지.

이틀 뒤 우리는 틀림없이 초조하게 우리를 기다릴 티베트인 동료들과 차가 있는 곳으로 스키를 타고 되돌아가기 시작했다. 구름 한 점 없는 아침이었고 눈상태도 완벽했다.

"천식은 괜찮아?" 아시아에게 물었다.

"좋아요."

직사광선이 눈 덮힌 언덕에 반사되어서 구름 사이로 열린 사파이어처럼 푸른 하늘이 눈부셨다. 폭풍이 불 것 같아서 오늘 오후는 쉬고 내일 가도 좋겠다고 생각했다. 정상 능선의 기슭에 텐트를 치고 내일 산에 오른 후 해질녘에는 차 있는 곳으로 돌아갈 수 있을 것이다. 그때쯤이면 안부의 눈이 녹아서 차를 몰고 아루로 내려갈 수 있을 것이다.

생각보다 빨리 이른 오후에 캠프에 도착했다. 티베트 사람들은 우리를 보고 안도했다. 다와는 평소보다 활짝 웃으면서 점심을 준비했다고 말하며 아시아의 팔을 끌고 우리를 식당 텐트로 데리고 갔다. 아시아는 부츠를 벗더니 발을 살펴보았다. 내게 발이 부르터 아픈 곳을 보여 주길래 그곳을 만졌더니 움찔했다. 이렇게 날씨가 좋은데도 내일 아무 산에도 못 오르겠구나 하고 생각했는데 그 실망감이 내 얼굴에 나타났는가 보다.

"죄송해요."

"글쎄, 무리할 수는 없지."

"괜찮아요. 저를 빼고 올라가시면 안될까요?" 하고 그녀가 대답했다.

"그럴려고 여기 온 것은 아니잖아."

"저기를 아저씨와 스키를 타고 내려오는 것만도 너무 좋았어요." 하고 미소지으면서 말했다.

"그래. 다행이다."

나는 밖으로 나가 날씨가 아직 괜찮은지 확인한 다음, 아침에도 날씨가 계속 이러면 차를 몰고 아루 분지로 가자고 존에게 말했다.

나는 친했던 친구의 딸인 아시아와 함께 아무도 올라보지 않았든 산봉우리를 함께 올라 보므로서 무엇이, 왜 너의 아빠를 높은 산으로 오르게 했는지를 알 수 있게 할 뿐 아니라, 아직 그녀가 엄마 뱃속에 있을 때 딸애를 이곳에 데리고 와서 "삶의 참 의미와 자기가 경험한 인생의 진리를 알게 해 주겠다."고 말하던 조나단의 꿈을 내가 대신해 이루어주는 것이기 때문이다.

하지만 이런 기대를 내 딸들에게도 해본 적이 없는데 무슨 권리로 아시아한테 이것을 기대하고 강요한단 말인가?

다음날 날씨가 괜찮아서 나는 앞으로 며칠 사용할 등반 장비와 식량과 보급품을 체크하면서 한가로운 오후를 보냈다. 해는 좁은 협곡과 경계를 이룬 높은 산마루를 일찍 넘어가고 있었다. 다와는 저녁을 준비했고, 잠자리에 들 무렵엔 구름 한 점 없는 하늘에 별들이 총총했다. 우리 두 사람 다 슬리핑 백 속에 들어간 다음 아시아가 말을 꺼냈다.

"아저씨, 저는 이번 일을 이렇게 생각해 보았어요."

"어떻게?"

"이 여행은 나 스스로에 대한 일종의 테스트라고 생각해요. 테스트가 아니라면 세상을 지금까지와는 다른 각도에서 보도록 하는 새로운 전기가 될 수도 있겠죠. 아저씨가 저한테 전번에 말씀하셨듯이, 원하는 곳으로 가서 뭔가를 보고 싶다면 열심히 노력해야 한다는 것이죠. 학교에서 전 그렇게 하고 있어요. 하지만 저는 앞으로 세상을 살아가는데는 두 가지 방식이 있다는 걸 이제야 알 것 같아요. 학교에서만 아니라 모든 것을 그렇게 해야 한다고 봐요. 하나는 결과를 예측할 수 있는 것만을 추구하기 때문에 기회를 못잡을 수도 있는 곳이고, 다른 하나는 예측할 수 없는 위험을 감수하고 불편을 견뎌내야만 정말 멋진 뭔가가 얻을 가능성이 있는 곳이죠."

"그래. 항상 우리에게는 두 가지 길이 있단다. 티베트 사람들은 우리가 에베레스트로 가는, 다른 등반객들과 얘기하면서 재미있게 갈 수 있는 쉬운 길을 택하지 않고 눈도 많고 기후도 나쁘고 도로 사정도 엉망인 이 길을 택한 것을 이해하지 못한단다. 하지만 이 길은 늑대가 모래 언덕을 뛰어다니고, 갈색 곰이 들쥐 굴을 파헤치고, 대자연의 침묵 소리를 들을 수 있는, 그리고 아무도 알아주지 않는, 그래서 좋은 그런 곳이란다. 그래서 뭔가를 얻을 수 있다면 더욱 좋은 곳이지. "

잠자리에 들기 전에 아시아와의 대화를 일기에 적고 나니, 지구 반대편에서 이제 일어나려고 하는 아내와 아이들 생각이 났다. 모두 어떻게 지내는지 궁금했지만 안봐도 알 것 같았다. 아내는 애들 축구 연습하는데 차 태워 주고, 학교에서 봉사 활동도 하면서 집안 일을 하고 있을 것이다.

조나단이 죽은 지 2년 후에 결혼했을 때까지도 나는 여전히 등반과 모험을 계속할지 그만 둘지에 대해서 마음을 정하지 못하고 있었다. 결혼하기 전에 아내는 내가 높은 산과 야생 세계의 모험에서 무엇을 얻었는지 알고 있었다. 아내는 내가 론의 죽음으로 젊은 나이에 인간의 한계를 인식하게 되었다는 것을 알고 있다. K2의 5,400미터가 넘는 고지에서 폭풍우로 68일간 머문 것이, 또 인간의 한계가 어디까지인가를 인식하게 만들었다는 것도 알고 있었다.

나는 아내한테 K2의 6,900미터에서 나비를 보았다는 얘기와 아마존이 굽어보이는 산 위의 동굴에서 새의 무덤을 본 것에 대한 얘기도 해 줬다. 아내는 조나단이 웨스턴 쿰에서 찍은 눈발이 날리는 에베레스트 정상 사진이 내 사무실에 걸려 있는 것을 본 적이 있다. 그 사진은 자신이 찍은 최고의 작품이라며 조나단이 내게 준 것이다. 그러고 나서 얼마 후 아내는 아이의 두 발이 그려저 있고 그 밑에 "누구인지 알아 맞춰 보세요."라고 적은 너무나 재미있는 카드를 나에게 보냈다.

　그때 프랭크 웰스라는 사람이 나한테 전화를 해서는 내가 에베레스트와 남극에 갔다 왔다는 사실을 알고는 몇 가지 물어보고 싶다고 했다. 그는 영화 사업 분야에서 일하고 있는데, 나이 50세의 동년배로 친한 친구인 달라스에서 유전과 가스 사업을 하는 딕 배스를 만나 상의한 후 전화를 걸었다고 하였다. 그들 두 사람이 아직 아무도 정복한 적이 없는 7대륙 최고봉(Seven Summits) 등정의 꿈을 가지고 있다고 하면서 한번 같이 시도해 보는 것이 어떠냐는 것이었다.

　나는 프랭크에게 경험이 어느 정도 되는지 물었다. 그는 킬리만자로(Tanzania에 있는 아프리카의 최고봉. 5,895미터)와 마터호른(이탈리아와 스위스 국경에 있는 Pennine Alps의 고봉.4,478미터)을 오른 적이 있다고 했다. 나는 그의 말을 듣고 킬리만자로야 조금 힘든 하이킹 코스 정도이고 마터호른은 가이드 산행 코스에 불과하니까 그렇다면 중년의 아마추어 등산 애호가와 얘기하고 있구나 하고 조금 시큰둥한 반응을 보였다.

　그럼에도 그는 정중하였으며 산에 대해서도 상당히 전문적인 식견을 가졌고 산을 너무 좋아하는 것 같았다. 나는 에베레스트와 남극에 대해서는 나름대로 도울 수 있을 것 같다는 의견을 나누고 더 상의할 일이 있으면 전화해달라고 했다. 전화를 끊기 전에 영화 사업에서 무슨 일을 하는지 물었더니 워너 브라더스사에서 일한다고만 했다. 좀더 자세히 얘기해 달라고 했더니 그제서야 워너 브라더스 사장이라고 말했다.

　며칠 뒤에 나는 그를 만나기 위해 로스안젤레스로 차를 몰고 갔다. 그의 비서가 10여 명의 다른 사람과 「슈퍼맨」 후속편을 위한 스토리 보드를 검

토하고 있는 그의 사무실로 안내했다. 프랭크는 곧 중요한 일이 생겼다면서 회의를 마쳤다. 나는 즉석에서 그에게 호감을 가졌고 몇 주 뒤에 그의 파트너 딕을 만나서도 똑같이 호감을 가지게 되었다.

나는 그들이 중년의 나이에 이 계획에 몸과 마음을 완전히 다 바친다는데 흥미를 가졌다. 나는 프랭크의 입장에 서 보려고 노력했다. 그는 27년 전에 워너 브라더스사에서 영업부 주니어 변호사로 출발해서 한 단계씩 승진하여 최고 CEO 자리에 올랐다. 이제 그는 자신이 잘 알지도 못할 뿐 아니라 실패할 확률이 상당히 높은 새로운 모험을 위해 모든 것을 버리기로 마음먹은 것이다.

그와 딕은 남극의 최고봉 빈슨 메시프(남극의 빙원 고봉으로 길이가 50킬로미터. 높이 4,897미터. 1961년 남극 탐사대의 후원자였던 칼 빈슨의 이름에서 유래)에서부터 시작해서 남미의 아콩카구아(남미 안데스 산맥 중의 최고봉, 6,960미터), 히말라야의 에베레스트(네팔괴 티베트 국경에 있는 세계 최고봉. 1953년 John Hunt가 이끈 영국의 등반대에 의해 최초로 정복. 높이 8,848미터), 북미의 디날리(알라스카 산맥의 멕킨리 산 일대의 자연공원. 최고봉 6.194미터), 아프리카의 킬리만자로(탄자니아 북부의 화산. 아프리카 최고봉. 5,895미터), 유럽의 엘브루즈(소련 남서부 카프카스 산맥 중의 최고봉. 5,633미터), 그리고 마지막으로 오스트레일리아의 최고봉인 코시우스코(오스트레일리아 New South Wales주 남동부에 있는 이나라 최고봉. 2,228미터) 등 7대륙 최고봉을 1983년에 모두 오를 계획을 세웠다.

프랭크는 자기들 계획에 있는 봉우리를 오른 적이 있는 많은 유명한 클라이머와 얘기해봤는데 모두로부터 똑같은 얘기를 들었다. 가능한 한 등반 훈련을 많이 쌓고, 경험많은 노련한 클라이머를 찾아 함께 가라는 것이었다. 얼마 후 그는 7개 원정 계획 중 내가 참가하고 싶은 아무 프로젝트나 함께 가자고 초대했다. 나는 그에게 감사를 표시하고 생각해 볼 시간을 달라고 했다.

나는 아내에게 남극점에서 1.100킬로미터 떨어진 남극 대륙 최고봉 빈슨에 갈 수 있다는데 상당히 끌린다고 말했다. 나는 남극 대륙에 간 적은 있지만, 머나먼 빙하의 행성처럼 다른 세상으로 묘사되는 곳, 진짜 남극을 보려면 빈슨 메시프를 가봐야 한다는 것을 알고 있다. 남극은 1년에 몇 센티미터씩 침하되고 있는 빙하의 대륙인 것도 알고 있는데 그것은 눈사태의 위험이 적다는 것을 의미한다.

제니퍼는 카드에서 누구인지 맞추어 보라고 예고한 대로 우리의 첫애 출산을 몇 개월 앞두고 있었다. 나는 고산으로 돌아가고 싶다는 갈망과 나를 세계에서 가장 멀리 떨어진 빙점에서 손짓하고 있다고 설명했다. 이제 곧 아빠가 되면 가장으로서 해야 할 의무에 비추어 보면 나 혼자의 갈망과 호기심을 만족시키는 것은 너무 이기적이었다. 하지만 그런 즐거움마저 없다면 나는 방황하게 될 것이라는 것을 느꼈다. 만약 그렇게 된다면 내가 모험을 하도록 동기를 부여했던 열정, 앞으로 태어날 아이들이 아버지의 이런 열정을 어떻게 이해할는지 모르겠지만 아이들에게도 크게 도움이 되리라고 믿기 때문에, 또 우리 아이들에게도 물려 주고 싶은 그 열정과 이야기들을 잃어서는 안될 것 같다고 아내에게 말했다. 아내는 결혼하기 전에도 내가 산사람이었음을 알고 있었고 앞으로도 산사람으로 남게 되기를 항상 기대했다고 대답했다. 공은 이제 나에게로 넘어왔다. 나의 모험과 새로운 책임감에 대한 경중을 고려해서 결정할 것만을 부탁했다.

나는 프랭크에게 전화해서 함께 빈슨에 가고 싶다고 말했다. 그러자 프랭크는, 그곳은 7대륙 최고봉 원정 중에서 가장 가고 싶어하는 곳이기 때문에 당연히 가겠지만, 먼저 안데스의 아콩카구아 등정 가이드로서 참여할 수 있겠느냐고 말했다. 아콩카구아는 해발고도가 6.900미터임에도 불구하고 히말라야와는 달리 눈대신 돌가루와 폭풍은 있지만 안전한 등반이 될 것이라는 것을 알기 때문에 같이 가겠다고 약속했다.

나는 등반에는 늘 위험이 도사리고 있기 때문에, 아콩카구아 원정에 또 한사람의 리더가 필요해서 이본에게 전화를 했다. 민야 콘카 눈사태 이후 걸어 내려오다가 우리는 고갯길에서 멈추어 서서 산의 마지막 전경을 되돌아보며. 눈사태가 남긴 생채기와 조나단을 묻었던 곳을 보았다. 이본은 다음부터 히말라야에는 가지 않겠다며 요세미티 국립공원이나 그가 좋아하는 티톤(미국 와이오밍주 북서부에 있는 산맥으로 최고봉 Grand Titon의 높이 4.196미터)과 같은 좀더 인간적인 맛이 나는 산에만 가겠다고 다짐했었다. 나는 그에게 아콩카구아는 안전하며 프랭크와 딕을 알아두는 것도 재미있을 것이라고 했더니 가겠다고 했다. 아콩카구아 원정 준비는 쉽겠지만 빈슨 등정은 그렇지 않을 것이라고 했다.

에베레스트를 포함한 세계 7대륙 최고봉 가운데 남극 빈슨이 원정 준비에 있어 가장 어려웠다. 가장 큰 장애는 우리를 그곳으로 데려다 줄 항공기를 물색하는 것이었다(남극의 빈슨은 항공기가 아니고는 갈 수 없다). 프랭크는 앞 부분에 제3의 엔진을 포함하여 프로펠러 엔진을 장착하고 있는 '트리 -터보'로 알려진 DC-3 기종을 수배했다. 이 비행기는 스키도 장착되어 있고 적어도 이론상으로는 중간에 연료 기지만 있다면 남극 내륙도 비행할 수 있는 것으로 알려져 있다. 비행기 수배와 준비가 늦어져 프랭크와 딕이 빈슨을 11월~12월 말에 출발하는 것으로 미루어 좀 더 여유를 가지고 남극으로 가는 기종과 중간 기착지와 기름 보급을 어떻게 해야 될지를 생각해 볼 수 있었다.

프랭크는 각 프로젝트별로 비용을 부담해 줄 후원자를 찾을 수 있을 것으로 보았다. ABC 텔레비전에서는 수동식 초단파 송신장치를 장착한 카메라 맨이 최초의 에베레스트 정상 생방송을 할 수 있도록 첫번째 정상 공격조에 포함시키는 조건으로 에베레스트 원정 비용을 대주기로 합의했다. 마침 그 프로젝트를 총괄하는 사람이 아마존의 신비한 화강암 암벽 타워 등정과 민야 콘카 원정 등 프로젝트에서 나와 함께 일했던 사람이었는데 곧바로 그로부터 공동 프로듀서와 현장 해설자 역할도 제안받았다.

나는 에베레스트에 다시 가고 싶지 않았다. 이번에는 지난번보다 위험은 크지 않다는 것을 알지만 아이스 폴 빙벽 지역을 한번 더 통과해야 한다는 생각만 해도 아찔하였다. 아무리 해설자라 해도 8,000미터 이상은 '죽음의 지대'로 영 마음이 내키지 않았다. 하지만 현장 생방송을 하기 위해 만약 아이스 폴을 통과하여 사우스 콜 위로 올라갈 수 있는 훌륭한 카메라 맨을 찾을 수만 있다면 그 제안과 작업은 매력이 있었다. 조나단이 1979년 아마 다블람 원정에서 데이비드 브레셔라는 젊고 매우 유능한 클라이머에게 오랫동안 카메라 사용법을 지도해 주었다고 한 것이 생각났다. 그래서 나는 데이비드에게 전화했더니 곧바로 좋다고 승낙했다.

바쁜 한해가 될 것이지만 적어도 ABC의 에베레스트 프로젝트가 끝나고 빈슨으로 떠나기 전까지 집에서 몇 달 지낼 수 있겠다고 생각하고 있었다. 그러던 중에 조나단과 내가 4년 전에 아이디어를 냈던 보르네오섬 일주 횡단 계획을 후원해주겠다는 스폰서가 전화를 해왔다. 그들은 그 원정 계획을 케이블 TV용 영화를 제작하겠다고 했다. 예비 탐험에 한 달, 횡단하는데 두 달 정도 걸릴 것이다. 일기상 최적기는 6월에서 8월이 될 것이다. 이론상으로 에베레스트를 마친 후 빈슨 사이에 시간을 낼 수 있을 것이다. 다시 한번 더 아내는 내가 하고 싶은 일을 시간이 허락하는 대로 하라고 용기를 줬다. 가까운 시일내에는 더 이상 이런 좋은 기회를 잡을 수 있을 것 같지 않아서 나는 그 제안을 받아들이기로 결정했는데, 나의 결혼 첫해에 1년 중의 9개월 이상을 밖으로 나돌아다니게 되었다.

나는 1983년 그 한해를 아콩카구아 원정으로 시작했다. 등정은 쉬웠고 고도 순응을 위해 일부러 속도를 늦추어야 했다. 5,700미터 해발고도 캠프에서의 어느 날, 석양이 아름다운 시간에 이본이 텐트에서 떨어져서 차를 담은 머그 잔을 양손으로 잡고 멀리 계곡과 봉우리를 바라보며 혼자서 있는 것을 보았다. 나는 그가 무슨 생각을 하는지 알 수 있을 정도로 그를 잘 안다. 우리는 눈사태에 대해서는 좀처럼 말하지 않았지만, 사형 선고를 받았다가 집행유예로 풀려났다는 생각을 하루에 한번쯤은 가진다고 내게 말한 적이 있다.

물론 프랭크와 딕과 함께 우리들은 모두 성공적으로 정상에 올랐다.

아콩카구아 원정에서 돌아와 3주 동안은 집에서 휴식 시간을 가진후 에베레스트로 출발하였다.

베이스 캠프에서 나는 망원경을 통해 아이스 폴로 올라가는 루트를 살펴보았다. 고도 순응을 한 다음에 동이 트기 전에 출발하여 빙벽 지대를 두 시간만에 통과했다. 나는 현장 해설을 위해 산을 오르락내리락했고 데이비드를 포함한 정상 공격조는 뉴욕 시간으로는 모두 잠들고 있는 새벽 3시에 정상에 도착, 촬영을 마치고 팀이 하산하고 있는 중인 몇 시간 뒤 미국의 아침 시간에 맞춰 ABC의 「굿모닝 아메리카」(Good Morning America)에서 초단파로 방송을 내보내는데 우리는 성공했다.

이때 프랭크는 사우스 콜까지 등정했고 딕은 8,400미터까지 올랐지만, 시간도 충분하고 날씨도 좋았는데도 그의 정상 공격 파트너가 더 이상 도저히 계속 올라가게 할 수 없다고 하여 되돌아서야만 했다.

에베레스트를 오르지 못한다면 프랭크와 딕은 7대륙 최고봉 등정 기록을 이룰 수 없었지만 나머지는 계획대로 진행해서 그때부터 5개월만에 북미 알라스카의 디날리, 아프리카의 킬리만자로, 유럽의 엘브루스 등을 모두 등정하는데는 성공했다.

프랭크와 딕이 디날리와 킬리만자로 등을 등정하는 기간 중에 나는 보르네오 횡단 원정을 출발했다. 우리는 30피트짜리 보트를 전세내어 개방된 선실의 기둥 사이에 해먹(달아 매는 그물 침대)을 달았다. 7년 전의 아마존 원정을 회상하며 이번에는 빨간 큰 글자로 '보르네오 퀸'이라고 쓴 나무 판자를 선실 정면에 박아 두었다.

2주 후에 강이 좁아져서 데이약 족 출신의 사공이 길안내를 하는 카누로 옮겨타야 했다. 다시 1주일 후에는 지류가 좁아져서 장비를 등에 메고 보르네오 심장 지역의 오지 정글을 3주 동안 걸었다. 내륙을 헤쳐나가는 마지막 날을 이틀 앞두고 아침에 일어나니 속이 메스껍고 감기에 걸린 것 같았다. 낮에는 열이 상당히 높았다. 나의 동료가 배낭의 짐을 나누어 졌다. 데이약 부족 사람인 가이드는 두 시간 이내에 마을에 도착할 것이라고 말했다. 나는 심해지는 메스꺼움을 가라앉히기 위해 자주 멈추어야 했기 때문에 4시간이나 걸렸다. 우리는 숲사이로 겨우 마을의 집들을 볼 수 있었는데, 숲사이의 열린 틈은 실제로는 방금 태워버린 벌목 지역이었다. 마을로 가는 유일한 길은 찜통같이 뜨겁고 습도가 높은 잿더미의 벌목지대를 건너는 것이었다. 나는 머리를 무릎에 기대고 몇 분 동안 쉬면서 구토증 뿐 아니라 점차 심해지는 어지러움증을 달래려고 애썼다. 그런 다음 건너기 시작했다. 하늘에서 내려쬐고 지표에서 올라오는 열기는 강렬했다. 온 몸통은 땀에 푹 젖었고 머리는 어지러웠다. 한걸음 한걸음에 온 정신을 집중했다.

몸의 열이 크게 올라서 마을에 도착한 것을 의식하지 못할 정도였다. 나의 동료들이 나중에 말하기를 못 건널 줄 알았는데 정신력으로 버텨 무사히 건너는 것을 보고 크게 안도했다고 했다. 나는 마을 추장 집으로 안내되었고, 두 명의 추장 부인은 나의 이마를 두드리며 간호를 했다. 나의 동료 한 사람이 내가 자기를 알아보지 못하는 것을 보고는 상태가 심각하다는 것을 알았다고 나중에 말했다.

내가 열병이 얼마나 심각했는지 환각 상태에 빠져 헛소리도 했다고도 하였다. 마을에는 외국 선교사들이 건설한 활주로가 있었다. 추장은 선교사들은 보름에 한번씩 방문하는데 일주일이 지나야 올 것 같다고 나의 동료들에게 말했다. 하지만 다음날 단발 비행기기의 윙윙거리는 소리가 들리더니 몇 분 이내에 세스나기가 착륙했다. 선교사인 조종사는 다른 마을로 가는 중이였는데 갑자기 소나기가 내려서 이 활주로에 내릴 수밖에 없었으며, 날씨가 좋아질 때까지 기다리겠다고 말했다. 나의 동료들이 급한

환자가 있다고 선교사에게 말하여 나를 비행기까지 이송했다. 입은 셔츠가 더러워서 선교사는 자기의 가방에서 갈아 입을 옷을 꺼내 주었다. 셔츠 앞자락에 '하느님은 이 비행기의 공동 조종사다' 라는 재미있는 문구가 새겨져 있었다.

나는 비행기의 알루미늄판 바닥에 눕혀졌는데 탈수된 발가락과 손가락이 구부러져서 반듯하게 펼 수가 없었다. 나는 계속 아내와 딸애의 모습을 마음 속에 떠올리며 멀미를 가라앉히기 위해 호흡에 정신을 집중했다. 두 시간 뒤 비행기에서 이곳 독일인 의사 집으로 옮겨졌다. 그는 나를 집안으로 데리고 가서 눕혔다. 나는 악성 장티푸스에 걸렸으며 주사를 맞고 천천히 회복되기 시작했다. 대부분의 머리카락이 빠졌고, 수주일 동안 나의 몸은 높은 신열로 인해 걸으려고 하니까 다리가 휘청거리며 타는 듯했다.

집으로 돌아와 프랭크에게 전화해서 보르네오 여행을 무사히 다녀왔는데 열병으로 앓다가 지금 회복 중이라고 말했다. 그는 여전히 빈슨 원정을 준비하는데 날마다 많은 시간을 보내고 있었다. 그는 대형 C - 130으로 남극 상공을 논스톱 비행해서 극점 근방에 신중하게 고른 장소에 52개의 연료 드럼을 빙하 위에 낙하시키기로 칠레 공군과 계약했다. 그런데 그는 DC - 3 트리 터보의 소유주가 그 비행기에 대한 보험을 요구했다. 유일하게 관심을 보인 보험사는 로이드사였는데 로이드는 프랭크에게 그 임무를 아무런 문제없이 훌륭하게 수행할 수 있는 경험이 있는 두 명의 조종사를 찾을 것을 요구했다. 수십 번 통화 끝에 프랭크는 유명한 조종사인 클레이 레이시와 영국의 남극 탐사팀을 위해 비행하였고, 세계에서 누구보다 많은 거의 5,000시간의 남극 비행 시간을 기록하고 있는 자일스 커쇼를 찾아 동의를 얻었다.

이 문제가 해결되자 칠레 공군으로부터 전화가 왔다. 국제 동(銅) 가격이 곤두박질쳐 국가 경제가 불경기여서 남극 프로그램을 취소할 것이며 아울러 연료 공수 계획도 취소한다고 통보해 왔다. 프랭크가 그러면 모든 비용

프랭크 웰스(오른쪽:워너브러더스 사장, 50세)와 딕 배스(왼쪽:달라스 석유회사 사장, 50세)가 7대륙 최고봉(Seven Summits)등정 계획의 첫번째 목표를 이룬 것을 기념하여. 그들은 50세 동년배로 사회적 지위를 벗어나 너무 인간적이었으며 산에 대한 열정은 대단하였다. (1983년 릭 리지웨이 촬영)

을 선불해주겠다고 제안해서 C - 130 연료 공수 비행은 계획대로 진행하기로 했다. 그런데 이때 노련한 조종사 클레이 레이시가 건강문제로 빠지겠다고 해서 보험 가입이 위태롭게 됐다. 프랭크는 자일스 커쇼를 주조종사로 승격시키고 다른 부조종사를 찾아서 로이드 보험사가 이 원정에 대한 보험 가입을 해주도록 설득했다.

그러던 중 포클랜드 전쟁(남극 대륙의 전진 기지인 이 섬의 영유권을 둘러싼 영국·아르헨티나 간의 75일간의 전쟁,영국의 승리로 끝났다)이 발발해서 당국은 자일스 커쇼가 영국인이라고 쓰리 터보의 비행을 거부했다. 커쇼는 프랭크에게 당국의 레이다망을 피해 해안을 벗어난 근해 파도 위를 저공 비행하겠다고 했다.

이때 나의 몸무게는 9킬로그램 이상 빠졌고 다리는 아직도 열기 때문에 아주 짧은 거리밖에 못 걸었다. 하지만 나는 이 사실을 프랭크에게 말하지 않았고 6주 정도면 정상 컨디션을 되찾는 데 충분할 것이라고는 생각했다.

만약 내가 남극의 빈슨을 탐험할 수 있는 이번 기회를 놓친다면 기회는 영원히 오지 않을 것이라고 생각했다. 또 한편으로는 전화 한통이면 참가를 열망하는 유능한 클라이머들이 줄을 설 것인데 지금 내형편으로 프랭크이기 때문에 가능해진 남극의 빈슨으로 가는 비행기의 어려운 좌석 한 자리를 차지한다는 것은 프랭크와 딕에게 미안한 일이라고도 생각했다.

아내는 비행기 좌석이나 기회가 문제가 아니라 프랭크와 딕에 대한 약속을 지키는 것이 더 중요하다고 내게 말했다. 나는 조깅부터 시작해서 다리의 화기를 극복하고 걸을 수 있을 때까지 나를 밀어붙이기로 했다. 달리고 또 걷고 하면서 한때는 프랭크에게 전화해서 빠지겠다고 말하려고 하기도 했다. 여러 달 나가 있었기 때문에 이제 한 살이 된 나의 딸과 함께 있고 싶은 소망도 간절했다. 지난 여행에서 돌아왔더니 딸애는 날 알아보지 못해서, 조나단도 그의 딸 아시아에게서 똑같은 경험을 한 적이 있다고 내게 말해 준 것이 기억났다.

나는 마음의 눈으로 남극의 만년설과 먼 수평선 위로 꽁꽁 얼어붙은 남극 빙하의 바다 위에 섬처럼 떠오른 엘스워스(미국의 남극 탐험가, 1880~1951)가 이름붙인 '믿음과 희망'의 마운틴, 엘스워스 산맥을 보았다.

그리고 다시 힘을 내어 달리고 또 달리기 시작했다.

8

"발은 좀 어떠냐?" 아시아에게 물었다.

"쓰라리지만 괜찮아질 거예요."

"그래야지."

나는 16킬로그램의 배낭을 멨고 아시아는 배낭을 잡으려고 몸을 숙이는데 다와가 팔을 끼우기 쉽도록 도와 줬다.

"고마워요, 다와." 그녀는 말했다.

"식량은 충분한가요?" 다와가 물었다.

"충분하고 말고. 이틀이면 갔다올 텐데 뭘." 내가 대답했다.

우리는 손을 흔들었고 다와는 행운을 빌면서 조심하라고 했다. 텐트를 치기로 마음먹은 정상 능선까지는 6시간 정도 걸렸다. 능선에 도착해서 주위를 살펴보았다. 서쪽에서 차가운 바람이 불어왔다. 바람이 강해져서 능선에서 조금 아래로 비껴서 걸어야 했지만 주위를 살피기 위해 몇 분마다 한 번씩 능선 위를 올랐다.

"발은 아직 괜찮아?" 내가 물었다.

"네."

"천식은?"

"목이 약간 아프긴 한데 그렇게 심하진 않아요."

"쉬고 싶니?"

"네, 잠깐 쉬었다 가요."

우리는 양들이 풀을 뜯어먹은 자리에 쉬었다.

"가축들이 뜯어먹을 풀이 이렇게 부족한 곳까지 유목민도 올라올 리는 없었지. 그래서 이곳에는 아무도 발을 들여놓지 않았어. 탐험가들이 20세기 초에 처음 이곳을 둘러보았을 때 사람이 살지는 않은 것 같았대. 샐러는 이곳의 동쪽 지방 초기 신석기 거주지에서 나오는 타제석기가 나오는 유적지를 발견했지만 이쪽에서는 아무 것도 발견되지 않았다고 보고했어. 그렇다면 아마 우리가 이곳을 지나는 첫 인류일 가능성이 많아."

"이곳을 지난다는 것이 정말 큰 행운이네요"

내가 책을 보고 이야기한 문화인류학적인 견해에 대한 반응으로는 의외였다. 하지만 그녀의 마음 속에는 딴 생각이 있는 듯 잠시 후에 말했다.

"이런 곳에 아빠도 같이 있었으면 좋았을 텐데."

무슨 말을 해야 좋을지 몰라서 잠시 침묵을 지키고 있었다.

"아마 너의 아빠도 여기 우리를 지켜보면서 매우 흐뭇해 할 거야." 내가 위로하듯 말했다.

그녀는 아무런 대답도 하지 않았으며 지금 느끼고 있는 마음속의 허전함을 채우는데 아무런 도움이 안 되었다. 그녀의 어깨를 잠시 감싸주고는 다시 걸었다. 한 시간 뒤에 바위가 바람을 막아 주어서 텐트를 치기에 적당한 곳을 발견했다. 내가 원했던 것보다는 낮은 위치였지만 바람을 막을 수 있는 장소로는 아주 좋았다. 곰의 흔적은 보이지 않았지만, 딱 맞게 넣어온 우리 식량 가방만은 건드리지 않기를 바랐다.

우리는 작은 버너에 불을 붙여서 눈을 녹인 다음 그 물에 냉동 치즈 마카로니를 봉지째 넣고 데웠다. 식사를 하고 나서 차를 끓여 마시고, 작은 텐트 안에서 나란히 슬리핑 백 속에서 팔꿈치를 괴고 누워 바깥을 바라보니 더 이상 행복스러울 수 없었다. 산맥의 남쪽 줄기와 아루 분지 아래 있는 호수의 한쪽이 눈에 들어왔다. 날개 길이가 1~1.5미터쯤 되어보이는 히말라야 독수리 한마리가 우리 캠프 쪽으로 날아오다가 바람을 타고 솟아올라 우리 텐트 위에 몇 분 동안 맴돌고 있었다. 서쪽 하늘에 석양이 구름 위에 상서로운 기운을 드리우고 남쪽 봉우리의 만년설도 핑크빛으로 물들고 있다. 바람이 잦아들면서 크리스탈 마운틴에 울려퍼지는 외로운 늑대의 울부짖는 소리가 계곡에서 들려 왔다.

나는 서부 티베트 고산 지대에서 본 이 풍광을 평생 가슴 속에 간직하게 될 것이다. 마찬가지로 아시아의 기억속에도 영원히 지워지지 않으리라는 것을 확신한다. 광활하게 펼쳐진 이 티베트 고원은 우리 뿐만 아니라 이곳을 찾은 사람의 기억속에 영원히 남을 것이다.

나는 프랭크와 딕과 함께 구형 DC-3기를 타고 남극 내륙을 처음 보았을 때의 그 만년설의 장관을 아직도 생생하게 떠올릴 수 있다. 그때 K2에서 우연히 마주친 뒤로 다시 만나지 못했던 크리스 보닝턴도 우리와 함께 있었는데, 우리 모두 조종사의 어깨너머로 새로 펼쳐지는 신비의 전경을 서로 먼저 보려고 다투어 조종실로 들락거렸다.

우리는 미국인 남극 탐험가 링컨 엘스워스가 '믿음과 희망'의 마운틴 이라고 명명한 엘스워스 산맥들을 지나쳤다. 우리는 링컨이 1935년 최초로 남극 횡단 비행을 할 때 루트를 따라가고 있었다. 그는 지금 쓰리 터보 창문 밖으로 보이는 땅을 본 첫 번째 사람이었다. 이 비행기가 엘스워스의 모험이 있은 지 7년 후에 만들어졌다는 것은 그의 비행이 우리의 비행과 어떤 연관이 있는 듯 보이게 한다. 하지만 거기에는 중요한 차이점이 하나 있다. 지금 우리의 장비로는 날씨가 크게 장애가 되지 않았지만 그당시 엘스워스의 경우는 날씨가 급변하면 착륙해서 날씨가 좋아질 때까지 기다려야 했다. 지금 자일스는 ONC 차트만 참조하면 최고 봉우리 위로 고도를 유지하면서 비행을 할 수 있지만 1935년 엘스워스에게는 ONC 차트가 없었다. 따라서 만약 그가 고도를 9,000미터로 유지했더라도 에베레스트보다 더 높은 산이 그의 앞에 놓여 있는지 없는지 알 길이 없었다.

오늘날 살아 있는 사람들은 대부분 우리가 학교에서 배웠듯이 15세기 포르투갈 탐험가들에 의해 시작되어 20세기 중반 링컨 엘스워스의 비행으로 끝난 탐험의 시대에 살아온 청소년이었다. 포르투갈 사람들이 매일 수평선 위에서 어떤 신비의 땅이나 동화속의 섬이 계속 떠오르기를 바라면서 미지의 바다로 바다로 모험했듯이, 엘스워스도 아래는 하얗고 위는 파란 먼 수평선을 향해 비행하면서 저멀리서 높은 산들이 계속 솟아 올라 가장 높이 떠 있는 구름보다도 더 높은데 솟아 있다는 올림포스(그리스 최고봉, 2.917미터로 그리스 12신이 살았다는 전설의 산)가 다가올 때까지 날아 갔을 것이다.

"저기 보이네요." 하며 이때 커쇼가 전방을 가리키며 말했다.

우리는 얼어붙은 바다 위의 섬같이 울퉁불퉁 솟아오른 산봉우리들을 찾아 낼 수 있었다. 남극 대륙에서 가장 높은 산맥으로 그의 이름을 따서 명명된 이 산의 모습은 엘스워스가 1935년에 본 그대로였다.

좀 더 날아 빈슨 메시프에 가까이 접근하자 그 장엄한 모습이 시야에 들어왔다. 커쇼가 비행기 동체를 기울여 주어서 우리는 좀 더 자세히 그 전경을 볼 수 있었다.

"저 꼭대기로 올라가야 될 것 같은데." 보닝톤이 말했다.

"쉬어 보여."

나는 높이가 5.000미터나 되고, 남극에서 1.100킬로미터 떨어졌다는 사실을 비행기 속에서 순간적으로 잊고 한마디 했다. 우리는 빈슨의 베이스에서 2-3킬로미터 정도 떨어진 것으로 생각한 거친 빙하 지역에 착륙했다. 하지만 우리는 거리를 착각했다.

커쇼가 우리의 위치를 삼각 측정해 보니 빈슨에서 8킬로미터 이상 떨어져 있었다. 우리는 비행기 날개를 묶고 텐트를 쳤다. 그리고 나서 6시간쯤 잔 다음 아침을 먹고, 식량과 연료 그리고 장비를 110킬로그램씩 실은 썰매를 두 개 꾸린 다음 세 사람이 썰매 하나씩을 끌고 빈슨의 베이스 지역으로 출발했다. 경사가 완만하기는 했지만 강풍으로 인하여 30~50cm 높이로 얼음이 솟아오른 빙하 능선을 썰매를 끌며 가로지른다는 것은 쉬운 일이 아니었다.

프랭크와 딕도 같이 짐을 끌었다. 첫 번째 캠프를 설치한 다음에 슬리핑 백 속에 들어가 6시간 정도 잔 다음 식사를 하였다.

이곳 남극은 24시간 동안 해가 떠 있어서 시차나 밤과 낮의 구분 등 신체적으로 적응하기가 무척 힘들긴 했지만 또 그런 반면에 언제든지 일어나 돌아다닐 수 있는 환상적인 즐거움을 동시에 주었다. 우리는 빈슨과 인근 봉우리 사이의 고원지대로 가는 빙하 협곡으로 올라가기로 하였다.

좁은 빙벽 베이스에 2차 캠프를 세웠다. 보닝턴은 텐트로 지탱하기에 너무 강한 바람이 불 경우에 피할 수 있는 대피소를 별도로 파야한다고 주장했다. 대피소를 마련 식량을 숨겨둔 다음 아래의 캠프로 되돌아왔다. 우리는 수평으로 뻗은 만년설을 볼 수 있을 정도의 높이에 있었다. 멀리 작은 피라미드 봉우리가 보였다. 웰컴 누나탁(지질적으로 빙하로 완전히 둘러 싸인 암봉)봉이었는데 가까워 보였지만 지도를 보니 65킬로미터쯤 떨어져 있었다. 그러면 지평선은 얼마나 멀까. 250킬로미터? 300킬로미터?

다음 날 우리는 협곡으로 보급품을 더 나른 후 캠프 2에 머물렀다. 일어나니 맑은 하늘이 암울한 새털구름으로 바뀌어 있었다. 우리는 폭풍이 몰아칠까 봐 기다렸지만 별다른 변화가 없어서 다음 캠프로 이동을 감행하기로 결정했는데, 퇴각할 수 있는 대피소가 있다는 사실에 조금은 마음이 놓였다.

우리는 몇 시간 자고 정상 공격 캠프에 필요한 모든 것을 한 썰매에 싣고 다음날 아침 6시에 출발했다. 운이 따른다면 앞으로 20~30시간 이내에 정상에 도착할 수 있을 것이다. 능선에 햇빛이 가리고 건너편 산그림자가 드리우자 기온이 약 영하 30도 정도로 급락했다. 오리털 파카를 입기 위해 멈춰 섰으나 급강하된 온도 차이는 아주 위험하다고 생각됐다. 더욱이 크레바스에 빠진다면 스스로 헤쳐나오기도 전에 동상에 걸릴 수도 있을 것이다. 다행히 30분 후 다시 햇빛이 비쳐 상황이 호전되었다. 우리는 곧 빈슨의 깎아지른 서벽 밑에 도착했다.

"캠프치기 좋은 곳이야." 내가 말했다.

"그러나 캠프치기 좋은 곳은 폭풍에 시달리기 쉬운 곳이기도 하지." 하고 크리스가 충고를 해주었다.

"날씨가 맑아져 모든 게 좋아질 것 같은데." 딕이 말했다.

캠프를 다 치고 식사를 하고 나니 새벽 2시쯤이었는데 몇 시간 이내에 정상에 올라갈 수 있을 것이라고 모두들 자신했다. 새벽 6시에 일어나 옷과 간식만 챙겨서 9시에 출발했다. 능선을 따라가며 2,500미터 아래 장엄하게 펼쳐진 만년설을 볼 수 있었다. 뒤로는 엘스워스의 연봉들이 별천지 같은 극지의 풍경 속에 얼어붙은 군도처럼 이어져 있었다.

"내 일생 지금까지의 등반 중 가장 잊을 수 없는 환상적인 모습이야." 크리스가 말했다.

그때 나는 바람이 불어오는 것을 느꼈다. 미풍에 불과했지만 얼굴을 따끔하게 했다. 잠시 고요해졌다가 다시 강한 바람이 일었다. 시속 20, 30, 40 킬로미터로 점점 거세지기 시작했다. 바람을 안고 허리를 숙이고 걸으면서 가끔씩 코스를 확인하기 위해 고개를 들었다. 몇 백 미터만 더 가면 정상으로 오르는 능선 아래의 골짜기에 도착할 것이다. 하지만 강풍 때문에 거기에서 물러서야 할지도 모른다. 다른 사람들을 살펴보았더니 단단한 표면에 날리는 눈보라 속에서 희미하게 보였다.

나는 파카 모자의 줄을 조이기 위해 멈춰 섰다. 크리스에게 도와 달라고 손짓했다. 그가 끈을 매주는 동안 다른 사람들이 따라잡아서 함께 잠시 동안 쉬었다. 너무 추워서 앉을 수도 그 자리에 서 있을 수도 없었다. 손가락 발가락 끝에 피를 순환시키기 위해 팔을 이리저리 흔들고 발을 동동 구르면서 빙빙 돌았다. 프랭크가 얼굴이 불편하여 고글을 닦아보려고 마스크를 내렸다.

"어디 코를 봐요." 크리스가 바람 소리보다 크게 고함을 질렀다.

"괜찮아 보여?"

"완전히 하얗게 변했어. 이건 1급 동상이야. 안돼. 되돌아가야겠어."

프랭크는 곰곰이 생각했다. 그가 내려간다면 다른 사람들은 계속 올라가서 성공할 텐데, 그렇게 되면 프랭크와 함께 2차 시도를 할 사람이 아무도 없게 된다. 그러나 딕이라도 성공하면 적어도 두 사람 중에 한 사람은 성공한 셈이다. 따라서 무리하게 코를 잃을 위험을 감수할 필요는 없다.

"그래. 좋아. 난 내려갈게."

"누가 같이 내려가야 될 텐데."

우리의 카메라 맨 마츠도 되돌아가겠다고 말했다. 프랭크는 한번 더 시도해 볼 기회가 생겼다고 생각했다.

"프랭크가 되돌아가면 나도 되돌아가겠어." 딕이 소리쳤다.

"무슨 소리야?" 크리스가 물었다.

"이 일은 프랭크와 함께 오르는데 그 뜻이 있어."

"자네는 올라. 또다시 기회는 없을 거야." 프랭크가 고함을 쳤다.

"싸우다가……도망가는 사람." 딕은 숨을 몰아쉬며 폴스타프(셰익스피어의 『헨리 4세』에 나오는 쾌활하고 재치있는 뚱뚱보 기사)의 대사를 인용하면서 고함을 질렀다.

"다음 날에……싸우기 위해 살지만…… 전투에서 죽은 자는……다시 싸우기 위해 일어나지 못하리."

"딕, 유식한 척은 하면서 경솔하게 굴지 마." 프랭크가 소리쳤다.

"어찌된 게……자넨 항상 그런 식으로 말하나. 이런 등반에서……. 또다시 기회는 없다고……."

"나도 내려가겠어요." 나도 소리쳤다.

"바보같은 소리." 프랭크가 나무랐다.

"자네는 보닝톤과 함께 올라가라고, 더 이상 왈가왈부하지 말고." 이 말에 아무도 토를 달지 않았다. 프랭크가 최종 결정권자처럼 말하면서 상황은 종결됐다. 다른 사람들은 아래로 내려가고 크리스와 나는 머리를 숙이고 정상을 향해 계속 올라갔다. 한 시간 뒤에 우리는 능선 위 좀 움푹 파진 곳에 도착해서 세차게 몰아치는 강풍을 피했다.

이때 나는 고글이 침침하여 닦으려다 실수를 저질렀는데, 고글을 얼굴에서 잡아떼는 순간 급작스런 온도 차이로 플라스틱 렌즈가 휘어지고 말았다. 설상가상으로 렌즈에 얼음이 너무 두텁게 끼어 크리스의 희미한 등산화 자국만을 보고 따라 오를 수밖에 없었다. 몇 분마다 다시 끼는 얼음을 닦기 위해 멈추어 서야 했다. 서서 로프로 확보해 줄 시간을 가질 수 없었기 때문에 로프를 풀기로 합의했다. 이제부터 자기 안전은 각자가 스스로 챙겨야 한다는 암묵적 합의였다. 기온은 영하 30~40도쯤 되었는데 바람은 계속 강하게 몰아쳐 시속 100킬로미터 정도로 날려갈 것 같았다. 체감 온도는 그 몇 배였다. 찬 바람에 온몸이 완전히 얼어붙었다. 그렇다면 체감 온도는 영하 100도? 온도계와 풍속이 어찌 됐건 살인적이었다.

크리스가 걸음을 멈추었다. 그리고 나를 향해 돌아섰다.

"지금까지의 등반 중 최악이야." 그가 말했다.

크리스는 다시 몸을 돌려 계속 가고 나는 고글을 닦기 위해 다시 멈추었다가 따라잡느라고 애를 썼다. 머리가 어지러워서 균형을 잃었다. 장티푸스 탓인가? 쳐다보았더니 크리스는 보이지 않았다. 양쪽 다 가파른 절벽이다. 나는 고글을 벗기로 했다. 나는 첫번째 암벽에 올라가 발디딜 곳과 손잡을 곳을 테스트해 보았다. 여전히 어지러웠다. 내려다보니 수백 미터 낭떠러지였다. 바위에 웅크리고 앉아서 곰곰히 생각해 보았다. 계속 가다가는 미끄러져 떨어질 확률이 많았다. 이런 추위에 조금만 추락해도 목숨을 잃을 수 있다. 아내의 얼굴이 떠올랐다. 이어서 정원을 거닐며 빈 나뭇가지를 우두커니 바라볼 딸 아이의 모습을 그려 봤다. 나는 폭풍과 강추위에 떨면서 내려가든 올라가든 바로 움직여야 한다고 생각했다.

눈을 비비고 머리를 흔들었지만 어지럼증은 여전했다. 마지막 암벽을 지나서 정상 슬로프를 향해 가고 있는 크리스가 눈에 들어왔다. 다시 곰곰히 생각해 보았다. 되돌아가야 한다고 생각했다. 이미 장티푸스로 거의 죽을 뻔하지 않았던가. 이곳은 더 이상 고집을 부려 밀어붙일 수 있는 곳이 아니다. 일어서서 크리스에게 손을 흔들어 보았지만 그는 나를 보고 있지 않았다. 더 생각해보지 않고 뒤돌아 내려오기 시작했다.

조금 내려오다 다시 한번 멈춰 정상 쪽을 돌아보았다. 크리스는 어디쯤 있지? 그가 보였다. 외로운 빨간 하나의 점으로. 그는 정상에 서 있었다. 남극대륙 최고봉의 정상에 섰다.

나는 억지로 미소지으며 그래도 나의 올바른 결정에 대해 후회하지 않았다. 캠프로 돌아온 크리스는 녹초가 된 듯했다. 차를 끓여 주었지만 수염에 얼음이 너무 많이 붙어 있어서 컵을 입에 갖다 댈 수 없었다. K2에서 루의 수염에 붙은 얼음을 떼어 냈던 일이 생각나서 좀 더 주의를 기울여 나이프로 얼음 덩어리를 조심스레 잘랐다. 차를 한모금 마시고 나더니 크리스는 기운을 차렸다.

"올라가 보니 환상적이었어요. 웨델해 쪽으로 멀리까지 볼 수 있었는데 아주 무시무시한 구름이 이쪽으로 몰려오고 있었어. 짐을 꾸려서 재빨리 이곳을 빠져나가야 할 것 같아요. 대피소로 내려가죠." 그가 말했다.

"다음 시도는 어떻게 하지?" 프랭크가 물었다.

"여기까지 다시 올라와야 하잖아?"

"여기서 강풍의 위험에 빠지는 것보다는 낫죠. 강풍이 텐트들을 산산조각 낼 수 있어요."

잠시 침묵이 흘렀다. 크리스는 프랭크의 얼굴에서 동의하지 않는다는 표정을 읽었다.

"프랭크! 등반은 어떠한 조그마한 거짓도 용납되지 않은 진실 게임 그 자체예요. 나를 믿어요. 오랜 경험을 통해 내가 알아요."

"크리스의 말이 맞아요. 위험을 무릅쓸 수는 없어요." 내가 말했다.

"동의하지 않지만 그 의견에 따라야겠군." 프랭크가 말했다.

"리더들의 말을 따라야 하는 거야. 기회는 또다시 있을 것으로 확신해." 딕이 말했다.

빈슨에 온 지 일주일이 지났지만, 이곳은 해가 떠 있을 때 잠자리에 들고 일어나는 것이 여전히 이상하게 느껴졌다. 봉우리 위에는 폭풍이 계속 불고 있었고, 우리는 그 다음 12시간을 텐트에 앉아서 이야기를 나누면서 보내다가 자정 무렵에 잠자리에 들었다.

일어나니 다음날 정오가 지나 있었다. 구름이 열어지면서 정상 쪽에 바람이 잦아들고 있는 것 같았다.

"잠시 기다리면서 확실하게 바람이 자는 것인지 확인하지." 프랭크가 다시 등반에 의욕을 보이면서 말했다.

"새벽 3시까지 기다리는 것이 좋을 거야. 그래야 가장 해가 높게 비치는 시간이 많을 때 등반을 할 수 있을 테니까." 딕이 한마디 했다.

해가 24시간 떠 있어도 낮 시간이 더 따뜻하다는 것을 알았기 때문에 낮에 등반을 해야 한다는 딕의 의견에 모두 동의했다. 우리는 또한 날씨가 좋아진 시간을 최대한 활용하기 위해 현재 캠프에서 정상으로 바로 오르기로 결정하고 다시 잠자리에 들어 새벽 3시에 일어났지만 구름이 캠프 위의 능선 위로 빠르게 움직였다. 6시경에 구름이 잠잠해져서 이 기회를 이용하여 올라갔다. 나는 이제 고도 적응이 되어서 지난 번보다 훨씬 기운이 좋았으나 다시 구름이 일기 시작했다. 그래도 꾸준히 올라갔지만 위의 캠프에 도착할 무렵 또 다른 폭풍이 몰려 왔다. 우리는 한번 더 물러났다.

폭풍이 하루 반나절 이상이나 계속되자 먹고 자기만 하여 지루하던 차에 프랭크와 딕은 그 와중에서도 키플링(인도태생의 영국 Nobel문학상 수상 시인. 1865~1936)과 테니슨(영국의 계관 시인, 1809~1892)의 시를 복사해온 것을 낭송하는 것과 로버트 서비스(영국태생의 캐나다 시인, 캐나다의 Kipling이라고 불렸슴, 1874~1958)의 시를 암송하는 초로의 여유와 멋을 즐겼다.

우리는 프랭크가 한번에 정상까지 올라갈 수 있을지에 대한 의문이 있었지만 중간 캠프 없이 곧장 정상으로 오르기를 희망했다. 그러나 중간 캠프를 설치하는 것이 만약에 대비해 옳다는 의견도 나왔다.

"하지만 그건 시간이 더 걸려. 좋은 날씨가 그래 오래 가지 않아." 내가 반박했다.

"그러면 당신과 딕은 정상으로 바로 가고 마츠와 나는 천천히 가서 캠프 2를 설치하는 것이 어떨까?" 하고 프랭크가 말했다.

우리는 이 방법이 성공할 확률도 높이고 프랭크에게도 정상에 오를 기회를 줄 수 있다는데 뜻을 모았다. 그날 오후 4시에 날씨가 다시 좋아지고 있어서 딕과 나는 배낭을 메고 출발했다. 24시간 중에 가장 추운 시간에 정상을 오르게 될 것이다. 처음에 몇 시간 동안은 따뜻한 햇빛을 받아서 편안했다. 우리는 캠프 2에 제시간에 도착하여 프랭크와 그의 파트너를 위해 지고 온 일부 장비를 내려놓았다. 해가 천천히 빈슨 정상 뒤로 들어가서 우리는 두꺼운 산 그림자 속에서 올라야 했다. 기온이 영하 40도, 영하 50도로 뚝뚝 떨어졌다. 우리는 딕이 배낭에서 물병을 꺼낼 때까지 쉬지 않고 6시간을 올랐다. 물병에 뜨거운 물을 채우고 보온주머니에 넣긴 했지만 꽁꽁 얼어 있었다. 나의 캔디 바도 얼어서 마치 강철 토막처럼 느껴졌다.

"발가락과 손가락에 감각이 없어." 딕이 먼저 말했다.

"모두 마찬가지예요."

우리는 팔을 흔들고 발을 동동 구르면서 계속 빙글빙글 돌았다.

파카의 겹친 부분으로 파고드는 추위가 하도 매서워서 바늘로 콕콕 찌르는 것 같았다.

"쉬는 것도 힘들어요. 그냥 계속 가죠." 내가 말했다.

이제 한밤중이다. 우리는 8시간 동안 두 번 잠깐 쉬고는 계속 올랐다.

아직 딕은 내 뒤에 바짝 따라오지만 내가 50세가 넘었을 때 저만큼 할 수 있을까 하는 생각이 들었다. 이제는 시야도 좋고 고글도 잘 보여서 정상을 향해 우회할 수 있는 쉬운 루트도 보였다. 딕은 내 뒤에 붙어서 꾸준히 올라오고 있었다.

"딕, 이제 10미터만 더 가면 가장 추운 대륙의 최고봉 정상에 서게 될 겁니다."라고 내가 말하자,

"농담하는 거냐?"하면서 딕이 되받았다.

딕과 팔을 붙잡고 정상까지 한 걸음 한 걸음 옮겼다.

"진담이에요. 딕, 드디어 우리는 모든 어려움을 뚫고 해냈어요."하고 우리는 정상에 섰다.

우리는 한참 동안 서로 꼭 껴안고 있었는데, 기뻐서 그랬는지 얼어죽을까 봐 그랬는지 잘 모르겠다. 그 추위 속에서도 눈물이 난 걸로 봐서는 기쁨에 겨워 그런 것 같았다. 그런데 눈물이 얼어서 눈썹이 얼어붙어버리는 바람에 앞을 볼 수 없는 큰 문제가 발생했다.

"눈을 감고 있으면 속눈썹이 얼어서 앞을 볼 수 없게 돼."

그래서 모두 아무리 강풍이 몰아쳐도 눈을 감을 수 없었다. 하늘은 맑고 차가운 푸른색이었고 엘스워스 산맥 전경이 마치 진공관에 가둔 것처럼 한눈에 들어왔다. 빙하와 하늘 사이에 희미하지만 명확하게 구분되는 남극 정상에서만 볼 수 있는 수평선을 바라보았다. 공기는 너무 맑고 시야가 탁 트여 있어서 지구가 둥글다는 것을 확실히 쉽게 알 수 있었다. 언젠가 우리 아이들에게 이 이야기를 해주어야지 하고 생각했다.

옛사람들이 내가 서 있는 이곳에 일찍 서 보았다면 지구가 둥글다 또는 둥글지 않다는 논쟁이나 재판을 하지 않아도 되었을 것을.

"아저씨, 일어나세요." 아시아가 말했다.

"무슨 일이야?"

"곰이에요. 텐트 밖에. 이상한 소리가 들려요." 그녀가 속삭였다.

"뭐가 들린다고?"

"깊게 내뿜는 소리예요. 아주 깊은 소리예요, 누가 소리내는지 아주 커요. 두 번이나 들렸어요."

나는 슬리핑 백에서 빠져나와 맨발로 밖으로 나갔다. 별을 보니 새벽 3시쯤 되었다. 그믐달과 별빛 덕분에 몇 백 미터쯤은 볼 수 있었다. 나는 우리 텐트 위에서 곰을 보면 어떻게 할까를 생각했다. 땅바닥에 엎드려 죽은 듯이 있다가 공격하는 순간에는 몸을 웅크려서 머리와 목을 보호해야겠다고 마음먹었다. 하지만 아무 것도 보이지 않아서 텐트로 돌아왔다.

"잘못 들은 게 아니라고요."

"물론."

둘 다 제대로 자지 못하고 두 시간 후 동이 트기 전에 버너에 불을 붙여서 차를 끓였다.

"몸이 안 좋아요. 머리도 아프고 어지러워요." 아시아가 말했다.

"이 정도 고도에서는 정상적인 거야. 나도 두통이 있으니 걱정하지 마라. 발에 물집은 어떠니?"

"거기는 괜찮은 것 같아요. 잠을 별로 자지 못했어요. 좁은 공간에서 무서웠어요."

"산행을 계속해낼 수 있겠니?"

"부딪쳐보겠어요."

차 두 잔을 만들었다. 차를 마시면 기분이 좋아질 것이라고 했다. 나는 오트밀 끓일 물을 만들기 위해 코펠에 눈을 더 집어넣었다. 30분 정도 지나자 햇빛이 비치며 남쪽으로 산맥들이 드러나기 시작했다. 아시아는 오트밀을 몇 스푼 떴다. 나는 그녀가 그것으로 아침 산행에 필요한 기운을 차릴 수 있기를 바랐다. 차를 다 마시고 옷을 입었다. 내발에 꼭 맞기 때문에 남극이나 히말라야 고봉에서도 늘 신고 다녔던 매우 오래된 등산화의 끈을 천천히 묶는 동안 아시아도 끈을 매고 있었다.

"양말은 두 켤레 겹쳐 신었니?" 내가 물었다.

"네. 두 켤레 신어야 발이 미끄러지지 않아요."

나는 자기 발에 맞는 좋은 등산화는 잘 보관할 가치가 있다고 생각한다. 이 등산화도 오랫동안 신었는데, 눈사태가 났을 때도 신고 있었고 죽어가는 조나단을 안고 있을 때도 신고 있었던 그 등산화라고 아시아에게 말해 줄까 속으로 생각했다.

해가 능선 위에 떠오르자 우리는 출발했다. 비스듬히 비치는 햇살이 눈 위의 바람 자국을 더욱 빛나게 하고 있었다. 등산화가 전혀 미끄러지지 않아서 크램폰 없이도 걷는데 어려움이 없었다. 마른 눈 위에 발자국 소리만 뽀드득뽀드득 들렸다. 경사가 가팔라지면서 나는 아시아에게 넘어져서 미끄러질 경우 아이스 엑스를 사용해 자기 확보를 어떻게 하는지 시범을 보여주기 위해 멈추어 섰다. 아시아는 아이스 엑스나 크램폰을 사용한 적은 없지만 정상으로 바로 올라 가는 긴 능선이 있기 때문에 이 봉우리를 선택했다. 능선 위에서는 눈사태 위험을 줄일 수 있을 뿐만 아니라 아시아가 넘어질 경우 로프로 그녀를 쉽게 잡아 줄 수 있기 때문이기도 했다. 하지만 그녀는 배우는데 아주 빠르기 때문에 그런 일이 발생하리라고 생각하지 않았다. 나는 그녀를 경사지에서 몇 번 넘어지게 해서 일단 미끄러지면 구르면서 멈출 때까지 아이스 엑스 끝을 눈에 박도록 했다.

"미끄러지면 어떻게든 아이스 엑스로 매달릴 수 있어야 한다."

"알겠어요."

우리는 계속 올라가 반 시간 뒤에 능선 마루턱에 도착했다. 바람이 불기 시작했지만 상태는 아직 나쁘지 않았다. 등산화에 크램폰을 채운 다음 다리 안쪽에 크램폰 발톱이 걸리지 않게 걷는 방법을 가르쳐 주었다.

우리는 로프로 연결하고 내가 앞에 서서 가다가 멈추고 아시아를 불러서 경사도에 따라서 발을 어떻게 디뎌야 하는지도 가르쳐 주었다. 로프를 느슨하게 하여 아시아가 따라올 수 있도록 했다. 일정한 페이스를 유지했지만 그녀에게 빨리 걸으라고 강요하지 않기 위해 로프가 팽팽해지지 않도록 신경을 썼다. 처음엔 발이 눈 속에 빠지기 시작하더니 종아리와 무릎까지 빠지면서 그런 염려는 안 해도 되었다. 다리에 너무 힘을 주면 등산화가 빠지기 때문에 조심스럽게 한 발을 눈구덩이에서 꺼내어 위로 올려서 다시 힘을 주어야 했다. 이렇게 눈을 헤치고 가다 보니 속도가 늦어져서 아시아가 따라오는데 아무런 문제가 없게 되었다.

"위를 보세요." 아시아가 소리쳤다.

고개를 들었더니 독수리 한 마리가 다시 나타나 바람을 타고 정상에서 맴돌고 있었다. 민야 콘카에서 눈사태가 나기 하루 전날 나는 이본과 조나단과 함께 사용하는 텐트의 문 쪽에 누워 있었는데, 우리 캠프 위로 선회하는 독수리가 보였었다. 우리는 해발 6,300미터 지점에 눈을 조금 치우고 텐트 자리를 잡았는데 독수리가 이런 고도에서 무엇을 찾고 있는지 그때는 아무도 짐작할 수 없었다. 다음날 아침 킴, 이본, 조나단과 나는 캠프 2를 설치할 때도 독수리가 다시 나타나 우리들의 머리 위를 맴돌며 지켜보고 있는 것이 눈에 들어왔던 일이 떠올랐다.

나는 심호흡을 하고나서 강한 기운을 느끼며 꾸준히 올랐다. 휴식을 취하기 위해서가 아니라 잠시 숨을 고르기 위해 잠깐 멈추었다. 북쪽으로는 눈덮힌 정상이 능선 아래로 내달리고 서쪽으로는 창탕 고원의 메마른 대지가 끝없이 펼쳐졌다. 밝은 빨간색 재킷을 입은 아시아는 고글을 쓴 채 나를 바라보며 눈을 반짝였다. 나도 노란색과 검정색의 등산복을 입고 있었다. 하지만 등산복으로 가려진 내 몸은 자세히 살펴보면 민야 콘카에서의 부상으로 인해 생긴 상처를 꿰맨 자국이 다리, 손, 팔과 옆구리에 여전히 남아 있다. 그러나 다행히 별다른 이상이 없어서 사고 이후에도 여전히 산을 오를 수 있다. 이제 더 이상 같이 산을 오르고 싶어도 오를 수 없는 조나단을 생각하며, 그의 딸 아시아를 물끄러미 바라본다. 나는 심호흡을 하고 이런 오지의 산 위에 지금 이 순간에 그의 딸과 함께 있을 수 있게 해준 인연에 감사함을 느꼈다. 산사태 이후 수시로 해보는 질문, 나는 살아 있는데 조나단은 왜 죽었는가를 자문해 본다. 나는 아시아가 올라오는 것을 지켜보면서 해답없는 질문이라는 것을 깨닫고, 매사에 감사하고 또 감사해야 한다고 생각했다.

"정상이……바로 위에 있다……. 로프를 다잡아……. 정상에는 코니스가 있을지도 모르니 조심 해."

나는 내려다보면서 아시아에게 바람결에 소리쳤다. 그녀는 알았다는 표시로 고개를 끄덕였고 나는 6미터 정도 위에 경사가 끝나며 코발트빛 하늘을 배경으로 하얀 스카이 라인을 그려 놓은 곳을 바라보았다. 바람이 강하게 불고 있었다. 그렇다면 내 시야에서 안 보이는 정상 너머에 코니스가 형성되어 있을 가능성이 높다. 나는 아시아에게 로프를 단단히 잡고 있으라고 하고 엎드려서 기어올라가기 시작했다. 나는 아이스 엑스를 손잡이 부분만 남을 때까지 깊숙이 박았다. 밑바닥이 단단한 느낌이 들어서 다시 1미터쯤 전진해서 아이스 엑스를 계속 꼽아보면서 언제 크레바스에 빠져서 낭떠러지로 떨어질지 모를 가능성을 철저히 경계했다. 3미터쯤 더 나가서 고개를 들어보니 몇 미터 떨어진 정상 아래로 내리막이 뻗어 있는 것이 보였다. 코니스는 없었다. 나는 일어서서 정상을 항해 몇 걸음 옮기고 나서 아시아가 올라오도록 로프를 잡아당겼다. 정상에서 그녀는 바람에 눈이 날아간 바위에 털썩 앉았다. 나는 점점 강해지는 강풍을 맞으며 똑바로 서 있기가 힘들어졌다.

"우리 손을 맞잡고 정상에 같이 한번 서보자구나." 하고 나는 소리를 질렀다.

그녀는 머리를 숙이고 잠시 기다리라는 손짓을 했다. 나는 그아이가 기운을 소진했거나 겁을 먹은 것은 아닌가 염려했다. 그녀는 움직이지 않았다. 그러다가 한 다리를 세우고 다른 발도 세워 간신히 일어서더니 머리를 들었다. 그녀는 활짝 웃으면서 아이스 엑스를 하늘로 처들고 스키 고글의 오렌지빛 렌즈를 통해 눈을 반짝이고 있었다. 우리는 서로를 항해 건들거리는 걸음을 떼면서 다가가 마침내 포옹을 하면서 정상에 섰다.

"이제 저 아래로 조금 내려가자." 나는 바람없는 내리막을 가리키면서 소리쳤다.

"뭐 좀 먹자구나."

우리는 작은 바위 밑 안전한 곳을 찾아서 배낭에서 에너지 바를 하나씩 꺼냈다. 우리 앞에는 아루 분지의 전경이 펼쳐졌다. 아루 분지의 청록색 유역과 북쪽으로 메마 호수가 보였다.

"저기가 우리가 전번에 갔던 곳이다."

나는 아시아와 함께 걸어서 돌았던 호수 부근을 가리키며 말했다. 호수 너머 동쪽으로 창탕 고원이 보였다. 이런 해발 고도에서 또 이렇게 맑은 대기에서는 300킬로미터 너머로 멀리 있는 지평선까지 시야에 들어왔다. 6,000미터 높이의 빙하로 뒤덮힌 산들이 섬처럼 솟아 있었다.

아시아는 사진을 몇 장 찍었고 나는 비디오 카메라로 주변의 산맥을 빼놓지 않고 모두 찍었다.

"정상에 선 너의 당당한 모습을 사진으로 담고 싶구나. 올라가서 재빨리 찍고 여기를 빠져나가자."라고 말했다.

우리가 정상으로 다시 올라가자 마자 바람이 몰아쳤다. 점점 강해지는데 시속 90~100킬로미터, 아니 그 이상의 속도로 부는 것 같았다. 서 있기가 힘들었고 아시아와 나는 강풍에 무릎을 꿇었다. 눈에 모래, 먼지 등이 섞여 너무 거칠어서 장갑 낀 손으로 바람을 막으면서 옆으로 볼 수밖에 없었다.

"내려가자……. 저 바위 너머로……그랬다가 되돌아오자."

나는 그녀가 우리가 올라왔던 길을 몇 미터 내려갔다가 정상으로 되돌아오기를 원했다.

"알았어요, 한번 해보죠."

그녀는 입술을 겨우 움직이며 말했다. 그녀는 내려서다가 그 자리에 서서 나를 바라보았다.

"내려가." 나는 고함을 질렀다.

그녀가 뭐라고 고함을 질렀지만 그녀의 말이 바람에 날려가 버렸다.

"내려가."

나는 손짓하면서 다시 소리를 질렀다. 그녀는 뒤돌아서 대답으로 머리와 손을 흔드는 것을 보고서야 나는 바람이 오르막 쪽으로 너무 세어서 내려갈 수 없고 입술로 보니 바람에 몸을 지탱할 수 없다는 것을 말하려고 한다는 것을 알았다. 나는 카메라를 배낭에 단단히 집어넣고 바위로 눌러놓은 다음 한 걸음 옮길 때마다 다리로 버티면서 그녀한테 걸어갔다.

우리는 힘들게 정상으로 되돌아와서 발을 딛는데 바람에 밀려 얼음 위에 미끄러져 넘어졌다. 그녀는 서려고 안간힘을 쓰면서 아이스 엑스를 머리 위로 흔들며 땅바닥에 다시 넘어졌다. 발로 다시 섰을 때 여전히 눈망울이 반짝이는 것이 보였다.

"아주 훌륭해……." 나는 소리 질렀다.

"이제…… 내려 가자."

한참 후 우리는 어렵게 텐트로 돌아와 차를 끓이기 위해 버너에 불을 붙였다.

"전 두렵지 않았어요." 아시아가 말했다.

"그 정도는 산에 오르면 일상적으로 일어나는 일이라고 생각했어요."

"항상 그렇게 바람이 세게 부는 것은 아니란다."

"아주 좋은 경험이었어요."

"그럼 너도 산악인이 될 거니?"

"뒤에 대답할게요."

그녀는 텐트 문 앞에서 등산화를 벗고 슬리핑 백 위에 누웠다.

눈을 녹여 물을 끓여 두 잔의 차를 만들었다. 아시아에게 컵을 건네면서 작은 눈 조각 하나를 넣었다.

아시아가 크리스탈 마운 틴에 있는 아무도 올라보 지 않았던, 아무도 알아 주지 않는 이름없는 봉우 리 정상에 서서.
그녀는 정상 위에서 얼음 에 미끄러지지 않으려고 안간힘을 쓰면서 한 손으 로 아이스 엑스를 하늘로 흔들고 있다.
아시아는 이번 여행에서 고통 속에서도 스스로 끝 까지 해내는 인내의 철학 을 배운다. (1999년 6 월 릭 리지웨이 촬영)

"있잖니, 아시아. 나는 너에게서 뭔가를 알아냈단다."

"뭔데요?"

"우리가 해온 육체적으로 힘든 모든 일들 말이야. 카일라스 코라의 돌자 갈밭의 험한 순례를 끝까지 마친 것이나, 아루 분지 호숫가를 스키 타고 간 것이나, 이제 저 크리스탈 마운틴의 이름 모를 봉우리 정상을 오르는 과정에서 네가 해낼 수 없다고 생각한 순간들을 이겨낸 것이나, 그렇지만 매번 너는 잘 해냈어. 네 나름대로 하나의 철학이 생겨났다고나 할까."

"할 수 없다고 생각하는 것 말인가요, 아니면 해내는 것 말인가요?"

"스스로 할 수 있을지 확신이 없다고 하면서도 어쨌든 너는 이제 끝내 해내는 네 나름대로의 하나의 철학이 생겼다는 거지." 하면서 나는 소리 내어 웃었다.

9

트럭을 세워둔 곳에 도착하기 직전에 존과 연락관이 바위에 앉아 우리를 기다리고 있는 모습이 보였다. 존은 지금은 날씨가 풀렸기 때문에 물이 불어난 시냇물에 갇히게 될까 걱정되어 트럭과 랜드 크루저를 계곡 밑으로 미리 빼놓았다고 했다. 아시아와 내가 그들을 따라서 협곡을 1.5킬로미터쯤 내려갔더니 세차게 흐르는 시냇물 옆 자갈밭에 세워져 있는 차들이 보였다. 우리는 잠시 쉬면서 점심을 먹었고 아시아와 내가 점심을 먹는 사이 존은 지도를 펼쳐 길을 살펴보고 있었다.

"두 개의 강물을 건너야 했는데 벌써 상당히 물이 불었던데요. 그리고 물이 더 불어나면 트럭이나 랜드 크루저도 빠져나갈 수 있을지 장담 못합니다."

"지금 떠나자는 얘기요?"

"그렇게 하는 게 현명할 것 같군요."

"열흘이나 걸려 힘들게 왔는데 겨우 또 가야 한다니."

"그렇긴 해요." 존이 이해가 된다는 듯 대답했다.

"하지만 빠져나가는데도 한 열흘은 걸릴 거예요. 더 걸릴 수도 있고요."

존은 내가 아루 지역에서 다른 봉우리 한두 개 더 오르기를 얼마나 원하는지 알고 있었다. 나는 모험을 해야 한다고 말하려다가 우선 아시아에게 어떻게 생각하는지를 물었다.

'모두들 좋을 대로 해야지요. 그렇지만 여기 갇히게 될 가능성도 있다니 말이예요."

존은 나에게 3~4일 후면 우리가 창탕의 남부 지역에 있는 또 다른 산맥을 지나게 될 텐데 아직도 사람들이 등반한 적이 없는 높은 산이 적어도 한두 개 더 있다고 말했다. 또한 산 중허리에 상태가 괜찮은 비포장도로가 나 있어서 날씨가 나빠져도 오도가도 못할 일은 없다고 했다.

"잠깐 생각할 말미를 주세요." 내가 말했다.

나는 존과 아시아의 신중함에 일리가 있다는 것을 안다. 그리고 오지를 여행할 때에는 항상 여유를 가지는 것이 중요하다고 생각했다. 존이 말한 산은 마음이 끌렸다. 그리고 존은 길 주변의 경치도 장관이라고 했다. 이 모든 것을 종합해 보면 여기서 더 시간을 보내지 못한다고 해서 아쉽다고 한 것이 조금 쑥스러 보였다.

"좋은 지적이야. 그럼 어서 이동합시다." 나는 미소 띤 얼굴로 고개를 끄덕이며 말했다.

한시간쯤 달리다가 뒤돌아보니 트럭도 조금 뒤처져 먼지를 일으키는 것으로 보아 제 속도를 유지하고 있는 것 같았다. 우리는 걸어서 건너야 할 두 개의 강을 모두 건넜다. 그리고 불어난 물이 랜드 크루저의 문짝까지 차는 것으로 보아 우리가 성급히 떠난 것이 아님이 분명했다.

"여기서부터는 좀 수월해요." 존이 강을 건널 때 말했다.

그의 말대로 그 지역은 경치가 뛰어났다. 옆으로 시커먼 소나기 구름이 빙하의 산들을 가로막았고, 앞에는 더 많은 소나기 구름이 스텝 지역에 몰려오고 있었다. 이 구름 사이로 햇살이 알록달록한 오색 빛깔을 내며 땅으로 내려앉고 있었다. 길에서 조금 떨어진 곳에서는 풀들이 스텝 지대를 연록색으로 물들였고 바로 옆에는 양지꽃이 활짝 피어 노란 꽃빛으로 군데군데 물들였다. 그러나 모든 풀과 꽃들도 척박한 고원 지대에서 춥고 거센 바람을 견디어 살아남기 위하여 키는 땅딸막하였다.

조금 지나자 멀리 소나기 구름이 스텝 지대 위에 엄청난 양의 비를 쏟아부으면서 앞쪽의 언덕 사이에 커튼이 드리운 듯했다. 존은 우리에게 이틀 전

같은 장소에서 그와 티베트 사람들이 1.5킬로미터 이상 자신들 옆을 무리 지어 달려오던 여우 떼들을 놀라게 해서 달아나게 했다고 했다. 지금은 한 쌍의 키앙이 우리 차 옆에서 차속도와 같은 속도로 달려가고 있었다. 그 녀석들의 발굽에서 규칙적으로 먼지가 피어오른다. 꿩 무리들이 날아오르 자 갈매기 소리 같은 울음소리가 열린 차창으로 들려 왔다. 한 쌍의 흰궁 둥이콩새가 날아올라 한 마리씩 우리 차의 양쪽으로 갈라져 날아갔다.

사방에는 치루들이 전설 속의 날아다니는 라마인 룽파처럼 떼를 지어 달린다. 치루들도 평원에서 속도를 낼수록 달리거나 날아다니는 것으로 보이지 않고 유령같이 흘러가는 듯했다.

소나기에 젖은 흙냄새가 땅에서 솟아오르고, 대지의 기쁨이 나를 휩쓸 어 머리에서 발끝까지 따스한 기운이 퍼졌다. 우리는 재미있게 갈라진 바 위 언덕을 지나갔는데 비구름이 걷히고 비스듬하게 다시 비추는 햇살에 용암임이 드러났다. 이곳은 마치 지구상이 아닌 어느 다른 곳의 풍경처럼 보였다. 우리는 늦은 오후의 따스한 햇빛의 향연을 지나 초저녁 노을 속으 로 들어갔다. 스텝 지대의 평평한 곳에 캠프를 세웠다. 고원 지대의 어둠 이 우리를 감쌌다. 비 온 뒤 밤 하늘의 별들은 더욱 밝게 빛났다.

아루를 떠난 이튿날 오후에 우리는 샤르 캉숨이라는 작은 빙하 산맥을 지나갔다. 대여섯 개의 봉우리들이 있는데 최고봉은 6,700미터 정도이다. 바람은 잠잠했고 이쪽 지평선에서 저쪽 지평선까지 하늘에는 구름 한 점 없다. 비포장도로는 산기슭을 따라 이어졌고 일부 봉우리는 아무도 오른 적이 없었다고 존은 다시 강조한다. 우리는 모든 등산 장비를 트럭 뒤에 싣고 있었지만 아무런 계획도 없었다.

"계획을 어떻게 세우고 계세요?" 아시아가 물었다.

"잘 모르겠다. 어떤 봉우리든지 접근하자면 빙하를 올라가야 하고, 적어 도 몇 번씩은 고도의 기술이 필요한 어려운 등반을 해야 할 것이야."

어떤 봉우리를 오르더라도 빙하를 거쳐야 하는데 아시아는 크레바스에 빠졌을 때 구조 기술에 대한 경험이 전혀 없었다. 더욱이 중간 확보물을 설치해야 할 가파른 구간에는 아시아를 힘들게 할 것이므로 신중에 신중을 기하지 않으면 안되었다.

"저는 한 봉우리 정도는 아무 곳이나 한번 더 올라 봤으면 해요." 아시아가 내 생각을 짐작하면서 말했다.

"아저씨하고 존은 높은 봉우리를 골라서 오르시고요."

"그렇지만 사실 등산은 깊이 생각해 볼 일이야. 여기서 바라보는 것만으로도 아주 좋지."

"그렇지만 날씨도 좋은데요?"

"안다."

"일부는 아무도 등반한 적이 없는 봉우리들이고요."

"알고 있어."

"제 생각엔 올라가고 싶어하실 것 같아요." 아시아가 말했다.

"아저씨가 날씨를 비롯한 모든 조건이 맞기를 얼마나 고대했는지 생각해보면요."

"민야 콘카에 점점 가까워 진다고 생각하니 마음이 이상해지는구나. 눈사태 이후 나는 얼마간 이것저것 생각해 보려고 등반을 중단했을 때처럼 그런 기분이구나." 하고 미소를 지으면서 말했다.

그날 오후, 우리는 수정처럼 맑은 물이 바위를 굽이쳐 흐르면서 햇살이 강하게 비치는 좁은 계곡에 캠프를 쳤다. 아시아와 나는 몸을 씻고 빨래를 한 후 오랜만에 복잡한 생각을 떨치고 잠시 쉬었다.

아시아는 머리를 말리며 물가에 앉아 있었고 나는 비오리 두 마리가 하류의 소용돌이치는 물웅덩이에서 우리를 쳐다보는 것을 지켜보았다. 나는 곁눈으로 움직임을 포착하고 고개를 돌려 깡닥새가 강가 바위에서 곤충을 사냥하는 모습을 정신없이 바라보고 있었다.

아시아와 내가 바위에서 빨래를 걷어들일 때쯤 해가 지고 기온이 뚝 떨어졌다. 손바닥을 바위에 댔더니 바위는 여전히 따뜻했다. 우리는 다와가 저녁 식사가 다 됐다고 소리칠 때에 딱 맞추어 텐트로 돌아갔다. 식당 텐트에서 다와는 활짝 미소를 지으며 음식을 건네고 자기의 솜씨에 대한 우리의 반응을 지켜보았다. 저녁을 먹은 후 아시아와 나는 텐트로 가서 일기를 쓰는 것으로 하루를 마감했다. 그런데 몇 분 후 아시아는 글을 쓰다 말고 일어나 지난밤 이상한 꿈을 꾸었다고 말했다.

"무슨 꿈인데?"

"아저씨랑 눈덮힌 넓은 평원을 걷고 있었어요. 아루 위쪽의 고개처럼 고원 지대에다 배경에는 산들이 있었어요. 앞쪽 산마루턱 눈 속에 누워 있는 듯한 어떤 물체가 보였어요. 무섭지가 않았어요. 전 그게 뭔지 금방 알았어요. 눈을 헤치고 그곳으로 걸어 올라가는데 너무 긴장한 나머지 잠에서 깼어요. 하지만 저는 누워 있는 게 바로 아버지라는 걸 알았어요."

나는 지금이야말로 그녀가 내게 아버지 무덤이 있는 곳으로 데려다 달라고 한 이후 줄곧 걱정해 온 점을 얘기해야 할 바로 그때라고 판단했다.

이야기하기가 망설여졌지만 우리가 민야 콘카에 도착하기 전에는 해야 할 얘기였다.

"있잖아, 아시아. 네가 지금부터 내가 하는 이야기를 잘 생각해서 들어야 할 것이 있어."

"뭔데요?"

"행여나 네 아버지가 거기 없을 수도 있어."

"그게 무슨 말씀이죠?"

"우리는 네 아버지를 눈사태가 멈추었던 비탈 바위턱에 틀림없이 묻었단다. 다시 말해서 바위턱이 떨어져나갔거나 또 눈사태가 나서 무덤을 쓸어갔을지도 몰라. 그동안 20년은 긴 세월이 흘렀어."

"아니요. 아버지는 틀림없이 거기 있을 거예요."

"그저 너의 아버지가 거기 없을 가능성도 고려해야 한다는 뜻이야."

"아버지는 틀림없이 거기 있어요. 지금까지 늘 아버지가 거기 있다고 생각하고 있었어요."

텐트가 희미하게 밝아지면서 고원 스텝 지대에 퍼지는 미명과 함께 나는 잠에서 깼다. 슬리핑 백의 지퍼를 열고 조심스럽게 바지를 입었다. 나는 사각 팬티를 입고 잤는데 매일 아침 슬리핑 백으로 가리고 옷을 입었다. 아시아는 옷을 갈아입어야 할 때마다 내가 텐트 밖으로 나가주기를 기다렸다. 내가 텐트 안에 다시 들어갈 때는 들어가도 좋은지 확인을 하는 버릇이 생겼다. 우리가 여행을 계획하고 있을 때 두 달 동안 함께 텐트를 쓰는 것이 어색할지 어떨지 확신이 없었지만 아무리 아버지와 딸같은 사이라도 두 사람 다 각자의 개인적 공간을 존중하게 되었다.

"잘 주무셨어요. 릭 아저씨!" 아시아는 잠에서 깨어 명랑하게 인사했다. 우리는 둘 다 슬리핑 백을 말고 깔판의 바람을 빼서 동여맨 후 짐을 꾸렸다. 그리고 식당 텐트로 가서 차를 마신 다음 아침을 먹었다. 그리고 다와 티베트 사람들이 나머지 텐트를 철거하는 것을 도와서 트럭 뒤에 실었다. 거의 매일 아침과 같이 그 과정은 1시간 남짓 걸렸다.

아시아, 존, 그리고 나는 매일 돌아가며 랜드 크루저의 앞뒤 좌석에 앉았는데 오늘은 내가 앞에 탈 차례였다. 우리는 창탕을 가로지르는 두 개의 주요 동서 간선도로 사이에 뻗은 비포장 도로를 달렸다.

도로 옆으로 연보라색 종 모양의 꽃들이 보이기 시작했다. 때로는 곁에 빈약한 잎이 있기도 하고 때로는 꽃송이 자체만 자갈 바닥에 뿌리를 내리고 있었다. 곳곳마다 이 꽃들이 너무나 많아서 결혼식 하객들이 꽃을 한 줌씩 뿌려놓고 지나간 자국처럼 보였다. 고원 지대에서만 볼 수 있는 마지막 축복이다.

비포장 도로를 터덜거리며 지나가는 동안 모두들 말이 없었고, 광활한 회색빛 평원에 꽃들이 흩뿌려진 광경을 보면서 지난밤 아시아와 나누었던 이야기가 떠올랐다.

아시아가 아버지의 무덤을 찾는다는 것이 그동안 살아오면서 마음속에 품고 있었던 허전함을 메울 수 있을 것이라는 착각을 한다고는 생각하지 않는다. 그러나 무덤이 거기 있다면 그녀는 적어도 환상이나 꿈이 아닌 자기 아버지와의 직접적인 연결고리를 갖게 될 것이다.

아시아가 아주 어린 꼬마였을 때 아버지가 있는 친구들과 그렇지 않은 자신의 차이점을 처음 느꼈던 이후로 지녔던 그녀의 마음속 생각을……. 그리고 만약 무덤이 거기 없다면, 그것을 받아드리도록 할 방법과 그녀 스스로 끝까지 찾아 보려고 할 텐데 뭐라고 달래주어야 할지 나는 확신이 서지 않았다.

우리는 두 개의 호수를 지났다. 첫번째는 염분이 든 청록색 호수였고, 두번째는 검은머리갈매기 떼들이 있는 것으로 보아 꽤 많은 물고기가 살고 있을 것 같은 푸른색 호수였다. 호수 뒤쪽 삼각뿔 모양의 봉우리 꼭대기에는 눈이 덮혀 있고 눈은 촛농처럼 흘러내렸다. 나는 스텝·호수·산·하늘로 구성된 장면을 촬영하기 위해 운전사에게 멈추어 달라고 했다. 이곳의 경치는 마치 온갖 천연 물감으로 염색을 한 것처럼 보였다.

사진을 찍고 호수 옆 풀밭에서 쉬면서 두번 다시 올 수 없는 이곳의 풍광을 즐기기로 했다. 샌드위치를 나누어 먹고 나서 일기장을 꺼내 자연의 아름다움을 일기로 썼다.

나는 처음으로 배를 타고 남태평양에 갔던 이후로 계속 일기를 써왔다. 만약 집에 불이 난다면 나는 제일 먼저 그 일기장들을 챙길 것이다. 그리고 가족 앨범과 조나단이 크리스랑 나와 함께 에베레스트의 아이스 폴 위에 멈추어 쉬면서 그날 아침 찍었던 우리 모두의 사인이 들어 있는 사진을 집을 것이다. 나는 매년 새로운 일기장으로 시작하고, 설날에 몇 시간을 내어 지난 해의 일기장을 훑어 보고서는 반성도 하고 고칠 필요가 있다고 판단되는 일들을 고치기 위해 비록 오래가지는 않드라도 새해의 결심을 한다. 몇 해 후에 오늘의 이 일기장을 다시 읽을 것이 벌써부터 기대된다.

여기에는 이 여행 뿐 아니라 내가 50평생 동안의 많은 일들이 쓰여져 있을 것이기 때문이다. 두 달이 넘는 이번 여행과 나의 쉰 살 생일을 기념하는 뜻있는 일이라 생각하였다.

내가 만난 쉰 살이 넘은 사람들은 모두 이처럼 적어도 얼마간의 시간을 내어 삶을 돌아볼 여유를 가졌다. 등반 친구들은 대개 자신들의 모든 능력을 시험해 보는 중년의 통과의례로서 모험에 나서는 것을 선택했다. 예를 들면, 이본은 50세가 되기 직전에 마젤란 해협 북쪽에 위치한, 사람들이 살지 않는 운하 지역을 등반하고 또 카약 여행팀을 조직했으며, 그 여행에서 우리 두 사람은 눈사태 때 만큼이나 인간의 한계를 경험했다.

가장 순수한 의미에서 중년의 통과의례로 모험을 선택한 예로는 당연히 프랭크와 딕의 7대륙 최고봉 등반이 압권이다. 딕은 사람들에게 자신과 프랭크의 예가 자극이 되어 50세 넘은 사람들이 "인생의 후반이 더 멋있고 좋은 시기가 될 수 있어야 하며, 또 그렇게 되어야 한다."는 사실을 깨달았으면 한다고 말하기를 좋아했다. 그는 또한 친구들에게 자신의 인생 배터리를 재충전하기 위해서는 어쨌든 일곱 개의 정상을 모두 올라야 했다고 말했다.

딕과 내가 남극의 빈슨 꼭대기에 올랐던 다음 날 프랭크도 또한 정상에 올랐다. 3주 후에 그들 두 사람은 호주에서 가장 높은 산인 코시어스코의 꼭대기도 올라갔다. 프랭크와 딕 연배의 대부분의 사람들은 일곱 개의 정상 중 여섯 개를 정복했다면 위안과 만족을 느꼈을 것이다. 그러나 이 두 사람은 그러지 않고 실패했던 나머지 한 개의 산에 여전히 미련을 가지고 있었다.

하지만 프랭크의 아내는 그가 에베레스트로 다시 가려 한다는 것을 알았을 때 절대 안 된다고 선을 확실히 그었다. 프랭크는 전에도 그가 가족을 등한시한 적이 많았다는 것을 깨달았고 아내의 마음을 이해하였다. 그래서 다음해 딕이 쓰레기를 치우는 환경 캠페인 탐험대의 일원으로 에베레스트에 갔을 때는 정신적으로는 프랭크와 동행하고 있다고 생각했다. 다시 한번 딕은 사우스 콜에 도착했다. 그런데 이번에는 네팔 정부가 등정 허가를 내주지 않아 그만 돌아서야 했다

딕은 미국에 돌아와서 다음해에 에베레스트에 가는 유럽팀에 합류할 절차를 밟았다. 이번에는 쉽게 등정 허가가 나왔다. 약한 파트너들과 함께는 정상 등정에 실패할 위험에 대비하기 위해서 딕은 데이비드 브레시어스를 데려왔다. 또 다시 그가 사우스 콜에 도착했을 때, 데이비드는 딕에게 로프를 메지 않고 등반하자고 말했다. 왜냐하면 정상 부근에서 스노우 앵커를 설치할 충분한 시간이 없을 때에 대비하여 로프를 사용할 경우, 둘 중 하나가 미끄러지면 두 사람 다 죽을 수도 있었기 때문이다.

딕은 브레시어스의 우려를 충분히 이해했고 로프가 있든 없든 혼자 힘으로도 올라갔다 내려올 수 있다고 확신했다. 그들은 일찍 출발해서 사우스 콜을 새벽 두 시에 떠났다. 그들은 꾸준히 올라갔고 동쪽 지평선 위로 동이 틀 때 벌써 2년 전 딕이 동료들 때문에 돌아서야 했던 지점까지 올라갔다. 그때 눈이 심하게 내리기 시작했고 딕의 크램폰 발톱은 얼음의 얇은 표면만 뚫고 들어갈 수 있는 정도였다. 그의 왼쪽으로는 웨스턴 쿰의 빙하 바닥이 2.100미터 아래로 보였고 오른쪽으로는 까마득히 5.500미터 아래에서 빙하들이 티베트 쪽으로 이어졌다. 그는 숨이 가쁠 정도로 아찔해져서 위나 아래를 쳐다보지 않고 한걸음 한걸음에 집중하는 편이 현명하다고 판단했다.

그들은 남쪽 정상에서 잠시 쉬고, 앞서 간 사람들이 남기고 간 좁은 등반로만을 따라 힐러리 스텝까지 올랐다. 딕은 걸음마다 모든 정신을 집중하면서 스스로에게 거듭거듭 말했다.

'의지만 있으면 몸은 따라간다.'

내가 프랭크에게 그 소식을 들은 것은 새벽 1시였다. 그는 사업차 들른 뉴욕에서 한밤중에 나한테 전화를 걸어왔다. 그는 얼마 전 디즈니의 사장이 됐다. 나는 즉각 그의 신변에 무슨 불행한 일이라도 생겼구나 하고 전화를 받았다.

"카트만두에서 방금 소식이 왔어." 하면서 엉뚱하게도 그의 목소리는 보통 때보다 두 옥타브나 높았다. 나는 속이 타들어갔다.

"딕……딕이 말이야! 드디어……." 프랭크는 말을 더듬었고 목소리가 떨리고 끝내 울음속에 잠겨 있었다. 나는 숨을 죽이고 수화기를 꽉 잡은 채 행여 최악의 소식에 대비했다.

"딕이……해냈어. 우리는 에베레스트를 등정했다고." 프랭크는 또 한번 멈추어 자신을 추스르면서 말했다.

그를 안지 2년 동안, 우리가 함께 보낸 그 여러 달 동안 - 폭풍우와 얼어붙은 음식과 눈보라 속의 텐트 생활, 시속 100킬로미터가 넘는 강풍과 영하 30도, 40도, 50도의 악천후를 겪어 냈던 - 은 물론이고, 그의 사회적 신분에 걸맞지 않은 천신만고의 그 많은 난관을 겪으면서도 그는 우리들에게 불평 한마디 하지 않았으며 조금도 좌절을 보이지 않던 그가 눈물을 보인 것을 본 것은 이번이 처음이었다. 수화기 저쪽에서 그의 심호흡 소리가 들렸다. 그리고 아직도 감격속에서 떨리는 목소리로 말했다.

"우리는 약속대로 드디어 7대륙 최고봉을 다 올랐어."

비포장 도로를 계속 따라 가다가 야생의 티베트 오지를 벗어날수록 유목민의 야크 털 텐트는 흙벽돌로 지은 주거지로 바뀌고 오후에 들어서 멀리 창탕 지역으로 들어가는 길에 전주가 길게 늘어선 것을 볼 수 있었다. 한 달 전 카일라스로 가던 바로 그 길이다. 카일라스는 여기서 서쪽으로 5일 정도 더 가야 나오는 지점이다.

지도를 보니 두 길이 만나는 이 합류점이 처음에 창탕을 지나 서쪽 방향인 카일라스 쪽으로, 북쪽으로 돌아서 아루 분지로, 그리고 동쪽으로 전인 미답의 크리스탈 마운틴의 여러 산봉우리를 둘러서 마지막으로 남쪽의 이 교차점에 다시 이른 우리들의대장정을 설명해주고 있었다.

늦은 오후에 낮은 언덕들로 이루어진 빽빽한 산길을 따라 올라가다가 두 마리 야크만 있는 작은 초원을 발견하고 운이 좋다고 생각했다. 우리는 길에서 30미터쯤 떨어진 곳에 트럭을 세우고 텐트를 쳤다.

"이게 마지막 캠프가 될른지도 몰라."

"무슨 뜻이죠?"

"내일은 시가체에서 밤을 보내고 모레면 라사에 도착한다."

"그럴 마음의 준비가 안된 것 같은데요. 다와랑 이사람들하고 마지막 캠핑이라니. 너무 아쉬워요."

우리는 저녁 식사를 마치고 차를 한잔 더 마신 후, 맛있는 요리를 해 준 다와에게 잘먹었다는 말을 하고 밖으로 나왔다. 밤하늘엔 구름 한점 없어 나는 슬리핑 백과 패드를 텐트 밖으로 끌어내어 펼쳐놓았다.

"밖에서 주무시게요?" 아시아가 물었다.

"너무 좋은 밤이잖아."

"그래요."

아시아도 자신의 슬리핑 백을 몇 발짝 떨어진 곳에 내다 놓았다.

나는 지금의 그녀만한 나이에 하와이에서 프랑스령 폴리네시아까지 배를 타고 여행하던 중 밤당번을 서면서 배웠던 별들과 별자리들의 이야기를 그녀에게 알려주었다. 그녀는 내게 잘자라고 인사하고는 잠자리에 들었다. 나는 계속해서 별들을 바라보면서 내 생각은 과거의 모험을 떠나서 별들을 따라 세 명의 우리 아이들에게 가 있었다.

갑자기 그 애들이 너무 보고 싶어서 마음 속으로 그 한명 한명을 껴안을 때의 기분이 어떤지 되살리며 다같은 자식이라도 껴안았을 때 오는 조금씩 다른 감정을 되새길 수 있었다.

지금은 6월 중순이라는 사실이 떠올랐다. 그것은 한달 반 동안 여행을 했다는 뜻인데 아직도 거의 한달 넘게 더 해야 한다. 과거의 다른 여행에 비하면 긴 시간도 아니다. 들어오고 나가는 트레킹 기간을 포함하면 K2를 오르는데는 넉 달이 걸렸다. 스물한 살 때는 남태평양으로 두 번째 여행을 떠났고, 그 다음에는 중앙 아메리카로 긴 여행을 하였고, 파나마에서 본의 아닌 감옥 생활을 하였고, 페루까지 한달간 이어진 히치 하이킹을 거쳐, 잉카문명의 퀘추아 마을에서 인류학자의 조수로 일하고, 3개월 내내 안데스 산맥을 등반하면서 2년 동안 떠나 있었다.

결혼 첫해부터 집을 떠나 7대륙 최고봉 중 세 개를 등반했고 그 사이에 보르네오 횡단을 한 이후, 해외 여행은 1년에 1~2회로 제한하고 한번에 한 달 정도만 걸리는 여행으로 제한하려고 애썼다. 이본 쉬나드와 내가 친한 친구가 된 것은 그 기간 동안이었다. 우리 두 사람은 집 몇 채를 사이에 둔 가까운 거리에 살았고 가까운 해변으로 서핑을 하러 자주 나갔다. 그 무렵에 아내도 사진 편집자로서 카탈로그 작업을 하고 있었다.

이본과 나는 다시 등반으로 돌아갔다. 우선은 프랭크와 딕의 아콩카구아 등반을 비롯하여 때로는 가까운 지역으로, 때로는 먼 지역으로, 가까운 다른 친구들과 또 사회 여러분야서 활동하는 많은 사람들과 등반을 통해 친분을 쌓게 되었다.

이 사람들 중 잊지 못할 한사람은 몇 년 전 K 2 등반에서 집으로 돌아올 때 사귀었던 톰 브로커로 그는 원정대장인 짐 휘테이커에게 우리 팀에서 누군가 당시 자신이 진행하던 NBC의 「투데이 쇼」에 출연할 수 있는지 알아보고 나에게 연락해 왔다. 우리는 공항에서 NBC 스튜디오로 바로 갔고 나는 여전히 등반 때 입었던 옷을 그대로 입고 있었다. 라왈핀디 바자에서 산 헐렁한 면 바지에 알로하 셔츠, 그리고 야외용 슬리퍼를 신었다. 머리는 길고 이발도 하지 않은데다 입술은 갈라지고 피가 났으며, 손가락들은 전부 첫 마디부터 끝까지 모두 동상으로 새까맣게 부릅터 있었다.

"이 쇼 프로를 오래 진행했지만 이런 모습으로 당당하게 스튜디오에 나온 사람은 처음입니다."

나를 본 브로커가 말했다. 쇼 프로가 끝나고 그는 내가 탐험에 대한 책이 출간되면 다시 연락해 달라고 했다. 그래서 2년 후 나는 다시 쇼 프로에 출연했고 인터뷰 후 우리는 잠시 이야기를 나눴다.

"나도 언젠가 등반을 제대로 한번 해야겠다는 꿈을 가지고 있어요." 하고 브로커가 말했다.

"그럼 우리 같이 합시다."

"정말이요?"

"올여름에 티톤으로 오세요. 좋은 친구 이본 취나드를 소개해 줄게요. 그리고 그랜드 티톤을 오릅시다."

톰과 이본과 나는 그랜드 티톤을 등반하고 나서 매년 도보 여행과 등반, 낚시 여행을 함께 다녔다. 그 여행 중 하나가 레이니어산(워싱턴주 카스케이드 산맥의 최고봉, 4.392미터) 등정이었는데, 인적이 드문 길을 따라 올라갔다. 이본은 또한 자신의 평생 등반 파트너인 더그 톰킨스를 초대했다. 이본과 더그는 둘 다 등반을 본격적으로 하기 위해서 고등학교를 중퇴했다. 1960년대 중반에 그들은 포드 밴에 서핑 보드와 스키, 등산 장비를 싣고 차 뒤에는 스페인어로 '즐거운 돼지들'이라고 페인트로 썼다. 그들은 캘리포니아에서 아르헨티나로 차를 타고 여행하면서 파도를 타고, 스키를 타며, 중도에 있는 유명한 산을 모두 등반했고 여행의 끝 무렵에는 파타고니아(안데스 산맥에서 대서양으로 뻗은 남미 아르헨티나 남부의 대고원)에 위치한 피츠로이산(칠레와 아르헨티나 국경지대에 있는 유리알처럼 날카로운 빙하와 암벽의 산군으로 상어 지느러미같이 뾰쪽하게 솟아있는 정상이 유명, 3375미터)의 큰 화강암 암벽을 세 번째로 등반했다. 그 무렵 더그는 유럽의 거대한 북벽 등반을 마치고 샌프란시스코에 노스 페이스라는 작은 회사를 차려 텐트와 슬리핑 백을 제조하기 시작해서 나중에 그와 아내가 에스프리

(Esprit)라는 유명한 의류 회사를 차려서 내가 그를 레이니어산에서 만났을 때쯤엔 한해에 10억 달러 이상을 벌어드리는 회사로 성장해 있었다.

에스프리사에 있는 더그의 책상에는 "확신을 가져라 그리고 시작하라."라고 쓴 좌우명이 있었다. 그것은 눈과 얼음으로 덮힌 산을 오르는 방법을 배우는데 꼭맞는 경구였다. 그에게 크램폰을 착용하고 걷는 법과 아이스엑스를 이용하여 폭포를 이동하는 법을 간단히 가르쳐 준 다음 에베레스트의 아이스 폴을 건너는 것과 같은 등반 코스로 훈련을 시작하였다.

"위험을 줄이는 유일한 방법은 빨리 확신을 가지고 시작하는 겁니다."
이본이 톰에게 말했다.

"우리가 로프를 묶지 않아도 될까요?" 톰이 물었다.

"로프를 묶지 않으면 더 빨리 갈 수 있어요. 확신을 가지세요." 하고 이본이 말하니 톰은 조용히 서서 그말을 받아들였다.

"뉴욕에서 택시 잡는 것과 같지." 이본이 톰의 생각을 간파하고 말했다.

"어떻게요?"

"점잖은 사람이 맨 마지막에 잡는 법이거든."

이 말에 모두 웃고 나서 출발하면서 우리는 톰을 혼자서 올라올 수 있도록 내버려두고 쏜살같이 아이스 폴을 지나갔다. 그가 아이스 폴을 지나 경사가 급해져서 우리는 그의 카라비너에 로프를 매어 확보해 주었다. 그때부터 그는 속도가 점점 느려지기 시작했다.

"여러분, 미안해요. 방송사에서 오래 일하다 보니 이렇게 되었습니다."

"뉴욕의 식당가와 파크 애비뉴(뉴욕의 번화가이자 유행의 중심가)를 걷던 다리로는 안돼요." 이본이 놀려 주었다.

우리는 다시 소리내어 웃고 톰은 미소지으며 고개를 저었다. 이때쯤은 그도 우리와 지낸 기간이 꽤 돼서 좀 골려주려고 하고 있다는 걸 알아챘다. 톰은 이 등반을 통해 다시 인생을 배우려고 혼신의 힘을 다했고, 우리는 그에게 등반을 가르쳐주는 최상의 방법은 그를 거짓 격려와 헛된 칭찬으로 나약하게 만들기보다는 필요한 장비를 갖추어 스스로 해결토록 해야 하는 것임을 알게 하였다. 드디어 산꼭대기까지 올라오자 톰은 어려움을 극복하고 스스로 이겨낸 자만이 맛볼 수 있는 웃음을 보였다.

어렵게 이쪽저쪽을 살펴보아도 더 높은 곳이 보이지 않는 곳에 이르자 우리도 정상에 오른 것이 분명하다고 결론을 내렸다. 그러나 우리의 계획은 아이스 폴을 건너가 일반적인 루트를 떠나 반대편 쪽으로 내려가는 것이었다.

"길을 찾기가 힘들 거야." 내가 말했다.

"누가 나침반 가져왔어?"

"아니." 더그가 말했다.

"나도 안 가져왔어." 이본도 그랬다.

"나한테 맡겨 주세요. 여러분." 톰이 배낭 윗주머니 지퍼를 열어 작은 보이 스카웃 나침반을 꺼내며 말했다.

일단 적절한 방향을 찾고 나서 사람들이 지나다닌 길이 나와서 우리를 구름 밖 산 아래로 인도했다. 우리는 방문자 센터에 밤 11시경에 도착했다.

톰은 가장 가까운 식당에 전화를 걸어 문을 닫지 말라고 부탁했다. 우리가 식사를 마치자, 가까운 곳에 모텔을 경영하고 있던 식당 주인은 우리에게 자쿠지(일종의 온천처럼 물방울이 온몸의 피로를 풀어 주는 기능성 욕조)를 이용하라고 권유했다.

"아, 괜찮습니다." 이본이 말했다. 톰은 그러자고 애원하듯 쳐다보았지만 이본은 킥킥거리며 말했다.

"톰을 처음부터 너무 쉽게 등반도 하고 너무 쉽게 피로도 풀 수 있다고 안이한 생각을 갖도록 해서는 안 되니까요."

같은 해인 1985년, 나는 탐험가 클럽으로부터 부탄에서 가장 높은 산인 강카르 푼숨이라는 봉우리를 등반하기 위해 부탄으로 여행을 떠나는 등산

그룹에 참가하라는 초청을 받았다. 미국의 등산팀 중에서는 부탄 입국을 허가받은 팀도 없었고 국적을 불문하고 어떤 팀도 강카르 푼숨 등반을 허가받은 적이 없다. 원정에는 더 많은 등반가들이 필요했기에 나는 그 얘기를 이본에게 했고 그는 다시 더그에게 말했다. 우리는 모두 히말라야에서도 외국인이 거의 보지도 못한 지역을 여행할 가능성에 들떠 있었다. 존 로스켈리를 비롯해서 나의 옛 친구 몇 명이 벌써 팀에 들어 있었다.

문제는 7,600미터 높이의 강카르 푼숨은 민야 콘카와 거의 같이 우리가 알기로 5년 전 눈사태를 일으켰던 것과 같은 젖은 눈이 있는 히말라야의 끝 부분과 같은 고도였다.

이본도 같은 우려를 하는 것이 분명했다. 민야 콘카 원정 이후, 우리는 조나단의 죽음에 대해서나 멀지 않은 우리 자신의 죽음에 대해서 거의 이야기하지 않았다. 그 비극이 있은 지 1년 정도 지난 어느 날, 우리는 서핑을 하러 해변으로 차를 몰아가고 있었는데 내가 그에게 눈사태 생각을 적어도 하루에 한번은 한다고 했더니, 그는 고개를 끄덕이며 대답했다.

"응, 나도 그래."

그러나 이제 이 문제는 반드시 짚고 넘어가야 할 문제였다.

"강카르 푼숨은 민야 콘카와 똑같이 눈이 젖어 있는 상태일 거야." 내가 그에게 말했다.

"알아." 그가 대답했다.

"생각만 해도 겁이 나."

"나도 그래."

"우리가 눈사태를 겪지 않았다면 망설이지 않았을 텐데." 내가 말했다.

"조나단이 아직 살아 있다면 분명 우리와 함께 갈 거야. 부탄은 순수한 히말라야 불교의 마지막 거점이기도 하니까."

"바로 그거야." 이본이 말했다.

"더 파괴되기 전에 그런 장소를 가볼 수 있는 기회인데."

강카르 푼숨 원정은 가을에 떠나기로 되어 있어서 아직 여러 달이 남아 있었기 때문에 결정을 내리기까지는 조금 시간이 있어 쉬고 있었다. 그때 나의 오랜 옛 등반 파트너인 크리스 챈들러를 아는 한 친구에게서 전화를 받았다. K2 원정 후 7년이 지났던 때였지만 산악인들 사이의 소문을 통해서 크리스의 소식을 듣고 있었다. 그는 보트를 타고 여자 친구 체리와 하와이에 갔고 거기서 알라스카로 가려 했지만 거센 바람을 만나서 거의 물에 빠져 죽을 뻔했다가 캘리포니아로 돌아왔다는 것이다. 그때 나는 그들 둘이서만 히말라야에 다시 갈 계획이라는 말을 들었다. 히말라야로 가서 세계에서 세 번째로 높은 봉우리인 칸첸중가(8586미터)를 무산소로 그것도 겨울에 등반할 것이라고 했다. 이 계획을 들었을 때 나는 혼자 놀라면서도 웃음을 지었다. 내가 아는 크리스, 항상 자신이 할 수 있는 극한의 상황까지 밀어붙이는 크리스다웠기 때문이다.

"그들이 한겨울 그 높고 험한 산의 눈 속 동굴 안에 있을 때 크리스는 뇌부종과 폐수종에 걸렸데." 친구는 전화로 이야기했다.

"체리는 함께 있던 셀파와 데리고 내려오려 했지만 크리스가 다음날 죽어서 거기 남겨 두고 올 수밖에 달리 방법이 없었다더군."

나중에 체리가 쓴 회고록을 보고 나는 더 많은 얘기를 알 수 있었다.

그들이 산을 오르는 동안 크리스는 때로는 불같이 화를 내기도 했고 우울해 보였다. 폭풍우로 중간에 베이스 캠프로 피신할 때 체리가 좀 천천히 움직인다고 그만한 일로 크리스는 화를 내며 배낭과 아이스 엑스를 그녀에게 던지기도 했다.

비록 체리가 죽은 크리스에 대해서는 조심스럽게 표현을 하였지만 나는 크리스의 분노가 전처와 아이들에 대한 책임감과 이를 벗어나 다른 여자와 원정 등반을 하고 있는 탈출감 사이에서 심리적으로 점점 더 깊은 자괴적 갈등과 고뇌에 빠진데 그 원인이 있다고 생각했다.

8,000미터 높이에서 체리와 크리스, 그리고 동행한 셀파는 눈 비탈에 동굴을 파고 힘든 등반을 마치고 눈을 녹여 수분을 보충할 물을 마련하기 위해 버너에 불을 붙였다. 앞으로 500미터 정도만 더 오르면 세계에서 세 번째로 높은 산의 정상에 설 수 있는 지점까지 올라와 있었다. 칸첸중가가 받아 준다면 그들은 다음날 틀림없이 정상에 오를 수 있다고 확신했다.

그러나 불행은 그날 밤에 찾아왔다. 눈을 파서 만든 동굴이 너무 좁아서 그의 발이 입구로 삐져나왔다. 1월 중순, 죽음의 지대인 칸첸중가 정상부의 날씨로는 너무나 혹독하였다. 아침에는 날씨가 좋아서 체리는 정상에 오를 수 있을 것을 확신했다. 체리는 물을 더 만들기 위해 버너에 불을 피워 놓고 크램폰을 착용하고 날씨를 살펴보기 위해 밖으로 나왔다. 그녀가 다시 들어갔을 때 이상하게도 두 개의 버너의 불은 모두 꺼져 있었고 버너에서 새어나오는 가스를 크리스가 마시고 앉아 있었다.

그녀가 그에게 이게 무슨 짓이냐고 나무라자 그는 그저 희미한 미소를 지을 뿐이었다. 그녀는 그를 밖으로 억지로 끌어 냈다. 그리고 잠시 후 상태가 좀 나아졌지만 눈 속 동굴이라도 도로 들어가 눕고 싶다고 말했다. 그때 그는 숨이 가빠지고 녹색 가래침을 뱉어내기 시작했다. 체리는 당장 문제가 생긴 것을 깨닫고 가능한 한 빨리 내려가야 한다고 생각했다.

크리스는 혼자 크램폰이나 멜방끈을 조이지도 못해서 체리가 추위를 무릅쓰고 장갑을 벗고 그를 도와야 했다. 잠깐 사이에 손은 나무토막같이 굳었다. 그녀는 크리스를 로프에 묶고 하산하기 시작했지만 그는 계속 넘어졌다. 체리는 셀파와 어떻게 할지 의논하려고 길을 멈추어 돌아보니 크리스가 로프를 풀어제치고 있었다. 그녀는 크리스를 나무랐으나 그는 다시 미소를 짓고는 체리를 도와 주려고 한 짓이라고 말했다.

날이 저물어 그들은 어둠속을 계속 걸었다. 마침내 체리가 비박을 해야 한다는 것을 알았다. 셀파는 비탈을 깎아 자리를 만들고, 크리스를 나일론 비박 색에 눕혔다. 밤중에 크리스는 이리저리 구르며 몸을 떨었고 체리는 자신의 아이스 엑스를 눈 속에 묻고 비박 색을 거기에 묶어서 아래로 미끄러지지 않게 했다. 그때 그의 손이 색 밖으로 나온 것이 보였다. 이미 그의 손이 힘없이 늘어졌다. 하루 종일 보이던 조그마한 긴장도 사라지고 없었다. 얼굴을 보니 그는 이미 죽어 있었다.

아침에 체리와 셸파는 찬 겨울의 미명속에 잠긴 히말라야 산맥을 향해 비탄의 울음을 토해냈다. 체리는 크리스를 뉘였던 곳에 그대로 남겨두고 내려 올 수밖에 없었다. 베이스 캠프까지 내려오는데 나흘이 걸렸다. 그동안 그녀의 손과 발과 그리고 마음까지도 모두 심한 동상에 걸려서 병원에 갔을 때는 손가락과 발가락은 전부 잘라내야 했다.

크리스가 죽었다는 소식을 듣고 나는 해변으로 산책을 나가 에베레스트의 베이스 캠프에서 이른 아침 출발했던 기억을 떠올렸다. 그때 크리스와 나는 일부 구간을 아이스 폴을 헤치고 지나갔다. 또 나는 우리 우정을 금 가게 했던 K2에서의 갈등과 논쟁을 회상했다.

크리스의 조각품같이 생긴 뺨과 긴 금발머리를 떠올렸다. 그는 체리에게 세계에서 세 번째로 높은 칸첸중가라도 산비탈이 경사가 급하지 않으므로 고정된 로프가 필요 없을 것이고 셸파 한두 명과 함께 단둘이 올라갈 수 있다고 말하며 한겨울에 칸첸중가 등정을 계획하는 크리스의 자만심과 그것을 끝까지 밀어붙이려는 그의 열정을 상상해 보았다. 겨울에는 때때로 북적거리지도, 유리한 위치를 놓고 옥신각신할 것도 없었을 것이고, 논쟁도, 싸움도 없을 것이다. 그런데 아무도 한 적이 없다고 겨울에 등반하지 못할 건 뭐야? 한동안 맑고 청명한 날씨가 지속되기도 했다. 낮이 짧고 아주 추웠지만 그들은 그럭저럭 해낼 수 있었다. 낮 동안은 내내 약한 빛속에서 눈이 황금빛으로 보였고 그늘에서는 푸른빛이였으며 별들은 밤새도록 마치 지구를 떠나 깊은 우주에서 그것을 바라보는 것처럼 반짝였다.

남녀 단 두 사람이, 산소도 없이, 그것도 한겨울에, 세계에서 세 번째로 높은 산을, 오른다?

크리스는 언젠가 시애틀에서 출발하여 1,600킬로미터를 달리면서 동시에 운전대 위쪽에 받쳐 놓은 소설책을 펼쳐 놓고 처음부터 끝까지 다 읽으면서 우리 집에 찾아온 적이 있는 그런 사람이었다.

크리스는 자기 한계를 인정하기 싫어 늘 도전했다. 그러나 그가 칸첸중가에서 죽은 것은 자기 한계를 인정하지 않고 자만하였기 때문일까? 뇌부종과 폐수종은 초보자부터 최고로 숙련된 산악인까지 누구에게나 경고 없이, 사전에 아무런 발병 가능성을 조금도 보이지 않고 닥칠 수 있다. 아직도 나는 크리스의 발병 가능성은 그가 산에까지 가지고 갔던 스트레스와 긴장이 더 큰 원인이었다고 생각하는 편이다. 산에 오르기 전 저돌적인 삶으로 위험을 키우고 있었다가 다른 곳이 아닌 칸첸중가에서 그것도 자신의 몸과 마음속의 원인 때문에 터진 것이다.

나는 페루에서 론 피어와 크리스 챈들러에게 등산을 배웠다. 우리 셋은 함께 안데스에서부터 히말라야까지 전 세계에 걸쳐 미등정 최고봉들을 등반할 계획이었다. 이제 그 셋 중 모험이나 등산에서 모든 면에 앞섰던 두 사람은 죽고 나만 살아 남았다. 론이 죽은 지 한참 후에 나는 그가 급류의 위험을 의도적으로 맞이하는 태도 때문에 죽은 것을 알았다. 이제 크리스도 떠났다. 두 사람의 죽음은 아마 상당히 공통점이 있었으며 예고된 것이기도 하였다.

그렇지만 조나단은 천성적으로 신중하였다. 자기보다 더 경험 많은 사람들과 함께 있을 때 외는 본인의 경험과 능력의 테두리를 절대로 벗어나 행동하지 않았다. 그러나 히말라야는 조나단을 먼저 불러 그의 품속에 묻었다. 이본과 킴과 나도 상당히 많은 경험에도 불구하고 여전히 산의 모습을, 눈의 상태를 잘못 판단한 적이 한두 번이 아니었고, 만일 눈사태의 흐름이 조금만 바뀌었어도 우리도 지금 조나단 옆에 같이 묻혀 있을 것이다.

그러나 우리는 운이 좋았다고나 할까?

내가 부탄으로 가기로 결정할 무렵에는 이렇게 또 다른 산악인 친구가 죽었다는 소식을 들은 뒤였다.

더욱이 아내는 둘째 아이를 임신하고 있었다. 그래도 나는 눈사태의 위험을 무릅쓰고 젖은 눈 속으로 들어서게 될 것을 알면서도, 미개척의 설원을 탐험하게 될 기대에 이끌려 결국 가기로 결정했다. 그렇지만 이번에는 성급하게 아무 생각없이 산의 모습이나 눈의 상태를 살피지도 않고 눈비탈에서 미끄럼을 타거나 인간의 한계를 인정하지 않고 끝까지 밀어붙이는 어리석음은 없을 거라고 다짐했다. 그런 순진함은 이제 지나갔다.

눈사태나 빙벽이나 또 인생의 모든 위험 지역에서 발걸음 하나하나 마다 조심하지 않으면 안된다는 것을 또 새로이 배우며 올라갈 것이다.

10

시가체를 향해 차를 타고 가면서 3주만에 처음으로 자연에 인간이 만들어 놓은 경계선을 보며 지났다. 오후 늦은 시간에는 오르막길에 올라서 모처럼 미루나무와 버드나무로 구획지어진 보리밭이 있는 넓은 고원을 보았다. 우리가 창탕 지역과 아루 분지를 거치는 동안 처음 보는 나무들이다. 한 시간 후 크고 짙푸른 호수가 내려다보이는 남링이라는 마을을 지났다. 먼지투성이 상태로 이어지는 희미한 도로를 따라서 황야와 목초지를 지나 농장 지대까지 왔다. 이틀만 지나면 라사에 다다를 것이다. 보리밭을 지나며 창 밖으로 나는 이번 여행에서 수평적으로 이어진 광활하고 길다란 대지의 거울 속에서 사람의 발길이 닿지 않았던 원시 시대부터 현대까지 수직적으로 이어진 긴 시간의 흐름 속에서 원시 수렵인, 유목민, 다시 농경인에서 도시인을 만나면서 인간이 사회적으로 살아온 모습을 볼 수 있었다.

우리는 두 개의 능선 사이에 평화스런 모습의 취락들을 지났다. 측면의 검은색과 오렌지색 창틀은 티베트 불교의 사키야 파에 속한다는 것을 나타낸다. 지붕에는 사방 귀퉁이에 버드나무 가지 묶음이 있고 깃발이 걸려 있었다. 다 자란 미루나무들이 주택가와 가까운 보리밭을 가르고 있었고, 밭에서는 사람들이 일을 잠시 멈추고 우리에게 손을 흔들었다.

"멋져요. 집들을 잘 지어서 사람들이 모여 사는 것을 보니 한폭의 풍경화같은데요." 아시아가 말했다.

티베트 서부의 국경선 마을에서 본 오두막들과 비교해 보니 나도 아시아와 같은 기분이 들었다. 그렇지만 지금부터 수년이 흐른 후 이 여행을 회상할 때 손을 흔들어준 친절한 농부들보다는 아직도 야크 가죽 텐트에 살고 있는 유목민이나 높은 스텝 지대의 황무지나 그 종이 점점 사라져가는 갈색곰과 야생 동식물이 더 생각날 것이다. 수평선처럼 펼쳐진 푸른 하늘, 청록색 호수들, 그리고 황갈색 고원, 지평선으로 줄지어 자동차 속도를 앞지르며 달려가는 키앙 떼와 치루 떼들, 크리스탈 마운틴의 배경을 이루는 빙하들. 만약 창탕에 다시 가게 되면 치루가 새끼를 낳는 비밀스러운 장소를 찾아서 아루 위쪽 북동 지역으로 가볼 것이다. 만약 내가 그렇게 하게 된다면 몇 마리 길들인 야크 등에 꼭 필요한 물건만을 싣고 걸어서 여행을 할 것이다. 그곳은 내 여행 스타일에 맞는, 이 지구상에서 얼마 남지 않은 야생의 땅에 대한 최소한의 예의이기 때문이다.

최상의 여행은 표지판이라고는 아는 것이 하나도 없는 곳으로 가 보는 것이다. 그런 여행에서만 우리는 애당초 물어 볼 생각조차 하지 못했던 많은 질문들과 그에 대한 생각하지 않았던 해답도 얻게 될 것이다.

1970년대 에베레스트와 K2로 가는 여행이 나에게 신비감을 안겨 주었던 건 이 지역들이 지도에 나와 있지 않아서 이기도 하지만 처음 경험하는 젊은 나이였기 때문일 것이다.

1980년에 민야 콘카로 간 것은 단순한 등반 코스로서가 아니라, 1930년대 후 외부인의 발길이 닿지 않은 지역이었기 때문에 더욱 매력적이었다.

그리고 1985년, 부탄 왕국에서 가장 신비한 곳 중의 하나를 올러가 볼 기회를 놓칠 수는 없었다. 이본 역시 그랬다.

"눈에 대해서는 정말 조심해야 할 것일세." 내가 그에게 말했다.

"암, 눈사태의 기미만 있어도 빨리 벗어나야 해!" 그가 맞장구를 쳤다.

그 당시 부탄으로 가는 유일한 비행편은 캘커타에서 일 주일에 한 번 출발하는 소형 비행기였다. 존 로스켈리와 나는 이틀 전에 캘커타에 도착하여 시내의 옛 식민지 시대 호텔에서 독일인 트레커들과 함께 부탄의 유일한 비행장인 파로로 가는 비행편을 기다렸다. 그들의 가이드는 내가 오랫동안 존경해왔던 『티베트에서의 7년』을 쓴 유명한 산악인 하인리히 하러였다. 우리는 하인리히 하러를 초대해서 호텔 바에서 함께 맥주를 마셨다. 그는 당시 73세의 노인이였지만 매우 건강했다. 각진 얼굴은 넓었으며 가느다란 입술과 마치 오랜 세월 햇볕속에서 실눈을 뜨고 살았던 사람처럼 가는 눈을 지니고 있었다. 그는 우리가 접근하기 위해 선택한 루트에 대해서 더욱 큰 관심을 가진 듯했다.

"3년 전에 라사와 티베트에 다시 갔었죠." 그는 우리에게 말했다.

"그리고 다시 가고 싶은 마음이 없어졌어요. 1950년 중국인들이 들어오고서부터는 티베트만이 간직한 모든 것을 바꿔 놓았더군요. 그곳은 더 이상 내가 알고 있던, 가보고 싶던 티베트가 아니에요. 그렇지만 부탄은 다릅니다. 잘 보존된 모습을 보게 될 겁니다."

다음날 이곳 원정 탐험가 클럽의 트레커 몇 명과 합류했다. 우리는 파로로 가는 비행기를 타고, 다시 두 시간 동안 버스를 탄 후 부탄의 수도인 팀부에 도착했다.

"히말라야 등반 열아홉 번 만에 드디어 신비의 땅, 아픔과 괴로움이 없다는 꿈의 샹그리 라(J.Hilton의 *Lost Horizon*에 나오는 이상향, 유토피아, 지상 낙원을 일컫는 말)를 찾았어." 도착하자마자 존이 말했다.

해발 고도 2,280미터, 기온은 온화하고 잘 차려 입을 사람들은 여유 있었으며 일일이 손으로 지은 건물들은 모두 인간미가 있어 보였다. 대부분은 1974년 드래곤 왕의 대관식을 위해 지어졌는데 그 당시 29세로 세계 최연소 군주였다. 우리가 도착한 날 오후에 그를 보았는데 궁궐에서 내려와 마을 사람들과 농구를 하고 있었다. 왕이 공을 잡을 때마다 다른 선수들이 그가 슈팅하기를 기다렸다. 그의 팀이 이긴 것은 말할 것도 없다.

등반길 초입까지는 3일 동안 차를 탔다. 그 후로는 장비를 야크에 싣고 맑은 강물을 거슬러 올랐다. 이본과 더그는 3파운드 정도 나가는 송어를

10여 마리 낚았다가 놓아 주었다. 우리의 유일한 길잡이는 대부분의 지형이 특성 없어 보이는 하얀 겨울에 찍은 사진이었다. 우리는 머물렀던 집 주인을 미리 보내 접근 루트를 찾게 했다. 그리고 우리 팀의 두 사람은 제대로 가고 있는지 확인하기 위해 먼저 떠났다. 그리고 우리가 그들을 따라 갔을 때 기대했던 소식을 듣지는 못했다.

"좋은 소식과 나쁜 소식이 있습니다." 한명이 말했다.

"좋은 소식은 서양인은 결코 가본 적이 없는, 히말라야 끝의 아름다운 봉우리들로 둘러싸인 계곡으로 가고 있다는 것이고, 나쁜 소식은 그 어느 봉우리들 중에도 강카르 푼숨은 없다는 겁니다."

"그럼 어디에 있다는 거야."

"이 지역에서 야크를 기르는 사람들한테 물어보니까 이 주위의 모든 산을 강카르 푼숨이라고 부른다더군. 답사팀은 이 계곡을 강카르 푼숨이냐고 물어도 동네 사람들은 그렇다고 했을 거야."

"그럼 되돌아가서 다시 확인한 후 찾아야겠군."

하지만 우리 허가증은 앞으로 6주 동안만 유효했고 다시 내려간다 해도 다른 계곡을 올라서 등반할 시간이 없었다. 허가를 연장받는다 해도 그때는 겨울이 올 때였다.

"젊었을 때는 한번 계획한 모든 봉우리를 다 정복했지. 나이가 들면서 일부는 정복하지 못했지. 그런데 이제는 정상 정복은 커녕 길도 찾지 못하는구만." 존이 말했다.

"어떡하죠?"

"아니야, 길이 안 보인다고 해서 길이 없는 것이 아니야. 우리 눈에 보이지 않는다고 존재하지 않은 것은 아니잖아. 일단 이곳 주민들의 말을 믿고 이 계곡으로 계속 올라가서 이 산줄기의 최고봉을 올라가 봅시다." 이본이 제안했다.

"이 산맥의 최고봉이 맞을지 안맞을지는 아직 아무도 몰라." 탐험가 클럽을 대표하는 한사람을 제외하고는 모두들 이본의 생각에 공감했다.

"여러분의 입장을 이해지만, 후원사인 롤렉스사를 생각한다면 강카르 푼숨을 먼저 찾아서 등반을 시도해야 할 의무가 있다는 걸 생각해야지." 라고 한사람이 말했다.

우리는 일단 계곡의 맨 위쪽까지 올라보면 어느 쪽으로든 강카르 푼숨의 최고봉으로 갈 수 있는지 살펴보기로 했다. 그렇게 한다면 이 산맥 전체의 정상이 아니드라도 적어도 몇 봉우리는 가볼 수 있을 것이다. 우리는 야크를 기르는 사람들이 계절별로 목초지를 찾아 이동하는 길을 따라서 계속 계곡 위로 올랐다. 숲은 무성하고 사람의 흔적이라고는 없었다. 중간 중간 나무 덕분에 고도를 가늠할 수 있었다. 전나무는 3,000미터, 떡갈나무와 진달래는 3,600미터, 노간주나무는 4,200미터 고도에 많다. 우리는 빙하의 언덕 부분에 베이스 캠프를 설치했다. 근처에 큰 봉우리들이 있다는 것은 알았지만 텐트에서는 시야가 구름에 가려져 있었다. 우리는 봉우리가 보이기를 바라면서 캠프를 떠나 빙하에 밀려 내려온 돌자갈을 밟으며 올라갔다. 마침내 구름 사이로 우리를 둘러싼 눈과 얼음의 거대한 빙벽을 보았다. 예상했던 대로 눈사태의 흔적도 명백히 보였다. 그래도 동쪽으로는 좀더 안전한 상태에서 접근할 수 있을 것 같은 두 개의 작은 봉우리가 있었다. 그러나 강카르 푼숨으로 생각되는 정상으로 가기 위해 올라가야 할 서쪽은 위험했다.

"우리가 다짐한 거 잊지 마." 이본이 나에게 말했다.

"눈사태의 티끌만한 기미라도 보이면 피해야 해." 내가 대답했다.

다음날 아침이 되자 구름 한점 없는 하늘에 둥그런 달이 서쪽으로 기울고, 북쪽에서 불어온 차갑고 건조한 바람에 식물의 덩쿨손이 눈덮힌 높은 산등성이에서 떨어져 내렸다. 우리는 느지막이 아침을 먹고 초원으로 캠프를 옮겼다. 그곳에서 우리는 정상쪽의 마치 달표면 풍경처럼 회색 바위와 빙하로 둘러싸인 5,000미터 높이의 초록색 섬같이 아름다운 곳을 보고, 아마 이지역 주민들도 그렇게 생각했을 것이라고 믿고 '샹그리 라' 라고 불렀다. 우리들끼리 이야기하기 편하게, 시야에 들어오는 오르고 싶은 주변 산봉우리들에 우선 '롤렉스봉', 그다음을 '익스플로러봉', '영원한 오이스터봉' 등이라는 이름을 붙여 주기도 했다.

우리는 그곳에 눈사태의 가능성이 조금도 없는지를 확인하기 위해 캠프를 치고 하루 더 머물렀다. 모두 안전하다고 생각되어 편안한 상태에서 일찍 잠자리에 들었고 난로를 피우기 위해 새벽 일찍 일어났다. 텐트 밖에서서 손가락으로 찻잔의 따뜻한 기운을 느끼며 산봉우리들이 파스텔 톤으로 채색되는 것을 지켜보았다. 날씨는 맑고 고요했다. 우리는 배낭을 메고 캠프를 떠났다.

빙하의 가파른 기슭에서 더그가 크램폰을 착용하고 딱딱한 눈을 밟고 올랐다. 그는 자신이 있을 때는 늘 그랬듯이 로프를 사용하지 않았다.

"스티로폼 같아." 그가 미소를 지으며 엄지 손가락을 들어 올리고, 아래쪽에 소리를 질렀다. 등반 조건은 완벽했다.

아침 나절에 빙하를 건너 눈 쌓인 협곡의 초입에 들어섰다. 아슬아슬한 능선으로 이어지는 그곳에서부터 로프를 사용했다. 능선은 날카롭고 좁았다. 더그와 이본이 앞장섰다. 우리들은 협곡의 맨 위쪽으로 이어진 산맥의 정상으로 더그가 먼저 올라가 팔을 흔들었고 로프를 타고 내려와 이본과 자리를 바꾸었다. 정상은 한 명밖에 올라설 수 없어서 몇 분 후에 나를 위해 이본이 내려왔다.

능선에서 균형을 잡으며 팔을 펼쳤을 때는 마치 날 것 같은 기분이었다. 동쪽으로 부탄과 티베트의 국경선을 따라 인도의 앗삼 지방까지 볼 수 있었다. 북쪽으로는 건조하고 척박한 티베트 평원에서 솟아오른, 아무도 오른 적 없는 7.600미터 높이의 쿨라 캉그리라는 거대한 봉우리가 있었고, 그 중간은 부탄과 중국의 국경 분쟁을 일으키는 지역이 있었다. 너무 멀어서 어느 나라에 속하는지도 불확실한 땅을 바라보고 있자니 모험심이 더

강카르 푼숨이라고 하는 부탄의 최고봉을 찾아 아직 지도에도 없는 산의 정상에 올라 선 이본과 더그. (1985년, 릭 리지웨이촬영)

욱 솟구쳤다.

　우리는 계곡을 탐험하면서 이름을 붙여준 강카르 푼숨의 봉우리들을 차례로 등반하면서 한 주간을 더 보냈다. 우리 대원 한사람은 매번 정상에 오를 때마다 뒤에 이곳을 찾을 사람들을 위하여 주의 깊게 고도와 방위를 측정하여 그 주변 지형과 산세를 완전하고 상세하게 산등성이 지도와 이름까지 붙여서 그렸다. 떠날 때가 되자 모두 이번 탐험이 최상이었으며 만족하다는데 동의했다.

　"그러나 한가지 마음에 걸리는 게 있어"

"뭔데요?"

"우리가 어렵게 찾아 그렸던 지도 말이야. 그걸 인쇄나 복사를 하여 공개하는 것이 옳은지 확신이 서지 않아."

"왜죠?"

"될수 있으면 알려지지 않은 채로 꿈의 '샹그리 라'로 남겨 두려고. 누군가 다음에 이곳으로 강카르 푼숨을 찾아 오는 사람들도 우리처럼 처음부터 의문을 가지고 어렵게 또 신비감을 가지고 찾게 말이야."

"그럼 지도를 어떻게 해야죠?"

"태워버리지 뭐."

"태워버린다고요?"

"그래. 영원한 꿈의 땅, 신비의 땅 '샹그리 라'를 처녀지로 놓아 두는 거야. 그러는 것 만이 완벽한 마무리가 될 거야."

우상 파괴주의자, 이본. 그가 지도를 태워 없애자는 생각을 해내는데는 몇 분이 걸렸지만 우리가 어떻게 할 것인지는 금방 결정났다.

지도를 그렸던 대원이 라이터를 꺼내서 불을 붙였다. 나머지 사람들은 그를 에워싸고 환호성을 질렀다.

아시아에게 부탄 지역 탐험에 대한 얘기를 하면서 지도를 태워버린 일은 내가 이본에게서 배운 가장 큰 교훈이었다는 말도 덧붙였다.

"어째서요?"

"그런 일을 계기로 과정이 목표보다 더 중요하다는 생각을 하게 됐지. 단순 하지만 그와 같은 교훈에 진정으로 귀를 기울이는 사람은 많지 않아. 이본은 항상 자기 직원들에게 일을 할 때는 마치 선승(禪僧)이 활을 쏘는 것처럼 하라고 말하지. 호흡에 맞추어 적절한 순간에 활시위를 당기는 것에 집중하고, 잡념을 버림으로써 과녁을 맞추게 된다는 거지."

"이본 아저씨가 등반을 통해 그것을 배웠다고 생각하세요?" 아시아가 물었다.

"내가 알기로는 그래. 이본은 절대로 정상 정복에 얽매이는 사람이 아니었어. 그에게 중요한 건 어디를 어떻게 찾아 가느냐가 중요한 것이었지. 정상이 아니라 정상을 찾아가는 과정이 더 중요하다는 거지."

아시아는 그런 등반 방식이 어떻게 생활화됐는지 느낄 수 있을 만큼 오랫동안 이본도 알고 있었다. 그는 구형 도요타 스테이션 웨건을 몰고 다니는데, 모래와 스쿠버 다이빙 수트, 낚시 도구, 젖은 수건 따위를 가득 싣고 다닌다. 40년 동안 한 이발소에서 한 이발사로부터 항상 같은 식으로 머리를 짧게 자른다. 등반할 때는 50년 전 사람들이 했던 방식으로 줄을 허리에 몇 번 감고 보우 라인 매듭을 고집한다.

요리를 아주 잘하며, 세제를 한 방울도 쓰지 않고 즐겁게 설거지를 한다. 컴퓨터 같은 것을 사용해 본 적이 없으며 제한 속도를 지키면서 운전한다.

"이본에게 배울 점 또 한가지는 몸을 민첩하게 움직이지만 절대로 서두르지는 않는다는 점이란다."

우리는 티베트에서 두 번째로 큰 도시인 시가체에 오후 늦게 도착해서 이곳을 찾는 고독한 군중들에게 매력적으로 보이도록 디자인해 놓은 티베트인 소유의 게스트 하우스에 묵었다. 테라스의 벽은 불교 신자들이 신성하게 여기는 밝은 파운데이션 칼라로 칠해져 있었고, 방에는 벽을 끼고 침대를 겸한 긴 의자들이 놓여 있었다. 젊은 티베트 여성이 활짝 미소를 지으면서 차가운 맥주 한 병씩과 감자 튀김 한접시를 가져왔다. 창문으로 이곳 벼룩 시장을 볼 수 있었다. 옛 시가지가 마치 비탈에서 선 나무들처럼 언덕 요소 요소에 모습이 보였다. 갑작스레 금속 지붕을 두드리는 싸래기 눈을 동반한 폭풍우가 요란한 소리를 내며 몰아치자 상인들은 허둥지둥 물건을 정리하기 시작했다. 세찬 빗줄기가 계속 쏟아지자 골목마다 물이 넘쳐 아래쪽으로 거세게 흘러내렸다.

"장마철로 접어들었어. 민야 콘카까지 가는 길은 큰 고생길이 되겠어."
하며 내가 말했다.

"순례길에 오른 불교 신자들은 고난이 많을수록 좋다고 믿는다잖아요."
아시아가 말했다.

복도에서 영어로 말하는 사람들의 소리가 들렸는데. 네덜란드인, 독일인
여자, 그리고 퀸즈에서 왔다는 미국인이었다. 그들은 모두 이십대 후반이
나 삼십대 초반으로 보였고 카트만두나 방콕, 발리 같은 곳에서 싼 값으로
산 헐렁한 면 소재 옷을 입고 있었다. 그들 일행은 다섯 명이며 조금 싼 단
체 비자로 티베트에 들어오기 위해 함께 여행하고 있다고 말했다.

"다른 두 사람은 어디 있나요?"

"우리 방에서 사랑을 나누고 있어요."

그 말에 한순간 대화가 끊어졌다. 이윽고 내가 유고슬라비아의 전쟁에
대한 뉴스를 들었는지 물었다.

"잠잠해질 거라는 내용이던데요."

정확한 소식이라면 좋겠다고 생각했다. 하지만 다음 날 라사에 도착하
면 좀더 믿을 만한 정보를 얻을 수 있을 것이었다.

"어디로 가죠?" 아시아가 물었다.

"에베레스트" 미국인이 대답했다.

"그 신발을 신고요? 정말 에베레스트도 많이 타락했군." 아시아가 그의
트레킹용 운동화를 보고 말했다. 이제서야 에베레스트 베이스 캠프를 보
고 비난하던 말들을 이해할 수 있었다.

"왜 안되나요? 하지만 눈을 녹여 물을 만들 캠핑용 스토브는 있어야겠
죠. 혹시 하나 파실 것 없나요?"

"없는데요." 내가 말했다.

"괜찮아요." 하며 그는 물을 날라 줄 셰르파 두 사람을 고용한다고 말했다.

"그정도로는 안될 걸요." 내가 점잖게 말했다.

"왜죠?"

"밤이면 모두 얼어붙어버릴 거니까요."

"아, 그 생각을 못했군요." 미국인이 말했다.

다음날, 찌푸린 하늘을 보며 시가체를 떠났다. 라사로 가는 '우정의 고속 도로'는 포장이 되어 있었고, 오후 일찍 라사 외곽에 닿았다. 난생 처음으로 라사, 즉 '신들이 사는 곳'에 들어선 것이다. (라사의 '라'는 신을, '사'는 장소를 의미한다.)

1980년에 조나단과 나는 라사 여행에 대해 민야 콘카 등반만큼이나 흥분했었다. 팀에서 우리만 그런 열망을 가진 것은 아니었다.

그때까지만 해도 라사는 금단의 도시였다. 1980년까지 단지 1,200명의 서양인이 그곳에 간 적이 있었는데, 그 중 623명은 1904년 프랜시스 영 허즈번드 부대 원정팀이었다. 그러나 1980년에는 눈사태 때문에 라사에 가지 못했다. 1985년에 부탄 가는 길에 하인리히 하러를 만났을 때 티베트가 옛날의 모습을 잃어버렸다고 말하여 티베트에 가고 싶은 열망이 식기 시작했다. 등반 친구들에게서 금단의 도시 라사의 대부분이 급성장하는 중국의 다른 도시들과 조금도 다를 바 없는 비슷한 모습이라는 말을 들었기 때문이다. 중국의 근대화 과정을 충분히 보았기 때문이다.

그래서 베이징의 도로를 본따 만든 넓은 길로 라사에 들어서면서도 하인리히 하러가 말했던 포탈라궁(티베트의 수도 라사에 있는 달라이 라마의 궁전. 높이 90미터의 순 티베트양식의 대건축물) 맞은편 주거 지역이 이제는 툭 트인 광장으로 바뀌어 작은 천안문 광장처럼 된 것을 보고도 그리 놀라지 않았다. 라사의 스카이 라인은 이제 포탈라궁만의 전용물이 아니다. 파란색 유리로 지어진 거대한 20층짜리 차이나 텔레콤 본사 건물이 같이 위용을 자랑하면서 하늘 높이 서 있다.

거리마다 새 건물이 들어서고 있는 중이다. 티베트 사람들의 환심을 사고자 중국인들이 돈을 퍼붓고 있다는 것은 잘 알려진 사실이다. 이러한 투자로 인해 가라오케 술집과 유흥가와 사창가가 두 블록이나 형성돼 있었다. 네거리를 따라서 빽빽하게 늘어선 상점들 - 미장원, 신발 가게, 사천 요리 식당, 보석 가게, 금고만 파는 가게, 장판만 파는 가게, 침대 전문점, 베개 전문점 - 을 지났다. 성병 치료약만을 전문으로 파는 약국에는 창문에 중국어로 '섹스'라고 씌어진 커다란 광고판이 있었다.

거리를 돌아다니는 사람들은 중국 한족과 티베트인의 수가 거의 비슷했다. 그 지역을 연구한 사람들은 대다수의 중국 한족들은 중국의 티베트에 대한 투자를 가난한 자치구에 대한 엄청난 원조로 본다고 한다. 또한 전문가들은 이에 대한 티베트인들의 의견은 다양하다.

현상을 있는 그대로 본다면 대다수 티베트 사람들은 라마교의 가르침에 따라 최소한으로 먹고 사는 것 이상으로 욕심을 내지 않고 생활을 하고 있다. 그러나 시장통에서 만나는 티베트 사람들은 중국인을 따라 현대적인 생활을 한다.

생각해보니 에베레스트 근처 금정이라는 마을에서 미국으로 건너온 셀파 여성에 대한 기억이 떠올랐다. 그여자는 언젠가 우리 집에도 온 적이 있다. 7년 이상 미국에 살았는데 고향에 돌아가기를 원치 않았다.

"이제는 전기, 세탁기, 가스, 자동차 없이는 못살 것 같아요." 그녀가 말했다.

"매일같이 가파른 고개를 오르락내리락하며 밭을 갈아 감자를 재배하고 분뇨를 실어 나르는 게 얼마나 어려운지 당신은 모릅니다."

아마 나는 티베트의 오지 마을들에서 많은 시간을 보냈기 때문에 그녀의 삶을 실제에 가깝게 상상할 수 있다. 그렇다고 쿰부 지역의 삶이 해답이고 모두가 그 상태로 돌아가야 한다는 제안을 할 정도로 바보는 아니다. 그러나 나는 이미 과소비 구조에 저져버린 그녀의 변화된 생활 태도 또한 올바른 해답이라고 보지는 않는다.

우리가 야크 호텔에 투숙하고 나서 나는 마당 잔디밭에서 홍적세(洪績

世, 지질시대 신생대 제4기의 전반, 지표에 얼음이 덮히고 큰 포유류가 살았음) 의 얼어붙은 유물같이 보이는 커다란 박제 야크를 보았다. 아시아는 속이 좋지 않아서 목욕하고 잠자리에 들고 싶어했다. 아시아는 무던하게도 나와 한 달 동안이나 같은 텐트를 쓰는 걸 참아냈기 때문에 그녀가 방을 따로 쓸 수 있게 했다. 다와와 나는 그녀의 배낭과 장비들을 옮겨 주었다.

"아침에는 나아졌으면 좋겠구나." 방에 도착해서 내가 말했다.

"걱정 마세요. 그래도 전 이번 여행에서 아무 것도 놓치고 싶지 않아요." 문을 닫기 전에 그녀가 말했다.

우리는 라사에서 이틀간 머물며 이곳저곳 둘러본 다음 청두(成都)로 가는 비행기에 오를 계획이었다. 존은 청두의 산악 안내인에게 우리를 공항에서부터 민야 콘카까지 데려다 주도록 미리 말해 놓았다. 그러나 그것은 쓰촨(四川) 지방의 정치적 상황이 완화되었을 경우에만 가능했다.

존은 미국에 있는 아내에게 전화하러 간다고 했다. 카트만두를 떠나기 전 미국과 중국간의 대사관 폭격사건에 관한 가능한 한 많은 정보를 수집해 달라고 부탁해 놓았으므로 그녀가 지금쯤은 우리가 여행을 계속할지 말지 결정을 내리는데 도움이 될 충분한 정보를 전달해 주기를 기대했다.

짐을 풀고 자리에 누워서 혼잣말로 "인간은 결코 일어나지 않을 일들을 걱정하며 인생을 살아간다."라는 몰리에르(프랑스의 유명한 희곡 작가)의 말을 무슨 만다라나 되는 것처럼 되풀이해 보면서 집에서 늘 해오던 나름의 방식으로 명상에 잠기면서 마음의 평정을 유지하려고 노력했다.

한시간 후 존이 돌아오자 아시아가 소식을 들으려고 우리 쪽으로 왔다.

"미국은 아직 중국인들 입장에 대해서 신뢰할 만한 설명을 하지 않고 있어요. 일반인들은 여전히 화가 나 있지만 청두의 상황은 차분하답니다. 시골의 상황을 일일이 파악하기는 어렵고요."

어떻게 될지 모를 상황이지만 이번 여행의 마지막 성공을 눈앞에 두고 있다. 그러나 어떤 경우라도 아시아를 위험에 빠뜨려서는 안된다고 다짐을 했다.

"이번 여행은 너무나 어려움이 많았어요. 그러나 지금까지 전부 잘 극복했잖아요. 이번에도 이겨 낼 거예요." 아시아가 걱정하듯 말했다.

좋은 수가 있다. 청두에서 하룻밤을 보내고 아주 일찍 떠나면 작은 마을에서는 일어날 지도 모를 문제를 피할 수 있지 않을까?

1980년에는 청두에서 등반로 초입까지 차로 3일이 걸렸지만 이제는 길이 좋아져서 하루 만에도 가능할 거라고 존이 말했다.

"그럼 차로 하루 만에 가는 걸로 하자고." 내가 말했다.

"한가지 더 말씀 드릴 것은요." 하고 존이 말했다.

"이 여행 뒤에 내가 준비 중인 계획이 몇 건 있거든요. 그래서 내 아내도 빨리 돌아와 준비하라고 하고요. 내가 여러분들을 민야 콘카까지 안내할 가이드로 청두에 사는 미엥한테 전화해 놨으니 모든 준비가 돼 있어요. 그래서 나는 내일 모레 다와하고 카트만두로 돌아갈까 합니다."

나는 그에게 문제 없을 거라고 했다. 아침에 아시아는 여전히 속이 메스껍지만 하루만이라도 관광을 하고 싶다고 했다. 우리는 이곳에서 꼭 보아야 할 곳이기에 차를 타고 도시 북쪽, 티베트 최대의 사원 중 하나인 세라 사원으로 갔다. 문화 혁명 이전에 세라 사원에는 3,500명의 승려와 수행자들이 기거하고 있었다. 그곳은 혁명 후까지 비교적 온전하게 보존된 몇 안되는 곳 중 하나였고 오늘날까지도 티베트 전역에서 온 400여 승려들의 중요한 교육장이다. 적어도 100명 정도가 '토론마당'에 모여 넓은 활엽수 아래서 짝을 지어 손짓 발짓을 다해 가면서 온몸으로 논쟁을 하는 특이한 모습은 보는 사람으로 하여금 큰 호기심을 끌었다.

"내가 사진을 찍으면 싫어하겠죠?" 존에게 물었다.

"전혀 안 그래요. 여기서는 매일 관광객들을 대하는 걸요."

나는 비디오 카메라와 스틸 카메라를 모두 가져와서 어느 것을 사용할지 망설였다.

비디오 카메라를 들고 삼각대를 세운 후 나에게 아무 신경도 쓰지 않는 승려들을 테이프에 담았다. 나는 비디오 촬영을 마치고 스틸 카메라에 줌 렌즈를 끼우고 노출을 맞췄다. 빛이 나무들 사이로 들어오는 이미지들이 좋을 것 같았다. 저쪽을 보니 아시아가 혼자 앉아서 승려들을 바라보고 있었다.

목에 카메라를 메지 않고 혹은 가방에 무거운 필름이나 비디오 카메라 없이, 혹은 매일같이 기록해야 할 레포트나 일기장 없이 알바트로스 새처럼 자유롭게 여행을 다닐 수 있었으면 얼마나 좋을까 하고 바랐던 적이 얼마나 많았던가.

지난 10년 동안 나는 영화나 사진 촬영, 단행본이나 잡지 계약을 하지 않고 여행을 떠나는 것을 습관으로 했다. 여행만을 위한 여행을 위해, 내가 처음으로 고산 등반을 시작했을 때 느꼈던 순수한 목적을 다시금 찾기 위해서다. 내가 스스로 경비를 부담했던 여행은 1988년의 일이다. 그때 거실에 앉아 『Earth Watch』란 환경 잡지를 넘겨 보다가 깊은 바다의 뒷부분에서 높이 솟아오른 하얀 서리가 긴 거대한 바위 사진의 장관을 보았다. 사진 설명은 〈티에라 델 푸에고 협곡에서〉(남미 남단의 섬, 동쪽은 아르헨티나 영토이고 서쪽은 칠레의 영토로 마젤란 해협으로 남미대륙과 구분됨)였다. 의심할 여지 없이 수천 명의 사람들이 이 사진을 보았을 것이다. 아마도 몇몇은 그 크고 뾰족한 바위를 오르면 재미있겠다고 생각하기도 했을 것이다. 그러나 나와 같은 생각을 하면서 실천에 옮기기로 결정한 독자 한사람으로부터 전화가 왔다.

나는 이본과 몇 집 건너 살았는데, 바로 그로부터 전화가 왔다. 집에 좀 들러 달라는 것이었다.

"일반 비행기 짐칸에 맡겨 실을 수 있는 조립식 카약을 구하는 거야. 그리고 그걸 타고 들어가 그 장관의 협곡을 탐험도 하고 바위산도 올라보는 거야. 어때?" 그가 말했다.

이본이 쉰 살이 되고 몇 주 후에 이루어진 여행이다. 생일날 그는 자신의 소신대로 여행을 하는 것이 중요하다고 말했다. 팔목과 팔꿈치에 염증이 있고, 수년 전 콜롬비아의 진흙탕 물살로 다이빙해 들어갈 때 다쳤던 목이 만성적으로 아픈 그는 자신의 뜻대로 등반할 수 있는 기간은 10년 남짓이라고 생각하고 있었다. 그 당시 50은 내게 그다지 많은 나이로 생각되지 않았으나 영화 「레이더스」가 그보다 몇 년 전에 나왔고, 거기서 인디아나 존스는 "나이가 문제가 아니라 얼마나 많은 여행을 하였느냐가 중요하다."고 한 말이 생각났다.

이 여행에서 우리는 몸에 민야 콘카의 눈사태 때보다 더 많은 모험의 흔적을 남길 것이 분명하였다. 좀더 조사해 보니 잡지에 실린 사진은 티에라델 휴고가 아니라 마젤란 해협(남미 대륙 남단에 있는) 바로 위 북쪽의 마젤란 군도의 운하와 협곡과 섬이 미로처럼 얽힌 지형의 바위산을 촬영한 것이었다. 불과 몇 명의 등반가만이 그 지역에 가 본 적이 있었다.

"당신들이 어떤 봉우리에 관심이 있는지 알 것 같아요. 작은 피츠로이(칠레와 아르헨티나 국경을 이루는 파타고니아 안데스의 주요 봉우리의 하나. 주변에 비에드마흐호가 있으며 산정부는 빙하와 암봉이다. 3375미터)를 옮겨 놓은 것 같은 거죠." 그 등반가 중의 한 사람이 우리에게 말했다.

"만약 거기서 카약을 탈 거라면 뒤집어놓을 만큼 급류지요. 물살도 거세지요. 좁은 곳이어서 급한 물살은 수직으로 솟구치는 파도를 만들 정도입니다. 게다가 날씨까지 세계 최악이에요. 2주 동안 거기 있었는데 바람과 싸락눈이 그치질 않더군요. 날씨가 항상 그렇대요. 보통 한해에 고작 일주일 정도 맑을 겁니다."

우리는 더그 톰킨스와 짐 도니니라는 두 명의 친구를 합류시키기로 했다. 짐은 의류 회사인 파타고니아 대표이자 잘 알려진 알파인 등반가로 파타고니아, 알래스카, 그리고 카라코람에서 고난도의 기술 등반을 해왔다.

우리는 식탁 위에 지도를 펼치고 이 모험에서 가장 위험한 부분이 우리가 건너갈 폭이 16킬로미터인 해협이라는 것을 알았다. 계속 카약을 타는 것보다 푸에르트 나탈레스라는 어촌에서 작은 배를 빌려 운하 외곽으로 113킬로미터 펼쳐진 해로를 맞바람을 안고 가는 것이 더 현명하다고 생각했다. 거기서 우리가 등반하려는 봉우리에 가능한 한 가깝게 보트를 대고 내려야 할 것이다. 등반을 마친 후에는 등 뒤에서 부는 바람을 받으며 돌아올 수 있을 것 같았다.

푸에르토 나탈레스에서 우리는 오래되어 갯냄새가 짙게 나는 보트에 장비를 싣고 출항했다. 찌푸린 하늘 아래서 좁은 해협을 향해 나아갔다. 45노트의 서풍 때문에 갑판 위로 토네이도 같은 물보라가 올라와 퍼졌다. 배가 험한 파도에 부딪친 후 잠시 잠잠한 동안 우리는 아주 작은 선실 주방에 모여서 나무를 때는 난로에 찻물을 끓였다.

"어이, 피그(이본의 닉 네임) 우리 정말 대단한 곳에 와 있는 것 같아."
더그가 1968년에 피츠로이를 올랐을 때 붙여준 별명을 부르며 이본에게 말했다. 그때 그들은 오래된 밴을 타고 새로운 루트로 피츠로이를 오르는 데 두 달이 걸렸고, 이본은 미끄러져서 무릎에 아이스 엑스가 박히는 바람에 14일 동안 천장이 낮고 침침한 눈 동굴 속의 축축한 슬리핑 백 안에 누워 있어야 했었다.

그때 그곳에서 그는 인생의 중요한 길목이라고 생각하는 30세 생일을 맞고는 더욱 굳센 의지를 키울 수 있었다. 이제 정확히 20년이 지나서 그와 더그는 다시금 옛날 그때와 비슷한 곳에서 같은 상황에 와 있었다. 그리고 이본은 그때까지 깨닫지 못했던, 모험만이 사람을 젊게 해주는 인생의 묘약이라는 것을, 또 나이를 잊게 하는 애인이라는 것을, 그러나 그 애인은 호락호락하지 않을 뿐 아니라 진실 게임만을 즐기는, 때로는 무서운 존재라는 것을 겨우 알 수 있었다.

이틀 후, 우리는 험하고 좁은 협곡을 배를 타고 올라갔는데 돌풍은 30미터 높이로 물보라를 일으키며 세차게 몰아쳤다.

"이제부터야." 이본이 말했다.

여기에서 인간이 사는 가장 가까운 지역은 험한 물살을 지나 110킬로미터 거리에 있었다. 우리는 그저 제대로 목적지를 찾아 가기를 바랐다. 야생 밤나무들 사이에 텐트를 치고 야외 취사장을 만들고 그 위에는 방수천을 쳤다. 다음 날 비가 그쳤지만 구름은 여전히 봉우리를 감싸고 있었다.

"잠시 동안 구름이 걷힐 것 같아."

잠시 후 구름 속에 군데군데 뚫린 곳을 통해 수직으로 서 있는 바위 벽이 보였다. 또 조금 있으니 하늘이 더 열려서 우리 캠프 바로 위로 첨탑같은 바위가 드러났다.

"이곳은 우리가 부탄의 산에서 길을 헤맨 등정보다 훨씬 어려울 거야."

내가 이본과 더그에게 말했다. 우리는 취사 장비가 있는 곳으로 돌아와서 아침에 등반 장비를 산 아래로 옮기기로 결정했다. 파타고니아 서부 해변의 너도밤나무 숲은 세계에서 가장 빽빽한 숲으로 유명하다. 그 숲을 헤치고 수목 한계선 위쪽에 이르는데 4시간이 걸렸다. 그리고 우리는 더욱 악명 높은 파타고니아 바람이 부는 지대로 들어섰다. 남반구 위도 50~60도 부근 지역에서는 드센 서풍이 거대한 남쪽 대양 위로 거침없이 불어와 파타고니아 안데스까지 불어닥친다. 거기서 바람은 거친 소리를 내는 돌풍으로 변하여 해협과 봉우리들을 오르락내리락 하는데 너무나 급하고 강해서 망치로 치는 것처럼 느껴졌다.

바람을 등지고 걸음을 옮길 때마다 바람에 날려가지 않으려면 한번씩 멈추어 서야 했다. 우리는 장비를 안전하게 보관한 다음, 다시 캠프로 돌아섰다. 머리를 낮추고 바람을 헤치고 나갔다.

"이런 바람은 내평생 처음 경험해보는 것 같아." 이본이 소리쳤다.

취사 장비 캠프 위의 방수천이 벗겨져 나갔다. 3일이 지나고 4일, 5일이 지났다.

우리는 체온을 유지하기 위해 캠프 주변 짧은 해변에서 조깅을 했다. 썰물 때는 홍합을 주워다가 끓는 물에 삶아서 점심과 저녁으로 먹었다. 6일, 7일, 8일. 부엌 옆에는 홍합 껍질 더미만 점점 높아졌다. 고도계의 고도가 두 번이나 90미터씩 떨어졌다. 우리들 중 누구도 그 정도의 기압 변화를 경험한 적이 없다. 일기 변화는 오직 바람 소리로만 판단할 수밖에 없었다. 시속 80킬로미터 정도가 넘는 것 같았다.

9일이 지나고 10일. 더그는 2주 후에 에스프리사에 일하러 돌아가야 했다. 카약으로 돌아가는 데만 일주일이 걸린다. 어떻게 해서든 산 아래까지 가서 비바람이 불던 눈보라가 치던 가능한 한 등반을 시도하기로 결정했다. 일찍 출발하여 배낭을 지고 바위 벽 아래로 가는 빙하를 올랐다. 위를 올려다보니 세찬 바람이 소용돌이치며 얼음발같은 굵은 장대비가, 말만 듣던 빙우가 쏟아졌다.

구름 사이로 언뜻 보이는 바위는 눈과 서리로 덮여 있었다. 봉우리의 아랫 부분에서도 바람이 너무 강해서 1미터 옆 사람에게도 고함을 질러야만 했다.

"힘들겠는데. 올라갈 수 있을 것 같지 않아?" 내가 소리쳤다.

더그가 동의했다. 이본은 이렇다 저렇다 말이 없었다.

"조금이라도 올라가 보자." 짐이 소리치면서 로프를 풀기 시작했다.

"누구 같이 갈 사람?"

"그래, 그럼 나도 간다." 이본이 소리쳤다.

짐은 등반을 시작했다. 한참 올라가다 바람이 너무 강해서 이본의 허리에서 풀어진 로프가 마치 조련사의 지시에 따르는 뱀처럼 허공에서 흔들렸다. 짐이 고전하는 걸 보니 휘몰아치는 눈보라와 수직에 가까운 암벽을 로프에만 의존해서는 등반이 어려울 것 같았다. 짐이 첫 번째 피치를 마친 다음, 확보를 하던 이본이 다음 피치를 리드했는데 툭 불거진 부분이 있어서 힘들어 보였다.

얼음물이 바위를 타고 흐르다가 돌풍을 만나 두 사람 위로 쏟아졌다. 등반 속도가 너무 느려서 더그와 나는 체온을 유지하기 위해 발을 구르고 팔을 흔들며 서 있었다. 우리 둘은 짐과 이본이 계속 올라가리라고는 생각하지 않았다. 그때 짐과 이본은 두 피치를 더 올라가고 있었다.

그때가 오후 5시였고 9시면 어두워질 것이다. 아마 3분의 1쯤, 혹은 그보다 좀 못간 것 같은데 비박할 장비도 없었고 비박할 수도 없었다. 마침내 두 사람이 구름 속으로 사라졌다.

"다른 쪽으로 올라가자. 설마 다른 길이 있을 거야." 더그가 소리쳤다.

우리가 뾰족한 봉우리의 다른 쪽으로 몇 십 미터쯤 올라갔을 때 7시가 되었다. 바위는 가파르고 푸석푸석했으며, 돌풍 때문에 떨어질까 봐 무서워서 바람부는 쪽으로는 한번에 한 발이나 한 손만 움직일 수밖에 없어서 우리는 포기하고 내려왔다. 우리가 돌아왔을 때 날은 저물었고 짐과 이본의 모습은 보이지 않았다.

"그들도 아마 다른 쪽으로 줄을 타고 내려갔을 거야." 더그가 말했다.

"그래야 할 텐데. 비박은 힘들어."

"캠프로 돌아가자. 분명히 거기 와 있을 거야."

바람은 점점 더 거세어 졌고 우리는 머리를 숙인 채 열심히 바람을 헤치고 한걸음씩 내려갔다. 너도밤나무 숲속 가장 무성한 곳에서 신발이 푹푹 빠지는 습지를 만나 기다시피하여 빠져나오느라 날카로운 잎사귀에 손을 베었다.

"내 생각에는 두 사람이 캠프에서 차를 마시고 있을 것 같아." 더그가 말했다. 우리는 자정이 막 지나서야 캠프를 찾았다. 캠프에 도착하면서 보니 촛불이나 플래시나 아무런 불빛이나 인기척도 없었다.

"자고 있나 봐." 텐트가 가까워지자 더그가 말했다.

"피그, 일어나. 피그?"

대답이 없었다. 두 개의 텐트가 모두 비어 있었다. 우리는 텐트로 쓰러지

듯 들어가 음식을 조금 먹고 나서 걱정을 하다가 잠자리에 들었다. 자기 텐트로 간 더그는 마치 이본이 옆에 있는 것처럼 혼잣말로 중얼거렸다

"괜찮을 거야, 피그."

나는 슬리핑 백 안으로 기어 들어갔다. 텐트에 혼자 누워, 내 팔에 안겨 숨을 거둔 조나단의 모습을 떠올리며 너무 피곤한 나머지 잠에 빠져들었다. 그때는 눈사태 이후 8년이 흐른 뒤였으므로 조나단의 이미지는 아주 간간이 찾아왔다. 그런데 이때는 마치 그가 죽은 날처럼 생생했다.

잠들었다가 눈을 떴을 때는 노란색 텐트 천이 희미하나마 호박색을 띠고 있었다. 잠시 동안 나는 이본이 텐트 안에 있다고 생각했지만 돌아보니 그의 슬리핑 백이 늘어져 있는 것만 보였다.

그리고 나는 이본과 짐이 시체로 바위에 걸려서 찢어진 인형처럼 보이는 환상이 떠올랐다. 곧바로 떨쳐 버리려고 했지만 계속 떠올랐다. 바깥에서 딸그락거리는 소리가 들렸다. 더그가 차를 끓이는구나 생각하고,

"더그, 아직 두 사람 기척도 없어?"

"아니, 나야. 이본이야."

"응. 아이구. 세상에 이 얼마나 반가운 목소리냐."

"피그. 해냈구나!" 그제서야 더그가 자기 텐트에서 소리쳤다.

내가 텐트에서 기어 나올 때 짐도 캠프에 도착하는 것이 보였다. 빛은 희미했지만 찢어진 옷과 핼쑥한 뺨과 눈 위쪽에 젖은 머리칼이 달라붙은 모습이 보였다.

"너무 힘든 구간이 있었어." 짐이 말했다.

"몇 구간에서는 또 얼음비가 내렸어. 9시쯤에 정상에 올랐지. 그리고 나서는 밤새도록 녹초가 되어 죽다싶이 로프에 의지해 내려와야 했지. 계속 움직여야 했어."

"비박을 한답시고 쉬었다면 죽었을 거야." 이본이 덧붙였다.

네 발로 기어내려와서는 안전했지만 바람이 너무 세서 바위 아래 무릎

1988년 이본
(왼쪽)과 더그와
함께 티에라 델
푸에고 해협에
서,
얼음이 썩인 비
바람과 돌풍으로
10일간 발이 묶
여 방수천을 두
른 식당 텐트에
서 냉동 건조시
킨 음식을 먹으
면서 (1988년
릭 리지웨이 촬
영)

을 꿇고 몸을 수그려야 했다. 그리고 밤새 너도밤나무 숲을 헤매었지.

"아이구, 좀 뻗어야겠어." 이본이 말했다. 그는 텐트 안으로 들어갔고 잠시 후 깊은 잠에 빠져 느리고 규칙적인 숨소리가 들렸다.

다음날 이본과 짐은 아침 시간이 훨씬 지나서 일어났다. 짐은 손에 생긴 여러 개의 물집들을 처치했다. 이본은 손목, 발목, 팔, 팔꿈치를 주물렀다

"나는 짐을 그대로 따라야겠다고 생각하면서 올라갔어." 이본이 말했다.

"다섯 번째 피치에서 우리가 끝까지 갈 수 있겠구나 하고 생각했지."

"염증은 어때?" 내가 물었다.

"더 나빠지지 않으면 카약을 저을 수 있을 거야."

그가 텐트에서 빗물이 떨어지는 것을 멍하니 바라보며 말했다.

"이봐, 오랜 시간 동안 너무 힘든 산행이었어."

다음날 아침, 우리는 더 이상 지체할 수 없어 카약을 조립하고 캠프를 정리했다. 우리는 비록 올 때와는 달리 바람을 등지기는 했으나 110킬로미

터가 넘는, 에베레스트에서 8,000미터가 넘는 죽음의 지대가 아니라 이번에는 죽음의 수로를 헤쳐 나가야 했다. 우선 협곡 위쪽으로 8킬로미터를 노를 저어 올라가 다시금 넓은 해협에 닿아서 푸에르토 나탈레스로 돌아갈 계획이었다. 우리는 출발하여 서로 가까운 거리를 유지하려고 애쓰면서도 해변가 쪽으로 노를 저었다. 더블 카약을 같이 탄 짐과 더그는 싱글 카약을 타고 가는 이본이나 나보다 조금 순조롭게 길을 잡아나갔다. 곧 첫번째 돌풍이 아래쪽으로 불어닥쳐 나는 해변가 절벽에 냅다 꽂혔고 파도가 밀려와 내 카약을 바위에 내동댕이쳤다. 한참 후 또 한차례 돌풍이 밀려와서 배가 뒤집어지지 않도록 안간힘을 썼다. 우리는 한숨 돌리기 위해 피난처가 될 만한 곳에 배를 댔다.

"정신을 바짝 차리지 않으면 안돼." 이본이 말했다.

"농담이 아니야."

"조심해야 돼." 그는 혼잣말로 몇 번이고 중얼거렸다.

우리는 다시 돌풍과 파도 속에서 배를 열심히 저어가는데 집중해서 서로를 돌아볼 수도 없었다. 우리는 생사의 위험 속에서, 더 이상 비참할 수 없을 정도로 힘든 협곡과 바위섬과 절벽이 미로처럼 얽힌 해협을, 돌풍과 토네이도 물보라와 얼음같은 빗줄기를 피할 수도 없어, 마지막에는 고통을 즐기면서 그래도 탐험가답게 헤쳐나갔다.

누구 한사람이라도 배가 뒤집히면 죽을 가능성이 높다. 그때 우리는 그런 생각들을 마음 속에서 떨쳐내야 한다고 생각했다. 모두 노를 젓는데 집중했다. 마비된 손과 불타는듯 고통스런 팔근육을 이미 무시하여버려 손과 팔이 어떻게 되든 그 뒷생각은 할 여유가 없었다. 몸과 마음이 지칠대로 지쳐 더 이상 버티기가 어려울 때쯤 보트 아래에 자갈이 스치는 것이 겨우 느껴졌다. 우리 모두 이젠 살았구나 하고 안도의 숨을 내쉬었다.

천신만고 끝에 푸에르토 나탈레스에 도착했을 때 우리를 맞아 주는 사람은 호기심에 차 보트에만 관심있는 두 명의 꼬마들 뿐이었다. 우리는 한 아이에게 카메라 버튼 누르는 법을 가르쳐 주고 기념 사진을 찍으려고 보트 옆에 섰다.

"우리 모두 평생 잊을 수 없는 순간들이었어." 스냅 사진을 찍은 후 더그가 말했다.

"그래도 우리는 해낸 거야." 이본이 동의했다.

"팔목하고 팔꿈치는 좀 어때?" 내가 이본에게 물었다.

"괜찮아. 사실 아프기는 해도 기분이 굉장히 좋아."

이본은 낚싯배가 묶여 있는 부두를 보며 걷고 있었다. 그는 생각할 때면 늘 그렇듯이 아무 말이 없었다. 그러나 늘 만족할 때만 그에게서 볼 수 있었던 조용한 웃음을 짓고 있었다.

"있잖아. 이번 여행은 내 인생에 꼭 필요한 부분이었어." 그가 말했다.

몇 달 뒤 이본은 그때 노를 저었던 마지막 15분 동안 팔목과 목언저리, 무릎 등이 몹시 아파서 과연 같이 따라 해낼 수 있을지 의심이 들기 시작했다고 고백했다. 그는 그때 원정에서 자신이 마지막 한계에 달해 있었다고 말했다. 그러나 그는 노를 젓던 마지막 순간 동안 생사의 기로에서 그한계를 무슨 힘으로 버텨냈는지 알 수 없었다고 하였다. 그것은 눈사태 이후 아득한 빙하의 심연을 내려다볼 때와 같은 경험이었다.

라사에서 보낸 마지막 날 이른 새벽에 아시아와 나는 존과 다와에게 작별 인사를 했다. 아시아는 그 젊은 셀파를 껴안았고 다와는 자기 카타 스카프를 아시아의 목에 둘러 주며 행운을 빌었다.

"이게 내 주소예요. 꼭 편지하세요." 그가 아시아에게 종이 한장을 주면서 말했다.

"그럴게요." 아시아가 말했다.

"다음 번 티베트에 오면 내가 또 요리해 줄 테니 연락하세요."

"그럴 수 있으면 정말 좋겠어요." 그녀가 대답했다.

나는 다와와 존과 차례로 악수를 했다. 그리고 그들은 티베트인 운전사가 모는 랜드 크루저를 타고 공항을 향해 떠났다.

"다와 그 사람 정말 친절하고 너무 잘 해주었어요." 아시아는 다와가 떠난 다음 말했다.

"늦게 자면서도 아침에 일찍 일어나고 항상 그렇게 명랑했고요. 정말 좋은 사람이에요."

아침을 먹고 아시아와 나는 릭샤를 타고 시내를 거쳐 포탈라궁으로 갔다. 그리고 궁궐의 웅장한 남쪽 전면으로 이어지는 넓은 계단을 천천히 올랐다. 우리는 부처, 보살, 도금한 불상들이 연이어 있는 곳을 걸어갔다. 불상들은 대부분 유리 상자에 모셔져 있었다. 우리는 유럽과 미국과 중국에서 온 여행자들과 함께 있었다. 우리가 볼 수 있는 유일한 승려는 돈을 받고 안내해주는 사람이었다. 우리는 옥상으로 가는 긴 계단을 올라가서 도시를 내려다보았다. 내가 아시아에게 말했다

"여기가 하인리히 하러가 달라이 라마가 어린 소년이었을 때 그와 함께 앉아 있던 곳이야. 그 두 사람은 도시를 내려다 보곤 했지."

"그 당시에 여기에 있었더라면 어땠을지 상상할 수 있으세요? 굉장한 모험이었을 거예요." 아시아가 말했다.

나는 그때 아시아에게 하러가 어떻게 달라이 라마의 가정 교사가 되었는지, 또한 바깥 세상에 대해 어떻게 가르쳤는지 이야기했다. 그러나 하러에게는 인도의 전쟁 포로 수용소에서 함께 히말라야를 넘어 티베트 지역으로 도망쳐 온 피터 아우프슈나이터라는 파트너가 있었다. 어떤 면에서 아우프슈나이터는 하러가 따를 수 없을 만큼 훨씬 더 순수한 모험가였다고 나는 생각한다. 하러처럼 그도 대담한 등반가였고 두 번이나 칸첸중가봉의 거의 정상까지 올랐다.

누구도 8,000미터 봉우리를 등정하지 못했던 1920년대의 일이었다. 그러나 그는 하러처럼 아이거 북벽을 처음 등정했다고 유명해진 것도 아니

고, 『티베트에서의 7년』을 쓰게 되면서 훨씬 더 유명하게 된 하러처럼 달라이 라마와 같이 있는 시간을 가지지도 않았다. 하러는 그의 저서에서 아우프슈나이터가 남 앞에 내세워지거나 드러나 보여지기를 싫어하기 때문에 그의 정신 세계를 고의적으로 말하지 않았다.

아우프슈나이터는 하러가 자신에 대하여 쓸데없는 말을 하는 것을 싫어하여서 하러는 아우프슈나이터를 자신이 힘들 때 언제든지 의지할 수 있는 조용한 파트너 정도로 칭찬하였다.

"하러는 한때 자신이 얼마나 아우프슈나이터를 존경하는지 보여 주는 말을 한 적이 있어." 내가 아시아에게 말했다.

"실은 하러가 아우프슈나이터를 파트너 이상으로 훨씬 더 존경의 대상으로 보았다고 생각해. 그가 타고난 솔직함 때문이지. 그는 아우프슈나이터가 젊었을 때 선택한 좌우명에 따라 흔들리지 않고 평생을 살아간 사람이라고 말했어. 그런 것을 라틴어로 '에세 쾀 비데리(Esse Quam Videri)' 라고 말하는데 '잘 보이기보다는 있는 그대로' 라는 뜻이지."

그날 저녁 호텔로 돌아와 아시아와 헤어져 내 방으로 돌아와 그날 분 여행 일기를 마무리했다. 내 마음은 포탈라 옥상, 하러와 아우프슈나이터와의 우정 이상의 관계, 그리고 내가 이전에 생각해보지 못했던 일들로 가득 찼다. 아우프슈나이터와 하러의 우정이 조나단과 나와의 우정과 같은 것일가? 나는 과연 두 우정간의 차이가 있다면 무엇인가 의문을 던졌다.

1976년 에베레스트 등정 이후 내가 참여한 모든 탐험은 잡지나 텔레비전 쇼에서 소개되었다. 나는 산악인이자 모험가로 대중적인 인지도를 얻어 남 앞에 드러내 보이기를 좋아했고 그러한 지명도를 즐기는 동안 다른 사람들의 숨은 업적이나 일들은 그 속에서 소리없이 파묻혀 지나갔다는 것도 알았다. 내가 올랐던 봉우리보다 나보다 앞서 더 힘들게 산을 올랐던 등반가들, 내 시도보다 더욱 대담한 여행을 했던 모험가들의 노고, 같이 등짐을 나르고 길을 내었던 동료들 등.

1980년 민야 콘카 등반 이후, 내가 다시 높은 산을 등반할지는 확신이 없었지만 계속해서 잡지에 글과 책을 쓰고 텔레비전 쇼 프로에 출연하고 다큐 필름을 제작하는 일을 계속하기로 했다. 그러나 그뒤 내 자신의 모험보다는 다른 사람들의 모험을 기록으로 남겨야 한다고 생각하기 시작했다. 나는 지금도 내 모습이 카메라에 잡히는 보르네오 횡단같은 여행을 피할 수 없었지만 가능하면 카메라 뒤에 숨어 있었다. 눈사태 이후, 대중적인 인정을 받든지 말든지간에 그것이 정확히 내가 한 일과 나 자신을 자랑하기보다는 있는 그대로 담아야 한다고 생각했다. 그러한 결심은 다시 말해서 조나단의 죽음 이후 내가 한 또 다른 결심과 연관이 있다. 자신의 행동에서 이기심과 연관된 것을 모두 없애려는 그의 생각을 앞으로 나도 살아가는 신조로 삼겠다는 결심이었다.

　지금도 나는 조나단의 신조를 지키며 산다는 것이 힘들었고, 세월이 흐르면서 자기도 모르는 사이에 때때로 그런 신조에 벗어난 잘못이 저질러졌다. 예를 들어 1980년대 중반에 『롤링 스톤』지가 나에게 '이 시대의 진정한 인디아나 존스'라는 이름을 붙여 나의 프로필을 소개한 적이 있다. 그 기사에 촬영을 담당한 사진 작가는 나에게 알로하 셔츠와 서핑 반바지를 입고 크램폰을 착용하고 아이스 엑스를 들고서 야자수나무에 오르게 했다. 나는 말도 안되는 소리지만 촬영 이미지를 생각해 그대로 따랐다.

　이제 15년이 지난 후, 라사의 호텔방에서 언젠가 어니스트 헤밍웨이가 "자기 안에 어떤 충동과 유혹에도 끄떡하지 않는 거짓말 탐지기를 자기 몸속에 지니는 것이 중요하다"고 했던 말의 의미를 이해하기 시작했다.

　나는 바로 지금 내가 조나단에서 찾고 있었던 것은 하인리히 하러가 아우프슈나이터를 존경했던 것과 같이 있는 그대로를 볼 수 있는 자기 성실과 정직이라고 생각해 보았다.

　불을 끄고 잠들기 전에 내자신에게 말했다

　"에세 쿰 비데리."

캄 지역 1999년 7월 3

11

20년 전 쓰촨(四川) 지방 최대 도시인 청두(成都)에 있던 유일한 호텔은 7층짜리 콘크리트 건물로 프롤레타리아 기능주의의 상징같은 진쟝이란 호텔이었다. 지금은 할리테이 인이나 세계적 체인을 가진 훌륭한 대규모 호텔 시설이 있다. 그밖에도 다이너스티, 민샨, 청두 등 별 네 개, 별 다섯 개짜리 호텔들도 수두룩하다.

처음 방문했던 추억을 떠올리며 아시아와 나는 진쟝에 투숙하기로 했다. 도시 자체가 현대화된 것 못지않게 그 동안 호텔은 깜짝 놀랄 정도로 대대적인 수리를 했던 것 같다. 대리석 바닥에, 천장에는 직경 4~5미터는 될 듯한 크리스탈 샹들리에가 달려 있는 로비로 들어서자 제복을 입은 도어 맨이 인사를 했다.

1980년 문화 혁명의 뒷마무리도 완전히 정리되고 수년이 지난 그 때, 호텔 로비의 바닥은 콘크리트로 되어 있었고, 벽은 당시 중국과 러시아 공산당이 선호했던 천편일률적인 녹색으로 칠해져 있었다. 당시 식당 입구에는 영어로 "환영! 좋은 서비스 풍성한 음식"이라는 켓치 프레이스가 적힌 3미터짜리 간판이 걸려 있었다.

안내 데스크에서 연락관이 우리에게 숙박계를 건네 주자 이본은 직업난에 '자본가'라고 쓰고는 "이제 날 제대로 대접해 주는 곳에 왔군" 하고 말했다. 그 연락 사무관은 숙박계를 보고는 이본을 바라보며 고개를 끄덕였다.

"어, 이본 취나드 씨, 자본가시군. 그러니까 아주 부자라는 말씀인가요?"

"그럼요. 아주 부자죠." 이본은 재미있어 하며 말했다.

아시아와 나는 예전에는 '좋은 서비스 풍성한 음식'을 내세웠다가 이제는 '루브르 가든'으로 이름을 바꾼 식당에서 아침을 먹었다. 프랑스 시골풍 옷을 입은 식당 여주인이 우리를 커다란 고무나무 화분이 놓인 테이블로 안내했다. 빳빳한 흰 천을 씌운 테이블 뒤에는 1.5미터짜리 에펠탑 모형이 있었다. 죽 늘어세운 카트에 거창한 뷔페 음식이 차려져 있었는데, 반짝거리는 놋쇠 받침대 위에 놓여져 있었다. 1980년에 이 방의 벽은 호텔의 다른 부분과 똑같은 녹색이었고, 아침 식사로는 붉은 기름이 덮인 섬뜩한 느낌의 고기에, 얼마나 묵었는지 모를 오래된 오리알이 누런 기름과 엉켜 있었다.

우리의 이전 원정 때에는 중국에 일주일 넘게 머물렀는데 그때만 해도 매일매일이 하나의 모험이었다. 우리 비행기가 그 당시 세계에서 가장 큰 도시였던 상하이를 밤중에 접근하는데 도시 상공에서 거의 불빛을 발견할 수가 없었다. 당시에는 베이징(北京)의 넓은 길에는 수십만 대의 자전거로 꽉 차 있었다.

우리는 증기 기관차가 끄는 열차를 타고 조나단과 같이 베이징을 떠났다. 넓은 황하를 건널 때 우리는 자스민 차를 마시면서 지는 해를 바라보았다. 예쁘장한 여승무원은 새벽에 쓰촨 북부에 닿고, 해질 무렵 청두에 도착할 것이라고 일러 주었다. 기차는 산으로 올라가면서 좁은 계곡으로 들어섰다. 창문이 열려 있어서 증기 기관차에서 나온 석탄 가루가 섞여 들어왔지만 얇은 셔츠 안으로 들어오는 바람은 기분을 좋게 했다.

우리는 책을 읽었고 왕년의 모험에 대해 이야기를 나누었다. 나는 처음으로 남태평양에 갔던 여행 이야기를 하면서 산호초로 둘러싸여 있는 낙원같은 섬과 터키석 빛깔을 머금은 하늘에 떠 있던 구름에 대해 말했다.

"가끔씩 그 여행을 떠올리게 돼. 그러면 남태평양의 그 낙원 같은 섬의 이미지가 되살아나지. 마치 어렸을 때 좋아서 외웠던 짧은 시처럼."

"어떤 시인데 그런 시가 기억나?" 조나단이 물었다.

나는 어렸을 때 외웠던 그 시를 더듬으며 낭송해 보았다. 낭송을 마치자, 조나단은 의자에 몸을 맡기고 창 밖의 시골 풍경을 마치 고향인 것처럼 바라보고 있었다.

"너무 좋은 시야. 맘에 쏙 들어 한번 더 낭송해 봐" 조나단이 말했다.

> 나는 날아 가고 싶다
> 황금 사과가 자라는 어느 하늘 아래로
> 앵무새 섬에 닻을 내리고
> 앵무새와 염소들이 지켜보는
> 고독한 크루소들이 배를 만드는 곳

조나단은 창 밖을 보며 미소를 지었다. 우리는 천천히 움직이는 강물을 따라가고 있었다. 강가에 있는 나무들이 비췃빛 강물에 그림자를 드리웠다. 나는 미루나무에 앉은 물수리새를 보았다. 우리는 강 위에 넓은 밀짚 챙모자를 쓰고 혼자 삿대를 젓는 어부도 지나쳐 갔다. 배의 앞머리에는 가마우지가 고기잡을 준비를 하고 있었다.(중국의 일부 지역에서는 먼 옛날부터 가마우지 새의 목 아래 부분을 끈으로 살짝 묶어 가마우지가 물고기를 잡으면 물고기를 삼키지 못하게 한 후 그것을 꺼내는 방법으로 물고기를 잡았다)

"우리가 찾고 있는 곳이 저런 곳 아닐까?" 조나단이 창 밖을 내다보면서 미소지었다.

"어느 하늘 아래 있다는 곳 말이야."

아침 식사 후, 새로운 가이드 미엥이 신형 닛산 차를 타고 도착했다. 통역으로 함께 온 중년 여성은 이곳 대학에서 지질학을 가르치는 교수였다. 음식과 캠프 장비를 실은 작은 트럭이 뒤따라 도착했고, 운전수와 요리를 해 줄 10대 후반의 젊은 남자와 인사를 나누었다. 무릎을 다쳐 지금은 다리를 절고 있지만 미엥은 한때 이 지역에서 유명한 산악인이었다. 그도 중국인들이 공가산이라고 부르는 민야 콘카를 등반한 적이 있다. 미엥은 165센티미터 정도의 키에 이본처럼 체구가 단단했다. 미엥의 손도 이본과 비슷해 체격에 비해 크고 상처투성이였다. 얼굴에서 항상 미소가 떠나지 않아서 아시아와 나는 금새 그를 좋아하게 되었다. 그는 통역을 통해서 1980년에 진쟝 호텔에서 만난 기억이 난다고 말했다. 또한 조나단도 기억하며, 조나단이 눈사태로 죽었다는 소식을 듣고는 그와 청두의 다른 클라이머들이 슬퍼했다고 말했다. 아시아와 나는 그의 배려에 감사의 인사를 하고 자동차를 타고 떠났다. 미엥은 운전하면서 우리에게 유고 내전에 따른 미국과 중국과의 정치적 상황에 대해 걱정하지 말라고 했다.

"미엥은 아무런 문제가 되지 않을 거랍니다." 통역이 우리에게 말했다.

"가능하면 오늘 안으로 루바까지 갔으면 합니다." 내가 말했다.

루바는 이 길의 끝이자 민야 콘카로 가는 길의 시작이다. 통역이 말을 하자 미엥은 고개를 끄덕였다. 한 시간 동안 빠르게 달렸는데도 청두의 경공업 단지를 벗어나지 못했다. 청두가 20년 만에 이렇게 커졌다는 것이 믿어지지 않을 정도였다. 1980년에는 지금의 절반 속도로 30분만 가면 도시를 벗어날 수 있었다.

고속도로에 들어선지 두 시간 만에 얀에 도착했다. 1980년에는 하루가 꼬박 걸렸던 길이다. 도심에는 고층 건물들이 있어서 모든 게 낯설었다. 20년 전, 옛 정부 건물을 개조하고 우리의 도착에 맞추어 새로 페인트 칠을 했던 게스트 하우스에서 밤을 보낸 일이 생각났다.

그때 막 감기에 걸린 나는 조나단에게 방을 같이 쓰자고 했다. 그는 내 짐을 윗 층으로 옮겼다. 석고를 덧발라 꽃무늬를 새겨 넣은 높은 천장과 화장대, 대나무를 구부려 만든 옷걸이, 그리고 두 개의 침대가 있었는데 침대에는 모기장이 달려 있었다.

"이곳은 아직 의화단사건(1900.6. 청(淸)나라 말기 북경에서 있었던 외세배척 운동의 비밀결사로 북청사변을 일으킴)이 일어났던 1900년대 초기 분위기 같아." 하고 조나단이 말했다.

나는 열이 올라서 해열제 두 알을 먹고 누웠다. 해지기 한시간쯤 전에 조나단은 카메라를 들고 나갔다. 그가 돌아왔을 때 잠에서 깼다.

"여기 아이들은 아직도 우리같은 서양 사람을 많이 접해보지 못했어 이상하게 보이나 봐. 삼사백 명쯤 되는 아이들을 뒤에 달고 다니는 피리 부는 사나이가 된 기분이었어. 아이들이 두 블록 정도는 뒤따라 왔을 거야. 그 덕에 괜찮은 사진을 좀 찍었지." 하며 그가 이야기해 주었다.

그는 저녁을 먹으러 다시 나갔다. 다시 돌아왔을 때 나는 깨어 있었지만 말은 하지 않았다. 눈앞이 가물거릴 정도로 열이 올라 있었다. 조나단은 내가 잠들었다고 생각했는지 조용히 옷을 벗고 모기장을 들춘 후 침대로 들어갔다. 잠시 후 그는 가볍게 한숨을 토해 내면서 규칙적인 숨소리를 냈다.

고개를 돌려 그를 바라보았다. 하나 뿐인 창문으로 들어온 빛이 그의 둥그런 머리와 얼굴을 비추고 있었다. 모기장의 망사천 때문에 흐려진 그의 모습이 왠지 장례식장에서 얼굴을 가린 미망인을 보는 분위기를 연상시켰다. 나는 기분이 이상해져서 시선을 돌렸다.

미엥은 얀을 지나는 동안 계속 빠르게 차를 몰았다. 도시를 벗어나자 쓰촨 지방의 강 유역이 구릉 지대로 바뀌면서 민야 콘카로 이어지는 높은 고원 지대가 나타났다. 히말라야와 같은 조산대이어서 식물군도 유사하다. 소나무, 전나무, 솔송나무, 가문비나무들이 빽빽하게 들어서 있었고, 좀더 높은 곳에는 전나무와 진달래, 노간주나무가 있었다. 민야 콘카 지방은 또한 대륙성 장마 전선이 형성되는 산맥의 최북단에 속했다. 장마가 시작된 다음에 등반을 시작해야 하는 것이 마음에 걸렸다.

얀을 지나서 먼 거리를 돌아가야 했으므로 하루 만에 중간 목적지에 도착할 수 없었다. 그렇지만 더 이상 중국 사람들의 반미 감정에 신경을 쓰지 않아도 되었다. 뻣뻣해진 다리를 풀기 위해 몇 번 차를 멈추었을 때 보니 미엥이 말한 대로 그 지방 사람들은 우리에게 무관심했다.

마침내 우리는 한밤중에 이름 모를 마을에 도착하여 여관에 투숙하고 나니 그제서야 크게 안심이 되었다. 방으로 짐을 옮기고 자명종 시계를 다섯 시에 맞추고 침대에 누웠다. 다행히도 침대는 튼튼했다. 그러나 직경 30센티미터 정도 되는 둥근 베개는 얼마나 단단한지 무기로 써도 될 정도였다. 나는 일어나 가방에서 스웨터를 말아 베개로 삼았다. 막 잠이 들려고 하는데 문을 두드리는 소리가 들렸다.

"저예요, 아시아."

"무슨 일이냐?"

"욕실에 거미가 있어요."

나는 옷을 입고 문을 열었다.

"죄송해요." 아시아가 말했다.

"죄송하긴." 정말로 귀찮지 않았다. 아시아는 나를 따라 홀을 가로질러 와서 침실에 서 있었고, 그 동안 나는 욕실로 들어갔다.

"뭐야? 이거! 거미가 접시만 하구나."

사실 그만큼 크지는 않았지만 긴 다리를 펼치면 내 손 크기 정도는 될 것 같았다. 욕실 수건으로 휙 쳐내자 바닥에 나뒹굴었다.

침실로 돌아가 아시아에게 괜찮으냐고 물었다. 괜찮다고 했지만 놀란 것 같았다.

"내 방에 있을래?" 벌레 공포증이 있었다는 것이 생각나서 물어 보았다.

"아저씨는 바닥에서 잘게."

"아니에요. 이제 벌레가 없으니까 괜찮아요."

"그래. 불편하면 건너 와라."

내가 문 밖에 나서자마자 아시아가 몇 시인지 물었다.

"12시를 넘어 아마 새벽 1시쯤 됐을걸."

"그럼 제 생일이에요."

나는 방으로 다시 들어가 아시아를 감싸 안아 주고 축하해 주었다.

"이제 스무살 성년이 되었구나. 축하한다."

"고마워요."

"정말 괜찮지?"

"네. 그럼요. 걱정 마세요."

다음날 아침 동이 트기 전에 길을 떠났다. 말없이 차를 타고 가다가 언덕과 강이 보일 정도로 날이 밝아오자 다시 한번 아시아의 생일을 축하해 주었다.

"고마워요. 지난 밤에 할머니가 보내신 카드를 열어 보았어요. 저한테 20 달러를 보내셨더라구요."

우리가 떠나기 전에 아시아의 할머니는 내게 카드를 보내셨고, 나는 며칠 전에 카드를 아시아에게 주면서 할머니 부탁대로 아시아의 생일인 오늘까지 열어 보지 말라고 일러 주었다.

"생일 파티를 열어 주어야지." 내가 말했다.

"괜찮아요. 이 여행 전체가 제 생일 잔치잖아요." 아시아가 대답했다.

정오에 칸딩이라는 작은 도시에 도착해서 점심을 먹었다. 이곳 역시 몰라볼 정도로 성장했다. 예전에 이 도시는 중국과 티베트 사이의 무역의 관문으로 유명한 곳이었다.

"이 도시는 예전에 타치엔루라고 불렸습니다." 내가 통역에게 말하자 그녀는 미엥에게 그대로 전했다.

"미엥은 전혀 들어본 적이 없대요."

"혁명 전에 사용되었던 티베트식 이름이라고 말해 주세요."

"미엥은 확실하냐고 물어보는데요."

"그럼요. 많은 책에도 그렇게 적혀 있다고 말해 줘요."

미엥이 30년 이상 이곳을 드나들었으면서도 이 사실을 모른다는 게 놀라웠다. 혁명 이후 이 지역이 얼마나 철저히 변모했는지를 보여 주는 일이었다. 1932년에 네 명의 하버드 대학생들이 처음으로 민야 콘카에 오르기 위해 타치엔루에 도착했을 때 그들은 긴 야크 행렬이 티베트 고원에서 소금 자루와 동물 가죽 묶음을 지고 내려오는 것을 보았다. 그리고 나서 사람들은 그 물건들을 눌러 말린 차 묶음들과 교환했다. 이 차는 거의 140킬로그램이나 되는 짐을 지고 다니는 짐꾼들이 저지대에서 날라온 것이었다. 1980년까지만 해도 옛 타치엔루의 흔적은 일부 남아 있었다. 도시 한쪽 끝에는 동화 속에 나올 듯한 탑이 있었는데 사각형 지붕에 뾰족한 박공 구조로 장식되어 있었다. 대부분의 집들이 똑같은 2층짜리 목재 구조였고 창틀에는 제라늄 화분들이 놓여 있어 예전에 하버드 대학생들이 방문했을 때 본 그대로였다. 그러나 이제 도시를 가로지르는 강 양쪽에는 콘크리트 아파트와 10~12층 높이의 건물들이 복잡하게 늘어서 있다. 만약 옛 건물과 탑을 마구 부수는 대신 그 원형을 살려 복원해 놓았더라면 더 좋았을 거라는 생각은 들었지만 중국인들이 옛 건물을 허물고 재건축하는 현대화 작업을 무턱대놓고 비난할 수 만은 없었다.

칸딩은 캄(Kham)이라는 티베트 동부 지역이 시작되는 곳이었다. 그리고 일부 캄파(캄족 사람들)이 중국 한족들 사이를 당당히 걸어다니는 모습이 보였다. 그 사람들은 특히 키가 180센티미터나 되었고 머리에 붉은색 실을 땋아 장식하기 때문에 쉽게 구별된다. 1980년에 우리가 여기서 밤을 보냈을 때 이본과 나는 어떤 종류의 천을 파는지 구경하고 싶어서 잡화점에 들렀다. 이럴 때 이본은 항상 파타고니아를 위한 디자인 아이디어를 찾고 있었다.

안에는 두 명의 캄파가 있었는데 우리는 그때 처음으로 캄파 족을 보았다. 그들은 양가죽으로 만든 긴 겉옷에 수를 놓은 펠트 장화를 신고 허리에 칼을 차고 있었다. 키가 크고 등이 곧았으며 머리를 길게 땋았고 분위기는 에드워드 커티스의 사진에 나온 아메리칸 인디언을 연상시켰다. 그때까지 우리가 본 모든 사람들과 달리, 이 두 명의 캄파는 우리를 유심히 보기는 커녕 한 번 힐끗 쳐다보지도 않았다. 그들은 서로 어깨동무를 하고 가게를 떠났다. 나중에서야 나는 그들이 전형적인 캄파라는 것을 알았다. 캄파는 티베트 전역에서 가장 용맹한 무사족들이었고, 끊임없이 분리 독립을 주장하며 중국에 저항했다.

"캄파들은 라사의 주민들보다 용감하여 라사인들이 캄파족을 항상 두려워 하고 있었다." 하인리히 하러는 이렇게 썼다.

"그들은 매우 저돌적인 사람들이며 조금만 건들여도 칼을 뽑았다."

우리는 가파른 계곡 포장 도로를 타고 칸딩을 떠났다. 수목 한계선 위쪽으로 보이는 봉우리에는 키가 작은 진달래가 자줏빛 꽃을 피우고 있었다. 우리는 구름 속으로 들어갔다. 그리고 한 시간 후에 만트라 깃발과 깨끗하게 닦인 돌 제단에 노간주나무 가지가 타면서 연기가 피어오르는 길목에 닿았다. 1980년에는 이런 것이 전혀 없었다.

마오쩌뚱이 사망하고 4인방이 체포된지 4년째 되던 그때까지도 중국 오지와 티베트 전역에 자유화 바람이 아직도 미미했기 때문에 이 지방 불교 신앙이나 전통적 풍습을 겉으로 많이 드러내지는 않았다.

우리는 얼마 가지 않아서 넓은 계곡에 도착했다. 계곡을 둘러싼 봉우리가 훤히 드러다 보일 정도로 나무가 없었다. 몇 분 지나자 첫번째 캄파족들의 전형적인 집들이 보였다. 그 집들은 견고한 구조에 3층 높이로 집 안쪽을 향해 사다리꼴로 약간 기울어진 매끄러운 벽에 섬세하게 조각된 돌판으로 지어졌다. 위층에는 연한 빨강, 초록, 노랑색을 칠한 격자 창문이 있었다. 이 집들 중 일부는 이삼백 년이나 되었다지만 한 채도 그렇게 낡아 보이지 않았다.

이어서 역시 눈에 익은 높은 돌벽에 둘러싸인 주택 단지를 지났다.

"아시아, 저 벽화 보이니?"

지금은 비바람에 씻겨서 알아보기 어렵지만 20년 전에는 중국 비행기가 티베트 지역을 폭격하는 장면이 조악하게 그려진 그림을 찾아 볼 수 있었다고 말했다. 이지역의 캄파들이 칼과 화승총(火繩銃)을 들고 중국인에 대항하자 중국 당국이 티베트 지역 도시와 마을에 무차별 폭탄을 투하했던 소위 칸딩 반란을 기록한 것이었다.

그러나 나는 이곳에서 아주 가까운 곳에서 일어났던 또 다른 사건을 떠올렸다. 조나단은 이곳 불교에 관심이 커 우연히 손에 염주를 들고 다니게 되었는데, 지금 아시아가 가지고 있는 바로 그것이다. 그는 티베트 불교도들이 만트라를 외울 때 하듯이 손가락으로 염주알을 굴렸는데 그때 한 노인이 그것을 보고 놀라서 소리쳤다.

그것을 본 모든 사람들도 놀라는 반응을 보였는데, 자신들의 종교를 오히려 외국인들이 공공연히 아무런 거리낌도 없이 믿어주는 것에 대해 반가와 놀라면서도 너무 노골적으로 보이지 않으려고 조심하는 빛이 역력했다. 조나단이 염주를 한 노인에게 건네주자 그 노인은 잠시 주저하다가 반가이 받았다. 그리고 나서 천천히 손가락으로 염주를 굴리면서 얼굴에 미소를 지우며 기도했다. 뒤쪽에서 젊고 키가 큰 한 캄파가 우리를 조용히 바라보았다. 그는 내가 자신을 보고 있음을 알아차리고 군중 위로 손을 올리더니 고맙다고 하늘로 엄지를 치켜올리면서 득의만면해 하였다.

조나단은 염주를 노인에게 주었지만 카메라 맨 에드가와 나는 조나단이 그것을 얼마나 소중히 여기는지 알고 있었다. 에드가는 자기 손가방 속에서 티베트 불교의 경전을 꺼내서 속표지에 있는 부처의 컬러 도판도 노인에게 보여 주었다.

노인은 잠시 그것을 바라보다가 에드가와 나, 그리고 조나단의 손을 차례로 꼭 잡았다. 그때 노인의 눈에는 눈물이 고였다. 그날 밤 조나단은 일기에 이렇게 썼다.

한 민족의 문화의 겉모습은 바뀌기도 파괴되기도 하지만 인간의 마음 속에 자리잡고 있는 내면의 문화는 결코 쉽게 굴복시킬 수 없다. 나는 그 노인의 얼굴에서만큼 심오한 기쁨을 본 적이 없다. 이 여행이 내일 끝나더라도 크게 성공한 것이다.

하류로 가면서 강은 점점 넓어지고 갈색 물이 넘쳐 났다. 강을 따라가면서 창밖을 보았다. 작은 산들은 소나무로 덮여 있었다.

루바일 것으로 추측되는 작은 마을을 지났다.

"처음으로 옛 모습을 그대로 간직한 장소가 나왔구나." 내가 아시아에게 말했다.

"우리는 저 마을에서 캠프를 하면서 이틀 동안 장비를 챙긴 다음 말 20마리에 싣고 베이스 캠프를 향해 출발했단다."

1980년에는 마치 길을 새로 내면서 가는 것만큼이나 힘들었다. 계곡 위쪽으로 16킬로미터쯤 가자 미엥은 800미터 정도 떨어진 곳에 보이는 물길을 가리켰다.

미엥은 여기서부터 민야 콘카로 가는 길이 시작된다고 하고 나서 100미터쯤 가더니 집 앞에 나와 있는 한 캄파의 집에서 멈췄다.

미엥이 손짓을 하자 캄파는 자동차 쪽으로 왔다. 건장한 30세 정도의 남자로 점잖아 보이면서도 눈빛은 날카로웠다. 미엥이 중국어로 말하자 캄파는 대답을 하지 않았다.

"미엥이 뭐라고 했죠?" 내가 통역에게 말했다.

"우리가 묵어갈 수 있는지, 그리고 아침에 짐을 실을 말을 빌려 줄 수 있는지 물어 보네요."

그 캄파는 우리를 꼼꼼히 살펴본 다음 대답하려는 것 같았다. 잠시 후 그는 입에서 담배를 뽑아 재를 떨고 미엥에게 무슨 말을 했다.

"뭐라고 하나요?" 내가 통역에게 물었다.

"문제 없다고 하네요."

우리는 캄파를 따라 집안으로 들어갔다. 1층은 동물들을 위한 공간이고 사람들은 윗층에서 산다. 이것은 셀파족들의 집구조와 비슷하였으며 아마도 이러한 공통점은 이 지역 기후와 생활 풍속 때문일 것이다. 셀파족의 구전되어 내려오는 역사는 그 민족이 500~600년 전에 캄 지역에서 쿰부 지역에 있는 현재의 고향으로 이주했다고 한다. 그래서 '셀파'는 원래 '동쪽 사람들'이란 의미이다. 우리는 집안에서 어둠속을 더듬거리며 주인을 따라갔다. 잠시 후 2층으로 들어섰다. 집 주인은 화로가에 앉으라는 손짓을 하고 자기를 소개했다. 그의 이름은 타시, 다섯 살쯤 되어 보이는 딸과, 일곱 살 정도 되는 아들이 있었다. 타시의 아내는 20대 후반으로, 놀랄 만큼 아름다웠다. 그녀는 우리에게 신선한 우유와 소금을 섞은 홍차를 내놓았다.

타시와 미엥은 길게 이야기를 나눴고 우리의 통역이 그 이야기를 전해 주었다.

"미엥은 타시에게 여러 해 전 당신이 공가산을 올랐던 일과 아시아의 아버지가 죽었던 눈사태 이야기를 했어요. 그리고 그는 아시아의 아버지가 공가산 기슭에 묻혀 있고 여러분이 그의 무덤을 찾으러 간다고 말했어요. 타시는 여러분을 돕게 되어서 큰 영광이라고 합니다."

아시아와 나는 타시를 보며 고개를 끄덕였고, 그는 우리 한 사람 한 사람을 돌아보며 고개를 끄덕였다.

조상을 공경하는 동양의 문화적인 전통 때문에 우리의 등반 동기에 공감하는 듯했다. 예를 들어, 매년 중국의 한식날에 사람들은 부모의 무덤을 찾아가서 묘지를 정돈하고 경의를 표하는데 아시아와 내가 하려고 하는 일이 이러한 자기들의 성묘 전통과 부합하는 것으로 보였다.

저녁 늦게 우리는 모두 화로 앞 바닥에 슬리핑 백을 깔았다.

"생일 축하한다. 파티를 못해 주어 미안하다."

내가 슬리핑 백으로 들어가면서 아시아에게 말했다.

"괜찮아요. 정말 즐거운 하루를 보냈으며 많은 생각을 했어요."

"무슨 생각?"

"예를 들면 앞으로 살면서 무엇을 할까 하는 거요."

"앞으로 할 일이야 무궁무진할 텐데, 뭘 생각했니?"

"전공을 건축과 산업 디자인으로 바꿔보기로 했어요. 제가 지난 여름에 이본 아저씨를 위해 스노우 보드 복을 만들었던 것처럼 물건을 디자인하고 만드는 일로요."

"넌 자질이 있어. 그리고 사물이 어떻게 작동하는지에 대한 직관 능력도 뛰어나." 그녀가 이번 여행을 통해 보여준 행동을 기억하면서 말했다.

"그런데 사진은 어떠냐?"

"사진도 저에겐 최선의 길인 것 같다는 생각이 들어요."

"긴 여행의 장점이 바로 그런 거야. 사물을 새로운 관점에서 볼 수 있도록 눈을 떠주게 하거든."

"네. 여행에서 그런 걸 느낀 것 같아요. 그런데 한가지 후회가 돼요."

"뭐가?"

"아루 지역에 갔을 때 산에 한번 더 오르고 싶었어요. 무섭고 힘겨웠지만 한번 더 시도했어야 하는 건데…… 언제 다시."

"아시아, 네가 정말 산에 더 많이 오르고 싶다면 앞으로 얼마든지 할 수 있어. 마음먹는 게 어려운 거지."

아침에 타시가 친척을 불러 두 시간 걸려 여섯 마리 말을 데려왔고, 짐을 없는데 30분이 더 걸렸다. 길을 떠나 800미터쯤 더 가니 민야 콘카로 가는 물길이 나타났다. 뻐꾹새는 소리를 내어 울어댔고 우리는 여름철 초록잎이 무성한 낙엽송을 지났다. 그것이 수목 한계선 표시였고 곧이어 펼쳐진 봉우리들에는 다양한 야생화가 점점이 박혀 있었다.

나는 모두가 이 높은 지대를 지나가는 모습을 촬영하기 위해 다른 사람보다 빠르게 앞질러 갔다. 꼭대기에 이르자 산등성이의 움푹 들어간 부분에 사원의 만트라가 걸린 깃대 끝이 보였다. 타시가 말들을 이끌고 다가오고 아시아가 가까이 따라오는 것이 보일 때까지 기다렸다.

"사진 찍으셨어요?"

"응. 전에 네 아버지가 우리 모습을 촬영했던 그 앵글로 찍었다. 그 장면은 오래 두고 볼만 했지만, 그날은 내겐 별로 좋지 않은 날이었어."

"무슨 일이 있었나요?"

"제프 풋이라고 우리 영화 감독이 내가 걸렸던 것과 비슷한 감기를 앓았어. 아침에 그는 걸을 수도 말을 탈 수도 없어서 동네 사람들에게 그를 돌보도록 하고 떠나야 했지. 내가 제작자였기 때문에 당연히 내가 감독의 일을 하는 것이 당연하다고 생각했지. 게다가 내가 정말 배우고 싶었던 일이었고, 내 모습 또한 카메라에 담겨져야 하니까 쉽지는 않은 일이었어. 그렇지만 시도는 해보고 싶었지. 문제는 다른 사람들이 내가 제프가 아픈 틈을 이용해 주제넘게 나섰다고 생각한 거야."

"이본 아저씨도요?"

"아니, 이본하고는 사이가 좋았고 네 아버지와도 좋았어. 하지만 문제는 이 길에서, 저기 두 번째 굽은 길에서 시작됐어."

나는 식량과 장비를 실은 20여 마리 말을 이끌고 길을 올라가는 멋진 장면을 담으려고 생각했던 일을 아시아에게 말해 주었다.

말들이 100미터 정도 떨어져 있어서 나는 사람들을 멈추게 하고 카메라팀을 앞으로 보내겠다고 했다. 그리고 나서 말들이 따라왔을 때 등반가들에게 말들 사이사이로 들어서라고 부탁했다. 나는 말과 사람들이 어울려 한줄로 죽 늘어서 길을 따라 걸어 올라가는 모습을 찍고 싶었다. 몇몇 등반가들은 말들을 동요시킬까 걱정했지만 나는 한 장면만 찍겠다고 하면서 고집을 부렸다.

조나단, 에드가, 그리고 음향 담당이었던 피터와 함께 의논을 해서 각자의 역할을 맡아 모두 제자리로 돌아가 준비하였다. 티베트인 짐꾼들과 말들이 도착하자 나는 말 두 마리를 지나가게 하고 킴과 함께 그 사이로 들어가 산행을 시작했다. 다른 사람들도 똑같이 했다. 두 대의 카메라가 돌아갔고 나는 다시없는 멋진 장면이 연출될 것이라고 생각했다.

"이랴! 이랴! 얍! 얍!"

우리 뒤에서 티베트인 짐꾼이 소리를 질렀다. 일행은 첫 번째 산모퉁이를 돌았다. 말들은 짧고 거친 숨을 쉬었고, 짐꾼들은 소리를 질렀다. 50미터쯤 갔을 때 갑자기 놀란 말 울음소리와 짐꾼의 날카로운 휘파람 소리가 들렸다. 위를 쳐다보니 우리 앞의 조랑말이 등에 실어 놨던 짐꾸러미와 함께 산기슭으로 넘어지는 것이 보였다.

"다리가 부러지지 않았나." 킴이 소리쳤다.

우리는 지켜보는 수밖에 없었다. 말은 다시 일어나 보려고 애를 썼지만 소용이 없었고 다리가 허공에서 버둥거렸다. 두 명의 짐꾼이 그곳에 다가갔다. 말은 움직이지 않았다.

"심하게 다친 것 같아." 킴이 말했다.

조금 후 다행히 말이 몸을 일으키더니 앞다리를 세우고 다시 뒷다리까지 세워 일어났다. 티베트인들이 조랑말을 일으켜 다시 데려올 때 우리 모두는 환호했다. 그들은 흩어진 짐을 다시 모으고 잠시 후에 말에 짐을 다시 얹었다. 길을 따라 다시 올라가기 시작했다. 킴과 나는 앞으로 먼저 나아가서 다른 사람들을 기다렸다.

그들이 우리 앞으로 다가오자 말들의 행렬을 촬영할테니 줄을 잘 지어서 줄 것을 부탁했다.

"우리는 빼고 찍으슈." 그 중 한명이 우리를 지나치면서 말했다.

"말이 넘어지는 판에 뭘 찍는다고?"

"저 사람들은 우리가 밝은색 옷을 입어서 말들이 동요했다고 생각해." 라고 이본이 말했다.

그날 저녁 몇 사람이 나를 비난하면서 무리하여 말을 놀라게 만들었다고 다그친 일을 나는 아시아에게 얘기해 줬다. 그들은 또한 내가 제프를 대신하여 그들에게 지시한 행동에도 화를 냈다.

조나단에게 어떻게 하는 것이 좋을지를 물었더니 조나단 역시 다른 사람의 생각을 들을 수 있도록 중국인들이 하는 것 같은 '비판의 시간'을 갖자고 했다.

많은 얘기를 들었지만 반성이 되기보다는 화가 날 뿐이었다. 나는 그들에게 이 영화 제작 때문에 원정 계획이 애초 이뤄졌던 것이므로 모두 협력해 줄 의무가 있음을 상기시켰다. 그리고 우리들 모두 티톤에서 가이드 서비스로 같이 일했으면서 마치 그들이 나를 무슨 외인부대에서 온 사람같이 따돌리려는 것처럼 느껴졌다.

역시 조나단은 그때 누군가가 감독의 역할 - 인터뷰를 하고 모든 장면이 적절하게 배치되고 촬영되는지 확인하고, 편집시에 대비하여 필요한 모든 부분을 촬영했는지 살피는 역할 - 을 할 사람이 필요했고 내가 한 일이 타당했다고 말했다. 그는 서로의 말과 행동에 귀를 기울인다면 아무 갈등없이 영화도 잘 만들면서 산을 오를 수 있을 거라고도 했다.

"지금 돌아보니, 문제는 내가 너무나 성급하게 성공적인 영화 제작자가 되고 싶어했다는 거야. K2에서는 목표를 세우고 계속 도전하면 무엇이든 이룰 수 있다는 걸 배웠지. 집념에 대해서는 많이 배웠지만 여전히 사람들과의 관계에서는, 또는 다른 사람 입장에 서서 무슨 일이든지 생각해보는 것에 대해서는 몰랐어. 지금 돌이켜보니 그 때 내가 한 행동은 상당히 잘못한 것이었어."

"음, 아저씨는 그 이후로 많이 변했잖아요."

"네 아버지가 죽은 후부터야."

12

아시아는 타시와 말들을 따라잡으려 떠나고, 나는 잠시 동안 그 길에 머물러 구름 속에 묻혀 있는 민야 콘카의 산비탈을 살펴보았다. 확실치는 않지만 눈사태가 멈추었던 곳까지도 볼 수 있을 것 같았다. 다시 말해 내 기억이 확실하다면 여기서 조나단이 묻혀 있는 곳까지도 볼 수 있다는 뜻이다. 기억을 새롭게 하기 위해서 무덤이 있는 산비탈 사진을 가져왔지만 그 사진은 말 등의 짐 속에 넣어 두었다. 날씨가 좋아진다면 사진과 산의 모습을 비교해 볼 수 있을 것이다. 나는 몇 분을 더 기다리다 짐을 챙겨 떠났다. 길은 구불구불 아래로 이어지면서 계곡의 구름 속으로 이어졌다. 나는 옛 추억에 잠겼고 짙은 안개는 그런 나의 감정을 이해해 주는 듯 하였다.

나는 눈사태의 쇼크 때문에 그 이후 여러 달 동안 내 삶을 좌우했던 슬픔의 수렁에 빠져 허우적대기 시작했다. 여러 원정 영화를 마무리해야 한다는 생각이나 의무감 같은 건 별로 심각하게 느끼지 않고 있었다.

방송사로부터 다큐멘터리 영화를 좀더 감독하고 제작하라는 제안을 받았다. 눈사태 이후 8개월이 지나고 장애인 아이들이 레이니어 산을 올라가는 과정을 필름으로 담았는데, 그 감동적인 이야기가 그때까지 남아 있던 조나단의 죽음으로 인한 고통을 완화시켜 주었다. 어려운 등반을 영화로 만드는 작업은 망설여졌지만 결국 딕과 프랭크로부터 에베레스트 등정을 담은 영화를 공동제작하자는 제의를 받아들였고 그 이후 20년 동안 줄곧 그런 일을 했다.

1980년대에 한 래프팅 팀이 구 소련의 외곽을 흐르는 강을 따라 내려오는 과정을 담은 다큐멘터리를 감독했고, 스키 선수들이 알라스카의 랜디 산을 내려오는 과정도 만들었고, 여섯 명의 열성적인 탐험가들이 개썰매를 타고 남극 대륙을 횡단하는 것도 촬영했다. 이 모든 일에서 나는 카메라 앞에 나서지 않고 그 뒤에 숨어 있는 것에 만족할 줄도 알았다.

1990년대에 이런 영화들을 계속 만들면서 내게 깊은 영향을 미친 몇 가지 경험을 아시아에게 말한 적도 있었다.

첫 번째 경험은 오리노코강 상류에서 네 명의 등반가들이 화강암 산을 오르는 과정을 영화로 만드는 작업이었다. 우리는 강을 거슬러 올라 그 지역의 마지막 오지인 야노마미족 마을에 도착했다. 겨우 10년 전에야 외지인과 접촉이 이루어졌던 지역이었다. 우리들이 카누를 육지에 댈 때 아마 한 50명 정도되는 마을 사람 전체가 강가로 나왔다. 그 사람들은 좁은 진홍색 천으로 주요 부분만 가리고 있었다.

장비를 산꼭대기 베이스 캠프로 옮기는데 도움을 받으려고 몇 명의 야노마모족을 강 하류 마을에서 데려왔는데, 그 중에는 인류학자와 수 년 동안 함께 일했고 스페인어를 할 줄 아는 사람도 있었다. 내 판단으로 정글을 헤쳐 산으로 장비를 옮기려면 포터가 한 명 더 필요할 것 같았다. 그래서 스페인어를 하는 사람을 통해 추장에게 함께 갈 사람을 추천해 줄 수 있는지 물었다.

"추장에게 우리가 한달 정도 떠나 있을 거라고도 얘기하세요."

내가 통역에게 말했다. 추장은 고개를 끄덕이더니 둥그렇게 늘어선 사람들 중에서 좁은 하체 가리개를 하고 활을 들고 있는 젊은이를 가리켰다.

"추장은 저 사람이 갈 수 있다고 합니다." 통역이 말했다.

"좋아요. 이제 그 사람이 집에 가서 필요한 물건을 가져올 동안 우리가 여기서 기다리겠다고 전하세요."

통역은 이것을 추장에게 전했지만 추장은 고개를 젓더니 통역에게 다시 말했다.

"저 사람은 필요한 자기 물건이 더 없답니다."

우리의 새 포터는 사람들과 작별 인사도 하지 않고 카누에 올라 음식과 여분의 옷, 카메라 장비, 그리고 약 110킬로그램 정도의 등산 장비가 든 십여 개의 짐을 옮겼다.

48킬로미터는 더 가야만 등반을 시작할 수 있었다. 그것도 너무나 외진 곳이어서 야노마모족마저도 험한 곳으로 여기는, 인적이라고는 없는 곳을 지나가야 했다. 정글에 사는 노인에게서 이 지역은 사냥감이 많아 야노마모족이 언제라도 짐을 팽개치고 사냥감을 쫓아갈 수 있다는 조언을 들었지만 그것 또한 우리가 감수해야 할 모험의 하나였다.

강의 폭은 점점 좁아졌으며 보트에 누워 무성한 정글이 하늘을 가리는 것을 지켜보았다. 커다란 구렁이 아나콘다가 우리 보트 앞을 지나치기도 했다. 우리의 새로운 포터는 나와 같은 카누에 탔는데 그가 뒤로 몸을 기대더니 아무렇지도 않게 내 무릎을 베고 누우려 했다. 움찔해서 물러나려다가 문화가 달라서 나오는 행동이라 생각하고 마음을 편히 가졌다. 그는 머리가 편안하게 느껴질 때까지 움직여 자리를 잡았다. 피부에 약간의 기름을 바른 그에게서 달콤한 냄새가 났다. 나는 손을 그의 머리에 얹어 주었고, 몇 분 후에 그는 잠이 들었다. 이런 것이 그들의 생활 문화였다.

우리 앞에 큰 나무가 쓰러져 있어 도저이 치울 수 없었기 때문에 기슭에 보트를 대 놓고 원시림으로 걸어가기 시작했다. 둘째 날 나는 한 야노마모를 따라가고 있었는데, 갑자기 자기 짐을 내려놓더니 활을 들고는 정글로 사라졌다.

노인의 말대로 첫 번째가 가는구나하고 생각했다. 나도 짐을 내려놓고 그의 추격에 방해가 되지 않도록 조심하면서 따라갔다. 그때, 호리호리한 나무 줄기 사이로 그가 활을 겨누고 있는 모습을 보았다. 그는 원숭이들이 서로를 부르는 소리를 내고 어깨를 늘어뜨리더니 원숭이 흉내를 내기 시작했다. 호기심에 찬 원숭이들이 접근하기 시작했다. 그는 원숭이 춤과 원숭이 소리를 계속했다. 원숭이들은 계속 다가왔다. 갑자기 일순간에 그 야노마모는 똑바로 서서 화살을 쏘았다. 원숭이들은 사납게 으르렁거렸지만 화살을 피해 안전하게 빠져나갔다.

며칠 후 우리는 베이스 캠프 자리에 도착했고 첫 등반을 시작할 때 아래서 쳐다보던 야노마모는 우리가 등반하는 것을 보고는 그들이 이때까지 보아온 가장 우매한 사람으로 우리를 가리키며 웃었다. 그 봉우리를 오르는데 닷새가 걸렸기 때문이다.

마지막 날 우리는 정상 바로 밑의 바위에서 야영을 했다. 뭉게구름 위로 반달 모양의 상현달이 빛나고 있었고, 구름 속에서는 몇 분마다 번개가 번쩍였다. 우리 머리 위로는 쏙독새가 먹이를 잡느라 날카로운 소리를 내며 공기를 갈랐다. 땅바닥에는 달빛이 출렁댔다. 구름, 정글, 산봉우리들은 천년을 이어온 모습 그대로였다. 그 야노마모족이 원숭이들을 유인하고 야생 동물의 행동을 표현하는 모습은 깊은 인상을 남겼다. 그 야노마모족이 내 평생 처음으로 우리 모두의 마음속에 살아 있는 원시 야생의 인간 모습을 본 것이었다.

4년 후 나는 또 다른 여행을 통해 인간과 야생 동물을 구분짓는 유일한 특징이 우리 손에 든 창뿐인 상황을 느끼게 되었다. 동아프리카에 사는 산악인 친구가 탄자니아쪽에서 올라가 케냐쪽으로 내려오는 코스로 킬리만자로를 횡단해 보자고 제안했다. 두 나라의 정치적인 긴장 상황 때문에 여러 해 동안 여행 허가를 받은 사람은 없었지만, 최근 두 나라가 친선관계를 맺기 시작했고 내 친구는 횡단 허가를 받았던 것이다.

"산 정상에서부터 우리의 여행이 시작되는 것이야." 하고 그가 말했다.

그의 계획은 산정상에서 내려오면서 사보강을 따라 동쪽으로 계속 걸어가는 것이었기 때문이다. 사보강이 아티강과 만나고 갈라나와 합쳐진 후에도 계속 동물들이 다니던 길을 따라가서 강이 초원 지대를 지나 사바키라고 부르는 데까지 이르게 된다. 그러면 우리는 느리고 구불구불한 하적호의 둑 위에 있는 마을을 지나 마침내 킬리만자로의 강물이 인도양으로 모여 드는 곳까지 가게 된다.

"대략 계산해 보니 약 500킬로미터를 걷는 것 같아. 그리고 대부분은 사보 공원을 지나가는 거고." 친구가 말했다. "아래쪽의 관목 숲은 사람이 살지 않고 대부분은 아직 길도 나지 않았어. 원시 시대처럼 옛 모습 그대로일 거야."

나는 케이블 방송사와 도보로 사파리 여행을 비디오 테이프에 담기로 계약했다. 등반과 도보 여행을 마치는데 한 달 정도가 걸렸다. 사보에서 우리는 매일같이 먹이사슬 동물들의 세계에 아주 가까이 있었다.

하루 종일, 들리는 모든 소리에 예민하게 반응하면서 조심스럽게 한걸음씩 내딛었다. 코끼리의 위협을 세 번 받았는데 한번은 150미터 정도로 가까이 있었다. 악어가 지나간 자국을 볼 수 있는 얕은 곳에서만 강을 건넜다. 밤에는 캠프 밖에서 사자들이 으르렁거리는 소리를 들었고, 낮에는 잠에서 깨면 우리를 공격하리란 걸 알면서도 나무덤불 아래 자고 있는 하마 곁을 지나갔다. 나는 그 동안 경험하지 못했던 세계를 의식하며 걸어본 훌륭한 여행이었다.

또 내가 살고 있는 캘리포니아 남부 해변에서 20킬로미터 정도 들어간 곳에 있는 작은 계곡은 예전에 북미에서 중요한 그리즐리 곰 서식지로 유명하였다. 그러나 19세기 초까지도 스페인 목장주는 하루에 거의 100마리에 달하는 곰을 보았다. 1882년까지도 내가 지금 사는 곳에서 15킬로미터 정도 떨어진 곳에서 한번 나가서 아홉 마리를 본 적이 있었다고 했다. 내가 사는 계곡의 마지막 그리즐리 곰은 탐욕스런 인간에 의해 1905년에 총에 맞아 죽었다.

아프리카 원시 밀림지역을 도보 여행으로 마치고 고향에 돌아온 후 나는 그리즐리 곰들이 벤추라강을 걸어 조개를 잡아먹으러 해변으로 향해

가는 장면을 마음의 눈으로만 볼 수 있었다. 더욱 중요한 것은, 내가 하이킹을 나갈 때 200년 전에는 이곳에서 인디언들이 등이 굽은 커다란 곰들과 가까이서 걸어다녔던 모습을 연상할 수 있었다. 내 상상에는 확실히 어떤 커다란 충격이었지만 지구에는 살아있는 모든 생물체들이 모두 서로서로 연결 고리를 가지고 살아가고 있다는 사실이다.

우리는 왜 이런 자각을 지금까지 하지 못한 것일까? 앞으로는 제대로 할 수 있을 것인가?

계절풍이 만든 구름과 안개 속에서 나는 혼자 머물러 서서 지난 일들을 한참 동안 회상하다가 아직도 걷혀지지 않고 있는 짙은 안개 속을 다시 걸으며 고독을 즐기고 있었다. 유일하게 들리는 소리는 내 발자국 소리인데 그것마저 안개 속으로 묻혀 알 수 없었다. 그때 안개 속에서 붉은 얼룩으로 보이던 아시아의 레인 코트가 희미하게 보이기 시작했다.

아시아는 숲 가장자리 초원에 앉아 있고 바로 그 너머로 다른 사람들이 보였다. 내가 도착하자 타시는 손짓으로 나를 불러 작은 보리빵 한덩이와 야크 젖으로 만든 치즈 한조각을 주어 나는 아시아와 나누어 먹었다.

"정말 맛있네요." 그녀가 말했다.

말들이 비에 젖은 풀냄새를 맡고 있는 동안 우리는 빵과 치즈를 먹었다. 짐을 나르는 어미를 따라온 젖먹이 망아지는 너무 지친 나머지 다리를 벌리고 턱을 땅바닥에 댄 채 강아지처럼 누워 있었다. 우리가 모두 일어서자 망아지도 애써 일어나 내키지 않는 듯 어미를 따랐다. 떡갈나무와 진달래가 섞인 숲으로 들어가자 길가의 나뭇가지와 자욱한 안개 때문에 길이 더욱 어두워졌다. 타시가 말의 등짐을 다시 챙기려고 멈추어 서자, 나는 혼자 천천히 숲길을 즐기며 걷고 싶어서 다른 사람들을 먼저 지나가게 했다.

우리는 콘카 곰파 사원으로 올라가는 길을 따라갔다. 그 사원은 거의 1,000년 전에 지어졌고 1980년대에 홍위병의 손에 파괴된 이후 오랫동안

돌더미와 무너진 벽들만 남아 있다가 지금은 재건축되어 수도승들이 기거한다고 말했다. 우리는 그곳에 해질 무렵 도착할 것이라고 했다.

1980년에 우리는 이 길 가까이서 검은 곰을 뒤쫓은 적이 있는데, 그때도 이미 종 수가 점점 사라져가는 중이었으므로 지금 곰을 다시 볼 가능성은 희박했다. 그렇지만 그때 이곳에서 보았던 당당한 모습의 야생 꿩 뇌조의 모습과 그 울음소리라도 한번이라도 볼 수 있다면 정말 신이 날 것 같았다. 그 새는 이 산맥에서 가끔 볼 수 있었지만 타조의 깃과 같은 꼬리 깃털 때문에 수십 년 동안 이지역 사냥감의 주요 표적이 되었다. 1980년까지도 이 새들이 상당히 많아서 콘카 곰파 근처의 숲에 자주 나타났다. 그러나 최근에 발효된 중국의 조수보호법에 따라 보호된다 해도 이 뇌조는 이지역에서 거의 멸종될 정도로 계속 사냥의 목표가 되어 왔는데 만약 여기에서 볼 수 없으면 이 세상 어디에서도 볼 수 없는 새다.

내가 열 살 때 우리 가족은 캘리포니아 남부의 2에이커나 되는 농장으로 이사했다. 커다란 오렌지 나무들로 둘러싸인 그곳에서 우리는 흔한 중국산 꿩을 길러서 사냥 클럽에 내다파는 일을 시작했다. 나는 처음에는 돈을 벌기 위해서, 그리고 나중에는 젊은 호기심을 충족시키기 위해서 좀더 이국적인 종류의 꿩을 길러서 팔거나 교환했다. 전부 합쳐 15종을 길렀고, 1962년에도 150달러나 했던 뇌조 한 쌍을 구입할 돈을 벌기 위해 열심히 일했다. 다른 애호가들이 교환이나 구입을 위해 뒷편 동물 농장을 방문할 때 나는 각 종류마다 어디서 왔는지 그 산지를 말해줄 수 있었다. 나는 마음의 눈으로 수마트라와 보르네오의 열대우림 지대, 네팔의 테라이 저지대 그리고 이곳 히말라야의 높고 경사진 고원 지대를 상상하곤 했다.

길 옆으로 무성한 숲에 허리께까지 닿는 돌벽이 수풀 속으로 뚫려 있었다. 돌마다 진언의 구절이 새겨져 있었다. 앞쪽에 무슨 움직임이 있어 시선을 집중했더니, 토끼처럼 종종걸음으로 숲속으로 들어가는 작은 사향 노루가 보였다. 다시 숲을 걷다가 150미터도 못가서 거위처럼 꽥꽥거리는 소리에 깜짝 놀랐다. 그 순간 아직도 이 산에 위풍당당한 흰귀머리의 뇌조들이 살아 있다는 것을 알고 기쁨이 솟아올랐다. 한 스무 마리쯤 되는 새들이 좌우로 날아올랐다. 짐을 내려 위쪽 주머니에 든 쌍안경을 재빨리 꺼내 왼쪽으로 지나가는 무리를 쫓아갔다. 나무 덤불들을 헤치며 4,300미터 고지라는 사실도 잊은 채 빠르게 달렸다. 그때 바로 앞에서 아름다운 깃털의 큰 뇌조 한 마리가 꽥꽥 소리를 더 크게 지르자 나는 완전히 멈추어 섰다. 그것은 수놈인 것 같았다. 왜냐하면 나무 사이로 암놈과 새끼들과 함께 있다는 것을 보고 본능적 자기과시로 꽥꽥 소리를 고주파로 발사하고 있었다. 아무래도 이 녀석은 혼자 암놈과 새끼들을 보호하고 있는 듯 보였기 때문이다. 언젠가 본 적이 있는 스코틀랜드 위스키회사에서 위스키 원액이 들어있는 오크통 창고를 지키고 있는 큰 거위들의 소리와 꼭 같았다.

수탉만한 몸집에 등, 목, 가슴 깃털이 희고, 아래로 늘어진 큰 꼬리는 청록색이었다. 쌍안경의 초점을 맞추는 동안 그 새는 앞에서 살금살금 걸어다녔다. 새의 눈가에 붉은 볏이 있는 머리를 들어올려 나를 보았다. 두 걸음을 조심스럽게 내딛더니 나무들 속으로 사라졌다. 그 녀석과 무리는 분명 사냥꾼들에게 너무나 많은 생명을 건 괴롭힘을 받았을 터이니 나만이라도 더 이상 괴롭히지 않기로 했다. 어쨌든 그 새를 가까이서 볼 수 있는 행운을 큰 다행으로 생각하였다.

나는 꼼짝 않고 서서, 내가 젊은 시절 상상해보았던 추억속의 야생 뇌조들의 서식지였던 숲을 조금이라도 더 바라보았다.

1976년, 우리가 에베레스트 베이스 캠프까지 긴 여행을 하던 어느 날, 남체 바자를 지나 길에서 가까운 바위에 무지갯빛과 자주, 초록, 금색 깃이 달린 뇌조가 앉은 것을 보았다. 그 뒤로는 아마 다블람으로 보이는 산의 하얀 정상이 보였고, 나는 새의 아름다움 때문이 아니라 그 장면이 소년시절 보았던 책에 실린 그림과 똑같았기 때문에 황홀감에 빠져 쳐다보았다. 그 후 몇 년 동안 내 관심은 유명한 산봉우리들이 아니라 지구상의 잘 알려지지 않은 생소한 구석 지역을 탐험하는 일로 바뀌었으며 보르네오, 부탄, 캄 같은 여러 곳에서 나는 어린 시절로 나를 데려다 주는 새들을 보았다.

이처럼 좀더 생소한 지역으로 모험을 떠나면서, 이 세상의 대부분의 지역이 아직도 그리 멀지 않은 시절 자연의 모습 그대로에 대한 여러가지 아이디어를 수집해 볼 수 있었으며 또 아프리카 도보 여행에서는 지구의 오래 전 과거의 모습이 어떠했는지를 엿볼 수 있는 기회가 있었다.

그 일년 후 남아프리카 남쪽 남극 지역에서 처음으로 거대한 암벽을 등반하는 팀을 촬영하게 되었는데 팀은 일류 스타 급으로 구성되었다. 알렉스 로위와 콘라드 앵커가 등반을 주도할 것이고, 존 크라카우어는 글을 쓰고, 고돈 윌치는 사진을 담당하며, 마이크 그래버와 내가 영화로 만들 예정이었다.

고돈은 남아프리카의 남쪽 남극 지방 중에서도 외딴 극지방인 퀸 모드랜드의 만년설 위로 뾰족하게 솟아오른 화강암에 대해 너무나 잘 알고 있었다. 이 화강암 봉우리는 수직벽으로 하늘에 걸려있는 것처럼 까마득하다. 알렉스와 콘라드는 세계 최고의 알파인 등반가이고, 만일 등반할 사람을 찾는다면 그들이야말로 적격이었다. 존 역시 뛰어난 등반가였고 내성적이고 수줍음을 탔지만 다소 주저하면서도 카메라 앞에 서 달라는 내 요청을 수락했다. 8개월 전에 그는 에베레스트에 갔다가 갑작스런 태풍에 휘말렸다. 거기서 대원 다섯 명이 처참하게 죽었기 때문에 그렇게 빨리 등반을 다시 시작해도 되는지 망설이고 있었다. 좀더 생각해 보더니 진정한 등반은 에베레스트에서의 악령을 쫓아내는 길일지도 모른다고 판단했기 때문이다.

알렉스와 콘라드가 등반을 주도하고, 존은 밧줄을 잡고 따라갔다. 고든과 마이크와 나는 그들이 자리를 잡아놓은 밧줄을 올려 주고 옆에서 도와주거나 높은 지점으로 올라가서 필요한 앵글을 잡기 위해 다시 한번 올라가기를 반복하게 했다. 처음 며칠 동안, 우리는 10~12시간을 일하고 내려가서 스키를 타고 텐트로 돌아가 숙식을 한 후 다시 스키를 타고 산봉우리의 베이스로 와서 로프를 올렸다. 우리가 약 4,500미터 위로 올라왔을 때 우리는 드디어 텐트 세 개를 친 후 암벽에서 잠을 잘 준비를 마쳤다. 고정시키는 곳이 하나인 작은 텐트들이었다. 게다가, 물을 얻기 위해 거의 110킬로그램쯤 되는 얼음을 끌어왔다. 암벽이 너무나 가팔라서 눈이 쌓일 만한 곳이 한군데도 없었기 때문이다. 우리는 모든 것이 얼어붙은 빙벽의 극지방에서 얼음을 구해 끌어와야 하는 웃기는 상황을 재미있어 했다.

벽의 마지막 30미터 부분은 거꾸로 매달려 가야 했는데 그 곳에서 뭔가를 떨어뜨리면 베이스에서 15미터 떨어진 곳에 닿았다. 정상 바로 밑에서 존은 갈라진 암벽 등반을 주도하게 되었다.

"이봐, 다시 등반에 발동이 걸렸어." 그가 마지막 구간을 마치고 나서 말했다.

그때의 등반을 되돌아볼 때 두 가지 이미지가 떠오른다. 한 이미지는 회색이었던 한쪽 벽면의 수직선 띠와 다른 한쪽의 수평선이었다. 수평선의 위쪽은 파랗고 아래는 흰데, 하늘과 얼음이 만나는 바로 그 선이었다. 그리고 화강암의 회색, 파란 하늘색, 흰 얼음색으로 세 가지 색의 영역을 나누는 수직과 수평의 교차선. 그것은 남극에서 초현실주의 추상 화가 로스코(러시아 태생의 미국 화가로 추상 표현주의 작가. 1903~1970)의 작품을 보는 것 같았다. 또 다른 이미지는 고산 지대 만년설을 넘어 정상을 바라보며 얼어붙은 바다 위의 등대처럼 멀리서 커다란 화강암괴가 솟아올라 있는 모습이었다.

정상에 도착했을 때 존은 아내가 세계의 정상 에베레스트에서 휘날리라고 만들어 준 작은 삼각기를 꺼냈다. 녹색 바탕에 오렌지색 도마뱀이 장식

퀸 모드 랜드의 만년설 위로 뾰족하게 솟아오른 거대한 화강암 벽을 오르며.검은 두 물체와 몇 가닥의 로프가 희미하게 보인다.
회색 화강암 수직벽과 푸른 하늘과 하얀 빙하의 수평선이 교차하는 두 이미지는 로스코의 추상 작품을 그대로 남극에 옮겨 놓은 것 같다. (1998년 고돈 윌치 촬영)

된 깃발이었다. 저산소혈증을 의식하면서 살아서 내려와야 한다는 생각밖에 없어서 삼각 깃발을 그만 깜박 잊고 있었던 것이다. 어쨌든 그는 아무도 들어본 적이 없는 남극의 머나 먼 산꼭대기에서 삼각기를 휘날리는 게 개인적 명예욕으로 더럽혀진 에베레스트보다 훨씬 좋다고 생각했다.

"다시는, 다시는 에베레스트에는 가지 않을 거야!" 존이 깃발을 정상에 꽂자 알렉스가 말했다.

"명예욕과 이기심으로 가득찬 욕심쟁이들이 우글거리는"

남극 탐험에 나선 우리는 모두 에베레스트에 간 적이 있었다. 알렉스는 뉴욕 사교계의 명사 샌디 피트먼이 에베레스트 등반을 할 때 두 번이나 가이드를 하기도 했다. 그 여행 중 한번은 바세린 회사에서 엄청난 후원을 했으므로, 우리 모두 알렉스를 심하게 비난했다기 보다 놀려댔다. 때때로 대화 중에 최근 에베레스트 등반에 대한 비난이 쏟아져 나오기도 했다. 존은 에베레스트에 관한 그의 책 원고를 케이프 타운에서 남극행 비행기를 탔을 때에야 탈고했으므로 아직 기억이 생생한 상태에서 그 이야기를 하는 것을 고통스러워했다.

"몇년이 지나도 괴로워할 것 같아." 그가 털어놓았다.

우리들 모두 셀파와 가이드의 도움으로 에베레스트를 등반하고서는 많은 돈을 내고 직업 전문 가이드를 고용하여 고정된 루트를 따라 상업적으로 설치된 로프를 타고 올라가서 마치 자신들의 노력으로 성공한 듯이 등반 경험을 자랑하는 사람들을 비난만 한다는 것은 한번 생각해 볼 문제이기도 했다. .

물론 존은 내가 『세븐 서미트(Seven Summits)』를 프랭크랑 딕과 함께 쓴 것도 알고 있다. 그 책이 나온 후 수백 명은 안되더라도 상당히 많은 사람이 그 이야기에 자극을 받아 각 대륙의 최고봉을 오르려는 시도를 했다. 비록 그중 대다수는 딕과 프랭크처럼 등반에 대해서는 전문 경험이 거의 없었다. 그래서 이러한 수요에 따라 필요 이상으로 많은 등반가들이 전문 직업 가이드가 되려고 나섰고, 네팔 관료들은 돈을 벌 욕심에 한번에 몇 개 팀이 동시에 에베레스트에 오를 수 있게 규정을 고치려 했다.

그러나 나는 종종 프랭크와 딕의 순수한 이야기가 에베레스트 등반 열풍을 부채질했다는 아이러니에 대해 생각했다. 딕 이후로 가이드를 동반한 에베레스트 등반객 중 로프없이 정상까지 갔다오는데 성공한 사람은 거의 없었다. 만일 자기 스스로의 노력과 등반 기술로 했느냐에 따라 등반 모험을 등급을 매긴다면 딕이 마지막 정상에 오른 날 만큼은 진정한 의미의 훌륭한 등반이었다. 딕이 돈이 많기 때문에 훌륭한 가이드와 빨리 기술을 익혀 성공할 수 있었던 것은 사실이다. 정상에 올랐을 때조차도 그에게는 비록 네 번째 시도였지만 마지막 날은 상당한 정도의 스스로의 의지력과 경험과 기술이 요구되었다. 그리고 그로 인해 내가 가장 용감하다고 생각하는 딕의 참 모습이 드러났다. 바로 굽힐 줄 모르는 열정과 의지력이었다. 그는 의지력만 있으면 육체는 따라 온다고 믿었다.

7대륙 최고봉 도전 이후 몇 년 동안 나는 딕과 프랭크와 연락을 주고받으며 지냈다. 프랭크와 마이클 아이스너는 디즈니사를 개혁했고, 스톡옵션을 고려하면 세계 최고의 연봉을 받는 CEO들이었다. 프랭크는 대외적으로 아이스너에게 공로가 돌아가도 그것을 편안하게 받아들일 줄 아는 여유가 생겼다. 그는 그 바쁜 와중에서도 또한 항상 등산 친구들을 만날 시간을 냈다. 때로는 16시간 일을 하고 지친 채 밤늦게 나타나기도 했다. 그러면 우리는 그에게 저녁을 대접하였다. 그가 가장 좋아하는 식사는 이본과 내가 썰물 때 잡은 바다 달팽이와 홍합에다 이본이 구운 빵이 전부였다. 그는 이본과 내가 요리를 즐긴다는 점을 매우 부러워 했다.

우리는 큰 탁자에 앉아 손으로 홍합을 직접 까 그걸 안주삼아 평범한 유리잔으로 와인을 즐겨 마셨다. 그럴 때 프랭크는 의자에 등을 기대고 앉아 있곤 했는데, 그의 얼굴을 보면 면도도 자주하지 못한 너스레한 모습으로 그의 마음은 언제나 우리와 함께 산에 있다는 느낌을 받았다. 똑같은 속옷을 6주 동안이나 계속 입을 수 있었고, 앞뒤 사람과 같은 무게의 짐을 지고 똑같이 함께 산을 올랐던 때로 다시 돌아간 것이었다. 그는 유일하게 요리만은 못 했지만 어쨌든 친구들의 요리를 잘 해주었으니 문제가 없었으며 그런 프랭크가 우리는 좋았다.

몇 년이 지난 후 부활절 일요일, 나는 식구들을 데리고 휴일을 보내러 어머니 댁에 갔다. 달걀 찾기놀이를 하고 나서 아내와 함께 거실에 있었다. 텔레비전이 켜져 있었지만 소리는 나지 않았고 아무도 보지 않았다. 내가 텔레비전 옆을 지나는데 흘낏 프랭크의 얼굴이 화면 전체에 잡힌 것을 보았다. 프랭크가 또다시 메스 컴을 타는구나 하고 생각했다. 아마도 스스로 아이스너에게 넘겨주었던 명예와 유명세를 다시 돌려받는 모양이구나 하고 있었는데 그 때 그의 얼굴 사진 아래로 '워너 브러더스와 디즈니를 빛낸 사람'이란 해설문이 지나가고 동시에 사진 아래로 '1932~1994'라는 자막이 보였다.

"세상에 이럴 수가"

"왜 그래요?" 아내가 돌아보며 말했다.

"프랭크가 죽었어."

내가 소리를 높였을 때는 뉴스가 지나간 뒤였다. 나와 프랭크를 모두 아는 친구에게 전화를 걸었더니, 네바다주 북부 루비 산에서 헬리 스키잉(헬리콥터를 타고 정상에 올라가 하는 스키)을 하다가 추락 사고를 당했다고 했다. 몇 년 전 나에게 아무리 큰 코끼리라도 그 먹는 방법은 한 번에 한 입씩 먹는 거라고 했던 베브 존슨도 같이 사고를 당했으며 그녀의 남편이자 영화 제작 분야에서 나의 오랜 스승인 마이크 후버 역시 심하게 다쳤다. 며칠 후 자세한 사고 경위를 알아보았는데. 구름이 사라지기를 기다리려고 조종사가 헬기를 몇 분간 착륙시켰는데 그때 눈가루가 엔진 필터에 빨려 들어간다는 사실을 모른 채 엔진을 공회전시켰던 것이다. 헬기가 이륙하자 공중에 뜬 지 몇 초도 되지 않아 엔진이 그만 멈추었다는 것이야.

프랭크의 큰 아들 역시 그날 함께 스키를 타고 있었지만 다른 헬리콥터를 타서 사고를 면했다. 그는 사고의 현장에서 아버지의 지갑과 소지품들을 찾다가 지갑 속에 닳아서 해어진 중국 담배 포장지를 발견했다. 그 종이의 접혀진 상태를 보아 프랭크가 오랫동안 지니고 다닌 것 같았다. 아들이 그 종이를 펼쳤을 때 읽기가 어려웠지만 글씨들이 보였다.

"사람의 참다운 기품은 겸손에서 나온다"라고 적혀 있었다.

그는 산을 좋아했고 그래서 산에서 죽었다.

콘카 곰파(사원)는 가파른 언덕 경사면 가운데 유일하게 남은 평탄한 곳에 자리잡고 있으며 거기서는 민야 콘카 동쪽에서 이어져 내려오는 커다란 빙산의 끝자락이 멀리 내다 보인다. 맑은 날은 놀랄 만큼 전망이 좋지만 오늘 오후는 구름속에 가려져 있었다. 사원은 기초부터 다시 지어졌고, 공사는 겨우 몇 년 전에야 끝났지만 안쪽으로 경사진 벽이 있는 2층 건물은 벌써 많은 사람들이 이용하고 또 사람들이 좋아하는 장소가 되었다. 우리는 툭 트인 안마당으로 이어지는 문을 지나 곰파 안으로 들어갔다. 마당은 2층 건물 발코니가 빙 둘러싸고 있으며, 발코니에는 부엌, 거실, 욕실, 기도실, 명상실로 들어가는 문들이 나 있었다. 아시아와 나는 승려 한 명과 같이 쓰게 될 방을 안내받았다. 우리와 함께 온 젊은 중국인 요리사는 가까운 방에 주방을 차리고, 먹고 남을 만큼 음식을 많이 만들어서 차와 다른 것들을 승려들에게 대접할 수도 있었다.

해질 무렵 아시아와 나는 2층 발코니 난간에 기대고 서서 처마 밑에 걸려 날리고 있는 만트라 깃발과 마당 한가운데 놓인 제단, 노간주나무 가지에서 하늘로 피어오르는 연기를 바라보았다. 기도실에서 나이 든 수도승의 염불 소리가 들렸다. 그는 이 사원이 파괴되기 전부터 있었으며 이 사원의 파괴 과정과 재건 과정이 어떠했는지도 잘 알고 있다.

"이 분위기에 젖어들어 보아라." 나는 아시아에게 말했다.

"네 평생 중세 유럽 수도원에서와 같은 분위기에서 밤을 보낼 유일한 기회가 될 테니까. 전기도, 길도, 외부 세계에서 온 물건들도 없어. 어두워진 후에는 촛불만이 사람들 얼굴을 비추고, 양가죽만으로 몸을 따뜻하게 해 준다. 이 장소는 마르코 폴로에게나 익숙했을 거야."

아시아는 내 말을 이해하고 고개를 끄덕였다. 그녀는 아무 말이 없었고 말할 필요도 없었다. 나는 발코니를 돌아다니는 아시아를 남겨 두고 마당으로 내려갔다. 이 지역 티베트 사람들은 공동으로 비용과 자재를 모아 사원을 새롭게 건축하는 놀라운 일을 해냈으나, 그럼에도 불구하고 나는 새

사원이 파괴된 옛 건물만 못하다는 것을 알았다. 첫째로 사원의 벽에 그림들이 없었다. 1980년에 우리가 여기 왔을 때 옛 사원의 폐허 바로 밑에서 캠프를 설치했는데, 텐트를 치고 나서 이본과 조나단과 함께 폐허가 된 사원의 잔해를 둘러보았다. 우리는 지붕의 석판과 석고 덩어리들과 부서진 문조각들을 유심히 살펴볼 수가 있었다. 이본은 수공으로 조각한 목제 기둥의 접합부를 이용하여 두 개의 기둥을 못 하나 쓰지 않고 거의 감쪽같이 연결한 목조각 부분을 집어 들었다.

"이런 기둥의 접합부를 종교적으로 또 예술적으로 아름답게 만드는 기능을 여러 세대에 걸쳐 이어져 내려온 목공들의 숨은 노력을 생각해 봐."

그는 조각을 폐허더미에 다시 던져 놓으며 말했다.

"너무 아까워."

그때 조나단이 모두 부서지고 그나마 남아 있는 벽의 한 부분을 보고는 우리를 불렀다. 모든 벽에 한때 다양한 부처와 보살 그림을 채색하여 그렸는데, 그 벽만 빼놓고 모두 부서져 버린 것을 알 수 있었다. 완전한 폐허가 되어버린 장소에서, 온전한 부처 그림이 하나 남아 우리를 바라보고 엷은 미소를 짓고 있었다.

"신기한데." 조나단이 말했다.

"이 부처만 살아남았다니."

"어떤 부처인데?"

"미륵불이야. 다가올 미래의 부처지."

"무슨 의미가 있는 거야?" 내가 물었다.

"그럼, 의미가 있지." 조나단은 조용한 미소를 띠고 나를 돌아보면서 말했다. 그것은 자기가 알고 있는 세계에 대해 만족하는 미소, 곧 미륵불의 미소와 다르지 않은 미소였다.

"오늘 우리들에게 이 세상에 존재하는 모든 것은 덧없다는 진리를 가르쳐 주고 있는 거야."

나는 침대 머리판에 기대고 누워 촛불 아래서 일기를 썼다. 방은 세로 9미터 가로 3미터 정도 크기다. 창틀에 양피지를 덮은 두 개의 창문이 있었다. 내 침대가 한쪽 끝에 있고, 아시아의 침대가 가운데에 있는데 아시아는 슬리핑 백 안에 배를 깔고 누워 손으로 턱을 괴고 헤드 램프에 의지하여 아버지의 일기를 읽고 있었다. 나는 일기장에서 눈을 뗐다.

"아시아?"

"네?"

"네가 아버지의 일기에서 얻은 가장 중요한 교훈이 있다면 뭐지?"

"항상 자신을 되돌아보고 조그마한 일에도 감사하려고 노력하는 모습이라고 생각되어져요. 그리고 그 노력은 결코 끝나지 않는다고 써 놓은 부분인 것 같아요."

그리고 그녀는 잠시 멈추었다가 말을 이었다.

"하지만 아주 솔직하게 말씀드리자면 저보다도 아저씨가 이 일기에서 더 많은 걸 알고 계시잖아요. 아버지를 잘 아시니까요. 저는 절대로 아저씨만큼 아버지를 알 수가 없겠죠."

"나는 일기를 읽어가면 마음속에 네 아버지 모습이 떠오르는 것 같다."

"전 아저씨가 아버지의 일기에서 읽었다는 것을 얘기해 주는 것을 들으면서 더 많이 이해하게 돼요. 아저씨는 저에게 현실로 다가서 있으니까요. 아저씨의 탐험 얘기도요. 아저씨가 옆에서 저한테 중간중간 말씀해 주신 탐험 이야기들에서 아버지의 일기를 읽을 때하고는 달리 더 소중하게 인생을 배우게 만들었어요."

나는 그녀에게 고맙다고 말하고 다시 일기를 썼다.

흰귀머리뇌조를 본 일을 회상할 때는 잠시 글쓰기를 멈추고 어렸을 때 키웠던 뇌조들과 오늘 본 뇌조들을 생각했다. 두 무리의 새는 마치 내 인생을 비추어 온 등불처럼 느껴졌다. 나는 새장 밖에 서서 철망 속의 뇌조

한 쌍을 바라보는 나의 어릴 때 모습을 상상했다. 그 때 나도 앞으로 내 인생에 있어서 어떤 일이 벌어질런지 모를 많은 애기들을 미리 들을 수 있었더라면 어떤 반응을 보였을까, 또 어떤 방황을 하였을까를 짐작해 보았다.

나는 아시아에게 해 주었던, 방금 아시아가 내가 말해 주었던 이야기가 자기에게 더 소중했다고 했던 이야기들을 생각했다.

어렵게 어렵게 올랐던 K2의 정상에서 동료 파트너에게 기대고 앉아서 몇 년 후 어느 날에는 매우 중요한 의미로 나타날 것으로 기억하려 했던 순간들. 부탄의 험준한 산맥을 탐험하고 사람들에게 거의 알려지지 않은 봉우리를 오른 뒤 애써 완성한 지도를 태웠던 일. 원시 자연의 풀숲에서 천연스럽게도 원숭이 춤을 추던 야생의 야노마모족을 만났던 일 등.

"잘 주무세요. 릭 아저씨" 아시아가 헤드 램프를 끄면서 말했다.

"응. 잘 자. 아시아." 나는 밑으로 강물 흘러가는 소리를 들으며 불을 끄고 파카를 벗고 잠자리에 들었다. 조용히 눈을 감고 마지막으로 다시 생각해 보았다.

지금 50의 나이에 눈사태를 다시 만나면 공포에 떨지않고 놀라움 속에서도 헤엄쳐 나올 지혜를 발휘할 수 있을까?

에리스처럼 낭떠러지로 떨어지면서도, 자신이 떨어져 죽게 될지도 모를 다른 세계를 겁먹지 않고 오히려 경외로움 속에서 맞이할 수 있을까?

또 그렇게 빠른 속도로 떨어지면서도, 지나온 세월과 현재 순간을 생각하며 손을 내밀어 빙벽 사이드를 붙들어 볼려고 할 여유로움이 있을까?

13

그날 밤중에 비가 세차게 내리기 시작해서 내 침대 위쪽에 물방울이 배어 들어와 맺히더니 머리 위로 한두 방울씩 떨어졌다. 일어나서 침대를 옮기려고 했지만 통나무로 만든 것이라 무거웠다. 아시아는 여전히 잠들어 있는 듯하지만 수도승이 일어나 촛불을 켠 후 도와주었다. 수도승이 오히려 미안한 마음이 들어 침대 위치를 바꾸자고 손짓을 했지만 나는 괜찮다고 하며 레인 코트를 내보이며 필요하면 그걸 덮고 잘 수 있다고 했다. 그런데도 그가 계속 자리를 바꾸자고 고집을 부려서 우리는 침대 위치를 바꾸었다. 침대를 옮기고 나서 물방울이 침대로 떨어지지 않는 것을 확인하고 수도승은 자기 침대로 돌아갔다. 남을 위해 배려해주는 수도승의 모습에 고개가 숙여졌다.

"괜찮으세요?" 내가 다시 잠자리에 들자 아시아가 물었다.

"머리 위로 약간 새는 곳이 있었을 뿐이야."

"비가 정말 많이 오네요."

"그렇구나."

"이러면 아버지 무덤을 찾아갈 수 있을까요?"

"여기까지 왔는데 아무리 어려워도 거길 못찾아가겠니. 좀더 자려무나. 앞으로 한 이틀간은 정말 중요하니까."

나 자신도 그 말을 믿고 싶을 뿐이었다. 슬리핑 백 속에서 지붕을 때리는 빗소리와 멀리서 빙하를 타고 으르렁거리며 흐르는 강물 소리를 들었다.

이대로 계속된다면 강을 건너 베이스 캠프까지 가기도 힘들었다. 잠에 빠져들었다가 깨어났을 때는 아직 어두웠지만 창문에 바른 양피지를 통해 희미한 빛이 들어오고 있었다. 귀를 기울여 봤지만 빗소리는 들리지 않았다. 세찬 강물 소리만 들렸는데, 너무 불어난 것 같아서 불안했다. 나는 가방을 열고 옷을 꺼내 입었다.

쌍안경과 민야 곤카 사진을 집어들었다. 아시아가 깰까 봐 삐걱거리는 소리가 나지 않게 조심하면서 두꺼운 합판으로 된 문을 열었다. 그리고 가파른 계단을 내려가서 사원 밖으로 이어지는 무거운 두 짝 문을 열었다.

사원 밖으로 나가 계곡 위를 올려 보니 민야 곤카의 하단부 측면을 제외하고 회색 담요 같은 구름이 에워싼 것이 보였다. 그렇지만 봉우리를 따라 내려오는 빙하의 끝부분들이 보이고 그 중 하나는 낯이 익었다. 저 낯익은 빙하를 보고 우리가 갔던 옛길과 조나단의 무덤을 찾아 낼 수 있을까?

나는 쌍안경으로 빙산 끝의 비탈에 있는 얼음 봉우리와 주변의 바위를 꼼꼼히 살펴보았다. 그러나 희미하게 생각이 날 뿐이었다. 나는 사진을 꺼내서 조나단을 묻었던 산비탈의 눈과 바위 모양을 살폈다. 그리고 다시 산을 보았지만 구름이 내려와서 설원과 산비탈을 가렸다. 20년 전 우리는 이 계곡과 사원이 보이는 절벽 바위턱에 아시아의 아버지를 묻었다.

나는 사원으로 돌아와 아침을 먹으면서 이날 계획을 생각했다. 최소한 며칠분 장비와 음식을 말에 싣고 1980년에 우리가 베이스 캠프를 설치했던 고산 지대 초원으로 갈 것이다. 그리고 아시아를 데리고 우리 둘만 캠프 1까지 가는 옛길을 따라 절벽 바위턱 위로 올라갈 것이다.

우리는 길을 떠나기 전에 통역을 시켜서 아시아와 내가 명상실에서 염불을 하고 있는 노승을 찾아뵈도 될지 시자에게 물었다. 노승은 카펫이 깔린 바닥에 가부좌를 틀고 앉았고, 그 앞에 놓인 작은 상에는 때묻은 필사본 염불 경전이 올려져 있었다. 그는 우리에게 고개를 끄덕이고 나서 계속 염불을 하다가 한 차례의 기도가 끝나자 상 위의 북채를 들어 천장에 매달린 북을 친 후 다시 시작했다. 시자가 아시아와 나에게 기도를 하라고 축복을 내리는 쌀통을 내놓았다. 내가 쌀을 조금 손바닥에 올려 합장을 하고 모은 손을 이마에 댄 후 말없이 기도를 올리자 아시아도 그대로 따라했다. 사실은 그때 난 돌무덤 이미지를 떠올리며 조용히 조나단의 무덤을 찾을 생각만 하고 있었다. 그리고 나서 쌀을 제단 위에 흩뿌렸다.

노승은 또 한 차례 염불을 하고나서 무릎의 바라를 들어올려 크게 울렸다. 이제 우리를 맞을 준비가 되어서 시자가 우리더러 가까이 오라는 손짓을 했다. 우리가 합장하고 절을 하자 노승이 시자에게 스카프 카타 두 장을 건네고, 시자가 그것을 우리 목에 둘러 주었다. 노승은 다시 염불을 시작했다. 아시아와 나는 바깥 발코니로 걸어 나왔다. 누군가 우리 신분과 여기 온 이유를 이야기해 주었는지 궁금했다. 그 카타를 무덤 위에 덮어 놓으면 좋겠다는 노승의 말을 시자가 전해 주었기 때문이다.

아시아는 할머니의 생일 선물로 보내준 20달러를 시주로 내어 놓았다.

"할머니도 그 돈을 여기 바치는 걸 좋아하실 거예요." 아시아가 말했다.

우리가 사원에서 기도를 모두 마치고 강쪽으로 난 길을 향해 떠날 때 아직도 염불중인 노승을 제외한 승려들이 사원 앞에서 우리 일행의 행운을 빌어 주었다. 타시와 그의 일행은 장비를 실은 말을 끌었다. 작은 짐을 진 미엥은 흙탕길에 조심스럽게 발걸음을 내딛는 것으로 보아 과로 때문에 다리가 아픈 것이 역력했다. 젊은 요리사도 우리에게 작별을 고하기 위해 멀리까지 길을 따라왔다. 나는 그들의 모습에 감사했고 아버지의 무덤을 찾아 먼 길을 온 아시아와 나의 여행 목적에 나름대로 존경을 표하는 것으로 이해했다. 800미터쯤 가다가 우리는 큰 물이 흐르는 계곡에 닿았다. 생각했던 대로 물이 너무 불어서 건널 수 없었다. 타시가 말을 지키고 있는 사이 우리 모두는 계곡 위쪽으로 오르다가 물살 위로 젖은 통나무가 가로 놓여 있는 수로에 닿았다. 사람들은 조심스럽게 그 나무 다리를 건넌다 해도 말은 건널 수가 없었다. 우리는 말을 매어 놓은 곳으로 가서 어떻게 할지 의논했다. 미엥은 손짓으로 타시와 그의 친척이 작은 짐 두 개를 말에서 내려 지고 갈 수 있다고 생각하고 타시에게 얘기했더니 타시는 단호히 고개를 가로저었다.

타시는 캠핑 장비를 지고 옮기는 것이 싫은 게 분명했지만, 미엥은 타시에게 삿대질을 하며 소리를 질렀다. 미엥과 타시가 서로 다투는 것을 보고, "필요 이상으로 짐이 많아. 그러니 일부를 여기 놓고 갔다가 나중에 말에 실어 다시 가져갈 수 있으니까" 하고 내가 아시아에게 말하면서 조정했다.

아시아와 나는 하루 이틀만 베이스 캠프에서 보낼 예정이지만 우리에게 말이 있기 때문에 무덤을 찾는데 시간이 더 걸릴 경우를 대비해서 4~5일 분 음식을 가져왔다. 또 커다란 배낭에는 노트북, 일기장, 녹음기, 비디오 카메라, 여분의 배터리, 스틸 카메라와 렌즈, 삼각대가 들어 있다. 마음 속으로 이 물건들을 어떻게 줄이고 아시아와 둘이서 짐을 챙겨갈 수 있을지 계산하고 있을 때 미엥이 손짓으로 그와 요리사가 장비 옮기는 것을 도와주겠다고 했다. 그는 타시를 멸시하는 태도로 그만두라고 하자 타시는 미안해 하는 듯하면서도 의젓해 보였다. 나는 그가 비록 거절했지만 아직도 기분이 언짢은 이유를 알 것 같았다. 그는 캄파 무사의 자존심 때문에 짐을 지는 것은 마음상하는 일이었다. 그렇지만 나는 타시가 아시아와 나를 좋아하고 우리의 여행 목적에 공감하기 때문에 거절하기도 어려웠지만 행여 마을로 돌아가서 서양 사람들 짐이나 져날랐다는 나쁜 평판을 피하기 위해서라고 이해했다. 그의 선택이 불만스럽지는 않아도, 우리 젊은 요리사와 힘든 상황에서 캠핑 장비를 어깨에 메고 우리더러 가자고 하는 미엥이 고마웠다.

조심스럽게 미끄러운 통나무 다리를 타고 건너가다가 수위가 높아져서 또 한 차례 급류가 있는 것을 발견했다. 나는 조금 아래쪽으로 가다가 가장 폭이 넓고 물살이 약한 곳을 발견했다.

"조심해야 해." 아시아에게 소리쳤다.

"이 무거운 짐을 지고 미끄러지면 계곡 바닥에 넘어질 테니까."

발을 적시지 않으려고 하는 것보다 확실하게 디디는 것이 더 중요하기 때문에 우리는 차례대로 부츠를 신고 물로 들어가 천천히, 허벅지까지 오는 물살에 맞서 조심스럽게 한걸음 한걸음 내딛었다. 마지막으로 아시아의 차례가 되어 그녀가 물 속으로 들어왔다. 얼음장 같은 물이 부츠에 들어차자 얼굴을 찌푸렸으나 다행히 발은 헛디디지 않고 건넜다.

모두 안전하게 건너자 우리는 진달래와 떡갈나무 사이로 비탈길을 올랐다. 나는 그 길이 곧바로 베이스 켐프로 이어지기를 바랐다.

구름이 아래 쪽으로 내려와서 우리를 안개 속에 감쌌다. 우리는 나뭇가지를 헤치고 나무 뿌리들을 밟으면서 구불구불 산길을 올라갔다.

미엥의 얼굴이 걸음을 뗄 때마다 움찔거리는 모습을 보고 무릎이 아프다는 표시로 무릎을 가리키며 찡그렸다. 그러나 미엥은 어깨를 들썩하고는 괜찮다며 고통스런 티를 내지 않았다.

빙하로 쓸려내려온 돌무더기를 지나 또 한시간 더 가다 다시 계곡을 만났으나 둑길은 이제부터 쉽게 걸을 수 있고 해서 모두 짐을 내려 놓으라고 했다. 미엥에게도 짐을 내려 놓으라고 손짓을 했다. 우리의 위치가 정확하지 않지만 옛 캠프 사이트와는 그리 멀리 떨어져 있지 않다는 생각이 들자 모두 여기서 돌아가도록 말했다. 미엥이 다리가 아픈데도 너무 수고를 많이 해서 아시아와 나는 진심으로 감사하며 미엥과 요리사에게 고맙다는 인사로 포옹을 해주었다. 그들은 우리에게 행운을 빌어 주면서 돌아갔다.

"이제 우리뿐이구나." 내가 아시아에게 말했다.

미엥과 요리사가 사라지자마자 걸어 올라가던 계곡 입구가 비바람으로 어두워지기 시작했다. 텐트 칠 곳을 찾았지만 마땅한 곳이 없어서 그냥 평평한 땅을 찾았으나 너무 계곡과 가까웠다. 그렇지만 다른 수가 없어서 텐트를 쳤다. 우리가 텐트를 다 치고 슬리핑 백을 안에 넣자마자 소나기가 쏟아졌다. 번개가 번쩍이더니 잠시 후에 천둥소리가 계곡을 타고 아래쪽으로 울렸다.

1999년 7월 아시아가 아버지의 무덤을 찾아가는 마지막 날. 멀리 안개와 구름이 자욱한 민야 콘카 산 아래로 빙퇴석(氷堆石)이 덮쳐 있는 험하고 차거운 개울을 건너서 으르렁거리는 물길의 가장자리를 따라 올라가야 했다. (릭 리지웨이 촬영)

"계속 비가 오면 어떻게 하죠? 만약 길을 찾을 수 없으면요."

"날이 갤 때까지 기다리자. 네 아버지가 있는 곳이 이제 불과 몇 킬로미터 앞인데, 여기까지 와서 돌아설 수는 없잖니."

텐트 밖을 보니 작은 관목의 일부가 물에 가라앉았다. 나는 그걸 기준으로 물이 어느 정도 불었는지 파악했다. 물이 범람한다고 위험에 처하지는 않겠지만 고통스런 밤을 맞을 것이다. 더 큰 근심거리는 아시아가 말한 대로 이런 날씨에 길을 제대로 들어 무덤을 찾을 수 있을지. 나는 아시아에게 근심을 숨기려고 했지만 그녀는 내 표정에서 그것을 이미 읽어 냈다.

"제가 오직 바라는 건 아버지를 찾아 보고 무사히 집으로 돌아가는 것

뿐이에요." 그녀가 말했다.

아시아를 위로할 말이 생각나지 않아서 차를 끓였다. 따뜻한 머그 잔을 손에 잡고 아시아의 컵과 내 컵에 뜨거운 차를 따랐다. 비가 그치길래 바깥을 내다보았다. 그러나 먹구름이 여전히 산을 감싸고 있었다.

내가 물가에 나가 관목들을 보자 아시아는 내가 뭘 하는지 눈치를 챘다.

"물이 불고 있나요?"

"계속 비슷해. 그러나 비가 그쳤으니."

사실은 물이 1인치 정도 불었고 아마 3인치 더 불면 둑을 덮칠 것이다.

나는 아시아를 걱정시키고 싶지 않았고, 그녀가 앞으로 할 일에만 마음을 집중했으면 했다. 차를 마실 때 아시아가 심각한 표정으로 말했다.

"아저씨. 지난 밤에 아버지 무덤을 찾은 꿈을 또 꿨어요. 거기 갔더니 아버지 시신이 보였는데 어찌 된 건지 하나도 상하지 않고 온전했어요. 잘 모르겠지만 이 곳 추위 때문이겠죠."

"나도 실제로 그 생각을 해 봤다."

"만일 지금의 네 나이보다 좀 더 많았던 젊은 모습의 네 아버지를 본다면 어떨까. 그렇지만 그 친구가 묻힌 곳은 고도가 다소 낮아서 상하지 않고 그대로 보존되어 있기란 거의 불가능하단다."

만약 정말로 추위 때문에 조나단이 얼어 붙은 채 그대로 있다면 어떨까?

그 다음날 밤중에 텐트에 내리치는 빗소리 때문에 잠이 깼다. 헤드 램프를 찾아 머리맡에 놓인 여행용 자명종 시계를 비춰 보았다. 새벽 4시다. 앉아서 텐트 문을 열고 물가의 작은 관목을 비춰 보았다.

"더 높아졌어요?" 아시아가 물었다.

"똑같아. 좀더 자. 아직 일어나지 않아도 돼."

30분 후, 나는 다시 일어나 버너를 켜고 누워서 물이 끓기를 기다렸다.

아직도 비가 오고 있고, 아시아에게 말은 안 했지만 사실은 물이 올라와서 1인치만 더 차면 둑으로 넘쳐서 텐트로 들어올 것이다. 이런 상황에서 무덤을 찾기는 불가능하다. 그렇지만 오늘 못 찾으면 내일 찾아 볼 것이다.

내일 안 되면 그 다음날도….

가져갈 물건을 머리 속으로 점검했다. 나침반, 헤드 램프, 점심, 카메라, 필름, 참고 사진, 쌍안경 등이다. 물이 끓자 차를 만들었다. 아시아에게 머 그 잔을 건넸더니 슬리핑 백 안에서 몸을 세워 앉으면서 고맙다고 했다.

비가 그쳤다. 바깥을 내다보니 구름속에서 혀처럼 나온 빙하 끝이 새벽 달빛 아래 보였다.

"구름이 엷어지기 시작했다." 내가 말했다.

"아마 오늘 찾을 수 있을 것 같구나."

"제발 하루만에 찾았으면 좋겠어요." 아시아가 말했다.

오트밀 죽을 만들기 위해 물을 좀더 끓였다. 버너의 가스가 잘 나오지 않아 아침식사 준비에 생각보다 시간이 더 걸렸다. 텐트 밖으로 나와 등반 준비를 마치니 6시다. 우리는 계절마다 초원을 따라 야크를 몰고 다니는 목동들 덕분에 이제 막 생기기 시작한 길을 따라서 걸었다. 기억이 정확하 다면 모퉁이를 돌아 흐르는 물길을 따라가면 우리가 1980년에 베이스 캠 프를 설치했던 고원 지대의 초원에 닿을 것이다. 그 고원에서 날씨만 좋으 면 우리가 올라야 할 산비탈을 볼 수 있었던 것도 기억났다.

"잠깐만요." 아시아가 부르는 소리에 나는 멈추어 돌아서서 기다렸다.

"사진 가져오셨어요?"

"응. 챙겨 넣었어. 고맙다."

나는 아시아가 그날 필요한 것에 신경쓰는 게 좋은 징조라고 생각하며 돌아서서 계속 걸었다. 계곡의 수로는 가파르고, 폭포처럼 떨어지는 물소 리에 정신이 산만해져 방향 감각을 잃을 뻔하였다. 빙하 꼭대기까지 이어 져 보이는 가파른 협곡이 있어서, 적어도 물소리가 들리지 않는 길을 발견 하기를 바라면서 아시아에게 그 쪽으로 가는게 좋겠다고 말했다. 살짝 얼어 있는 흙을 밟으며 올라가 보니 꼭대기에서 빙퇴석이 위쪽으로 계속 이어지는 것이 보였다. 그러나 양쪽은 날카롭게 뚝 떨어지는 낭떠러지다. 그러나 산등성이의 바위 사이 축축한 흙에 난 발굽 자국으로 판단하건대 티베트 산양과, 내가 20년 전 이 지역에서 본 적 있는 히말라야 산양인 타르들이 오가며 만든 희미한 길이 있었다. 길을 따라 잠시 올라가다 아시아가 잘 따라오는지 돌아보았다. 그녀는 쫓아오고 있지만 그 뒷편으로 사원 밑 계곡에 구름층이 눈에 띄었다.

희미한 길은 산등성이를 따라 계속되었다. 내 왼쪽으로는 여전히 100미터 아래로 폭포처럼 떨어지는 세찬 물소리를 들을 수 있었다. 정면으로는 위쪽의 구름층에서 가까운 거리에 세 개의 산능선이 나란히 위치해 있다. 그 중 하나는 희미하게나마 낯이 익다. 멈추어서 짐을 내려 놓고 쌍안경을 찾아 눈에 보이는 광경과 사진을 비교해 보았다. 아시아가 따라와서 어깨 너머로 사진을 보았다.

"어떤 쪽이 맞는 것 같아요?" 그녀가 물었다.

"내 생각엔 이쪽 같은데 확신은 못하겠다."

그리고 다시 산을 보니 무슨 일이 일어났는지 알 수 있었다.

"빙하가 뒤쪽으로 물러난 것 같아." 나는 산과 사진을 연이어 가리키며 말했다.

"그러니까, 1980년에 빙하가 여기에 있었지만 지금은 그동안 세월속에서 저 뒤로 옮겨 가 있는 거지."

"원인이 뭐예요?"

"기후 변동이겠지. 아마 지구의 온난화 때문이 아닐까."

나는 쌍안경으로 그 산비탈을 꼼꼼히 살핀 다음 사진과 비교하며 다시 산을 보았다.

"확실히 맞아. 눈사태가 멈춘 곳이 어딘지 알겠어. 네 아버지는 틀림없이 왼편의 저 산 바위 사이 어딘가에 묻혀 있어."

우리는 사진을 넣고 계속 걸어갔다. 멈추었던 5분 동안, 저 아래층의 구름이 우리 쪽으로 올라왔고, 우리는 곧 눈과 구름빛의 엇반사로 방향 감각을 잊어버릴 수 있는 화이트 아웃 현상에 휩싸일 가능성이 높다는 것을 깨달았다. 만약 그렇게 되면 사진이 있든 없든 우리가 가야 할 방향을 찾기가 무척 어려웠다.

나는 혼잣말을 했다. 만약 길을 제대로 못찾으면 비박을 해야 할지 모르겠다고. 동굴이나 튀어나온 바위 밑을 찾아 불을 피울 수 있고, 그리고 날씨가 나빠 시야가 흐리다 해도 내일은 좀더 좋지 않겠느냐. 그래도 우린 어떻게든 해낼 것이다. 끝까지 최선을 다하는 진지한 모습을 보이는 것도 또 그것을 아시아가 배우도록 하는 것도 나쁠 게 없었다. 그런데 내가 마지막 판에 아시아를 너무 몰아붙이는 건 아닐까? 그럴지도 모르지만 괜찮을 것이다. 만약 여기까지 와서 조나단을 찾기 위해 모든 노력을 기울이지 않는다면 남은 삶 동안 계속 후회하게 될 것이기 때문이었다.

빙퇴석으로 쌓인 산등성이 길이 점점 날카로워져서 팔을 흔들어 균형을 잡으며 매 순간 정신을 집중하고 걸어야 했다. 양쪽 모두 상당한 높이의 낭떠러지였다. 뒤를 돌아보며 아시아를 기다렸다.

"진짜 조심해야 돼."

"네."

"달리 문제는 없지?"

"잘 모르겠어요."

"왜? 뭐가?"

"마음의 준비가 덜 되어 있는지도 모르겠어요."

"무슨 말이냐?"

"아버지를 맞이할 준비요."

나는 잠시 동안 아무 말도 하지 않았고 무슨 행동을 할지도 생각나지 않았다. 아시아는 민야 콘카를 바라보고, 그 산비탈을 바라보았다. 그녀도 말이 없었다.

그러더니 다시 나를 보며 말했다.

"아저씨. 계속 올라가요."

우리가 올라가는 산등성이가 옆으로 꾸부러지자 달 표면 풍경 같은 빙퇴석의 잡석이 모여져 있는 것이 보였다. 정면으로는 우리가 1980년에 베이스 캠프를 세웠던 초원이 틀림없었다. 우리가 산등성이에서 조금 내려오니 곧 노란 양지꽃이 활짝 핀 초원이 나왔다. 크고 평평한 돌들이 스톤헨지(영국 솔즈베리 근교 평원의 유명한 고대 거석 기념물)의 미니아추어처럼 널려진 곳을 지났다. 아시아에게 그 때 우리 뒤에 오던 원정대의 한사람이 고인돌이라기보다 선사시대 주거지와 취사터같다고 했던 기억이 났다. 그 다음으로, 예전에 우리가 캠프를 설치하고 음식을 해먹었던 다른 돌무더기에 도착했다. 산 쪽을 바라보니 우리가 그 산비탈 아래까지 오느라 지나쳤던 길이 보였다. 1980년에는 캠프 1로 가는 안전한 길을 찾는데 3일이 걸렸다. 바위더미 사이를 지나 그때 길을 찾던 일이 희미하게 생각났다. 우리가 서 있는 곳에서 산비탈 초입에 올라가는 최상의 안전한 길은 몇 개의 절벽을 손으로 붙들고 돌아가는 경사면을 따라가는 길임을 알았다. 저 길을 어떻게 통과해야 할지 확신이 없지만 적어도 우리가 옳게 첫 관문으로 접어든 것은 확실하였다. 나는 아시아가 아버지를 맞이할 마음의 준비를 능히 할 수 있다고 생각했기 때문에 이러한 염려에 대해서는 조금도 내색하지 않았다.

우리는 비탈을 천천히 오르기 시작했다. 일정한 속도로 한발씩 한발씩 천천히 올라가고 아시아는 내 뒤로 약 20미터 거리를 유지하며 따라왔다. 계곡 아래쪽의 구름층은 윗쪽으로 계속 올라왔다. 나는 발 밑을 보며 한 걸음 옮길 때마다 반 걸음은 뒤로 물러서게 만드는 엉성한 빙퇴석 바위 부스러기 부분을 피하려고 조심했다. 1시간 후, 나는 바위 부스러기 더미의 꼭대기에 올라 물병을 꺼내고는 아시아를 기다렸다.

킴, 이본, 그리고 조나단과 내가 지금 이곳과 아주 가까운 장소에서 쉬었던 기억이 났다. 전망을 살피며 앉아 있을 때 민야 콘카 위로 회오리 바람에 한 점 구름이 사로잡혀서 상승 기류에 밀려 사라졌다가 다시 하늘쪽으로 드러나는 것이 보였다. 우리는 아침 햇살이 이슬을 통과하면서 반사되어 수없이 다양한 유백색 빛으로 굴절되는 것을 보았다.

"나는 사진을 찍는 게 직업이야. 그렇지만 저 변화무상한 구름을 사진에 담을 방법이 없어. 저런 광경을 볼 때마다 사진은 못 찍드라도 그냥 한없는 기쁨을 느끼게 돼."라고 조나단이 말했었던 것이 기억났다.

아시아가 따라잡자 나는 물을 권했다. 그녀는 말이 없었으나 우울해 보였다. 우리는 잠시 쉬고 나서 다시 일어나 걸었다. 곧 자갈밭길이 나왔다. 자갈밭길이 나오자 나는 곧 다른 생각에 사로잡히는 것을 알았다. 내가 동료들을 도와 주러 달려가다가 채여 넘어졌던 자갈밭이 생각났다. 그때 "천천히 가자. 발목을 삐면 안돼."라고 혼잣말을 했지.

거의 수직으로 150미터 정도 뻗친 자갈밭길은 분명히 눈사태가 멈추었던 비탈로 이어졌다. 분명 저 비탈의 왼편 어딘가에 조나단을 묻은 것 같다. 나는 그 지역을 쌍안경으로 다시 살펴 보았다. 그러나 만약 무덤이 아직도 거기 있다면 앞 쪽 절벽 뒷편에 있으리라. 조나단의 무덤이 그 주변 어딘가에 있다고 생각되었기 때문에 그곳을 안전하게 찾을 궁리를 했다.

오른쪽으로 길이 있지만 빙하이고 그 위에 얼음 봉우리들이 있어 조금만 얼음이 움직여도 곧 굴러 떨어질 상황이었다. 왼쪽으로는 절벽이 완만해 보이는 좁은 협곡으로 이어졌다. 그러나 그 다음에 오른쪽 뒷편으로 건너가야 하는데 길이 가파른 바위로 막혀 있는 것 같았다. 이렇게 어려웠던 기억이 없는데, 유일하게 위안이 되는 건 20년 전에 이 절벽을 돌아가는 길을 찾아냈고 그것도 고정된 로프나 특별한 장비 없이 해냈다는 사실이다.

"어떻게 생각나세요?" 아시아가 물었다.

"길은 이 왼쪽으로 이어지고, 그 다음에 저 좁은 협곡으로 올라가서, 다시 오른쪽으로 가는 것이 분명해. 걱정마라. 생각만큼 어렵지는 않아. 우리가 20년 전에도 여러 사람이 이 길을 올랐어."

현실적으로 판단해서 유일하게 안전한 길은 가능한 한 위험한 얼음 봉우리를 많이 떨어져 가는 것이다. 그러려면 위협적으로 버티고 있는 머리 위 갈라진 바위 절벽을 끌어 안고 돌아야만 했다.

"그럼 여기는 바위가 떨어질 위험이 있지 않아요?" 아시아가 물었다.

그녀에게 진실을 말할 수밖에 없었다.

"그렇지만 얼음 봉우리 밑으로 가는 것보다는 바위 쪽이 더 안전해."

"마음이 내키지 않는데요." 그녀가 말했다.

"그래도 저쪽보다는 이쪽이 나아."

얼음 봉우리보다도 그래도 바위가 떨어질 위험이 적다는 것은 오랜 경험과 직관에 따른 판단이었다. 우리는 정말로 바위 벽의 갈라진 틈 만큼 좁은 협곡에 도착했고, 처음 9~10미터 구간에 움직일 때 정신 집중을 요하는 부분이 몇 군데 보였다. 로프를 가져오지 않은 것은 내 잘못이지만, 이렇게 어려웠던 기억은 없었다.

"아시아, 이 부분이 어려워 보이지만 정신만 차리면 그렇게 어렵지는 않아. 네가 앞서 가고 내가 바로 뒤에서 따라가는 것이 좋겠어."

그녀는 아무 말도 않고 움직이지도 않았다.

"계속 돌아가야 돼."

"무서워요." 그녀가 말했다.

아시아가 돌아서서 울고 있는 걸 알 수 있었다. 내가 아시아의 어깨에 손을 얹었다.

"그냥 어려워 보일 뿐이야. 그렇게 어려운 게 아니야. 넌 충분히 해낼 수 있어." 그녀는 내 말에 고개를 저으며 말했다.

"절벽이 무서운 게 아니고요." 하며 계속 울면서 말했다.

"아버지 무덤을 곧 맞이 하게 될 것이 이젠 오히려 두려워요."

나는 잠시 동안 대답하지 않고 있다가 말했다.

"그래도 찾고 싶었잖아."

"네. 그래요."

"그러면 비가 오거나 하기 전에 올라가야 돼."

"네."

그녀는 고개를 끄덕이며 눈물을 훔치고, 바위를 향해 돌아섰다. 하지만 움직이지 않았다.

"여기 발 디딜 곳과 바로 저기에 손을 잡을 곳이 두 군데 있어. 가다가 튀어나온 데를 단단히 잡고 넘어가야 해. 그래도 바위에는 잡을 데가 있거든."

"네."

"아저씨가 바로 뒤에 있으니 안심하고."

그녀는 신발을 첫 번째 발 디딜 곳에 대고 다음 조심스레 힘을 준 후 손 댈 곳을 찾았다. 아시아가 침착하게 움직이는 걸 보니 마음이 놓였다. 나는 뒤에서 같은 식으로 움직이며 만일 아시아가 미끄러지면 온 몸으로 막아야 하므로 바위에 손과 발을 최대한 꽉 붙이려고 애를 썼다.

"잘하고 있어. 이제 왼쪽 모퉁이로 돌아가라. 그쪽에 붙잡기 좋은 곳이 있어."

9~10미터쯤 올라와서 발을 안전하게 놓을 수 있는 틈이 있는 곳에 닿았다. 만약 그녀가 떨어져 나에게 부딪치면 우리 둘 다 다치겠지만 여기서는 괜찮을 것 같았다. 그런데 이 구간은 만일 비가 내리면 미끄러워서 아주 힘들 것이다. 아시아는 침착하게 움직이고 있었어 나는 계속 올라가기로 결정했다. 절벽 능선의 꼭대기를 지나서는 다시 내가 앞장서서 미끄러지기 십상인 빙퇴석이 흘러내린 자갈밭을 올라갔다. 우리 위로는 검은 암벽이 가파르게 솟아 있었다. 여기서 나는 멈추어서 뒤에 떨어져 오는 아시아를 기다렸다.

"괜찮니?"

"네."

그녀가 또 울고 있는 것 같았다. 나는 아시아의 어깨에 두 손을 얹어 두 드려 주었지만 무슨 말이나 다른 행동이 필요한지 생각나지 않았다.

"천천히 올라 가는 거야." 내가 마침내 말문을 열었다.

"바로 뒤에 따라와야 해. 그래야 약한 바위가 부스러져 굴러내려도 다치 는 일이 없을 거다."

"알겠어요."

나는 길이 눈사태가 멈추었던 산비탈로 닿아 이어질 것을 기대하며 그 때 우리가 밑에서 바라보았던 바위턱을 찾아야만 했다. 다시 위쪽을 보니 구름이 계속 밀려오고 금방이라도 비가 올 것 같았다.

"이렇게 가면 안될 것 같은데요." 아시아가 이제는 좀 짜증과 걱정이 섞 인 말투로 말했다.

"왜? 그럼 어떻게 하자는 거냐?" 약간 걱정스러워 되물어 보았다.

"저 쪽 높은 바위턱 쪽이 어때요?" 그녀가 말했다.

그래도 나는 속으로 침착하게, 생각하면서 어린 아시아의 착잡한 심정 을 이해하고 도와 주어야 한다고 다짐하면서 천천히 심호흡을 했다.

"아시아, 내 생각에는 그 쪽으로 오르는 길이 너무 가팔라 위험해 보여. 이 길로 계속 가는 것이 낳을 것 같아. 알았지." 하고 내가 말했다.

"알겠어요."

나는 속으로 20년 전 우리가 이 바위를 돌아가는 길을 찾았던 것 같아 그때를 회상하며 이것이 유일한 방법이라고 생각했다. 그러나 이 생각을 마치자 마자, 아시아의 말이 맞지 않을까? 아마 그때도 더 높은 곳으로 지 나갔던 것은 아닌가 하는 생각이 들어서 불안해졌다. 멈추어서 다시 위쪽 을 보았다. 하지만 그 쪽으로 가는 길은 여전히 너무 위험해 보였다.

우리가 떠날 때, 아시아의 어머니가 "그 애는 하나밖에 없는 제 외동딸이에요"라고 말했던 생각이 났다. 나도 한 시간 동안 내내 머리속에서 피하려고 해도 밀려오던 생각을 하게 되었다. 만약 조나단이 죽은 바로 이곳에서 그의 유일한 혈육인 그애에게 무슨 일이 생긴다면 나 역시 무슨 얼굴로 살아서 혼자 돌아갈 수 있을까? 지금 이 순간 내가 살고 죽는 것은 중요한 문제가 아니었다.

나는 넙적하게 길게 뻗은 바위 끝까지 가 보았다. 아직도 뒤 쪽을 완전히 볼 수는 없지만 눈사태가 멈추었던 비탈은 그 뒷편에 있으므로, 이 바위턱이 계속 이어져서 우리를 그곳까지 갈 수 있도록 연결해 주기만 바랄 뿐이었다. 반드시, 반드시, 반드시 그렇게 이어지기만 바랬다.

마치 티베트 사람들이 만트라를 외울 때처럼 반복하면 실제로 이루어지기라도 하는 듯이 혼잣말을 했다. 아시아는 바로 뒤에서 내 발자국만을 따라 올라왔다.

바위턱은 걸어 올라가기 힘들었다. 자갈돌들이 가파른 바위를 띠같이 둘러놓은 것 같았다. 발을 들었다 놓기가 힘들다고 말하려고 아시아 쪽으로 돌아보았는데 그녀는 쉬지 않고 따라오는 중이었다.

"한 걸음 옮길 때마다 발로 자갈을 차내듯이 걸어야 한다."

"그러고 있어요."

아시아가 조심스럽게 따라오는 것을 보고 나는 돌아서서 계속 올라갔다. 바위 등성이는 이제 얼마 남지 않은 것 같았다. 다시 혼잣말을 했다.

"이 길이 반드시 반드시 이어져야 되는데."

발에 시선을 고정시키고 온갖 정성을 다해 한참을 올라간 후 비탈을 살펴보니 바로 눈사태가 멈추었던 그 산등성이가 틀림없었다. 멈춰 서서 천천히 위를 보았다.

눈사태의 속도가 줄어들다가 멈추었던 바로 그 산비탈을 한눈에 알아볼 수 있었다. 죽은 조나단이 묻힌 장소는 그 뒤쪽 왼편이었다.

"찾았어. 바로 위쪽이야." 아시아에게 말했다.

"10미터 정도 더 올라오면 돼."

눈이 잦아들고 황량한 바위 무더기가 보였지만 내 마음속에서는 과거의 장면이 바로 연상되었다.

눈과 얼음이 뒤범벅이 된 눈사태의 잔해에서 삐져 나와 죽은 동물의 창자처럼 안팎으로 널려있던 붉은 밧줄이 보였다. 킴은 바로 위 6미터 떨어진 곳에서 비명을 질렀다. 측면을 보니 이본이 절벽 끝 근처를 아무런 정신없이 방황하고 있었다.

지금 내가 서 있는 곳에서 한 3미터 위로 좀 편편한 곳이 보였어 쉬면서 아시아를 기다릴 수 있었다. 곧 편편한 곳에 도착해 배낭을 내려놓고 아래를 보니 아시아가 10미터쯤 떨어져 있었다.

저기가 바로 그 장소다. 조나단이 눈속에 누워 있었고, 내가 다가서자 말했지.

"우린 아직 살아 있어, 이 친구야. 모두 살아서 여길 빠져나가야만 해."

내가 옆으로 헐떡거리며 기어가서 몇 번이고 거듭 "살아야 돼, 살아야 돼, 살아야 돼." 라고 말했던 바위가 보였다.

바위 꼭대기를 보니, 이럴 수가, 바로 그곳이었다. 우리가 그를 두고 왔던 바로 그 장소. 조나단의 무덤이 바로 거기에 있었다.

하지만 왜 이리 가까울까? 우리가 조나단을 어깨에 메고 옮겼던 그날 아침에는 멀리 떨어져 있었는데. 하지만 지금은 바로 저기 있다니. 평평한 돌로 만든 무덤이. 그렇지만 뭔가 이상하다. 우리가 만든 것만큼 높지도 않고 무슨 일이 있었던 것이 틀림없어! 무너졌나? 옆으로 삐져나온 건 뭐야? 옷자락인가? 빛 바랜 나일론천? 그렇다. 파랑색과 노랑색이 섞인 나일론천이었다. 그리고 무덤 끝부분에 등산복 다리 부분이 보이는 것 같은데?

맞다. 그 옷의 다리 부분이었다.

아니, 그럼 도대체 시신이 어떤 상태로 되어 있다는 말인가?

돌아서서 아래를 보았다. 아시아가 몇 미터 정도 거리까지 왔는데 발끝에만 신경을 쓰느라 밑을 보고 있었다.

"아시아?"

"네 아버지 무덤이 보이는구나."

그녀는 주위를 둘러 보았지만 제대로 보지 못했다. 아시아가 가까이 다가오자,

"얘야! 마음을 단단히 먹어라. 무덤의 상태가 좀 이상한 것 같아."

그녀는 왼쪽 위 방향을 보더니 부서진 돌무덤에서 눈길을 멈추었다. 그리고 시선을 돌려 잠시 동안 아무 말도 하지 않았다. 나 역시 말이 없었다.

"그 위에는 올라가고 싶지 않아요." 마침내 아시아가 입을 열었다.

"그러면 나 있는 곳까지 올라 오너라. 쉬기 좋은 장소야."

그녀는 마지막 몇 걸음을 옮겨 내 옆에 섰다. 여전히 다른 곳을 보다가 나를 보더니 울기 시작했다. 나는 팔로 아시아를 감싸주었다. 아시아의 머리를 쓰다듬으며, 시선은 불과 1미터 남짓 떨어진 곳, 조나단의 머리를 무릎에 올려놓고 입에 숨을 불어 넣던 장소도 보였다.

"그래, 조나단, 힘내, 숨을 쉬어. 그래. 그래. 계속 숨을 쉬어. 바로 그거야. 한번 더. 그래. 그래. 안돼. 안돼. 멈추지 마. 계속 숨을 쉬어. 제발 계속 숨을 쉬어. 나는 몸을 굽히고 그 친구의 입에 다시 숨을 불어넣었다. 한 번, 두 번, 그래. 됐어. 혼자서 해 봐. 그래 넌 숨을 쉬고 있어. 잘했어. 아니야 안돼. 멈추지 마. 멈추면 안돼."

"배낭을 내려서 내 옆에 두렴." 나는 아시아의 어깨를 잡은 채 말했다.

그녀는 배낭을 내려놓고 눈물을 훔쳤다.

"내가 올라가 볼 테니. 여기 있어?"

"네." 하고 그녀는 아직도 눈물을 훔치면서 고개를 끄덕였다.

무덤은 10미터 정도 위에 있었다. 나는 그곳을 향해 천천히 발걸음을 옮겼다. 무덤을 만들려고 돌을 쌓아올릴 때 그래도 그 땅에 흙냄새가 났던 일이 생각난다.

무덤은 나와 에드가 둘이 만들었다. 그리고 나서 딕과 알이 도착하고 네 명이서 조나단을 옮겼다.

"잠깐 멈춰 봐. 드는 쪽을 바꿔야겠어. 이쪽 팔이 너무 아파." 그리고 우리는 조나단을 조심스럽게 내려놓고 위치를 바꾸어 다시 들어 올렸다. 너무 무겁고 너무 차가웠다. 주검의 냉기가 어깨와, 머리 옆에서 느껴지는데 다른 한쪽 얼굴에는 태양의 열기가 닿았다. 한쪽 눈썹에 땀방울이 맺혀 뺨을 타고 입술에 흘러들어 짠맛이 났다. 다른 한쪽 눈에는 친구를 히말라야의 이름 모를 하늘 아래 묻어야만 하는 한없는 슬픔의 눈물이 흘러내렸다. 우리는 잔돌들을 밟으며 조심스럽게 비스듬히 움직여 어깨에서 팔 아래로 조나단을 살며시 내린 후 무덤 자리에 눕혔다. 나는 아픈 팔이지만 최선을 다했다.

다시 한발을 내딛었다. 위를 보지 않고 매 걸음을 의식하며, 신발 밑에서 돌밟히는 소리를 들으며, 세월이 어떤 식으로든 과거와 현재를, 현재와 과거를 오버랩시켜놓는구나 하고 느꼈다.

계속 아래를 보면서 걸음을 더 옮겼더니 위에 무덤이 확실히 보였다. 고개를 들었다. 조나단의 등산복 한쪽 다리가 완전히 밖으로 드러나 있었다. 나일론천은 낡고 해어져 구멍이 나 있었다. 다른 한쪽 다리는 군데군데 우리가 올려놓은 돌에 겨우 가려져 있었다. 나는 내 친구의 몸 다른 구석구석을 살펴보았더니 아직도 대부분은 덮여 있으나 웃 옷이 조금 돌 사이로 삐져나온 것을 보았다. 밖으로 나온 다리 쪽으로 가서 옷을 만져 보았더니 옷 속에 아무 것도 만져지지 않았다.

아마 이곳 눈표범들의 짓이겠지 생각했다. 이 돌들을 치우려면 큰놈이였을 거야. 하지만 그러고 나서 이곳 티베트 독수리들이 마지막으로 정리하였을 거야. 틀림없이 그들의 짓일 거라고 다짐을 하면서 나는 무릎을 끓어 무덤을 살펴보았다. 무엇을 어떻게 해야 할지 몰랐다. 잠시 후 예전에 조나단의 머리 근처에 놓았던 돌을 하나 들어올려 보니 긴 속옷 윗도리와 그 오랜 세월이 지나도 어쩐 일인지 밝은 색의 옛날 파타고니아 라벨이 보였다. 그리고 속옷이 뜯어진 사이로 친구의 신체 일부분이 거기 있는 것이 보였다. 그의 척추, 갈비뼈, 쇄골. 또 다른 돌덩이를 들어 올리니 머리칼은 여전히 괜찮은 상태로 남아 있었다.

손을 아래로 내밀어 남은 조나단의 머리칼 가닥을 손가락 사이에 잡고 천천히 살펴 보았다.

손가락으로 머리칼을 쓰다듬고 있는데 입술 색이 변하고 갑자기 얼굴도 창백해지면서 무엇인가 '휙' 하면서 그에게서 빠져나가갔다. 나는 그 순간에, 바로 조나단이 죽은 것을 알았다. 그 일이 일어나는 순간, 천천히 다시 그의 머리칼을 손가락으로 부드럽게 쓰다듬고 머리를 숙여 그에게 입맞춘 후, 그 친구가 편하도록 두 팔을 배 위에 모아 주었다.

그리고 나는 옛날 그곳에 있으면서 오늘 여기에서, 과거와 함께 현재에 있으며, 옛날의 조나단과 지금 울면서 서 있으며 또 친구의 무덤에 몸을 구부리고 혼잣말을 한다.

"조나단, 내가 왔어."

눈물을 닦고 숨을 고른 후 아시아가 어떻게 하고 있는지 돌아보았다. 놀랍게도 아시아가 이쪽으로 올라오고 있었다. 겨우 4~5미터 정도 떨어져 있다. 나는 아시아가 아버지의 이런 모습을 보도록 하여야 할지 확신이 서지 않아 일어섰다.

"아시아, 네 아버지 옷이 그대로 여기 있어. 그런데 시신의 일부가 약간 없어졌구나. 그래도 올라 와야지?"

"네, 갈께요."

그녀는 아버지의 무덤에서 1미터 남짓 떨어진 곳에 앉아서 울기 시작했다. 가슴 속으로부터 우러나오는 깊은 흐느낌이었다. 몇 걸음 곁으로 다가가서 팔로 감싸주니 내게 몸을 기대었다.

"아버지는 너무 젊은 나이에 돌아갔어요." 그녀가 울면서 말했다.

"그리고 모두들 아버지를 좋아했어요."

"아주 좋은 친구였지."

"제 아버지였어요."

그녀는 흐느끼면서 말했다. 내가 잠시 더 팔로 감싸주자 울음을 그쳤다. 그녀는 무덤을 바라보고 바지 다리에 유골이 없는 걸 발견했다. 그녀는 자세를 바로 하고, 깊게 숨을 몰아 쉬고는 눈물을 훔친 후 물었다.

"우리가 무덤을 다시 잘 만들어 드릴까요?"

"암! 물론. 그래야지."

우리는 몸을 구부려 무덤을 새로 다듬기 시작했다. 나는 주변의 돌들을 무덤에 가져가 조심스럽게 쌓으면서 내 생애에 두 번 똑같은 흙냄새를 민야 콘카에서 맡아 보았다. 이제 나는 친구의 딸과 함께 있고 우리는 함께 무덤을 다시 다듬고 있다.

먼저 가장자리를 만들고 최대한 기초를 든든하게 쌓았다. 가장자리를 완성하고 이제는 겉으로 드러난 유해의 다리 부분에 더 많은 돌을 살살 덮었다. 그리고 아직도 남아 있는 속옷 윗도리 부분에도 덮었다.

새로 만든 무덤에서 아시아는 콘카 곰파 사원의 노승이 기도를 하고 건네준 스카프 카타를 꺼내 아버지 무덤 앞 부분을 덮어 장식하기 시작했다. 나는 아시아가 할머니가 준 20달러를 그 노승과 신도들을 위해 사원에 시

아시아가 나와 같이 아버지의 무덤을 새롭게 돌을 얹어 다듬고 나서 할머니가 생일 선물로 보낸 20불을 시주하고 콘카 곰파 사원의 수도승으로부터 받은 스카프 자락을 펴서 아버지의 무덤 위에 마지막으로 돌로 덮고 있다.(1999년 7월, 민야 콘카의 조나단의 무덤에서, 릭 리지웨이 촬영)

주하고 온 아시아의 행동이 너무 아름다워 보였다.

아시아는 스카프의 양 끝을 펴서 돌 밑으로 밀어 넣었다. 아버지 무덤 위에 딸이 몸속에 지니고 온 스카프로 마지막을 덮는 것을 보며 스무 살 난 딸의 다리와 팔과 어깨가 스물여덟 살 적 그의 아버지의 다리와 팔과 어깨가 어쩌면 그렇게 닮았는지 다시금 놀랐다.

일을 모두 마치고 나서 인생과 세상의 모든 것은 변하며 무상하다는 조나단이 즐겨했던 말을 나도 모르게 스스로에게 해 보았다.

그리고 정말 인간에게 윤회의 사이클이 있는 것일까.

나는 아시아에게 무덤 옆에 있는 모습을 사진으로 담아도 될지 물었다. 그녀의 할머니가 갖고 싶어할 것이기 때문이다.

"네." 하고 그녀가 대답했다.

아시아의 사진을 찍고나서 내 사진도 찍어 달라고 했다. 나는 경건한 마음으로 무덤 앞에 무릎을 꿇고 돌 위에 손을 얹었다.

조나단이 처음 히말라야를 방문했을 때 일기에서 읽었던 힌두 경전 '바가바드 기타' 의 한 구절을 기억했다.

이 세상 모든 것은 시간의 창조물이다.
우리와 우리가 사랑했던 모두가 한동안 망망대해의 큰 물결 위를 함께 떠다니다가 헤어지는,
영원히 헤어지는 한조각의 나무 부스러기와 같다.

이 말에 지금 이 시간 내 인생에 강인한 힘을 실어 줄 진실이 담겨있음을 깨닫는다. 그렇지만 그 힘은 이내 사라지고, 대양의 큰 물결이 눈에 들어온 것처럼 슬픔이 솟구쳤다.

아시아는 카메라를 바위에 설치하고 곁으로 와서 나를 잡았다.

"모르겠어." 내가 말했다.

"정말 모르겠어. 조나단은 저기 있고 나는 여기 있고. 왜 그 친구는 죽고 나는 살아 있는지 모르겠어. 우리 모두 같이 눈썰매를 타고 내려왔고 우리 모두 경험이 많았는데 오직 그만이 여기 누워 있는 것은 우리들의 모든 잘못을 혼자 떠맡아 껴안고 간 것이야."

"아버지도 좋아하고 있을 거예요." 그녀는 말했다.

"아버지는 자기가 좋아서 해마다 찾아오고 싶어 하든 곳, 머물고 싶어 꿈꾸던 곳에 영원히 있어요. 이곳 히말라야의 땅 티베트의 하늘 아래."

아시아는 여전히 서 있는 내게 와서 손을 잡으며 말했다.

"아저씨가 저를 지금까지 잘 돌보아 주시는 걸 아버지도 알고 있어요."

"고맙구나. 아시아!" 하고 내가 말했다.

"여지껏 아버지 역할을 해 주신 것도, 아버지에게 좋은 친구였다는 것도 말이에요. 저를 여기까지 데려온 것도요."

우리는 서로 끌어안았다. 나는 눈물을 닦고 그녀의 어깨 너머로 계곡 아래쪽을 바라보았다. 아래쪽의 구름층은 여전히 위로 올라오고 있었다. 나는 돌아서서 또 산 쪽을 바라보았다. 위쪽의 구름도 아래로 내려오기 시작했다. 비나 눈이 올 것 같은 느낌이 들었다. 나는 어깨를 펴고 깊은 숨을 들이 쉰 후 다시 스스로에게 말했다.

"사물을 있는 그대로 볼 줄 알아야 한다."

"내려가야겠다." 내가 아시아에게 말했다.

우리는 돌아서서 그곳을 떠났다. 그러나 떠나기 전 나는 양 손을 아시아의 어깨에 올리고 그 애의 눈을 보며 말했다.

"우리는 방금 많은 것을 경험했어. 네 마음이 혼란스럽다는 걸 알아. 나역시 그래. 그렇지만 이제부터 산을 타고 내려가려면 정신을 집중해야 한다. 그러니 지금부터는 다른 생각은 조금도 하지 마라. 발디디는 곳마다, 손잡는 곳마다 정신 바짝 차려야 해! 알았지?"

"알았어요."

나는 앞이 탁트인 이 높은 바위턱까지 올라올 때 만났던 험한 바위와 돌자갈길을 피해 좀 더 안전하고 다른 하산 길을 찾을 수 있기를 바랐다. 우리는 바위 둘레의 턱진 곳을 건너 한쪽 끝에서 멈추어 지형을 살폈다. 우리가 계속 건너가면 100미터 정도 앞에 다른 바위가 있고 둥글게 돌아가는 바위턱이 또 있는데 그곳에는 마치 일부러 표시라도 한 듯한 눈에 익은 돌무더기가 보였다. 나는 쌍안경을 꺼내 그곳에 초점을 맞추었다. 아니나 다를까, 바위턱이 모퉁이를 돌아 사라져가는 지점에 돌무더기가 확실히 보였다. 우리가 20년 전에 저 돌무더기를 쌓지 않았던가? 기억이 정확하지 않지만 그쪽으로 향했다. 아시아는 1~2미터 뒤에 따라왔다. 우리가 돌무더기에 닿았을 때 다시 아시아를 돌아봤다.

"계속 걸어 내려가면 틀림없어. 그렇게 힘든 길이 아니야."

우리는 바위 비탈을 넓은 보폭으로 쉽게 내려와서 약 한시간 후에 예전의 베이스 캠프 위쪽, 초원 근처에 도달했다.

"저기를 봐라." 내가 반대쪽 산비탈을 가리키며 말했다.

"뭘요?"

"저쪽 바위 옆에. 티베트 산양인 것 같은데."

나는 쌍안경을 꺼내서, 산양이 가파른 비탈을 총총걸음으로 올라가다 멈추는 모습을 살펴보았다.

"큰 산양이 혼자 외롭게 있구나."

그 동물의 청회색 털가죽은 바위와 잘 어울렸다. 나는 쌍안경을 아시아에게 주고 육안으로 티베트 산양이 꼼짝 않고 있는 지점을 주시했다. 하지만 아시아는 산양을 찾지 못하고 나에게 쌍안경을 돌려 주었다. 나는 산양이 멈추어 섰던 지점에 초점을 맞추었다. 녀석이 멈춘 곳에서 눈을 떼지 않았지만 산양은 곧 사라졌다, 유령처럼 사라지고 없었다.

우리가 점심을 먹었던 초원까지 내려가는 데 몇 분이 더 걸렸다. 나는 덤불 속에 자리를 잡고 참치 캔과 크래커 한봉지를 뜯고, 치즈를 몇 조각 잘라냈다. 그동안 잊고 있었던 허기가 갑작스레 밀려와 놀랐지만 곧 우리가 늦도록 아무 것도 먹지 않은 것을 깨달았다.

참치 치즈 크래커를 만들어 아시아에게 주고 내 것도 만들었다.

"아시아, 뭐 좀 물어봐도 되겠니?"

"무슨 말씀인대요?"

"꼭 대답하지는 않아도 돼, 아버지 시신이 온전치 않았는데 괜찮았니?"

"네. 그런데 무슨 일이 있어요?"

"내 생각엔 독수리들 짓인 것 같아. 우리가 아루에서 본 것 같은 히말라야의 독수리 말이야."

"그것도 아버지가 좋아했을 일이 아닐까요." 엉뚱하게 그녀가 대답했다.

"티베트식 장례잖아요."

우리는 크래커를 먹는 동안 잠시 말이 없었다.

"아직 너한테 말하지 않은 게 있는데, 네 아버지를 무릎에 올려놓고 있을 때 그 친구가 죽은 순간을 알았어. 바로 그 순간을 말이야. 너의 아버지 육체 속에 깃들여 있던 영혼이었는지 아니면 생명의 넋이였는지 모르지만 뭔가 마지막으로 히말라야 하늘로 '휙' 하고 떠나갔어. 나는 그걸 봤단다."

"그래요? 저도 이번 히말라야 여행에서 아버지의 존재를 느낀 적이 여러번 있었어요." 하고 아시아가 말했다.

"우리가 카일라스에 도착해서 아버지를 위해 깃발을 남겼을 때. 그리고 아루에서 산을 오르고 있을 때요. 그렇지만 확실치는 않아요. 아버지가 여기 계신다면 그건 잘된 일이죠. 그런데 아버지가 죽은 후 아버지의 시체는 썩어 흙과 바위 사이를 지나며 일부는 물로 흘러들어 큰 양쯔강으로 씻겨 내려갔을지도 모르죠. 그것 역시 아버지가 바라던 것이 아닐까요."

나는 미소를 지으며 치즈 크래커를 더 만들었다. 아시아는 고맙다고 하고 다시 우리는 조용히 앉아 있었다. 크래커를 씹으면서 조나단을 묻기 위해 위쪽으로 걸어 올라갔던 날을 회상했다. 그때 쉬면서 간식으로 땅콩과 건포도를 씹고 삼키면서 그 음식이 우리 몸에 주는 에너지와 땅콩과 건포도의 윤회 사이클을 생각했다.

나는 바위 틈사이로 졸졸 흘러 캠프를 통과해 지나가는 작은 시내의 물소리를 들었다. 발치에서 벌 한 마리가 야생화 사이를 붕붕 옮겨 다니며 작은 다리마다 꽃가루를 잔뜩 묻혔다. 나는 바위에 등을 기대고 눈을 감았다. 그리고 얼굴에 닿는 따스한 햇볕을 모처럼 느꼈다. 그리고 태양빛이 피부에 닿는 느낌이 좋다고 생각했었다. 특별히 아주 좋은 느낌이었다. 주변에 핀 꽃잎 다섯 달린 노란 양지꽃을 둘러보면서 천천히 마지막 크래커를 입에 물었다. 그리고 다시금 물이 흐르는 소리를 듣고 얼굴에 닿는 햇볕을 느꼈다.

조나단의 일기 마지막 한구절이 떠올랐다.

나는 매일매일을 내 생애 마지막 하루인 것처럼 소중하게 살려고 노력해야 할 것이다. 그동안 너무 많은 날들을 헛되이 보냈다. 그러나 지난 날의 경험과 지금의 이 현실을 있는 대로 그대로 바로 받아들임으로서 과거를 후회하거나 미래를 두려워 하지 않는 법을 배울 수 있을 것이다.

20년 전, 바위에 앉아 나는 마치 죽었다가 다시 태어나 삶이 새롭게 시작되는 것처럼 느꼈다. 이제, 같은 초원의 풀밭에 누워, 민야 콘카의 높은 곳에서 눈덮인 덩굴손이 정상 산마루에서 떨어져 바람에 날리던 모습을 기억한다. 산마루가 너무나 하얗기 때문에 마치 방금 생겨난 세상, 아직 다른 색깔로 더럽혀지지 않은 세상에 속한 것 같았다.

초원의 시냇물이 햇볕을 받아 반짝이는 것을 바라보았다. 별빛처럼 부서지는 햇살이 시야를 가득 채웠다. 이번에는 하늘을 쳐다보았다.

그것은 다른 하늘이었다. 망망대해의 푸른빛처럼, 티 한점 없는 푸른 하늘이었고 그 아래 모든 것은 새롭고 신선했다. 마치 스무 살 때 기차에서 내려다 보았던 시 구절에 나오는 섬처럼.

'나는 매일매일을 내 생애 마지막 하루인 것처럼 소중하게 살려고 노력해야 할 것이다.' 내 친구는 벌써 20년 전에 바위에 앉아서 그렇게 써 놓았지 않은가!

나는 친구의 일기장 구절 속에 담긴 지혜와 그 의미를 새삼 깨달았다.

시간이 흐르면서 삶이 복잡해지고 하여 잊지 말자고 다짐했지만 나는 때때로 친구가 남긴 말의 참뜻을 잊고 살아왔다. 나는 살아가면서 내 삶만을 위해 친구의 지혜만을 빌렸다.

친구는 죽었고 나는 살아 남았다는 삶의 의미를 이제야 발견하였다. 이제부터는 결코 친구의 일기장 속에 담긴 진실과 인생의 가치를 옆으로 제쳐두지 않을 것을 다짐하였다.

생애 마지막까지 많은 교훈을 남겨 둔 친구에게 거듭 감사했다. 나는 그의 딸을 돌아보며 비가 오기 전에 내려갈 준비가 됐는지 물었다.

아시아는 자신있게 고개를 끄덕이며 말했다.

"그럼요. 준비됐어요."

감사의 말씀

먼저 이 책을 편집하는 데 도움을 주었고 이 일을 마칠 때까지 따뜻한 동료애를 보여준 빈센트 스탠리에게 감사를 드리고 싶습니다. 그의 도움이 없었더라면 혼자서 마무리하는데 많이 힘들었을 것입니다. 그에 못지 않게 저의 오랜 동료인 수지 캘드웰, 헨리 홀트 출판사의 편집자인 데이비드 소벨도 중요한 것들을 제공했습니다. 저의 에이전트인 수잔 골럽도 처음부터 격려해 주었습니다.

다시 한번 출발 전에 원정 준비를 도와준 수지 캘드웰, 아시아와 내가 현장에 나가 있을 동안 도움을 준 존 마이슬러에게 감사드리고 싶습니다. 창탕 고원에서의 자신의 현장 경험을 친절하게 조언해 주고 아시아와 나를 멋진 아루 분지에 가도록 조언을 해준 조지 셸러에게 감사드립니다. 우리 여행을 후원해 준 후원사들에 진심으로 감사를 드립니다. 카메라를 지원해 준 캐논, 코닥 필름, 켈티 팩, (텐트, 슬리핑 백, 어드벤처 여행 가방 후원) 투아 스키, 몬트레일 부츠, 블랙 다이아몬드 암벽 장비, 추카 체리 음식, 마젤란 네비게이션 시스템 등.

미키 버터바우는 원고를 입력하고 수정하는데 도와 주었습니다. 에드가 보일스, 존 로스켈리, 고든 윌치는 자신들의 사진을 이 책에 실을 수 있도록 허락하면서 다시 한번 더 그들의 우정을 확인하게 해 주었습니다. 게리 라이트는 내가 너무 소중하게 생각하는 조나단의 사진 원본을 보내 주었고, 아시아와 내가 여행 중에 읽을 수 있도록 조나단의 일기를 복사해 줌으로써 다시 한번 우정을 보여 주었습니다. 위험이 따르는 이 여행을 나와 함께 하고자 하는 딸의 소망을 적극 지원해 준 아시아의 어머니에게 거듭 감사드립니다. 또한 이 여행을 제안했고, 매 순간을 함께 했으며, 불확실한 목적지에 불확실한 길을 끝까지 같이 한 아시아에게도 감사를.

있는 그대로 바라보도록 조언해준 그레켈 에를리히는 이 여행이 주는 교훈을 얻자는 나의 목표를 이루는데 그녀가 생각하는 것 이상으로 도움이 되었습니다. 오랫동안 집을 떠나 있겠다는 나의 결정을 다시 한번 지지해 준 나의 세 아이 콘노, 카메론, 캐리사와 그리고 나의 아내 제니퍼에게도 감사합니다.

아내에게 이 책을 바치는 것 이외에도, 그간 내가 무엇이 중요하고 중요하지 않은지를 구별할 수 있도록 지혜를 베풀어 준 데 대해서도 고마움을 전합니다.

마지막으로 이 책의 대단원의 마지막에서도 말했듯이 죽을 때까지 간직해야 할 인생의 많은 교훈을 남겨 주고 히말라야로 간 조나단의 명복을 다시 한번 더 빌면서.

릭 리지웨이

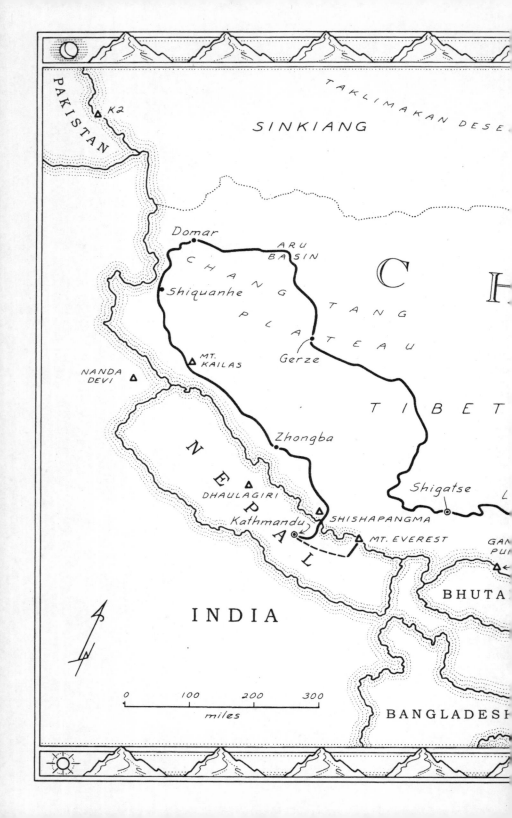

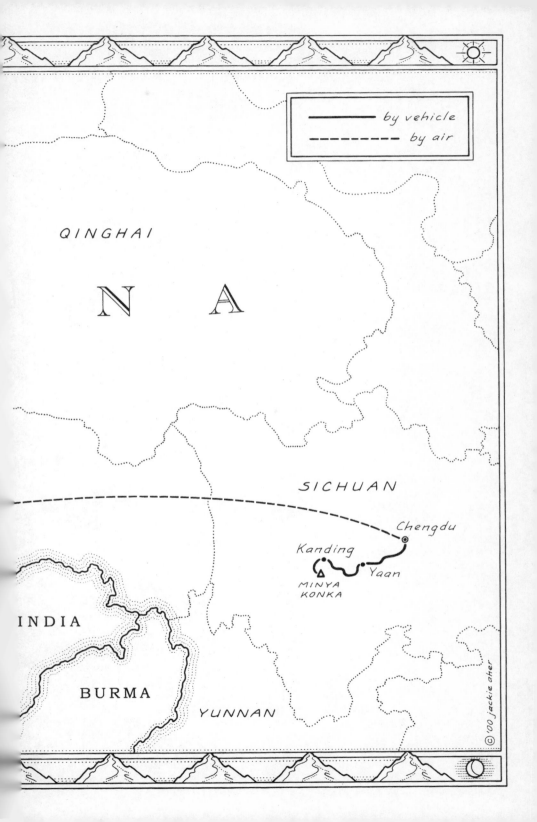